# 과학 교사
## 입니다

Foreign Copyright:
Joonwon Lee        Mobile: 82-10-4624-6629

Address: 3F, 127, Yanghwa-ro, Mapo-gu, Seoul, Republic of Korea
         3rd  Floor
Telephone: 82-2-3142-4151
E-mail: jwlee@cyber.co.kr

## 나는 과학 교사 입니다

2024. 1. 31. 초 판 1쇄 인쇄
**2024. 2. 7. 초 판 1쇄 발행**

지은이 │ 김요섭 외 9명
펴낸이 │ 이종춘
펴낸곳 │ [BM] ㈜도서출판 **성안당**
주소 │ 04032 서울시 마포구 양화로 127 첨단빌딩 3층(출판기획 R&D 센터)
       10881 경기도 파주시 문발로 112 파주 출판 문화도시(제작 및 물류)
전화 │ 02) 3142-0036
       031) 950-6300
팩스 │ 031) 955-0510
등록 │ 1973. 2. 1. 제406-2005-000046호
출판사 홈페이지 │ www.cyber.co.kr
ISBN │ 978-89-315-8642-8 (03370)
정가 │ **26,000원**

**이 책을 만든 사람들**
기획 │ 북케어
진행 │ 김상민
본문·표지 디자인 │ 구름
홍보 │ 김계향, 유미나, 정단비, 김주승
국제부 │ 이선민, 조혜란
마케팅 │ 구본철, 차정욱, 오영일, 나진호, 강호묵
마케팅 지원 │ 장상범
제작 │ 김유석

www.cyber.co.kr
성안당 Web 사이트

■ **도서 A/S 안내**

성안당에서 발행하는 모든 도서는 저자와 출판사, 그리고 독자가 함께 만들어 나갑니다.
좋은 책을 펴내기 위해 많은 노력을 기울이고 있습니다. 혹시라도 내용상의 오류나 오탈자 등이 발견되면 **"좋은 책은 나라의 보배"**로서 우리 모두가 함께 만들어 간다는 마음으로 연락주시기 바랍니다. 수정 보완하여 더 나은 책이 되도록 최선을 다하겠습니다.
성안당은 늘 독자 여러분들의 소중한 의견을 기다리고 있습니다. 좋은 의견을 보내주시는 분께는 성안당 쇼핑몰의 포인트(3,000포인트)를 적립해 드립니다.
잘못 만들어진 책이나 부록 등이 파손된 경우에는 교환해 드립니다.

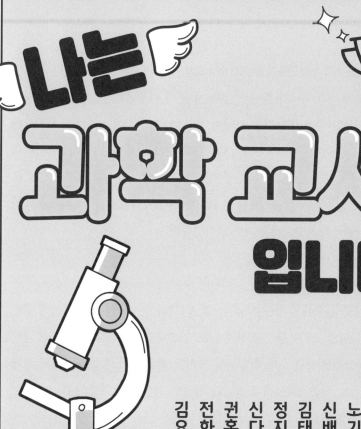

과학을 통해 청소년들에게 전하는 감동 메시지!

# 나는 과학 교사 입니다

김요섭 전화영 권홍진 신다인 정지수 김태영 신배완 노기종 안필헌 최현주

과학 선생님 10인의
청소년
필독서
생생하고 다양한 이야기

BM (주)도서출판 성안당

**김영학** 재미있는 과학 수업 만들기 운영진, 수석 교사

'어떤 과학 교사가 되어야 할까요?'라는 우문에 선생님께서 들려주시는 교사의 성장과 행복한 수업 이야기를 만나며 '더 많이 기록하고, 더 깊게 성찰하며 배움과 도전을 즐기는 교사가 되자!'는 다짐을 해봅니다. 열 분의 선생님들께서 만들어 주신 길을 따라 교육 현장의 성공과 실패 사례를 기억을 넘어, 기록으로 전하는 선생님들의 수업 이야기, '나는 과학 교사입니다 2,3,4' 도 기대합니다. "우리는 대한민국의 자랑스러운 과학 교사입니다!"

**이현주** 이화여대 과학교육과 교수

이 책은 학교 현장에서 고군분투하는 열 분 과학 선생님의 생생한 삶의 경험과 철학, 그들만의 노하우를 진솔하게 담고 있습니다. 왜 우리가 '과학'과 '과학 교사'라는 직업을 사랑할 수밖에 없는지 마치 선배 교사가 후배 교사에게 말해 주듯 쓰여 있어, 책을 읽는 내내 공감과 잔잔한 감동이 전해졌습니다. 교사로 살아가기 쉽지 않다는 요즘, 호기심 가득한 즐거운 과학 수업을 만들기 위해 끊임없이 도전하는 선생님들의 이야기는 많은 분께 새로운 희망과 가능성의 메시지가 될 것으로 기대됩니다. 이 책을 제가 가르치고 있는 미래 과학 교사들과 꼭 함께 나누고 싶습니다.

**임혁** 전국과학교사협회 회장

이 책에는 열 분 과학 선생님의 인생 이야기와 수업 이야기, 그리고 학생에게 들려주고 싶은 진로 이야기가 있습니다. 과학에 대한 열정과 학생들을 가르치는 사명으로 교단에 서 있는 선생님들의 이야기를 통해 우리는 교직의 의미와 가치를 되새기고, 미래에 대한 희망을 발견할 수 있을 것이며, 인생의 지혜를 배울 수 있을 것입니다. 과학 교사를 꿈꾸는 학생뿐만 아니라 미래를 걱정하는 많은 이들에게 도전과 희망을 전해 줄 이 책을 추천합니다.

**정재승** 뇌과학자, 「과학콘서트」 작가

나를 과학자로 키운 건 8할이 과학 선생님들이시다. 학생들에게 열정적인 강연과 기발한 실험으로 자연과 생명의 경이로움을 깨닫게 해 주기 위해 최선을 다 하신 선생님들 덕분에 나는 과학에 완전히 매료되어 과학자가 되었다. 나는 학교를 졸업했지만, 선생님들은 학교에 남아서 다음 세대에게 과학적인 태도, 우주의 경이로움을 일깨워 주시기 위해 오늘도 애쓰시는 모습을 이 책에서 발견한다. 존경과 응원의 마음을 전하며, 이 책을 세상의 모든 학생과 학부모, 그리고 학교를 떠난 졸업생들에게 권한다.

# 머리말

　2009년, 한 고등학생이 '나로우주센터'를 찾아가 나로호 발사를 보며 성공을 간절하게 기원했습니다. 이후 항공 우주인으로서의 꿈을 키운 그 학생은 대학교, 대학원을 거쳐 항공 우주 연구원이 되어 13년 뒤 누리호의 발사 운영자가 되었습니다. 만약 그 학생이 나로호의 발사를 보는 직접적인 경험을 하지 못했다면 훗날 어떻게 누리호의 발사 운영자로 거듭날 수 있었을까요?

　학창시절의 직접적인 경험과 체험은 이렇게 소중합니다. 다양한 과학적 원리의 이해를 위해서 무언가를 직접 해 보고, 경험해 보는 것은 미래에 대한 목표와 가치를 훨씬 크게 확장시켜 주니까요.

　오늘날의 과학은 우리의 상상을 뛰어넘어 빠르게 발전하고 있습니다. 과학 수업이 과학 지식의 단순한 이해를 넘어 다양한 경험을 통해 과학에 대한 흥미와 호기심을 유발해 줌으로써 미래 사회가 요구하는 과학적 소양을 가진 학생으로 자라나는 데에 이바지하고자 합니다. 모두 과학도로서의 길을 걸어야 할 이유는 없습니다. 다만, 과학을 배우는 과정을 통해서 일상생활 속에서 마주하는 문제를 과학적, 논리적으로 해결할 수 있는 최소한의 역량을 함양하도록 하려는 것입니다.

　학생들은 초등학교에서부터 중학교, 고등학교를 거쳐서 대학교까지 모두 과학을 배웁니다. 과학에 대한 이미지는 모두 다르겠지만, 대체로 '어렵다.'라는 의견이 많습니다. 과학은 지구상의 모든 생명체가 삶을 영위하는 과정에서 발생하는 모든 현상들을 논리적으로 설명하기 위한 학문입니다. 수많은 사람의 관찰과 실험을 통해 공통성이나 규칙성을 발견하고, 결론을 도출하고 법칙을 만들어 내고 또한, 다양한 검증을 통해서 끊임없이 발전해 왔습니다. 학생들은 학교에서 과학적 원리를 배우거나 혹은 선배 과학자들이 이룬 경험을 간접적으로 또는 직접적으로 체험하게 됩니다. 오랜 시간에 걸쳐 정립되어 온 과정 혹은 이론을 짧은 시간 내에 배우려다 보니 과학이 어렵고 복잡하게 느껴질 수밖에 없습니다. 그래서 보다 흥미로운 접근과 체계적인 접근을 통해 스스로 한 걸음 더 다가서도록 해야 합니다. 이것이 과학 교사에게 주어진 숙명 같은 과제가 아닐지 생각합니다.

이 책은 여러 과목의 과학 선생님들이 자신의 이야기 및 수업에 대한 고민을 풀어낸 책입니다. 과학이라는 울타리 안에 함께 있지만 물리학, 화학, 생명과학, 지구과학은 서로 성격이 꽤 많이 다릅니다. 네 과목에 통합과학까지 합해 다섯 분야의 전공을 가진 10명의 과학 교사가 모여 다양한 이야기를 담으려고 노력했습니다. 각자 선생님의 길을 걷게 된 이유도 다르고, 수업 방식들도 모두 다르지만, 학생들에게 과학을 가르치는 것에 대한 열정과 책임감, 끊임없이 연구하고 노력하는 모습은 공통으로 나타납니다. 교직 5년 차부터 30년 차에 이르기까지 다양한 경력을 가진 각각의 선생님들만의 가르침과 체험적 이야기, 더불어 스스로 완성된 교사, 행복한 교사가 되기 위한 삶의 노하우를 차곡차곡 담았습니다.

교육의 질은 교사의 질을 넘지 못한다는 말이 있습니다. 그 어떤 과목보다 끊임없이 변화하는 사회와 과학 기술에 발맞춰 과학 원리를 체계적으로 가르치고 다양한 경험을 제공하고자 애써 온 선생님들의 땀과 열정을 통해 미래에 대한 멋진 꿈을 꾸는 학생들이 많이 나왔으면 좋겠습니다. 이 책은 과학을 가르치는 선생님들에게는 공감과 더불어 새로운 아이디어 또는 가이드를 제공할 수도 있고 과학 교사를 꿈꾸는 학생들에게는 선생님이 되기 위해서 어떤 역량을 함양해야 하는지 알려 주는 가이드가 될 것으로 믿습니다.

– 2024년 1월, 과학과 저자 일동

# 목차

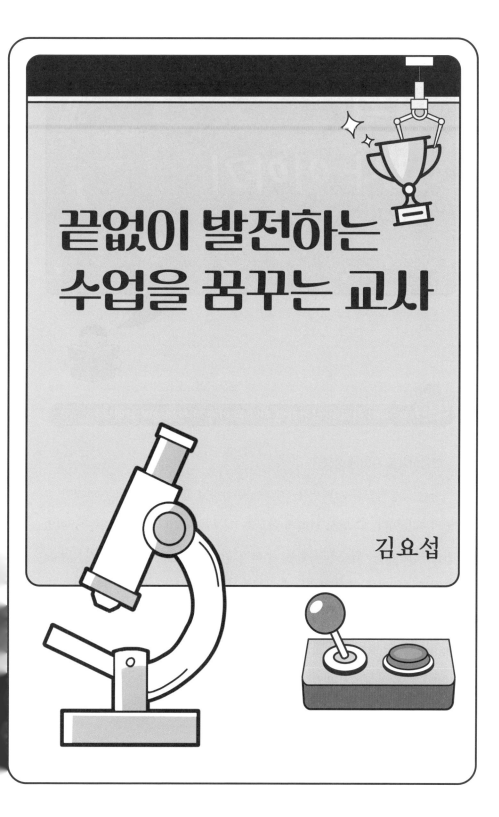

# 끝없이 발전하는 수업을 꿈꾸는 교사

김요섭

## 나의 교사 이야기

**과거편: 학교를 싫어하던 학생은 어떻게 선생님이 되었나?**

### 고등학교를 자퇴한 선생님

나는 고등학교를 자퇴했다. 지식을 주입하고 경쟁을 유도하는 학교가 싫었기 때문이다. 그 당시 나에게 학교는 '친구들을 만나러 놀러 가는 곳'이었다. 수업 시간은 단순히 시험을 잘 보기 위한 지식을 주입하는 시간처럼 느껴졌고, 내 옆에 있는 학생들과 경쟁해서 이기면 등급이 올라가는 평가 구조가 싫었다. 극심한 사춘기를 앓았던 내게 이런 생활을 3년 동안 한다는 것이 버틸 수 없을 만큼 불합리하게 느껴졌던 것이다.

고등학교에 입학하고 일주일 만에 검정고시에 대해 알아보기 시작했다. 자퇴 후 마음먹은 대로만 풀린다면 친구들이 고3이 되는 해에 대학교 1학년이 될 수 있다는 계산이 나왔다. '어차피 고등학교에 다니는 목적은 입시인데, 자퇴를 하면 수능에 안 나오는 과목을 공부할 필요도 없고, 내가 공부하고 싶은 만큼 집중해서 할 수 있고, 1년 더 빨리 대학에 갈 수 있다면, 좋은 점만 있는 게 아닌가?'라는 판단을 했고, 입학 2주 만에 결국 고등학교를 자퇴했다.

그리고 10년 후 교사가 된 나는 학생들에게 '학교는 상급 학교 입시를 위해 준비하는 기관이 아니다.'라는 것을 적극적으로 알려 주고 싶다. 예를 들어 학교가 아니면 해 볼 수 없는 다양한 진로 · 직업 체험을 통해 자신의 꿈에 대해 생각하고 끼를 펼칠 수 있는 기회를 만들어 준다거나, 가지각색의 사람이 모여 다양한 활동을 하면서 일어나는 단체 생활에 적응하고 갈등을 조정하는 방법을 알려 준다거나, 학교를 다녀야만 만들 수 있는 즐겁고 아름다운 추억들을 만들어 주는 것과 같은 것이다.

### 자퇴한 고등학생은 무엇을 했는가?

고등학교를 자퇴한 그해는 많이 방황했다. 공부는 적당히 인터넷 강의를 듣는 둥 마는 둥 하였고, 친했던 친구들과도 공감대 형성이 되지 못하니 연락이 끊어지게 되면서 온라인 게임에 빠져 시간을 보낸 것이다. 그러다 '이러면 죽도 밥도 안 되겠다.'라는 생각이 들어 다음 해에는 기숙 학원에 들어갔고, 그해에 검정고시를 통과하였으며, 수능에서 좋은 점수를 얻었다. 원하던 대로 친구들보다 1년 빨리 대학에 들어갈 수 있었던 것이다.

열심히 공부했던 일화를 하나 소개하자면, 수능을 앞둔 10월 어느 날인가 계단을 오르내릴 때 몸이 휘청거리면서 '이러다 쓰러지겠는데?'라는 생각이 들 정도로 쉬지 않고 공부했다. 그리고 며칠 못 가 쓰러졌다. 크게 다치지 않았고, 이렇게 생각했다. '나를 죽이지 못한 시련은 나를 강하게 만들 뿐이다.'

이렇게 공부에 전념할 수 있었던 데에는 부모님의 도움이 크게 작용했다. 가장 먼저 자퇴를 결정하고 어머니와 이야기했다.

"어머니, 저 자퇴하고 혼자 공부해서 대학교 1년 빨리 들어갈게요."

"충분히 고민한 거야?"

"네. 지금 자퇴하면 내년에 검정고시랑 수능을 볼 수 있어요. 그럼 친구들보다 1년 빨리 대학에 들어가는 거예요."

"그렇게 하면 분명히 힘든 일도 생길 것 같아서 걱정스럽다. 그래도 충분히 고민해 본 것 같다면, 네 선택을 존중할게. 시도해 보고 후회할 수 있겠지만, 안 해 보고 후회하는 것보다는 분명히 나을 거야."

그렇게 대화를 나눈 다음 날 자퇴를 하게 되었고, 만만치 않은 기숙 학원 비용도 계속해서 지원해 주셨으며, 주말 쉬는 날마다 찾아오셔서 함께 식사하며 응원해 주셨다. 그리고 그 당시 어머니께서 해 주셨던 '해 보고 후회하는 것이 안 해 보고 후회하는 것보다 낫다.'는 기준은 그 이후로 내 인생에서 무언가를 선택할 때마다 가장 먼저 떠오르게 되었다.

### 첫 번째 진로 선택: 대학 전공 선택

수능을 공부할 때 가장 좋아하던 과목은 '지구과학'이었다. 지구과학은 아주 간단한 과학적 원리에서 출발하여 지구 시스템을 이해하고 과학 현상을 정성적으로 풀어낼 수 있는 학문이었으며, 커다란 우주의 탄생과 미래까지 생각할 수 있는 것이 너무나도 매력적이었고, 같이 공부하던 주변 학생들에게 설명이나 비유를 해줄 때에도 막힘없이 말해 줄 수 있었기 때문이다. 그래서 수능 점수를 받아놓고 가장 처음 고민했던 과가 바로 사범대 '지구과학교육과'이다. 그러나 그 고민은 오래 이어지지 못했다. 고등학교도 다녀 보지 않은 사람이 고등학교 선생님을 한다는 것이 이상하게 느껴졌고, 내가 잘할 수 있을 것 같지 않다고 생각했기 때문이다.

두 번째로 고민했던 학과는 '천문학과'이다. 이 고민 또한 쉽게 해결되었는데, 순수과학 전공으로는 취업이 어렵다고 여겼기 때문이다. 한편, 당시 수능 점수로 지원할 수 있는 가장 입결이 높은 학교·학과에 지원하기도 하였다. 서울에 있는 모 대학의 수의학과였는데, 덜컥 합격하고 보니 동물을 무서워하는 내게 적합한 진로가 아닌 것 같아 선택하지 않았다.

결국 선택한 전공은 '도시공학'이었다. 천문학과 같이 큰 스케일의 범위를 다루는 점, 도시를 만드는 게임을 즐기기도 했던 점, 취업이 잘 되는 '건축' 관련에 '공대'인 점, 세련된 이미지의 멋있는 학교에 해당 학과가 있는 점 등을 종합적으로 고려하여 내린 결론이었다.

사실 내가 '도시공학'을 전공으로 선택했던 것은 당시 건설 시장이 호황이었고 취업에 유리할 것 같아서인 이유도 있었다. 그러나 입학과 동시에 부동산 침체기로 접어들었고, 졸업할 때까지도 상황은 나아지지 않았다. 관련 공기업에서는 몇 년 동안 신규 공채가 없었고, 도시 계획 및 설계 회사에서는 관련 부서의 절반이 날아갔다는 흉흉한 소문이 들려왔다. 일반적인 취업은 힘들어 보였고, 대학원을 선택하는 동기들도 있었으며, 전공과 관련 없는 일반적인 대기업에 취업하는 동기들이 대부분이었다. 이러한 경험을 통해 지금도 학생들에게 하고 싶은 말이 있다.

"안정성과 비전만 보고 진로를 선택하지 마세요! 미래에 어떻게 될지는 아무도 모릅니다."

대학교 2학년을 마치고 군대를 가게 되었는데, 부대 배치 운이 좋아서 시간이 많이 남았다. 남는 시간에는 전공 관련 자격증을 따기도 하고, 전공과 밀접한 상관이 있는 경제학과 철학 관련된 책을 많이 읽었다. 도시에서는 한정된 자원으로 최대한의 편익을 얻어야 하는 경우가 많다. 결국 선택을 잘해야 한다는 것이고, 그 과정에서 무엇이 우선이고 무엇이 옳은 것인지를 다루는 '의무론과 공리주의'에 대해 깊이 생각해 보게 되었다. 그러면서 칸트의 '선의지' 개념이 너무나도 와닿았고, 삶에 적용하고 실천해 보고자 군대를 전역한 후에는 장애 아동이 있는 영아원이나 소외 계층의 공부를 돕는 단체 등에서 봉사활동도 하였다.

### 두 번째 진로 선택: 정치

졸업을 앞두고 지도 교수님과 진로 상담에서 이런저런 이야기를 나누며 어쩌다 보니 '정치'에 관한 이야기도 하게 되었다. 그 와중에 이런 말을 했는데, 아마 젊은 날의 치기였을 것이다.

"제가 정치를 해도 지금 정치인들보다는 잘할 것 같습니다."

"그래? 그럼 한 번 해 봐."

교수님의 대답이었다. 당시 정치권에서 일하시는 분이 박사 과정에 계셨는데, 그분을 통해 모 의원실에 무급 인턴으로 일하게 되었다. 처음에는 복사와 우편 정리 등 잔심부름부터 시작했다. 그리고 입법 아이템 조사, 공동

발의 법안 검토, 국정 감사 조사, 상임위 기관 미팅 등 다양한 업무를 보조하면서 유급 인턴으로 정식 채용되었다. 이 과정에서 세상이 돌아가는 방식을 알게 되고, 민주주의가 작동하는 원리를 알건이나마 이해하게 되었다. 가장 의미 있었던 일은 대학교 졸업 과제와 관련된 내용으로 아이디어를 얻어 법안 발의를 담당해 본 것이었는데, 관계자 미팅부터 본회의를 통과할 때까지 지켜보는 등 일련의 과정에 참여하면서 사회 초년생이 느끼기 힘든 큰 보람을 느낄 수 있었다.

어느 날 선배 비서관님이 이렇게 제안했다.

"오늘은 본회의에 한 번 다녀와 봐."

"네?"

보좌진들은 보통 본회의에 참석하지 않기 때문에 되물었다.

"네가 만든 첫 법안이 본회의 통과하는 날이잖아. 이럴 때는 그 자리에 있어야지."

국회 본회의장 2층. 방청객석에서 홀로 앉아 법안이 통과되는 순간, 깊은 보람과 감동을 느꼈다. 믿어 주고 끌어 주는 좋은 선배를 만나 잊을 수 없는 경험을 해 보게 된 것이다. 그러나 한편으로는 정치인은 아무나 할 수 있는 것이 아니란 것도 알게 되었다. '내가 해도 저것보다 잘하겠다.'라고 생각했던 청년은 그들을 이해하기 시작했고, 치열한 권력 다툼과 복잡한 이해관계가 꿈 많은 청년에게 가혹한 방식으로 진짜 세상을 알려 준 것이었다.

### 세 번째 진로 선택: 도시 계획

국회를 나와 모 회사의 도시계획부에 공채로 합격하여 근무하였다. 실무 경험과 경력을 쌓고자 한 것이다. 이제부터 진짜 전공인 '도시공학' 분야의 기술자가 되어 좋은 도시를 계획하여 도시와 관련된 사람들에게 최대의 편익을 제공함으로써 자부심과 보람을 느끼고자 하였지만…. 또 다시 현실의 벽에 부딪혔다. 도시와 마을에는 다양한 이해관계자가 있고, 도시란 너무나도 유기적인 개념이기 때문에 결국 도시 공학 기술자의 철학과 노력이 좋은 도시를 만들고 주민의 편익으로 곧바로 이어지는 것이 아니라고 느낀 것이다. 그렇게 서른에 가까운 나이가 되어 다음 진로를 고민하게 되었다.

### 네 번째 진로 선택: 교사

나는 업무에 임할 때 '준비'하는 것을 좋아한다. 내가 원하는 환경을 세팅해 놓고 최고의 효과를 얻는 것은 물론, 그를 위해 효율적인 과정을 만드는 것 자체를 즐기는 것이다. 교사가 그런 업무에 가장 가깝다는 생각이 들었다. 학생들이 최고로 성장할 수 있는 교육과정을 준비하고, 수업을 통해 이를 실현한다. 그리고 준비할 수 있는 기간인 방학도 주어진다.

내 삶에서 커리어는 일상생활보다 우선순위가 높다. 내가 옳다고 믿는 것, 이루고 싶은 것, 하고 싶은 것들을 일상생활보다는 커리어 안에서 발견하는 경우가 많은 것이다. 또한, 내가 하는 일이 좋은 결과로 이어지기를 바란다. 정치는 시간을 투자하는 만큼 좋은 결과를 얻어내기 힘든 직종의 대표 격이었고, 도시 계획은 나의 노력보다는 각종 이해관계가 결과에 반영되는 경우가 많다고 느껴졌다. 교사는 어떨까? 내가 원하는 수업을 할 수 있고, 그 안에 이해관계자는 교사와 학생뿐이다. 수업 외에도 내가 시간을 투자해 노력하는 만큼 나와 관계되는 학생들은 좋은 교육 서비스를 받게 된다. 내 고민과 노력이 직접 학생들에게 전달되는 것이다.

교사가 정치나 도시 계획보다는 적은 사람에게 영향을 미친다고 생각할 수도 있겠지만, 따지고 보면 그 영향력이 작지도 않다. 내가 국회에서 생각했던 한 사람은 대한민국 5천만 국민 중의 한 명이었고, 도시 계획에서 생각했던 한 사람은 10만 거주자 중의 한 명이었다. 그러나 학교에서 만나는 한 사람은 내가 이름을 부르고, 나의 이름을 기억하고, 내 수업을 듣고, 나의 영향을 받아 성장하게 된 한 명의 학생인 것이다. 즉, 내가 의미를 부여하는 만큼 학생 한 명 한 명이 갖는 의미가 커진다는 것이다.

사실 교사라는 직업이 사명감을 갖고 공부만 열심히 한다고 잘할 수 있는 직업은 아니다. 한창 성장기인 학생들을 만나 대화하고, 그들의 성장을 돕는 것이 본질이기 때문에 '관계 형성'의 중요성을 빼놓을 수 없다.

군대 전역 후에 했던 봉사활동 중 하나는 '배움을 나누는 사람들(배나사)'이라는 단체인데, 대학생들이 모여 소외 계층 학생의 공부를 도와주는 단체였다. 이 봉사 단체에서 좋은 사람들도 많이 만나고, 보람도 느끼고, 내가 생각보다 학생과 함께하는 것을 좋아한다는 것을 알게 되었다. 현재 교사가 된 데는 분명 배나사 활동이 영향을 주었을 것이다.

약 2년간의 활동을 통해 수업 중에 학생이 엉뚱한 질문을 하더라도 수업에 방해되지 않는 선에서 유연하게 대처할 수 있다는 것을 알게 되었고, 쉬는 시간에 학생들과 나누는 작은 대화가 나의 에너지를 소비하는 것이 아니라 충전해 준다는 것을 알게 되었으며, 학생이 내게 갖는 관심이 부담스럽게 느껴지지 않는다는 것을 알게 되었다. 아마 이러한 것들이 힘든 성격이었다면 '교사'라는 직업을 선택하지 않았을 수도 있고, 교사가 된 후에 학생들과의 관계 형성을 위해 특별한 노력이 필요했을 것이며, 그 노력이 나를 지치게 만들었을 수도 있을 것이라고 생각한다.

 **현재편: 교사가 겪은 모든 경험은 교육활동으로 나타난다**

고등학교를 그만둔 학생이 선생님이 된다면?

"학교는 상급 학교 진학을 위한 입시 기관이 아니고, 학교는 지식을 주입하는 역할만 해서는 안 되며, 그런 역할만을 수행한다면 학원보다 전혀 나을 것이 없다."

이런 이유로 학교를 그만두었던 나는 이제 학교에 교사로서 근무하게 되었다. 그렇다면 '어떤 철학과 마음가짐으로 교직에 근무해야 할까?' 하는 고민이 참 많았다. 학교를 싫어하고 그만두고 싶어 하는 가상의 학생 A를 만든다. 그리고 내가 하는 수업과 활동이 이 가상의 학생에게 '계속해서 학교에 다닐 의미'를 줄 수 있는지 생각해 본다.

예를 들어 수업이 '배경도 다르고 학습능력도 다르고 재능도 다른 제각각의 학생들을 모아 놓고 같은 내용을 똑같은 형태로 학습하는 활동'이라면, 학생 A에게는 수업이 아무 의미도 없다. 따라서 수업을 통해 협력 활동, 발표, 토론, 프로젝트 등 다양한 형태의 과제를 제시하고, 교과내용을 통해 학생 개개인이 지닌 다양한 역량을 발휘하며 성장할 수 있도록 해야 할 것이다.

한편, 모순적이게도 자퇴 이후 방황하고 힘들 때 힘이 되었던 것은 중학교 3학년 시절에 담임 선생님, 그리고 친구들과 함께했던 즐거운 추억이었다. 밤늦게까지 남아 학급 미화 활동을 하며 친구들과 어울렸던 추억, 담임 선생님이 사준 짜장면을 친구들과 함께 먹었던 추억 등을 떠올리면 지금도 가슴 한편이 따뜻해지는 느낌이 든다. 당시에는 학교폭력, 왕따 등의 문제가 만연했는데 놀랍게도 중학교 3학년 때는 그런 문제가 전혀 없었다. 그런 학급 분위기는 구성원도 중요하지만, 담임 선생님의 노력이 있었기에 가능했을 것이라고 생각한다.

세상의 어떤 교사도 모두가 좋아하는 수업을 할 수는 없고, 모든 학생에게 완벽한 생활교육을 할 수는 없다. 다만 나에게 힘이 되었던 시절을 떠올리며, 함께하는 학생 모두에게 힘이 될 수 있는 '따뜻한 추억' 정도는 만들어 주자고 다짐한다.

마지막으로, 학교가 안전하게 단체 생활과 공동체에 대해 연습할 수 있는 기회가 되길 바란다. 한 학생의 거친 행동이 다른 학생에게 상처를 주기 전에 스스로 잘못을 깨닫고 행동의 변화를 이끌어 내길 바라며, 반성하고 변화하는 과정에서 아무도 상처받지 않길 바란다. 그리고 늦기 전에 다른 학생들에게 피해를 주었다면 솔직하게 인정하며 사과하고, 피해를 보상할 수 있는 기회를 얻길 바란다.

### 국회 인턴 비서가 선생님이 된다면?

교사로 발령받은 첫해 중학교 3학년 담임을 맡게 되었다. 자율 시간에 학생들과 함께 학급 자치 규약을 만들었는데, 처음에는 토론과 거수투표 정도로 가볍게 시작하여 나중에는 실제 입법에 사용하는 자구를 흉내 내보았다.

# 제1장 총칙

제1조(목적) 이 규약은 ○○○○학년도 ○○중학교 ○학년 ○반의 공리 증진을 목적으로 한다.

제2조(정의) ① 이 규약에서 사용하는 용어의 뜻은 다음과 같다.
1. "지각"이란 시작을 알리는 종이 그친 이후 교실에 들어오는 경우를 말한다.
2. "쉬는 시간"이란 4교시와 5교시를 제외한 수업 종료와 수업 시작 사이의 시간을 말한다.
3. "구성원"이란 ○○○○학년도 ○○중학교 ○학년 ○반 학생을 말한다.

제3조(다른 규정과의 관계) 이 규약에서 정하지 아니한 사항에 대해서는 「○○중학교 교칙」을 적용한다.

−중략−

제14조(조회) ① 조회는 9시에 시작한다.
② 구성원은 조회에 지각하여서는 아니 된다.
③ 구성원은 조회 시간을 최소화하여 1교시 수업 준비 시간을 확보할 수 있도록 조회를 방해하여서는 아니 된다.

제16조(벌칙) ② → ① 다음 가 호이 어느 하나에 해당하는 자는 해당되는 날 교실 청소를 맡는다.

1. 생활기록부에 출결 사항이 등재되는 경우를 제외하고 제14조 제2항을 위반하여 지각한 자.

2. 제14조 제3항을 위반하여 1교시 수업 준비 시간 확보를 방해한 자.

이러한 규정에 의해서 조회 시작 종이 그친 후 등교하는 학생은 지각한 자가 되어 당일에 청소를 하게 되는 것이다. 어느 날 담임인 내가 늦잠으로 지각을 하자 매일 늦잠으로 지각해서 교실 청소를 하는 학생이 이런 말을 했다.

"선생님, 지각하셨으니까 오늘은 저랑 같이 청소해요!"

합리적인 주장이었으나, 실무 경험이 있던 담임 선생님은 이렇게 반론했다.

"제2조 제1항 제3호에서 구성원은 '학생'으로 되어 있기 때문에 선생님은 청소하지 않아도 돼."

그러자 그 학생은 다음 자율시간에 개정안을 발의했다. 구성원의 정의를 'O학년 O반 학생'에서 'O학년 O반 담임 교사 및 학생'으로 바꾸는 내용이었다.

이때 나는 교사로서 큰 기쁨과 보람을 느꼈다. 학생이 부당하다고 생각한

규정을 합법적인 절차를 통해 개정해 낸 것이다! 이후에는 학생들 사이에서 교실의 타 반 출입, 교실을 더럽게 쓰는 학생에 대한 처벌 등에 관한 개정이 활발하게 이루어졌다. 이 규정 개정과 관련하여 민주화 운동에 관한 계기 교육 또한 이루어졌다.

"만약에 이 규정을 개정할 수 있는 학생을 선생님이 임명하는 학생으로만 한정하면 어떨까?"

"말 잘 듣는 몇몇 학생을 지정하고, 과자를 주면서 선생님이 유리한 대로 만 개정하려고 한다면?"

생각만 해도 불합리한 조치다. 실생활에서 생겨날 수 있는 것이라 학생들에게는 더 크게 다가왔을 것이다. 그리고 실제 근현대사에서 이러한 불합리함에 저항하고 권리를 얻기 위해 투쟁했던 이야기를 나누었다. 과학을 가르치는 교사이지만 국회에 근무했던 경험이 이렇게 교육으로 승화된 것이다.

### 도시계획가가 선생님이 된다면?

학교에는 행정 업무가 너무나도 많다. 이러한 행정업무는 수업에만 집중하기에도 힘든 우리 교사들에게 스트레스로 다가오는데, 스트레스의 결정체 중 하나는 '계획서 작성'이 아닐까 싶다. 학교에 근무하면서 교육청이나 지자체로부터 예산을 받아 오거나 교내에서 큰 예산을 집행해야 할 때는 이 계획서 작성이 꼭 필요한데 이러한 내용은 어디에서도 가르쳐 주지 않고, 심지어는 공문서에 사용되는 용어나 문법도 대학에서 배운 것과는 다른 것이다.

신규 교사로 근무하던 어느 날, 과학 관련 공모사업에 대한 공문을 보게되었다. 1,000만 원 수준의 공모사업이었는데, 기존에 근무하던 곳에서 하던 업무이다 보니 크게 부담 없이 작성할 수 있었다. 예산을 사용하니 더욱 다양한 수업과 활동을 할 수 있었다.

이후에는 학교로 오는 모든 공문을 검토하고, 할 수 있는 공모사업은 전부 신청했다. 심지어 미술 선생님과 함께 지역 특산품인 청화백자 아이템을 활용하여 '청화백자 타일 벽' 프로젝트를 진행하고, 우리의 아름다운 교육 공동체가 지나간 흔적이 영원히 학교에 남길 바란다는 의미로 조회대에 설치했다.

교육 공동체가 함께 만든 청화백자 〈평화의 벽〉

풍족한 예산은 양질의 수업과 활동을 만드는 데 도움이 되고, 교사가 직접 만들어야 할 것들을 주문 제작하거나 용역에 맡김으로써 시간을 아낄 수도 있다. 또한, 수업 외 활동을 기획할 때 학생들에게 수익자 부담 경비를 요구하지 않아도 된다. 학창시절 주변에는 가정 형편이 경제적으로 어려운 친구들이 종종 있었고, 이 친구들은 학교에 준비물을 사 오거나, 행사를 위해 돈을 걷어야 할 때 집에 말하기를 부담스러워했던 기억이 있다. 물론 큰돈은 아니지만, 집에서 부모님들이 돈에 대해 걱정하는 말씀을 많이 듣다 보면 자식으로서는 학교 활동을 위해 얼마간의 비용도 달라고 말하기 힘들어지기 마련이다. 그런데 예산이 생기면 비용에 대한 걱정 없이 학생들이 즐거워할 수 있고, 배울 수 있는 모든 활동을 기획하고 실행할 수 있게 되는 것이다.

많은 공모사업을 운영하다 보니 어느새 욕심이 생겨 '학교 리모델링 사업'을 신청하게 되었다. 내가 만나는 학생들에게 더 나은 교육 환경을 제공해 주고 싶은 마음에 전자 칠판을 사고, 큰 사물함을 들여오고, 오래된 창호를 바꿔 주는 수준의 사업인 줄 알고 신청하였다. 선정 후에 뚜껑을 열어보니 수십억 원 규모의 대규모 리모델링 사업이었고, 그만큼 담당자에게 요구하는 것도 많았다. 해당 업무만 맡은 것이 아니라, 여러 공모사업을 맡고, 담임과 동시에 학년 부장도 맡았는데 어느 순간 수업이나 학생보다 사업에 에너지를 쏟고 있는 내 모습을 보고 충격을 받았다. 물론 학교에 도움이 되는 사업이고 행정 업무도 소홀히 해서는 안 되겠지만, 정말로 중요한 것이 무엇인지 생각하고 선택과 집중에 대해 항상 고민해야 한다는 것을 깨달았다.

### 교사의 취미도 교육이 된다?

내 취미는 랩이었다. 고등학교를 자퇴하고 대학교를 졸업하기까지 힙합 음악을 듣고, 가사를 쓰고, 동아리에 들어가 공연도 하고, 스튜디오 녹음을 하기도 했다. 앨범을 낼 정도로 본격적이지는 않았지만, 어디 가서도 '특기'라고 말할 수 있을 정도로 열심히 하고 잘했다. 그리고 이때의 경험은 유튜브를 시작하면서 아주 큰 도움이 되었다. 코로나 이전부터 수업 영상을 만들어 유튜브에 올리기 시작했는데, 영상을 촬영하며 가장 놀랐던 부분은 대본을 읽는 내 목소리가 듣기 싫다는 것이었다. 어떻게 해야 좋을지 고민하다가 랩을 하던 경험을 살려 발성을 연습하고 목소리를 다듬었더니, 어느새 유튜브에는 목소리에 대한 칭찬이 댓글로 달리기 시작했다. 유튜브 운영 5년 차가 되는 지금은 스스로 만족할 정도의 목소리로 유튜브 대본을 녹음하고 있다. 또, 유튜브 촬영이 가능한 녹음실과 스튜디오를 세팅하고, 버스킹 장비를 마련했다. 학교 유휴 공간에 미디어실을 마련하고, 대학교 시절에 공연했던 징소의 정보를 찾아 스피커와 마이크 등의 기자재를 골라 구입한 것이다. 이후 미디어실은 힙합 동아리와 보컬 동아리 학생들이 사용하면서 학생들의 끼를 펼칠 수 있는 공간이 되었다.

한편, 중학교 시절 누구나 하나씩 해야 했던 동아리 활동에서 '케이크 데 코레이션반'이 된 적이 있다. 누구도 가려고 하지 않았는데, 나는 가위바위 보에 져서 어쩔 수 없이 해당 동아리에 배정된 것이다. 30명 넘는 구성원 중 남학생은 나 혼자뿐이었는데, 놀랍게도 나는 케이크 만들기에 재능이 있었다! 과거 동아리에서 잘 배워놓은 덕분에 지인들의 생일파티에 갈 때는 직접 케이크를 만들어 가서 좋은 반응을 얻기도 했다.

앙금 플라워 만들기를 좋아했던 학생이 만든 떡 케이크

그리고 교사가 된 후 자유학기 예술 수업을 맡게 되었고, 코로나로 등교가 미뤄진 한 달 동안 케이크 만들기와 관련된 활동을 본격적으로 해보고자 '앙금 플라워'를 배웠다. 앙금 플라워는 떡 케이크 위에 앙금으로 꽃을 만들어 꾸미는 것인데, 조금만 숙련되면 매우 아름다운 결과물을 만들어 낼 수 있다. 그때부터 공모사업을 통해 도구 구입 비용과 재료비, 강사비를 마련하고 전문 강사님을 섭외하여 계속해서 자유학기나 동아리 활동으로 운영하고 있다.

2019년부터 유튜브에 수업자료 영상을 올리기 시작했다. 그러다 2020년 코로나 팬데믹으로 인해 유튜브에 올리는 수업자료가 조금씩 알려지기 시작했고, 2023년 현재 구독자 10,000명을 달성했다. 사범대에 재학하던 당시 '거꾸로 수업(flipped learning)'이라는 개념을 처음 접했다. 거꾸로 수업이란 학교에서 학습하고 집에서 복습하는 일반적인 형태의 수업을 거꾸로 하여 집에서 학습하고 학교에서 복습하는 것이다.

먼저, 학생은 교사가 제공하는 수업 영상을 집에서 등교 전에 미리 시청하여 지식을 습득한다. 이후 등교해서 협동 학습, 프로젝트 학습 등 다양한 형태로 복습을 하는 것이다. 정확히 내가 원하던 것이었다! 실제 학교 현장에서는 진도를 나가는 데 많은 시간을 할애하게 되고, 진도를 나가는 가장 효율적인 방법은 교사의 일방적인 강의가 된다. 그러나 거꾸로 수업에서는 학생들이 집에서 내용을 학습해올 수 있기에 학교에서는 강의보다는 다양한 활동에 집중할 수 있다.

물론 거꾸로 수업이 장점만 있는 것은 아니다. 교사는 매번 영상을 만들어 제공해야 하고, 학생은 매번 가정에서 학습하고 와야 하는 것이 가장 큰 부담이다. 학생의 부담을 줄이는 방법은 어렵지 않았다. 미리 보고 오는 것 대신에 수업 시간 앞부분을 할애하여 영상을 시청하도록 한 것이다. 수업 영상을 수업 시간에 시청하는 것이 무슨 의미가 있나 싶겠지만, 그만큼 영상을 압축해서 만들었다. 영상을 만드는 데 공을 들였더니 1개 대단원 전체 분량의 영상이 10분~20분 수준으로 압축된 것이다.

영상을 만들기 위해 먼저, 영상 편집 도구를 정했다. 나는 스마트폰 세대

보다는 PC 세대에 가까워 컴퓨터를 사용하는 영상 편집 프로그램을 쓰기로 했다. 편집 기술은 유튜브를 통해 얻었는데, 가장 많이 강의가 올라온 '프리미어 프로'와 '애프터 이펙트'라는 두구의 사용법을 익혔다. 보통 인터넷 강의라고 하면 칠판 앞에 서 있는 강사가 내용을 강의하는 모습을 떠올리겠지만, 그러한 방식으로는 영상 시간을 획기적으로 압축할 수 없었다. 그래서 참고한 것은 사람이 등장하지 않는 유튜브 영상이었는데, 간단한 그래픽으로 과학 현상을 설명하는 채널을 여러 개 참고하였다.

교사가 되어 처음 맞이한 방학 한 달 중 1주 정도는 하루에 8시간 정도 '애프터 이펙트' 강의 영상을 시청하고 따라 했다. 그리고 처음 만든 영상은 대본 작성부터 녹음, 영상 제작 및 편집까지 꼬박 12시간 정도가 걸렸다. 몇 가지 마음에 들지 않는 부분은 있었지만, 대체로 만족스러웠고, 남은 방학 동안 다음 학기 영상을 모두 만들 수 있었다.

개학하고 수업을 하자 학생들이 깜짝 놀라는 모습이 보였다. 1학기에는 영상 없이 수업을 진행했었는데, 여름 방학 동안 영상을 만들어 오니 반응이 굉장히 좋았다. 교사가 설명할 때 천장만 바라보던 학생들이 영상을 보기 시작했고, 옆에 활동지를 놓아주니 빈칸을 채우기 시작한 것이다! 그 당시 구독자는 100명. 내가 가르치는 학생 수보다도 적은 숫자였다.

2020년에는 코로나 팬데믹이 시작되었고, 올려놓은 영상의 조회 수가 10,000을 넘어갔다. 재미 삼아 올리는 영상도 조회 수가 높아졌는데, 특히 코로나19 예방 캠페인 영상의 조회 수는 14만에 달했다. 수입 요건이 창출되었고 겸직 신고를 하며 유튜브에서 수입을 얻기 시작했다. 몇몇 학교에서는 수업 영상 제작으로 특강을 요청하기도 했고, 다른 학교 과학 선생님들을 만나 이야기하면 유튜브 잘 보고 있다며 팬이라고 말씀해 주시는 분들도 생겨났다.

구독자가 늘고 영상 편집에 익숙해지자 더 좋은 영상을 만들고 싶은 욕심이 생겼다. 그러나 손의 성장이 눈의 성장을 따라오지 못했는지 분명 영상 편집 기술은 좋아졌는데 만들어 내는 영상은 마음에 들지 않았다. 하루에 1개씩 만들어 내던 영상이 20시간은 의자에 앉아 있어야 1개가 겨우 만들어질까 말까 하게 되었다. 슬럼프가 온 것이다. 이 슬럼프를 어떻게 극복해야 할지 여전히 고민 중이고, 현재는 유튜브를 지속해 나아갈 수 있을지 의문이다. 언젠가 이 슬럼프를 해소하고 더 좋은 영상을 만들어 내고 싶다는 마음과 유튜브나 수업 영상보다 더 좋은 수업 방법을 찾는 것이 낫지 않겠냐는 마음 사이에서 갈등을 겪고 있다. 이렇게 영상을 만드는 교사의 부담은 해결할 수 없었다. 오히려 점점 늘어만 가고 있다.

흥미 삼아 수익을 말하자면, 2022년 기준으로 한 달 수입은 평균적으로 약 60달러 정도다. 소프트웨어 이용료 4만 원, 그래픽 소스 이용료 2만 원, 각종 장비값을 생각하면 본전을 뽑기에도 까마득하다. 그래서 자조적으로 얘기한다. 유튜브는 돈을 쓰면서 운영하기 때문에 취미일 뿐이라고.

 **미래편: 나는 어떤 교사로 남고 싶은가?**

학생을 너무나 좋아하는 교사

어떤 학생이든 노력하는 모습이 가장 아름답다. 자신이 잘하는 것을 수월하게 잘 해내는 모습도 좋지만, 무언가를 성취하기 위해 애쓰고 노력하는 모습을 볼 때마다 응원하게 된다. 그리고 친구들 혹은 동료들과 잘 지내는 모습이 너무나도 보기 좋다. 서로를 아끼고 도와주며 다정하게 지내는 모습을 볼 때마다 그 학생들을 위해 무언가 하나라도 더 해 주고 싶은 마음이 생긴다.

나도 학생들에게 그런 모습을 보여 주기 위해 애쓴다. 더 좋은 수업을 만들기 위해 노력하는 모습, 내가 만나는 학생들을 위해 사업계획서를 쓰고 예산을 따오는 모습, 학생들이 더 좋은 환경에서 공부하기를 바라면서 교육 공간을 리모델링 하는 모습, 무언가 하나라도 더 경험하게 해 주기 위해 새로운 활동을 만들어 내는 모습, 에듀테크와 AI를 활용하여 피드백 시스템을 만들고 업데이트하며 새롭고 좋은 것들을 전부 학생들에게 주고 싶은 모습 등을 감추지 않고 보여 준다.

주변과 잘 지내는 학생을 보면 흐뭇해지듯이 동료 선생님과 잘 지내는 모습을 넘어 모든 학생과 잘 지내고, 학생을 아끼는 모습을 보여 주기 위해 애쓴다. 과학 시간에는 한 학기에 6번 정도 동료평가를 하면서 학생들이 무조건 동료에 대한 칭찬을 쓰게 하는데, 이처럼 나 또한 학생의 좋은 면만 보고, 좋은 부분만 이야기하기 위해 노력한다.

코로나와 함께 입학한 120명의 학생을 3년 동안 가르쳤다. 1년에 25명씩 담임으로 만나서 거의 절반의 학생 담임을 맡았고, 마지막 해에는 학년부장 겸 담임으로 학년 경영을 주도적으로 기획했다. 학생의 좋은 면만 보기 위해 노력한 결과인지 모든 학생이 사랑스러웠고, 졸업식을 앞두고서는 하루하루의 시간이 아쉽게만 느껴졌다. 그리고 졸업식 당일, 교장 선생님의 제안으로 송별사를 하게 되었다. 꼭 하고 싶었던 말이지만 감정이 벅차올라서 하지 못했던 말을 여기에 마저 적는다.

"몇 가지 직업을 경험하면서 선생님이 되었습니다. 그리고 여러분을 만나게 되었는데요. 일하면서 만난 누군가를 이렇게 좋아한다는 것은 사실 거의 불가능한 일입니다. 정말 꿈에서나 그릴 수 있는 그런 행운이 저에게 일어난 거겠죠. 여러분도 살면서 이런 행운을 꼭 만날 수 있기를 바랍니다."

### 수업으로 보여 주는 교사

처음 동료평가를 했을 때는 학생들의 평가 내용을 모두 종이로 받았고, 일일이 엑셀에 입력해서 데이터를 분석했으며, 칭찬 내용을 분석하는 것은 엄두도 내지 못하고 하나씩 읽어가며 '개인 지능'에 의존했다.

코로나 시대를 맞아 각종 에듀테크가 학교에 도입된 후, 구글 설문과 스프레드시트를 활용해 학생들이 서로 칭찬하고 피드백하는 내용을 모아서 피드백 페이지를 만들어줄 수 있었다. 학생들이 학교에 돌아오자 '종이 없는 수업'을 할 수 있게 되었다. 스마트 기기와 클라우드 환경에서의 활동이 모두 데이터로 남게 된 것이다. 그리고 메타버스가 주목받자 '협동 방탈출 게임'을 메타버스 플랫폼에 만들 수 있게 되었다. 코로나가 끝나며 AI가 등장했을 때는 학생들의 수업 시간 활동 기록을 분석할 수 있게 되었다. 개별화된 피드백 시스템이 어설프게나마 구축된 것이다.

이렇게 신기술을 수업에 적용할 때마다 '한 발 나아가는 기분'이 든다. 은퇴할 때까지 계속해서 한 발씩 나아가고 싶다. 언젠가 찾아오게 될 마지막 수업을 그리며 이런 다짐을 해 본다. '죽기 전에 하는 수업이 가장 발전된 형태의 수업이길 바란다.'

유튜버 「과학교사K」의 수업 루틴

### 영상 시청 및 활동지 작성

1개의 대단원을 재구성하여 4개의 영상으로, 내용이 많으면 8개의 영상으로 만든다. 영상 1개의 길이는 2~3분이다. 수업이 시작되면 학생들은 각자의 스마트 기기(태블릿, 크롬북 등)에 헤드폰을 연결해 영상을 시청한다. 15분 정도 영상을 시청한 후, 모둠을 만든다. 모둠은 학생이 그동안 받은 동료평가 점수, 단원평가 점수 등이 반영되어 이질 집단으로 무작위 구성된다. 그리고 모둠 안에서 역할(어떤 학습 과제를 담당할지)을 정하는데, 이때는 가위바위보나 사다리타기가 아닌 협상을 통해 역할을 정하도록 한다. 따라서 모둠을 정하기 전에 '1번 역할은 수학 내용이 나오고, 2번 역할은 학습량

영상을 시청하며 활동지를 작성하는 모습

이 많고, 3번 역할은 기초 과학 개념을 잘 알아야 하고, 4번 역할은 조금 부담이 덜할 것이다.'와 같이 역할별 특징을 공지한다.

마지막으로 자신이 맡은 역할에 해당하는 영상을 보며 활동지를 작성하는데, 보통 학생들은 영상과 활동지를 한 화면에 동시에 띄워놓고 작업한다. 그리고 활동지의 내용을 바탕으로 다음 상호 교수 활동에서 사용할 대본을 작성하게 된다. 대본 작성 과정에서 학생은 학습 과제에 대한 이해도가 높아진다. 영상을 시청하고 활동지를 작성하는 것이 과학 개념에 대한 이해와 지식의 습득이라고 본다면, 이를 바탕으로 대본을 작성하는 과정은 지식을 꺼내서 자신만의 언어로 표현하는 응용 과정인 셈이다. 학습 내용을 설명하는 자신의 사고 과정을 자각하면서 자연스럽게 메타인지 능력이 향상될 수 있는 활동이 된다.

### 상호 교수 활동

처음 편성한 모둠으로 돌아와 각자 맡은 내용을 설명한다. 이때, 분량을 고려하여 역할당 3~4분 정도의 시간을 배정해 준다. 시간이 모자라도 그 안에 설명을 끝내야 하며, 시간이 남더라도 남는 시간을 채워야 한다. 시간을 채우는 방법은 요약 · 보충 · 질문이 있다. 설명한 내용 중에서 중요한 내용을 요약하여 다시 설명하는 방법, 핵심 개념에 대한 부연 설명, 자신의 설명을 잘 들었는지 확인할 수 있는 질문 등으로 남는 시간을 채우도록 한다.

## Jigsaw 모형 전문가 집단 운영

**1. 대본에 자신의 경험과 관련된 '예시'를 새로 만들도록 한다.**

예시를 만들기 위해서는 단순히 지식을 설명하는 것이 아니라 실생활에 개념을 적용해야 하므로 대본 작성의 학습 효과를 높일 수 있다.

**2. 대본에 '질문'을 포함하도록 한다.**

질문(발문)은 상대방의 이해를 돕는 것이 목적이 될 수도 있고, 상대방의 이해 정도를 확인하여 나의 교수 활동에 피드백을 제공하는 것이 목적이 될 수도 있다. 좋은 질문이 많은 대본일수록 다음에 이어지는 '상호 교수' 활동의 질을 높일 수 있다.

**3. 같은 역할을 맡은 학생끼리 모여 수행할 수 있는 과제를 제시한다.**

원래 Jigsaw 모형의 수업에서는 같은 내용을 맡은 학생들이 모여서 하는 '전문가 집단 활동' 이후에 모집단으로 돌아가 수행하는 '상호 교수' 활동이 이어진다. 대본 작성 이후에 같은 내용을 맡은 학생들이 모여 '전문가 집단 활동'을 하도록 할 수 있다. 대본 작성에 관련된 협력 과제를 제시한다면, 이어지는 '상호 교수' 활동의 질을 상향 평준화 할 수 있을 것이다. (예시-대본에 사용할 수 있는 좋은 질문 나눔, 각자의 삶에서 찾을 수 있는 좋은 예시 나눔 등)

## Jigsaw 모형 모집단 운영

**1. 설명은 존댓말로 진행한다.**
- 공식적인 활동이므로 상호 존중을 위해 존댓말을 사용하도록 한다.

**2, 우리 모둠만 들을 수 있게 한다.**
- 목소리는 다른 모둠에 방해가 되지 않지만, 우리 모둠은 잘 들을 수 있는 적당한 크기로 발언한다.
- 다른 모둠에 방해가 되므로 박수는 치지 않는다.

**3. 진행자 역할을 만들 수도 있다.**
- 진행자 5인으로 모둠을 편성할 때, 단독 과제를 맡지 않고 남는 사람이 맡는 역할이다.
- 상황에 따라 과제 담당자 설명 2~3분 + 진행자만의 시간 1~2분을 줄 수도 있고, 과제를 맡은 사람과 함께 4~5분의 시간을 나누어 쓸 수도 있다.
- 진행자 역할에는 과제 담당자에 대한 '칭찬'이 포함된다. 어느 부분에 대한 설명이 특히 인상 깊었는지, 이해에 도움이 되었는지 등을 칭찬할 수도 있고, 평소 생활 모습을 칭찬할 수도 있다.
- 칭찬 외에 진행자의 주된 역할은 과제에 대한 요약 · 보충 · 질문이 된다.
- 진행자는 개인의 역량에 따라 칭찬에 더 많은 시간을 할애할 수도, 학습 과제에 더 많은 시간을 할애할 수도 있다.
- 진행자 역할은 보통 모둠 안에서 혼자 1개의 과제를 맡기 힘든 학생이나 4개 과제를 전부 할 정도로 여유가 있는 학생이 맡게 된다.

**4. 협력 과제까지 제시하면 완벽!**
- 서로 지식을 설명한 후에는 모두의 지식을 모아 해결할 수 있는 협력 과제를 제시할 수 있다.
- 매 단원에서 이 협력 과제를 제시하고 싶지만, 아이디어가 없거나 시간이 부족하

여 그러지 못하는 경우가 더 많다.

- 예시로는 소화 · 순환 · 호흡 · 배설에 관한 지식을 나누고 인체 모형 그리기 등이 있다.

## 동료평가

동료평가는 정량적 평가와 정성적 평가로 나뉜다. 정량적 평가는 동료가 얼마나 자신의 의견을 잘 전달했는가를 평가하는 '전달 능력', 타인의 이야기를 얼마나 잘 경청했는지를 평가하는 '경청 태도', 우리 모둠의 성공에 얼마나 기여했는지를 평가하는 '기여도', 3가지를 5점 척도로 평가한다. 그리고 함께 활동한 동료 중에서 1명을 최고의 동료를 선정하도록 한다.

정성적 평가의 다른 이름은 '칭찬'인데, 동료가 결석한 것이 아닌 이상은 반드시 20자 이상의 칭찬을 해야 하고 없는 내용을 지어내서는 안 된다. 따라서, 학생은 모둠 활동 사이에 동료에 대해 칭찬할 거리를 찾아야 하므로 자연스럽게 긍정적 상호작용을 유도하는 것이다.

한 대단원 수업에서 2번의 동료평가를 진행한다. 중학교는 한 학기에 보통 4개의 대단원이 존재하고, 분량이 많아 2개로 분리되는 단원도 있다. 따라서 한 학기에 동료평가는 최대 10회 진행되는데, 동료평가 데이터가 쌓이면 굉장히 흥미로운 분석 결과가 나오게 되고, 학습자를 이해하는 데 큰 도움이 된다. 여러 가지 데이터 중에서 가장 흥미로운 내용을 고르자면 다음 두 가지가 있다.

첫째는 '내가 받은 평점'과 '최고의 동료로 지목된 횟수'이다. 보통은 4점 이상의 점수를 받게 되는데, 4.8점~4.9점 이상의 높은 점수를 받거나 모든 동료로부터 최고의 동료로 선정된 학생은 협업 능력이 굉장히 우수하다고 볼 수 있을 것이다.

둘째는 '내가 해준 칭찬'이다. 칭찬은 20자 이상 적도록 하고 있는데, 수백자의 칭찬을 적는 학생들이 있다. 이 학생들은 수업 시간에 상대의 말을 경청하고 잘 관찰하였거나, 누군가를 구체적으로 칭찬할 수 있는 능력을 지닌 학생이다. 공부만 잘하는 학생은 시험을 잘 보고 높은 점수를 받을 수 있겠지만, 칭찬을 잘하는 학생은 세상을 아름답게 만들 수 있는 사람이 될 수도 있다. 학기 말에 아름다운 칭찬을 많이 남긴 학생을 선정하여 앞으로 세상을 아름답게 만들어 갈 가능성이 큰 사람이라는 의미에서 개인적으로 선물을 주고 있다.

동료평가는 학기 말에 정산한다. 자신이 받은 칭찬과 해준 칭찬을 모두 읽어보고, 받은 칭찬 중에서 가장 감동적인 칭찬 1개와 칭찬이 아닌 것 같은 내용 1개를 골라보게 한다. 이때는 글 쓴 사람을 확인해 주는데, 감동적인 칭찬을 해 준 친구에게는 감사 인사를 하도록 하고, 가장 많이 감동적인 칭찬을 한 학생에게는 상품을 준다.

동료평가를 할 때마다 '칭찬' 부분에 부정적인 단어나 칭찬이 아닌 것 같은 말을 쓰는 학생은 학기 말에 앞에 나와서 사과해야 할 것이고, 굉장히 난감한 순간을 경험하게 될 것이라고 수차례 경고를 한다. 그리고 동료평가 정산 시간이 바로 사과를 하게 되는 순간이다! 한 학생은 처음 동료평가를 했던 학기에 수차례 앞으로 나와 사과를 했었다. 그리고 다음 학기부터는 칭찬을 잘 써줘서 단 한 번도 사과할 일이 생기지 않았다. 또 다른 학생도 첫 학기에는 수차례 나와서 사과를 했었는데, 졸업 직전 학기에는 감동적인 칭찬을 많이 해 준 학생으로 선정되어 상품을 받았다. 이 학생들을 보며 동

## 동료평가: 칭찬하기

### 1. 그건 칭찬이 아니야.

'수업을 방해하지 않았다.', '떠들지 않았다.' 처음 칭찬 활동에서 몇몇 학생들이 남긴 칭찬이다. 칭찬에는 부정적인 단어 자체를 쓰지 않아야 하고, '~하지 않았다.'라는 표현을 쓰지 않도록 안내해야 한다.

### 2. 칭찬하는 방법

- 좋은 칭찬을 위해서는 구체적인 사례가 있어야 한다.
- 고마운 점을 써주면 칭찬이 풍성해진다.
- 내가 감동 받은 포인트와 그 장면을 묘사해 주면 좋다.
- 그 행동이 나에게 미친 긍정적인 영향을 말해 주면 좋다.

> 예 눈의 구조를 설명할 때 직접 물건을 옮겨가며 원근에 대해 설명해 주는 열정적인 모습이 보기 좋았다. 이해하기 어려운 부분에 대해서 다시 한번 짚어 주며 하나하나 확인해 주는 세심한 태도가 감동적이었고, 내가 말할 때 눈을 마주치면서 끄덕끄덕 하면서 경청하는 모습이 너무 고마웠다. 이 학생을 보면서 나도 더 좋은 대본을 완성하기 위해 노력해야겠다는 생각이 들었다.

- 이 외에도 선생님이 알고 있는 '좋은 칭찬' 방법이나 양식을 알려 주면 학생들이 더 좋은 칭찬을 쓸 수 있을 것이다.
- 도덕과나 국어과에서 칭찬에 관련된 수업을 한다면 연계하여 활동을 운영할 수 있을 것이다.

료평가와 칭찬 활동에서 큰 보람을 느꼈다.

물론 가장 크게 감동과 보람을 느낄 때는 한 학기에 2,000자, 혹은 5,000자가 넘게 칭찬을 남겼던 학생들이 쓴 글을 한 글자 한 글자 읽어볼 때였다. 이토록 아름다운 마음을 지닌 학생들이 사회에 나가 더 아름다운 세상을 만들어 줄 것이라는 기대감에 행복을 느낀다.

### 지식의 구조 그리기

어느 날 한 학생과 수업에 관해 대화하던 중 이런 얘기가 나왔다.

"선생님의 수업은 학생들 사이에서 호불호가 많이 갈려요. 물론 저는 굉장히 좋지만요."

"스스로 공부하는 것도 좋기는 한데, 어떤 학생들은 그냥 선생님이 해주시는 설명을 들을 때가 가장 이해가 잘 된대요."

내가 하는 수업이 모든 학생에게 잘 맞는 수업은 아닐 것이라고는 알고 있었지만, 내가 학창시절에 그렇게 싫어했던 '강의'를 좋아하는 학생이 생각보다 많았다는 것을 알았다. 다음부터는 수업 루틴에 '지식의 구조'를 그리는 활동을 추가했다. 브루너의 '지식의 구조'와 콜린스의 '인지적 도제'에서 아이디어를 얻어 개인적으로 재해석해 본 것이다. 먼저, 교사가 대단원 전체에 대한 마인드맵을 그리고 핵심 개념에서 세부 개념으로 어떻게 분화해 나가는지, 이해하기 어려운 과정은 무엇에 비유해서 이해하는지 등을 설명한다. 이후, 학생도 자신의 지식의 구조를 그리는데, 이때 교사의 인지구조와 비교하면서 무엇이 부족한지, 어떤 연결이 내 인지구조에 없는지, 무엇을 더 추가하고 무엇을 덜어내야 할지 고민하며 결과적으로 자신만의 '지식의 구조'를 완성하는 것이다.

처음에는 백지 용지에 그려 사진을 찍어 활동지에 올리도록 했다. 시간이 흘러 최근에는 학교에서 지급한 스마트 기기에 그려 캡처하거나 그림 파일로 저장하여 활동지에 올리도록 하고 있는데, 이렇게 하면 활동지와 대본, 지식의 구조가 모여 그 학생의 한 단원 학습 내용이 담긴 '디지털 포트폴리오'가 될 수 있기 때문이다.

### 형성 평가

형성 평가는 성적에 반영되지 않는 평가다. 그렇다면 왜 형성 평가를 수업 루틴에 넣었을까? 그것은 학생 스스로 학습 내용을 얼마나 습득했는지 점검하고, 인지구조를 형성하거나 수정할 수 있는 기회를 제공함으로써 피드백이 이루어지도록 하기 위함이다. 가장 효과적이라고 생각하는 방법은 '구글 설문'에서 선택하는 항목에 따라 다른 곳으로 이동하도록 하는 기능인데, 이 기능을 활용하면 정답을 맞히면 다음 문제로 이동하고, 틀리면 해설 페이지로 넘어갔다가 다시 틀린 문제로 돌아오는 구조를 만들 수 있다.

구글 설문으로 만든 형성 평가 문제를 푸는 모습

자신이 이해가 될 때까지 얼마든지 반복 학습함으로써 학습자 개개인의 속도에 맞춰 학습할 수 있다는 장점이 있다. 특히 한 문항의 선택지를 10개, 20개로 많이 만들면 선택형 문항임에도 불구하고 찍는 것보다 푸는 것이 빠른 경우도 생긴다.

## 협동 방탈출

코로나19로 온라인 수업이 활성화되면서 과학 선생님들 사이에서는 '방탈출' 활동이 인기를 끌었다. 문제의 정답을 맞히면 다음 단계로 넘어가는 식의 방탈출 활동을 구글 설문으로 만드는 것이다. 많은 선생님이 비슷한 형식의 자료를 개발하였는데, 한 선생님은 '재미있는 과학 수업 만들기' 카페에 '협동 방탈출'을 올려주셨다. 구글 설문 안에서 여러 명이 협력해야 다음 단계로 넘어갈 수 있는 구조의 활동을 개발하여 공유해주신 것이다. 이를 응용하여 온라인에서 수업을 해 보았는데, 학생들의 참여와 반응이 굉장히 좋았다. 현재는 계속 발전시켜 등교 수업 후에도 활용하고 있다.

협동 방탈출에서 가장 매력적인 부분은 '협력하지 않으면 다음 단계로 넘어갈 수 없는' 것이다. 협동 학습을 위해서는 협력하는 구조를 만드는 것이 중요한데, 그렇지 않으면 누군가는 무임승차하고, 누군가는 2인분, 3인분을 하는 식으로 과제를 완료하기 때문이다. 그러나, 이 협동 방탈출은 모둠원들이 단계별로 각자 다른 문제를 풀게 되고 그 답을 모아야 다음 단계로

넘어갈 수 있는 구조이기 때문에 협력하지 않으면 완료할 수 없다. 이후 게더타운과 ZEP 등 다양한 메타버스 플랫폼이 만들어지면서, 요즘은 메타버스 플랫폼 안에 게임의 형태로 맵을 만들어 수업하고 있다.

협동 방탈출 활동에 참가하는 모습

과학의 꽃은 탐구다. 처음 영상을 만들어 거꾸로 수업을 한 이유는 이 탐구활동을 할 수 있는 시간을 늘리기 위해서였다. 한정된 수업 시간을 과학 지식을 습득하는 것보다는 과학 탐구에 쓰고 싶었던 것이다. 지금까지 다룬 협동학습과 자기주도학습, 디지털 기반의 학습이 잘못되거나 필요성이 적다는 것은 아니지만, '과학 교사'로서 나는 학생들과 함께 더 많은 탐구활동을 함으로써 학생들이 과학이 지닌 놀라움과 경이로움을 알게 하고, 과학적 방법으로 문제를 바라보고 해결할 수 있는 역량을 키워줘야 한다는 마음이다.

학기별로 꼭 하게 되는 수행평가 중 하나로 '전람회' 활동이 있다. 이 활동은 4인 1조 모둠 구성으로 시작된다. 이후 5~6가지의 소주제 중 한 가지를 선택하도록 하여 실제 과학전람회인 것처럼 '부스'를 만드는 것이다. 예를 들어 '암석과 광물' 단원에서 부스를 만든다면 '밝은 화성암', '어두운 화성암', '사암의 변성암', '석회암의 변성암', '셰일의 변성암', '세 종류의 퇴적암(자갈, 화산재, 진흙)'으로 6가지 소주제를 나누어 부스별로 암석 표본을 제공하는 것이다.

이제 학생들은 소주제에 관한 과학 지식을 설명하는 내용을 담아 프레젠테이션 자료나 포스터를 제작하고, 관객들에게 암석 표본을 보여 주기도 하면서 암석을 설명할 수 있는 과학전람회 부스를 만든다. 이후 4인 1조 모둠은 2명씩 짝지어 부스를 운영할 '호스트'와 다른 모둠의 부스에 참가할 '게스트'로 역할을 나눈다. 5~6분 정도의 시간 동안 부스를 운영하는데, 5회 반복한다. 게스트가 우리 부스를 제외한 나머지 5개 부스를 모두 체험할 수 있도록 하기 위해서다. 이때 호스트는 처음 부스 운영과 마지막 부스 운영을 비교하며 스스로 성장하는 것을 체험할 수 있고, 게스트는 다양한 부스에서 제공하는 과학 지식을 습득할 수 있다. 다음 차시에는 부스 운영 계획과 시나리오를 수정할 수 있는 시간을 제공하고, 그다음 차시에는 호스트와 게스트의 역할을 바꾸어 다시 한번 수업한다. 이때 게스트는 다른 부스에 참가할 때마다 피드백을 작성하게 하는데, '과학적으로 이해된 부분', '부스 운영 방식이나 표현력이 인상깊은 부분', '조언'의 3가지 내용으로 작성하도록 한다. 1차 피드백 결과와 2차 피드백 결과를 분석해 보면 학생들은 우리 부스에서 개선해야 할 내용이 무엇인지, 발표자가 잘한 점은 무엇이고 아쉬운 점은 무엇이었는지 등을 분석할 수 있다.

이렇게 전람회 형태의 수행평가가 끝난 후에는 반드시 성찰보고서를 작성하도록 한다. 성찰보고서를 작성하는 이유는 학생이 수업목표를 달성하였는지, 혹은 어떠한 과정에서 성장이 일어났는지 직접 확인해 볼 수 있는 방법이기도 하고, 활동 과정에서 습득한 지식 · 기술 · 태도를 객관적으로 성찰할 수 있게 됨으로써 다른 상황과 맥락에 전이시킬 수 있는 '깊이 있는 학습'이 이루어질 수 있도록 하기 위함이다.

어떤 단원에서 어떤 주제로 전람회를 운영하든 마지막 시간에는 구글 설문의 '시험' 기능으로 다음 문항에 답하도록 한다.

1. 우리 모둠 전람회 부스를 개발하고 운영하는 과정에서 배운 과학 지식과 나의 생각 · 가치관 · 태도의 변화
2. 다른 모둠 전람회 부스에 참여하는 과정에서 배운 과학 지식과 나의 생각 · 가치관 · 태도의 변화
3. 우리 모둠의 가장 성공적이었던 점과 그 성공의 원인
4. 우리 모둠에서 가장 어려웠던 점과 이를 극복할 수 있었던 방법
5. 좋은 전람회 부스가 가져야 할 요소와 그것을 만들기 위한 방법
6. 우리가 '대주제'에 대해 공부해야 하는 이유

이러한 문항은 수행평가 안내 단계에서 미리 공지하는데, 그 이유는 수업 전체가 이 문제에 답하기 위한 일련의 과정이 되길 바라기 때문이다.

### 단원 마무리

단원 마무리로는 쪽지시험 형태의 단원평가, 카훗 · 띵커벨 · 퀴즈앤 등의 퀴즈쇼가 진행된다. 쪽지시험 형태의 단원평가는 성적에 반영되고, 남는 시간에 진행하는 퀴즈쇼는 즐겁게 웃으며 진행한다. 퀴즈쇼 점수 또한 데이터 형태로 남길 수 있기에 학생의 학습 데이터로 관리할 수 있다. 2차 동료평가는 방탈출과 실험을 함께한 동료에 대한 평가로 진행되며, 이렇게 한 대단원 수업 루틴이 끝나면서 다음 단원으로 넘어가게 된다.

### 피드백 시스템

학생들에게 각자 '상태창'이라는 웹페이지를 하나씩 만들어 준다. 상태창에는 학번과 이름, 100점 만점의 내신 점수와 등급, 단원평가와 동료평가

등의 수행평가 점수는 물론 내가 해 준 동료평가와 내가 받은 동료평가 기록, 현재 전교생이 평균적으로 몇 글자를 쓰고 있는지, 나는 몇 글자를 썼는지 등의 Data가 실시간으로 반영된다.

한편 한 학기에 한번은 발표 수업을 하는데, 발표자가 앞에서 발표하는 동안 발표를 듣는 학생들은 '청취자 평가'를 작성하도록 한다. 간단한 엑셀 함수를 통해 이 청취차 평가와 교사의 채점 결과는 실시간으로 학생의 상태 창에 업로드되고, 발표를 마치고 자리에 앉는 순간 개인적으로 점수와 청취자 평가 내용을 확인할 수 있게 된다.

최근에는 ChatGPT를 활용해 학생들의 상태창에 피드백을 업로드하고 있다. 학생이 받은 동료평가의 칭찬 내용을 모아서 학생이 가진 강점을 분석하고, 총평을 남기는 것이다. 또한, 학생이 해준 칭찬 내용을 모아 더 나은 칭찬이 될 수 있도록 첨삭도 해 준다. 한 학생은 '내가 모르는 부분을 잘 설명해 주었다.'라는 칭찬을 남겼는데 ChatGPT에게 부탁했더니, "'내가 모르는'이라는 표현은 자기비하적으로 보일 수 있으니 '어렵고 까다로운 부분도 잘 설명해 주었다.'라는 표현으로 바꾸어 보세요."라고 조언해 주었다. 어느 주말, 이 시스템을 만들어 피드백 내용을 확인한 후 세상이 뒤집히는 기분이었다. ChatGPT 사용 이전에는 이렇게까지 구체적인 피드백을 줄 수 없었기 때문이고, 앞으로 얼마나 더 구체적이고 개별화된 피드백을 줄 수 있을지 기대가 되었기 때문이다. 이러한 피드백은 10명이면 10명, 100명이면 100명에게 모두 개별적으로 이루어지게 된다. 즉각적이고 개별화된 피드백 시스템이다. 향후 목표 중 하나는 언젠가 이 시스템을 앱이나 웹페이지로 만들어 내는 것이다.

## 게임 중독이 아니라 수업 중독이다!

### 수업과 게이미피케이션(Gamification)

나는 학생들이 내 수업에 게임처럼 빠져들기를 바란다. 게임이 지닌 요소를 다른 분야에 적용하는 것을 게이미피케이션(Gamification)이라고 하는데, 게임을 좋아하는 교사는 이를 어떻게 수업으로 풀어냈을까?

고등학교를 자퇴한 해, 그리고 회사를 그만두고 한동안 나는 거의 게임 중독이었다. 일상에 지장을 줄 정도로 게임에 빠져든 것이다. 물론 교사가 되고서는 게임보다는 수업을 만들고 학생과 함께 있는 것이 더 즐겁다.

수업에 대해 고민하던 어느 날 문득 이런 생각이 들었다. '내가 게임에 빠졌듯, 학생들이 내 수업에 빠졌으면 좋겠다.'

내가 게임에 빠져든 이유를 분석해 보았다. 첫째는 '화려한 그래픽'이다. 처음 게임을 마주하고 "우와~"하는 반응이 나올 때가 있다. 그 이유는 대부분 화려한 그래픽인데, 이 요소는 내가 직접 만드는 '수업 영상'에 반영했다. 화려하면서도 직관적인 영상을 만들기 위해 도형 하나, 사진 자료 하나를 고르더라도 내용에 적합하면서도 영상미를 뽑아낼 수 있는 것을 고른다.

둘째는 '미션과 보상'이다. 내가 직접 문제를 해결하면서 보상을 얻는 시스템인데, 게임에서는 보통 승리와 랭킹, 사냥과 아이템 등이 여기에 해당한다. 내 수업에서는 '협동 방탈출'과 '퀴즈쇼'에서 이 요소를 찾아볼 수 있다. 협동 방탈출은 동료와 협력하여 단계를 통과함으로써 다음 단계로 넘어가는 '통과'의 보상이 주어지며, 다른 모둠에 비해 빨리 나가거나 다른 모둠을 따라잡음으로써 심리적 보상을 얻을 수 있다. 또한, 카훗 · 퀴즈앤 · 띵커

벨과 같은 퀴즈쇼에서는 문제를 맞히고 점수를 얻는 보상을 얻을 수 있다.

마지막으로 게임에서 가장 중요한 요소인 '피드백'이다. 게임에서는 플레이어가 조작하는 키보드 · 마우스의 움직임이 모두 데이터가 되고, 분석과 알고리즘을 통해 플레이어에게 피드백을 제공한다. '더 좋은 결과를 얻기 위해서는 ~을 해 보세요.', '완벽해요!' 등 플레이어의 행동 하나하나에 전부 피드백을 해 줄 수 있다. 마치 교사가 수업 시간에 학생에게 해 줘야 하는 것처럼 말이다. 교실에서 교사는 1명이고 30명의 학생에게 일일이 피드백을 해준다는 것은 사실 불가능에 가깝다. 그래서 상태창을 만들었다. 상태창에는 내가 모둠활동을 하면 '동료로부터 받은 피드백'이 만들어지고, 발표를 하면 '청취자로부터 받은 피드백'이 즉시 업로드된다.

또한, 상태창에는 랭킹과 유사한 업적 시스템을 도입하기도 했다. '동료평가에서 모든 동료로부터 최고의 동료로 지목되었다.', '동료평가에서 모든 동료가 모든 점수를 만점으로 평가했다.', '우리 반에 천사(학년에서 가장 동료평가를 많이 써 주는 학생)가 있다.' 등의 멘트가 상태창에 나타나는 것이다. 이렇게 게임 요소를 수업에 접목한 후 학생들이 영상을 집중해서 시청하거나, 방탈출과 퀴즈쇼에 열정적으로 참여하거나, 상태창 데이터를 유심히 지켜보는 모습을 볼 때마다 뿌듯해지곤 한다.

앞으로 더 발전시켜야 할 요소는 게임 시나리오의 적대자라고 할 수 있는 '안타고니스트(antagonist)'다. 게이미피케이션 관점에서 수업을 연구하며, 과학 수업에서의 안타고니트스트는 어떻게 설정하고 만들어야 할지 고민 중이다.

대단원을 재구성하여 수업 영상을 만들고, 직소 모형의 수업을 운영하며 동료평가를 진행하며, 수행평가 이후에는 성찰 보고서를 작성한다. 이제 교육 현장에 1인 1스마트기기 환경이 마련되었고, 클라우드 환경에서 진행한 학습 기록은 모두 데이터화 된다. 그렇다면 이렇게 모인 데이터는 어떻게 활용할 수 있을까?

현재는 데이터를 통해 학습자를 이해하고, 이를 바탕으로 모둠을 만들며, 생기부 작성의 보조자료로 활용한다. 그러나 100명이 넘는 학생들의 데이터를 완벽하게 일일이 파악하는 것은 사실상 불가능해서 현재는 대략적인 수치를 분석하는 정도인데, 여기에 AI가 활용될 수 있지 않을까? 교사는 수업을 통해 데이터를 모으고, 이 데이터를 교육용 AI가 가공하여 활용하기 좋은 형태로 만들어준다면 어떨까? 예를 들어 'A 학생은 ~ 활동에 흥미를 느끼고 ~ 활동을 지루해하고 있습니다.', 'B 학생은 선생님이 칭찬해줄 때 학습 효과가 굉장히 높아집니다.'와 같이 말이다. 또 가장 학습 효율이 높아질 수 있는 모둠을 AI가 만들어 줄 수도 있을 것이고, 나아가서는 생기부의 초안까지도 만들어 내서 교사는 감수만 할 수도 있을 것이다. 이런 AI에 관한 생각을 여러 선생님과 얘기해 봤는데, 선생님마다 입장이 천차만별이었다. 더 좋은 수업을 만드는 데 도움이 될 것 같다는 선생님, 수업에서 인간미가 사라지는 것 같아 꺼려지는 선생님, 결국 AI에게 교사의 자리를 빼앗기는 것으로 보인다는 선생님 등 다양한 의견이 있었다.

내 개인적인 의견은 한 발 더 나아가서 수업 시간에 녹음기와 바디캠, 센서를 착용하고 수업하는 것이다. 교사 개인이 감지할 수 없는 학생들의 움직임, 표정, 모둠 활동에서 나누는 이야기를 모두 수집하는 것이다. 수업 시간에 일어나는 일은 심장박동 하나까지 데이터화하여 교육적으로 사용하고 싶다는 생각이다.

 **과학 교사는 수업 외에 학생들과 어떤 활동을 할 수 있을까?**

### 과학캠프 아이템 추천

학교에 따라 주말이나 방학 중 과학에 흥미 있는 학생을 대상으로 과학캠프를 진행하기도 한다. 다양한 과학 탐구활동이나 프로젝트 활동만으로도 풍성한 과학캠프가 될 수 있지만, 식사도 취침도 과학과 함께 할 수 있는 과학캠프 비법 아이템을 소개한다.

첫째, 로컬푸드를 활용한 분자요리 만들기. 다양한 지자체에서는 지역 사

천체 관측 야영 중 촬영한 불꽃놀이 사진

회와 학교가 연계하는 프로그램에 예산을 지원하는데, 해당 예산으로 로컬푸드를 구입해 학교에서 분자요리 기법을 교육하는 것이다. 지역 경제 활성화, 과학교육, 과학캠프 끼니 해결까지 1석 3조의 효과를 누릴 수 있다. 과학 원리와 분자요리 기법을 활용하여 '온도와 단백질 변성에 관련된 수비드 요리', '물질의 상태 변화에 관련된 액화질소 디저트', '화학 반응에 관련된 캐비어 모양 디저트' 등을 만들 수 있다. 만약 지역 축제에 학교가 참여할 여건이 된다면 로컬푸드와 분자요리 부스를 통해 지역에 긍정적 영향력을 발휘함으로써 1석 4조의 효과를 얻을 수도 있을 것이다.

둘째, 천체 관측과 야영. 과학캠프는 통학으로 진행해도 되지만, 밤까지 남아 야영을 할 수도 있다. 야영하면서 학교 옥상이나 운동장에 망원경을 설치하여 밤하늘을 관찰하는 것이다. 선생님이 망원경을 잘 다루지 못할 때는 쌍안경만 준비해도 학생들과 밤하늘을 관찰하면서 의미 있는 과학캠프를 만들 수 있다.

천체 관측 이후에는 숙박형 캠프의 꽃인 야영이 시작된다. 운동장에 텐트를 설치하고 캠프파이어를 하면서 본격적인 야영을 할 수도 있고, 실내 강당이나 다목적실에 원터치 텐트를 펼쳐 편하고 쾌적하게 야영할 수도 있다. 만약 천체 관측 동아리를 담당하게 된다면 저녁을 먹고 모여서 다음날 아침에 해산하는 형태로 별 보기 좋은 날마다 모여 예산을 사용하지 않으면서 부담 없이 교내 야영을 진행할 수도 있다.

셋째, 지역 주민 초청 행사. 과학캠프에 참여한 학생은 지자체와 학교의 예산으로 즐거운 추억을 만들게 되는데, 단순히 캠프를 즐기는 것을 넘어 지역에 보답하기 위한 지역 주민 초청 행사를 기획할 수도 있다. 학교의 긍정적 영향력을 지역에 전파하고 지역교육거점으로서의 위상을 확립하는 것이다. 최근에 운영한 과학캠프에서는 학생들과 함께 오픈랩 및 공개 관측회 행사를 기획하였다. 참가자의 절반은 오픈랩 행사의 부스 아이템을 만들고, 나머지 절반은 공개 관측회에서 주로 보게 될 개기월식과 망원경 사용법에 관해 설명할 준비를 한 것이다. 개기월식 당일에 지역 주민을 초청하여 여러 개의 실험부스에서 흥미로운 실험과 함께 과학적 원리를 설명하는 오픈랩 행사를 진행하고, 개기월식이 시작되는 시간에는 공개 관측회로 이어졌다. 학교의 모든 망원경을 운동장에 설치해서 망원경마다 담당자를 배치하여 개기월식 설명과 함께 관측을 안내하고, 쌍안경 담당자들은 운동장을 돌아다니며 망원경으로 관측하지 못한 지역 주민에게 '찾아가는 관측 서비스'도 제공했다. 100명이 넘는 지역 주민이 방문하여 성황리에 행사를 마쳤고, 지속해서 운영한다면 지역의 문화로도 자리 잡을 수 있겠다는 생각을 했다.

교사가 행복해야
학생이 행복하다

행복한 교사 되기

어린 시절 나의 유일한 취미는 게임이었다. 중학교 시절에는 방학마다 게임으로 밤을 새는 것이 일쑤였고, 대학을 다닐 때는 게임을 하다가 학교에 가지 않은 날도 많았다. 무언가에 집중하지 않는 시간은 거의 게임으로 보냈던 것 같다.

그런데 지금은 게임을 거의 하지 않고 있다. 가끔 하는 게임이 너무나도 재미있는 것을 보면 단순히 나이가 들면서 취향이 변한 것은 아닐 것이다. 아마도 게임보다 더욱 재미있는 것이 생겼기 때문은 아닐까?

처음 교사가 된 2019년부터 나를 행복한 교사로 만들었던 것을 차근차근 되짚어보니, 나는 그야말로 '일에 미친 사람'이었다. 교사가 된 이후에는 거의 아무런 문화생활도 하지 않고 일만 했다.

2019년 초에는 학교에 근무하는 것만으로도 기뻤다. 잘 다니던 회사도 그만두고 다시 대학에 들어가 교사가 되겠다는 목표를 이룬 것이다. 대학을 다니고 임용시험을 공부하던 시절에 머릿속으로 상상하던 수업을 만들어 내고, 여기저기 연수를 다니며 새로운 수업 방법을 배우고 구현하는 것이 너무나도 즐거웠다. 특히, 방학 때는 유튜브 영상을 만들기 시작했는데, 영상을 하나하나 만들고 내가 만든 영상으로 수업하는 것이 좋아서 계속해서 수업자료만 만들었다. 그렇게 성장하는 즐거움은 나에게 그 어떤 것보다도 큰 만족감과 행복을 주었다.

2020년에는 코로나가 찾아왔다. 등교는 미뤄졌고 수업을 준비할 수 있는 시간이 더욱 많아져 1년치 수업자료를 모두 준비했다. 유튜브 영상이 유명해지자 여기저기서 강의를 요청해왔고 다양한 에듀테크 활용 사례를 소개하며 선생님들의 수업을 조금이라도 도와드리고자 모든 강의를 맡았다. 오프라인 형태로 만들기만 했던 수업자료를 온라인 형태로 구현하고, 더 좋은 온라인 수업을 만들기 위해 고민하며 1년을 전부 쓴 것 같다. 남는 시간도 없었지만, 남는 시간에는 내가 만든 수업자료를 다른 선생님들도 쓸 수 있도록 개선하는 작업을 했다. '물 들어올 때 노 저어라.'는 말처럼 이 시기는 정말 수업에 관한 고민에 푹 빠져 지냈다. 그리고 그 고민을 해결하는 방법을 찾고 실천한 것이 2020년의 나를 가장 행복하게 한 것이다.

2021년에는 학생들이 등교하기 시작했고, 그동안 온라인으로 만들어낸 수업자료를 '블렌디드' 형태로 가공하기 시작했다. 학교에 와이파이와 크롬북이 갖춰지면서 이전에는 할 수 없었던 형태의 수업을 할 수 있게 된 것이다. 개별 피드백 시스템인 상태창을 개발하고, 크롬북을 활용한 수업 방법을 만들고, 기존 교실에서 이루어지는 미래형 수업에 한계를 느껴 미래 교실 환경 구축을 고민하다가 결국 학교 전체 리모델링 사업(그린스마트 미래학교)까지 손을 대고 만 것이다. 2021년에는 일도 많이 했지만, 학생들을 너무나도 사랑하게 되었다. 2020년에 만난 학생을 2021년에도 맡았는데, 학교에서 일하다 보면 학생의 도움이 필요할 때가 많았고, 도움을 요청하면 언제나 서로 도와주겠다며 나서는 학생들을 보며 고마움을 느꼈다. 그리고 내가 만들어 내는 새로운 수업과 새로운 활동에 적극적으로 참여하고 적응하기 위해 노력하는 학생을 보며, 말썽을 일으키더라도 교사인 나와 이야기하며 반성하고, 사과하며, 나아지는 모습에 사랑에 빠진 것이다. 더 나은 교사가 되고 있다는 만족감이 2021년의 나를 가장 행복하게 했다.

2022년은 그야말로 쉴 시간도 없었다. 1~2학년에 만났던 학생들과 또 함께하고 싶어서 담임을 맡았고, 마지막으로 만나게 될 학생들에게 많은 추억을 만들어 주고 싶어서 학년 부장도 맡아 정말 다양한 학년 행사를 기획하고 운영했다. 과학 교사 3명 중 나를 제외한 2명이 신규 교사였기 때문에 과학과 업무 총괄도 맡았고, 내가 벌인 일이기 때문에 리모델링 담당 업무도 맡았다. 학교에 1인 1디바이스 환경을 구축할 때 원하는 기기를 들여놓기 위해 기기 구입 공모사업 담당도 맡았고, 학년 행사에 예산이 부족해지시 않도록 하려고 지자체 공모사업도 따냈다. 그해 업무분장에서 교장 선생님을 포함한 선배 선생님들 모두 나를 말렸다. 역시 선배님 말씀을 잘 들으면 자다가도 떡이 생기는 것이 3월 2일에 개학하고 당장 그날부터 후회하기 시작했다. 업무는 쉴 틈 없이 몰아치고, 학생들이 일으키는 사고가 모두 학년 부장인 나의 일처럼 느껴진 것이다. 교직 생활 4년 만에 위기가 찾아왔다. 눈뜨는 시간부터 눈 감는 시간까지 업무를 해도 시간이 부족했지만, 초심을 잃지 않기 위해 노력했다. 엔데믹 과도기에 학급별 1박 2일 체험 학습을 기획하고, 주말 과학캠프를 2주 연속 개최하고, 공개 관측회도 열고, 놀이공원으로 소풍도 가고, 천체 관측 동아리도 운영하면서 야영도 여러 번 하고, 꿈의 학교도 운영했다.

그 많은 일을 돌이켜 생각해 보면 어떻게 가능했는지가 궁금한데, 그해에 만난 모든 사람이 나를 도와주었기 때문일 것이다. 많은 일을 벌이게 되면 여유가 없어져 실수도 잦아지고 가끔은 까칠해지고, 무언가를 놓치기도 한다. 그런데 교장 선생님, 동료 선생님, 학생, 학부모님 모두가 나를 배려하고 응원해 주셨다는 생각이 든다. 서로를 아끼고 응원하는 것이 일상으로 자리 잡고, 어느새 우리의 문화가 되었다고 느끼기도 했다. 교사 개인으로만 성장하던 한 사람이 공동체 안의 교사로 성장하게 된 것이다. 2022년에는 숨 돌릴 시간도 없이 그야말로 최선을 다했고, 내가 최선을 다한 이유였던 학생들을 만나는 시간이 단 한 번도 행복하지 않았던 적이 없었다. 심지어 하루 중에서 가장 행복한 시간은 학생과 호흡할 수 있는 수업 시간이었다. 아이러니하게도 가장 힘든 시간 또한 수업 시간이었는데, 일이 너무 바빠 수업 준비를 제대로 하지 못하고 수업을 마친 날은 정말 마음이 너무나도 아프고 괴로웠다. 학년 말에는 체력도 떨어지고 일에 치여 계속해서 수업 준비를 제대로 하지 못했던 시기가 있었는데, 교사가 된 이후 가장 아쉽고 후회하는 시기가 바로 이때이기도 하다.

2023년 3월 현재, '행복한 교사 되기'라는 주제로 내 교직 생활을 전부

되짚어보았다. 올해 만난 학생들은 이름도 얼굴도 익숙하지 않지만, 지금도 나는 수업 시간에 가장 행복하다. 게임 속에서 캐릭터가 막강해져 마지막 보스를 처치했을 때보다도, 대학교 시절 힙합 공연 무대에서 관객들의 환호를 받았을 때보다도, 감동적인 영화나 책을 보고 여운에 젖었을 때보다도, 여행지에서 굉장한 풍경을 보고 경탄에 빠졌을 때보다도, 한 시간 수업을 잘 마치고 종소리와 함께 퇴장하는 순간이 더 큰 만족감과 행복을 준다.

미래 사회는 끊임없이 빠른 속도로 변할 것이다. 그렇기에 학생에게 지식을 가르치는 것이 아니라, 미래 사회에 필요한 역량을 키워 주는 것이 우리 교사의 역할이 되었다. 그런데 문제가 있다. 급변하는 세태에는 언제나 교사보다는 학생이 더 빠르게 적응한다는 것이다. 협동학습을 하며 학생들에게 항상 하는 말이 있다.

"여러분이 사회에 나갈 때는 세상의 모든 일이 복잡하게 얽혀있기 때문에 혼자서 할 수 있는 일이 거의 없을 것입니다. 그리고 우리는 다양성을 존중하는 사회에 살고 있기에 나와 같은 사람하고만, 혹은 마음이 잘 맞는 사람들만 모여서 일을 할 수도 없을 것입니다."

"이번 수업을 통해 다양한 사람이 모여 어려운 과제를 만났을 때 어떻게 협력해야 하는지 충분히 연습하고 배우길 바랍니다."

학생에게만 해당하는 말은 아닐 것이다. 변화에 적응하기만 하는 것도 어려울 그런 날을 대비하여, 교사 또한 서로를 돌이뵈야 한다. 새내기 선생님에게는 모든 것이 새롭고, 은퇴를 앞둔 선생님도 새로운 수업을 연구한다. 아주 개인적인 생각이지만 '혼자 만드는 수업은 여럿이 만드는 수업보다 좋을 수 없다.'고 생각한다. 새내기 선생님이 학교에 오면 마주하게 될 우리는 끝없이 발전하고자 노력하는 교사 집단이다.

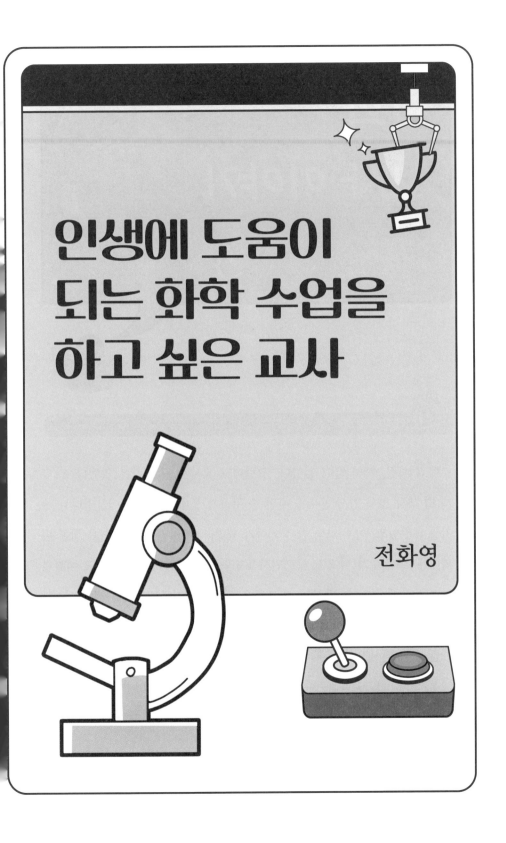

# 인생에 도움이 되는 화학 수업을 하고 싶은 교사

전화영

**어쩌다 교사**

여고 시절, 딱히 꿈이 없었다. 그럼에도 교사가 될 생각은 없었다. 그렇게 별 생각 없이 입시 공부를 하던 중 누군가가 내과 의사가 어울린다는 얘기를 해주었고, 이후 나의 꿈은 의사가 되었다. 하지만 대입 시험을 치른 뒤 의대에 갈 점수가 나오지 않으면서 1지망을 의대와 가장 가깝다고 여겼던 약대로 쓰게 되었다. 당시는 한 대학으로 1, 2, 3지망을 쓰던 시절이어서 1지망을 약대로 쓰고 나니 2, 3지망을 뭘로 쓸지 고민이 되었다. 그때 2, 3학년 내내 헌신적으로 우리를 챙겨주셨던 화학과 담임 선생님의 영향으로 2, 3지망을 화학교육과, 화학공학과로 쓰게 되었다. 화학이라는 과목을 좋아하지도 않으면서. 그렇게 1지망부터 3지망까지 몽땅 화학 관련 과로 쓴

다음 1지망에서 낙방하고, 2지망인 화학교육과에 진학한 것이 나와 화학 교사의 질긴 인연의 시작이었다. 대학교에서 화학을 전공으로 배워보니 역시 너무 어렵고 재미없었다. 결국, 화학자가 되는 길을 포기하고 나니 졸업을 하고 나서 화학 교사가 되어 있었다.

4년 내내 화학을 배웠지만, 막상 중학생 앞에 서니 무엇을, 어떻게 가르쳐야 할지 전혀 알 수가 없었다. 답답한 마음에 선배 선생님이 주도하던 과학 교사모임에 참여하게 되었고, 거기서 화학 실험을 배우면서 화학의 즐거움을 알게 되었다. 당시만 해도 실험 수업의 비율이 높지 않았던 시절이어서 간단한 실험만 해도 학생들의 눈은 호기심과 즐거움으로 반짝였다. 그걸 보며 나 또한 즐겁고 행복했다. 지금도 〈신나는 과학을 만드는 사람들〉이라는 이름의 그 교사모임을 계속하고 있는 이유일 것이다.

『어린 왕자』를 지은 생텍쥐페리는 이런 말을 했다고 한다. "당신이 배를 만들고 싶다면, 사람들에게 목재를 가져오게 하고 일을 지시하고 일감을 나눠 주는 일을 하지 말라. 대신 그들에게 저 넓고 끝없는 바다에 대한 동경심을 키워줘라."

꽤 오랜 세월 동안 화학을 가르치는 나의 목적은 학생들이 화학을 사랑하게 만드는 것이었다. 그러다가 27년 차인 2014년에 접어들면서 생각이 바뀌었다. 강의 일변도의 수업이 아닌 학생 참여형 수업을 시작하면서 생긴 변화였다. 그때 이후로 내 수업의 목표는 '인생에 도움이 되는 수업'이 되었다. 학생들이 행복한 삶을 살기를 바라게 되었고, 그럴 수 있도록 도움을 주는 수업을 하고 싶었다. 지금도 매년 첫 수업 시간이 오면, 멋진 수소 풍선의 폭발 실험을 보여 준 다음, 수업의 목표를 얘기한다.

수소 풍선 폭발 시범 실험

그리고 학년 말이 되면 무기명 설문조사를 해서 꼭 물어본다. 화학 수업이 인생에 도움이 되었느냐고. 다행히도 많은 학생이 화학 수업이 인생에 도움이 되었노라고 대답한다. 이 정도면 만족이다.

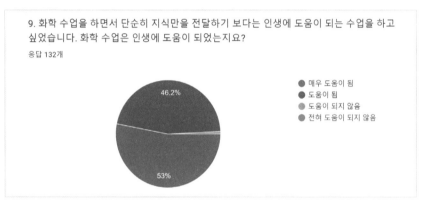

9. 화학 수업을 하면서 단순히 지식만을 전달하기 보다는 인생에 도움이 되는 수업을 하고 싶었습니다. 화학 수업은 인생에 도움이 되었는지요?

응답 132개

- 매우 도움이 됨
- 도움이 됨
- 도움이 되지 않음
- 전혀 도움이 되지 않음

46.2%

53%

2021년 화학 수업 설문조사 결과

 **멋진 교사가 되기 위해 오늘도 다짐하는 것**

경력이 35년 정도 되면 수업에서 더는 고치거나 개선할 것이 없을 것 같지만, 그것은 천만의 말씀, 만만의 콩떡이다. 뭔가 새로운 것을 배우고 익혀 시도를 하다 보면 언제나 실수, 오류가 생기기 마련이다. 새로운 시도를 하지 않는다면 고칠 것이 없겠지만, 그것은 실험 수업을 전혀 하지 않아 깨끗

하기만 한 과학실과 같은 것일 뿐이다. 겉보기에는 만족스러울 수 있지만, 실제로는 무의미한 것.

35년을 지니는 사이, 내 수업은 많이 변했다. 가장 큰 변화는 수석 교사가 된 이후 학생 참여형 수업인 '거꾸로 교실'을 시작하면서 일어났다. 교사가 수업 영상을 미리 찍어 올려두면, 학생들이 미리 영상으로 수업 내용을 예습하고 와서, 수업 시간에는 활동 중심으로 수업을 진행하는 방식이었다. 교사가 주인공이 되어 수업을 끌고 나가던 수업에서 주도권을 학생에게 넘기는 과정은 조금 과장하면 '뼈를 깎는 아픔'이었다. 첫해 수많은 시행착오를 겪었고, 학생들이 내 가슴에 박은 못을 모두 빼서 모으면 철물점을 차릴 수 있을 정도였다. 하지만 칼을 뺐으면 무라도 베어야 한다는 마음으로 고집스럽게 노력해 8년 동안 계속해오는 중이다. 나의 거꾸로 교실은 계속해서 업그레이드를 거듭해 안정 궤도에 들어섰다고 자평할 수 있는 수준이 되었다. 하지만 과학고에서 거꾸로 교실은 절반의 성공밖에 거두지 못했다. 어떻게 하면 좋을지 지금도 고민 중이다. 수업은 왜 이렇게 어려운 것일까.

실험도 마찬가지다. 실험 수업은 발령 첫해부터 계속해서 해 오고 있는 내 수업의 정체성 같은 것인데, 어떤 실험은 계속해서 똑같이 진행하지만, 어떤 실험은 매년 학생들의 보고서, 피드백을 통해 조금씩 개선하고 있다. 과학고등학교에서 근무하는 동안에는 아예 보고서에 '실험 업그레이드 방안'을 적도록 보고서에 칸을 만들기도 했다. 생각보다 영양가 있는 방안을 적는 학생들이 있었고, 그것을 바탕으로 실험을 계속해서 업그레이드하는 중이다. 최근에는 새로운 실험을 만들기도 했다. 2022년, 마이크로프로세서를 이용해 연속적으로 데이터를 수집할 수 있는 라즈베리 파이 피코라는 것을 알게 되어, 센서와 마이크로 파이썬(MicroPython) 코딩을 이용해 중화 반응이 일어나는 동안 온도, pH, 전도도의 변화를 측정하는 실험을 진행하였다. 전문가 강사님을 모시고 학생들과 함께 피코 사용법을 익혔고, 이후에 화학 실험에 적용하는 수업을 하면서 진정한 즐거움을 느낄 수 있었다. 하지만 첫술에 배부를 수는 없는 법! 올해는 작년보다 업그레이드된 방법으로 이 실험을 계속할 생각이다. 과학고가 아닌 일반고에서.

수업이 즐거워지는 이야기

35년을 가르치는 사람으로 살아오다 보니, 내 수업을 대표할 수 있는 키워드가 몇 개 생겼다. '실험 수업', '거꾸로 교실', '스마트 수업', '질문이 있는 수업'이 그것이다. 실험 수업은 1988년, 스마트 수업은 2013년, 거꾸로 교실은 2014년, 질문이 있는 수업은 2015년부터 시작했으니 짧게는 8년부터 길게는 35년 동안 이어온 키워드다. 이 중에서 가장 핵심적, 대표적인 것을 고르라면 단연 실험 수업이다. 세상에 화학 실험처럼 재밌는 게 또 있을까?

수업을 할 때면 교사가 원맨쇼를 하고 학생들이 수동적으로 경청하는 게 아니라 학생들이 함께 살아 움직이는 모습을 보고 싶다. 다행히 화학 수업은 그렇게 하는 게 상대적으로 쉽다. 다양한 실험 수업이 가능하기 때문이다. 그래서 나의 수업을 대표하는 몇 가지 키워드 중 가장 오래되고 중심에 있는 것은 '실험'이다. 화학 실험이 얼마나 즐겁고 신비한지 학생들이 경험한다면, 뜯어말린다고 해도 화학을 사랑하게 되어 공부하고 싶어지지 않을까?

첫 수업에서 실시하는 환영 세레머니 – 수소 풍선과 헬륨 풍선(2023년 3월 6일)

가장 큰 화학 실험의 묘미라면 아마도 폭발일 것이다. 폭발은 사고의 위험성이 분명 있지만, 안전 조치를 제대로 한다면 그만한 즐거움이 없다. 학생들을 처음 만나는 시간에 수소 풍선과 헬륨 풍선을 2개씩 준비해 환영 세레머니를 준비하고, 각 풍선에 하나씩 차례로 불을 붙이는 시범 실험을 하는 것은 그 때문이다. 첫 수업에 이 실험을 준비하려면 신경 쓰이는 게 한

둘이 아니지만 늘 하려고 노력하는 이유는 이 시범 실험을 보며 눈이 반짝거리는 학생의 모습을 보면 행복해지기 때문이다. 배우는 학생도, 가르치는 교사도 행복하다면 그게 가장 좋은 수업일 테니까.

또 하나, 대규모의 폭발 실험으로 실시하는 건 주기율표 1족에 속하는 알칼리 금속 중 나트륨의 폭발이다. 학생들에게는 쌀알 크기로 잘라 나눠 주고 실험하게 하지만, 시범 실험은 운동장에서 큰 규모로 실시한다. 금속 나트륨이 물과 반응하면 수소 기체가 발생하면서 대규모의 폭발이 일어난다. 남은 용액은 염기성을 띠기 때문에 미리 물에 페놀프탈레인 지시약을 넣어 두면 반응이 끝난 뒤 진한 핑크색 용액이 남는 것도 볼 수 있다. 운동장 주변이 모두 아파트로 둘러싸여 있었던 학교, 청와대 가까이에 있었던 학교, 군부대 옆에 있었던 학교를 거치면서도 이 실험을 그만두지 않았던 것은 학생들이 실제로 경험할 수 있는 가장 큰 규모의 폭발일 가능성이 크기 때문이다. 학생들은 안전하게 5m 이상 떨어지게 한 다음 시범 실험을 하는 것이니 걱정하지 마시라.

운동장 나트륨 폭발 시범 실험

화학 실험의 재미가 폭발에만 있는 것은 아니다. 교사 주도의 폭발 시범 실험은 실제로 학생들이 하는 것이 아니므로 학생이 주도적으로 참여하기는 어렵다. 그런 의미에서 학생들이 가장 도전적으로 참여했던 간단한 실험을 소개한다. 아주 단순한 실험, 물 위에 10원짜리 동전 띄우기다. 물의 표면 장력을 이용하면 물보다 밀도가 큰 동전을 띄울 수 있다. 2020년까지 동전 띄우기

물 위에 10원짜리 동전 띄우기

신기록은 4개였다. 그러나 2021년에 시작된 도전은 6개, 10개, 17개, 23개, 42개, 52개를 거쳐 126개까지 이어졌다. 성적에 들어가는 수행평가가 아니었기 때문에 편한 마음으로 즐거운 도전이 이어졌을 것이다.

적어도 실험 수업을 하는데 자는 학생은 거의 없다. 다른 짓을 하는 학생도. 1인 1실험, 혹은 2인 1실험, 아무리 많아도 4인을 넘지 않게 실험이 진행되도록 애쓴다. 그리고 실험 조는 수업 당일 무작위로 결정한다. 누구와 짝이 될지 아무도 모르게. 좌석표가 화면에 뜨는 순간 실험실에는 환호와 탄식이 교차한다. 실험 횟수가 많아지면 실험 파트너에 대한 불만은 자연스럽게 줄어든다. 내내 마음에 안 드는 짝만 만나게 되지는 않으니까.

## 거꾸로 교실: 학생 참여형 수업

수석 교사 제도가 법제화되었던 원년인 2012년 1기로 수석 교사가 되었다. 수석 교사는 수업 개선을 최우선 과제로 두어야 하는 직급이다. 교장, 교감이 되는 행정 라인이 아닌 평교사 라인의 끝에 있는 존재. 수업 개선을 위해 수업 시수를 절반으로 줄여 주기 때문에, 그만큼 수업 개선을 위한 노력을 열심히 해야 하는 직업이다. 학교에서는 모두가 수업이 제일 중요하다고 말하지만, 각종 업무와 비교하면 가장 뒷전이 되는 게 수업이다. 그러니 수석 교사라는 존재는 학교 현장에서 뿌리내리기가 어려울 수밖에 없다. 게다가 담임이나 업무도 맡지 않으니 학교 입장에서는 불청객이다.

초반에는 주변의 눈치를 보며 적응하느라 별다른 수업 개선을 하지 못했다. 하지만 2014년에 접어들어 KBS에서 방영된 다큐멘터리를 보고 '이거다!' 생각하고 '거꾸로 교실'을 시작했다. 사전에 아무 공부도 안 하고 맨땅에 헤딩하며 시작했던 거꾸로 교실은 초반에 반짝 학생들의 흥미를 끌었지만, 한 달이 지나자 외면받기 시작했다. 힘들게 찍어서 올려둔 수업 영상을 보고 오는 학생이 10%도 안 되는 상황이 온 것이다. 영상을 보고 오게 하는 것은 거꾸로 교실에서 최상의 난이도를 기록할 정도로 어려운 일이었다. 달래고, 어르며 어찌어찌 수업을 끌고 갔지만, 2학기 수업 진행 방식을 두고 1학기 말에 실시한 설문조사에서 40%에 달하는 학생들이 반대, 매우 반대에 손을 들었다.

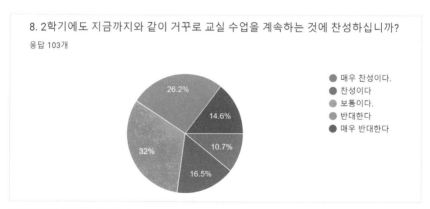

8. 2학기에도 지금까지와 같이 거꾸로 교실 수업을 계속하는 것에 찬성하십니까?
응답 103개

- 매우 찬성이다.
- 찬성이다
- 보통이다.
- 반대한다
- 매우 반대한다

26.2%
14.6%
10.7%
16.5%
32%

2014년 7월 실시한 구글 설문 결과

이 결과를 보여 주자 학생들은 환호성을 질렀다. '이제 2학기부터는 거꾸로 교실 그만하는 거죠?'라며 신나서 웃었다. 나는 꼼수를 냈다. '보통이다'에 표를 던진 32% 학생들의 의사가 중요하지 않겠느냐고 물으며, '보통'에 체크했다고 손 들었던 학급회장에게 의견을 물어보았다. 회장은 해도 되고, 안 해도 된다고 했다. 나는 그 말을 부여잡고 2학기에도 거꾸로 교실을 밀어붙였다. 학생들의 불만은 커졌고, 결국 4분기에는 거꾸로 교실과 강의식 수업을 섞어서 진행했다.

그해 연말에 실시했던 설문조사에서 학생들이 가장 선호했던 수업 방식은 4분기에 실시했던 거꾸로 교실 + 강의식 수업의 섞어찌개 방식이었다. 이 해, 가장 뼈아팠던 것은 인생은 혼자 사는 거라는 정신이 충만한 상위권 학생들이 철저하게 거꾸로 교실을 외면했던 점이었다. 그 학생들은 수능 모의고사에서 화학1을 선택하지 않는 것으로 내게 복수했다(ㅠㅠ). 다음 해엔 이 학생들을 더는 가르치지 않았는데, 이 아이들이 자기소개서에 거꾸로 교실 얘기를 많이 썼다는 이야기가 바람결에 들려왔다. 아오, 이 자슥들. 그해 4분기 섞어찌개 수업을 진행하면서 블로그에 적어둔 교단 일기에는 이런 내용이 있다.

4월 중순 이후로 10월 말까지 모든 수업을 거꾸로 교실로 진행해왔다. 중간, 기말고사를 기준으로 하면 1년을 4분기로 나눌 수 있는데, 1분기는 강의식 수업 잠시 하다가 조별 협동 수업으로 진행했고, 2, 3분기는 100% 거꾸로 교실로 진행을 한 셈이다. 1학기 땐 동영상 찍고, 활동지까지 만드느라 그야말로 눈코 뜰 새 없이 살았다. 다행히 2분기가 지나고 여름 방학이 왔고, 그동안 3분기용 동영상 12편과 활동지를 만들 수 있어서 개학 이후 3분기 수업은 조금 여유가 있었다. 그리고 4분기를 맞았다.

내가 직접 강의를 하지 않는 거꾸로 교실의 수업 방식에 대한 불만은 성적 제일 좋은 12반에서 가장 많이 나왔고, 이런 의견을 적극 감안하여 4분기는 거꾸로와 강의식 수업을 섞어보기로 해서 산화와 환원 단원을 진행하였다. 거꾸로 교실 4차시 + 강의식 수업 3차시의 비율이었고, 강의식 수업을 진행한 부분은 산화수, 산화제와 환원제 그리고 금속의 반응성이었다. 4단원 시작 전에 아이들에게 조사한 결과, 어려운 주제이니 강의식으로 진행해달라는 요청이 많았던 주제였다.

그런데, 이렇게 산화와 환원 단원을 수업을 해보니, 시작하기 전까지만 해도 이 방법이 가장 좋은 해결책이라고 생각했던 확신이 조금씩 무너지는 것을 느낀다. 일단, 동영상을 보고 오는 것을 깜빡 잊는 아이들이 조금 늘었다. _,_ 예전에는 무조건 보고 오는 것이라고 생각해 따로 기억하지 않아도 되니 단순했는데, 이제는 거꾸로와 강의식 수업이 함께 있으니 헷갈리게 된 것이다. 이건 내가 익히 우려했던 상황이기도 했다. 가뜩이나 잘 잊어먹는 머스마들이 규칙성이 없는 수업 진행을 제대로 기억할 리가~. ㅠㅠ

또 하나의 문제점은 나 자신에게서 나왔다. 강의식 수업을 할 때는 아이들의 책상 배열도 조별이 아니라 아예 모두 앞을 보도록 한 상태로 수업을 했는데, 내가 마치 물 만난 고기처럼 수업을 하고 있더란 말이지~. 특히 금속의 반응성 차시의 11반 수업은 그야말로 아이들이 쫘악 빨려들어 오는 느낌 그 자체였다. 공부와 완전히 담쌓은 2~3명을 제외하고는 전체가 수업을 따라오고 있는 느낌이라니

~, 이건 마치 황홀경 같다고나 할까~. ㅎㅎㅎ. 물론 아이들은 강의를 들으면서도 번호만 적힌 텅 빈 활동지를 끊임없이 적으며 수업을 참여했는데, 그래서인지 더욱 집중도가 높았고, 수업이 끝난 뒤 평소 자주 자던 한 녀석이 "선생님, 오늘 수업 재밌었어요."라고 멘트까지 날려주었더라는 ㅋㅋㅋㅋ. 아이들이 주인공이 되는 수업이 아닌, 내가 주인공이 되는 수업이 주는 즐거움이 얼마나 컸던가를 새삼 다시 느끼게 된 경험이기도 했다. 아이고, 왜 이렇게 쉬운 일이 없는 것이냐~. ㅎㅎㅎ

일단은 앞으로도 이렇게 섞어서 하는 수업은 계속 진행할 예정이다. 문제는 내년에 내가 어떻게 할 것이냐인 듯~. 현재와 같은 상태라면, 거꾸로 70% + 강의식 수업 30% 정도의 비율로 가게 되지 않을까…. 물론 이것도 이번 분기 다 끝나고 아이들의 의견 조사를 마친 다음에 정해야겠지. 그냥 말로 물어보았을 때는 섞어서 하는 게 좋다는 반응이었는데~.

일찍이 거꾸로 교실을 창안한 존 버그만 샘은 말씀하셨다. 최고의 커피는 자신에게 제일 잘 맞는 커피라고. 거꾸로 교실 또한 그 실시 방법에 있어 각자 교사마다 자신에게 가장 잘 맞는 스타일이 따로 있을 거라는 생각을 한다. 올해 나는 다양한 시도를 해왔고, 이 중에서 가장 내게 잘 맞는 스타일을 찾을 것이다. 그리고 지금, 아마도 조금은 찾은 것 같기도 하다.

2014년 11월 22일 블로그에 적은 교단 일기

(https://blog.naver.com/chemijhy/220188686703)

그해 겨울, 거꾸로 교실 실패 원인을 계속해서 분석했다. 결론은, 너무 무모하게 덤볐다는 것. 나는 일단 책을 사서 읽었고, 관련 연수를 신청해서 들었으며, 거꾸로 교실과 관련된 여러 모임을 찾아다니기 시작했다. 성공적으로 실시하고 있는 선생님들의 사례를 들으며 내 수업의 문제점을 파악했다. 그래서 2015년에는 활동지의 형태, 수업 진행 방법을 많이 바꾸었고, 이후부터는 점차 안정기에 접어들었다. 하지만 느낌과는 별개로 학생의 만족도를 제대로 확인하고 싶어, 언제나 학기 말이 되면 수업 진행 방식, 특히 거꾸로 교실에 대한 만족도를 묻는 문항을 늘 넣고 있다. 다행히 2015년부터 학생들의 만족도가 계속 높아져서, 2015년 66.3%, 2016년 69.7%를 거쳐, 2017년 1학기 말에는 약 90%의 학생들이 거꾸로 교실 수업 방식에 만족한다고 응답했다. 첫해의 실패를 생각해 보면 감격스러운 결과였다.

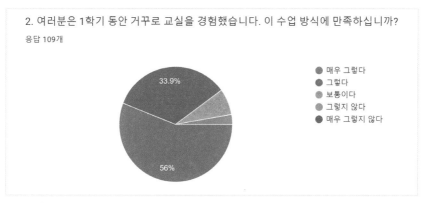

2017년 1학기말 구글 설문조사_거꾸로 교실 만족도

또한, 가장 속을 끓였던 수업 동영상 시청 비율도 안정세에 접어들었다. 약 70%의 학생들이 거의 다 보았다고 응답했는데, 2014년 첫해에 동영상 예습을 해오지 않아 힘들었던 것을 생각하면 완전히 만족스러운 결과였다.

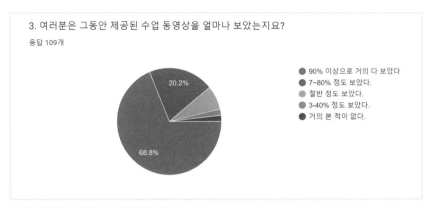

3. 여러분은 그동안 제공된 수업 동영상을 얼마나 보았는지요?

응답 109개

- ● 90% 이상으로 거의 다 보았다
- ● 7~80% 정도 보았다.
- ● 절반 정도 보았다.
- ● 3-40% 정도 보았다.
- ● 거의 본 적이 없다.

20.2%

68.8%

2017년 1학기말 구글 설문조사_영상 시청 비율

    역설적으로, 수업 영상을 미리 예습해 오는 비율이 높아진 데는 내 무관심이 한몫했다. '영상을 안 보고 오는 학생이 정상, 보고 오는 학생이 장한 것'이라고 마음을 바꾸자, 열심히 보고 오는 학생이 예뻐 보이는 긍정적 효과가 생겼고, 그런 학생이 모인 모둠에는 모둠 도장을 꽝꽝 찍어 나중에 매점 상품권으로 바꿔주게 되었다. 영상의 조회 수를 수시로 확인하지 않으면서 마음에 평화가 찾아왔음은 물론이다. 안 봐도, 미리 봐도, 나중에 봐도 좋다고, 열심히 보고 온 사람들은 맛있는 거 먹으라고 말을 했더니 왜 안 보고 오냐고 닦달할 때보다 훨씬 잘 보고 오는 걸 보고, 거꾸로 교실의 큰 고개를 넘었음을 확신했다.

    2019년에는 고3에서 처음 만난 학생들을 대상으로 거꾸로 교실을 실시했다. 걱정스러웠으나, 이 학생들도 1학기 말 설문조사에서 89.5%가 만족한다고 응답했다. 심지어, 2학기에도 거꾸로 교실 수업을 계속하자고 응답한 학생이 많아 중간고사 전까지 화학실에서 수업을 진행할 수 있었다. 인문계고 3학년 2학기 과학 선택 과목의 수업이 대체로 어떤지 아신다면, 이게 얼마나 쉽지 않은 일인지 느낄 수 있으리라. 이 해를 마지막으로 학교를 옮기면서 거꾸로 교실을 기반으로 하는 수업에 관한 더 이상의 개선은 필요하지 않을 거라는 어느 정도의 자신감까지 가질 수 있었다. 이렇게 몇 년에 걸쳐 거꾸로 교실 수업을 해온 결과, 2020년 세계를 강타한 코로나로 인해 갑자기 닥쳐온 원격수업 기간을 별다른 어려움 없이 잘 대처할 수 있었다.

## 스마트 수업

2013년부터 태블릿 PC인 갤럭시 탭을 무선 미러링 기기와 함께 사비로 구입해 수업자료를 스크린에 띄워가며 스마트 수업을 시작했다. 그해에는 학생들에게 실험 사진을 찍어서 카톡으로 제출하게 하는 정도로만 사용했지만, 다음 해인 2014년부터는 구글 스프레드시트에 정량 실험 결과를 올리도록 시트의 주소를 QR 코드로 실험 보고서에 인쇄해 주기 시작했다. 그로부터 지금까지 갤럭시 탭을 3개째 구입해 사용해 오고 있다. 첫해인 2013년, 탭이 고장 나 삼성 AS 센터에 갔을 때 서비스 직원의 '무선 미러링'이라는 말을 못 알아들었던 기억이 생생하다.

# 실 험 보 고 서

| 학번 | 2 학년  반  번 | 조원 | | 이름 | |
|------|------|------|------|------|------|
| 제목 | 화학 반응에서의 양적 관계 – 질량 | | | | |
| 날짜 | 2017 년   4 월   일   교시 | | | | |
| 과정 | ※ 탄산 칼슘 A, B, C 각각의 질량은 다르게 하되, 0.5 ~ 1 g의 범위 내로 한다.<br>1. 눈금 실린더를 이용하여 비커에 묽은 염산을 30 mL 넣고 질량을 측정한다.<br>2. 전자저울에 시약포지를 올려놓고 영점을 맞춘 뒤 탄산 칼슘 A( )g을 측정한다.<br>3. 염산이 든 비커를 저울 위에 올려놓은 후, 탄산 칼슘 A( )g을 비커에 천천히 넣는다.<br>4. 반응이 완전히 끝나면 비커의 질량을 다시 측정한다.<br>5. 탄산 칼슘 B( )g, C( )g에 대해서도 과정 1~4를 반복한다.<br>6. 실험 3회의 결과를 평균 하여 각자 반의 구글 스프레드시트 문서에 전송한다. | | | | |
| | 9반 | 10반 | 11반 | 12반 | |

실험 보고서 (2017)

탭을 무선 미러링하며 수업을 할 때 매우 유용하게 사용한 기능이 카메라였다. 시범 실험을 할 때 스마트 도우미가 나와 탭으로 실험 장면을 영상으로 촬영해 스크린에 띄워주기 위함이었다. 모름지기 스케일이 곧 감동의 크기이기 때문에, 시범 실험 장면을 줌인, 아웃을 사용해 화면에 띄우자 뒤편에 앉아 있는 학생들도 환호했다.

2020년부터 3년 동안 근무했던 과학고에서는 화학 반응의 양적 관계, 기체의 분자량 측정 등의 정량적 실험 데이터를 구글 시트 문서 하나에 모아 데이터가 많아질 경우 실험값들의 평균이 이론값에 접근하는 것을 보여줌으로써 데이터양의 중요성을 느낄 수 있게 했다. 그렇게 하자 데이터를 분석하여 추론하는 학생이 나타났다. 예를 들어, 이산화탄소의 분자량 측정 실험에서 하방치환법과 수상치환법을 이용했는데, 각 실험 데이터 중 오차가 크게 나타난 데이터를 삭제하고, 평균, 표준 편차를 구한 뒤, 하방치환법이 수상치환법보다 오차가 작은 방법임을 밝힌 학생이 나타난 것이다. 정말 보람이 있었다.

| 더 알아 보기 | 두 방법 중 이산화 탄소의 분자량을 측정하기에 더 적절하다고 생각하는 방법을 고르고 그 이유를 쓰시오. |
|---|---|

두 방법 중 이산화 탄소의 분자량을 측정하기에 더 적절하다고 생각하는 방법을 고르고 그 이유를 쓰시오.

| 3. 표준편차 하방 치환법 (드라이아이스) | 4. 표준편차 수상 치환법 (염산+탄산 칼슘) |
|---|---|
| 3.0913788 | 2.559777 |

(표1. 실험 결과의 표준편차로, 엑셀(파일 첨부) 함수 이용 결과의 일부이다.)
- 분자량이 6 이상인 값을 NaN(공백) 처리하고 계산한 결과. 다음과 같은 표준편차를 얻었다.

두 방법에서의 분자량의 평균은 하방 치환: 41.81219 / 수상 치환: 41.62296으로 하방 치환이 더 높았다. 또한 수상 치환에서는 총 6개의 값이, 하방 치환에서는 총 2개의 값이 NaN 처리되었다. 따라서 수상 치환보다 하방 치환의 정확도가 높을 것이라 결론지을 수 있는데, 그 이유로는 수상 치환의 경우 극성 공유 결합을 가진 이산화탄소의 용해도가 비극성 기체 중에서 높은 편으로, 이산화탄소가 물에 상당수 용해되기 때문이라고 볼 수 있다. 하방 치환법의 경우 이산화탄소의 분자량이 기체 평균 분자량보다 커 이산화탄소가 페트병 밑으로 가라앉는 경향성을 띠기 때문에 이산화탄소의 유출이나 다른 기체의 유입을 줄일 수 있어 오차가 작다고 생각하였다.

하방치환법이 수상치환법보다 오차가 작은 방법임을 밝힌 학생의 보고서 (2022)

## 질문이 있는 수업

거꾸로 교실을 시작한 다음 해부터 활동지에 WSQ(Watch, Summarize, Question)라는 코너를 만들었는데, 거기에는 영상을 보고 난 뒤에 질문을 적는 칸이 있었다. 과학에서 질문이 얼마나 중요한지는 모두가 동감하기에 학생들이 질문을 많이 하도록 독려하는 방법으로 시작한 것인데, 막상 학생들은 영상 시청을 통해서 질문을 생각하기보다 수업 중에 활동지를 함께 토의하며 푸는 과정에서 더 많은 질문을 생각해내는 것을 보게 되었다. 그래서 수업 중에 칠판을 학생들에게 양보했다. 태블릿을 미러링해서 별도의 스크린에 띄워 사용하기에, 필기는 탭에 하고 칠판에 늘 자유롭게 질문을 적도록 한 것이다.

칠판에 적힌 학생들의 질문 (2017)

칠판에 적힌 질문은 모두 태블릿으로 촬영하여 수업이 끝나기 10분 전 즈음에 스크린에 띄워 모두 함께 보면서 그날의 수업을 정리하는 용도로 활용했다. 그리고 특별히 좋은 질문은 '오늘의 질문'으로 선정한 뒤 그 질문을 조사해 다음 차시에 발표할 수 있게 하였다. 잊지 않고 잘 조사해 발표한 학생은 질문과 대답을 생활기록부의 과목 세특에 기록해 줄 수 있어 여러모로 유용했다. 코로나 첫 학기인 2020년 1학기에는 구글 잼보드를 이용해 질문을 받았고, 2학기부터는 클라썸이라는 국산 에듀테크를 이용하기 시작했다. 학생들이 아무 때나 질문을 올리고, 학생들이 서로 조사해 답을 달 수 있는 플랫폼이었는데, 2020년 과학고등학교에서 근무하게 되면서 사용했다. 앞으로 일반고에서도 계속 사용할 예정이다.

클라썸을 사용한 질문이 있는 수업 (2021)

 **수업, 평가, 기록의 일체화**

대부분의 고등학교 교사들에게는 '과목 세특의 개별화'라는 무거운 짐이 있다. 오로지 교실에 존재하기만 했거나, 존재하지조차 않은 학생들마저 그것을 입력하라니 이게 무슨 일인지. 이런 방침을 정한 그 누군가에게 직접

와서 수업 현장을 보라는 말을 해 주고 싶지만, 힘없는 교사인지라 오늘도 구시렁거리며 입력을 하는 수밖에. 다행히 수업 활동을 다양화하면서 조금은 부담을 덜었다.

강의식 수업을 하는 것에 비해 학생 참여형 수업, 실험 수업, 다양한 수행평가를 하면 개별화 세특 입력이 쉬워진다. 게다가 수업과 수행이 그대로 평가에 반영되니, 수업, 평가, 기록이 일체화되는 길로 가게 된다. 지필평가는 활동지에서 다룬 내용을 중심으로 주관식으로 출제하고, 수행평가는 탐구 실험 보고서가 주 평가 대상이 된다. 활동지에 있는 내용을 거의 그대로 출제하면 모두 만점을 받을 것 같지만, 현실은 전혀 그렇지 않다. 그래서 크게 걱정하지 않고 문제 출제를 해도 된다. 이걸 좋아해야 할지 서글퍼 해야 할지 잘 모르겠지만.

고등학교 교육의 목표가 오로지 대입이라고 생각하면 교사들은 힘이 나지 않는다. 수능 문제풀이에 올인하는 학원 강사를 이길 수 없기 때문이다. 각종 업무에 지치다 보면 수업이 뒷전이 될 때가 많으니 더욱 그렇다. 그래서 나는 진정한 교육을 꿈꾸며 수능에 거의 도움이 되지 않는 실험 수업, 모둠별 협동 학습, 다양한 수행평가를 한다. 그리고 그 흔적은 그대로 생기부 세특에 드러나게 된다. 개별화된 세특은 이렇게 다양한 활동을 통해 가능해진다. 물론, 교사는 뼈가 빠지지만.

교사의 지식 강의 영상을 미리 인터넷에 올려두고 수업 시간에는 협력 학습을 통해 이해, 응용을 주로 하는 활동으로 진행되는 '거꾸로 교실' 수업에서 매시간 성실하게 예습을 해 오고 수업에 적극적으로 참여하는 자기 주도적 학습 태도를 갖춤. 1분기 모둠장으로 리더십을 발휘했고 2분기에는 보조 교사 모둠인 '어벤져스' 일원으로 활동하며 내용을 풀어서 쉽게 전달하는 과정을 통해 의사소통능력이 향상되었음. 수소와 헬륨 풍선의 사진을 보고 풍선들의 모양을 분석하여 풍선 속에 들어 있는 기체의 종류를 맞추었음. 질문 나누기 활동에서 고체 결정 구조에 대한 질문으로 오늘의 질문에 선정되었으며, 차시에 고체 원자들의 층 쌓임에 관한 내용을 조사하여 밀집 구조의 이점이 있음을 발표함. 무를 이용한 삼투 현상 관찰 실험에서 간결한 실험 세팅을 하였고, 결과 분석에서 무의 질량 변화량을 표기하여 변화를 쉽게 알아볼 수 있도록 하였음. 5분 말하기 활동에서 폴더블 폰을 소재로 다양한 폴더블 폰의 종류와 디스플레이의 특징, 단점 등을 발표했고, 양질의 과학 관련 유튜버를 소개하였음. 창의력 향상을 위해 실시한 '관련 없는 두 단어를 이용한 글짓기' 활동에 적극적으로 참여해 창의적 과학 글쓰기 능력이 신장됨.

 **수행평가: 모두의 만점을 향하여!**

교사에게는 과목 평균을 올리기 위한 쿠션이자 귀찮은 의무, 학생에게는 부담스러운 것이 수행평가일 것이다. 과학의 경우 대체로 실험을 한 뒤 제출하는 보고서를 평가하는 것으로 수행 점수를 부여하는데, 고등학교에서는 이 점수를 두고 교사와 학생이 갈등을 빚기도 한다. 점수에 대한 불만을 품는 학생이 생기면 마음이 불편해지는 일이 많다. 잘못하면 민원이 들어올 수도 있으니 평가 기준을 명확하게 해둬야 하고, 특히 예민한 학교의 경우 수행평가를 지필고사 문항으로 출제해버리기도 한다. 하지만 이것은 '수행'을 평가한다는 의미를 퇴색시키는 안타까운 일이다. 35년 동안 수행평가를 해 오면서 가장 좋은 평가를 받았던 방식은 2022년에 시행했던 방법으로 다음과 같은 기준으로 수행평가를 한 거였다.

1. 모둠으로 실험해도 점수는 개별로 부여한다: 보고서는 반드시 개별로 작성

2. 시간 안에 모든 칸을 채워 내기만 하면 만점을 준다: 활동지든 보고서든 마찬가지

3. 수업 시간에 제출하는 결과물은 모두 수행평가 대상이 된다: 모든 수업이 평가 대상

　수행평가 결과물의 개수가 증가하면 하나하나의 영향력이 줄어들고, 내용이 틀린 것과 상관 없이 성실히 적어서 제출하기만 해도 만점을 주면 성실한 학생들은 거의 다 만점을 받게 되므로 학생의 불만은 사라진다. 다만, 보고서와 활동지에 오답을 적거나 제대로 작성하지 못한 경우 그대로 넘어가면 곤란하므로, 활동지나 보고서 중 우수작을 포함하는 피드백 자료를 만들어 제공해 주었다. 우수작을 보는 것은 보고서의 전반적인 수준을 올리는 데 매우 유용하므로, 피드백 자료는 온라인으로 제공해 학생들이 언제든지 볼 수 있도록 했다. 물론, 이 작업은 교사의 뼈가 빠지는 일이지만, 학생의 만족도와 발전 정도가 매우 커서 계속하지 않을 수가 없었다. 교육에서 피드백의 중요성은 아무리 강조해도 지나치지 않을 테니까.

# 어는점 내림 피드백

전화영쌤·화학 • 2022. 6. 17. (2022. 6. 22.에 수정됨)

---

1. 전체적 안내 사항

- X의 정체: 요소 - 분자량 60
- 액체의 양이 많을 경우 전체가 한꺼번에 얼지 않고 부분적으로 어는 문제가 발생할 수 있어 가능한 한 액체의 양을 적게 해야 함
- 첫반이었던 E반의 경우 센서의 보정 과정을 실시하지 않았음: 교사의 실수(모든 센서들의 보정이 각각 필요하다는 점을 뒤늦게 인지함)
- 농도가 진한 경우에도 사용할 수 있는 별도의 어는점 내림 식이 있음

2. 우수 보고서: 김    , 박    , 백      김      , 권 , 서    , 김      , 안    , 박    , 이

3. 좋은 시도

- 박    : 실험 오차를 통해 온도 센서 각각의 보정이 필요함을 깨달음.
- 백    : 피코를 이용한 경우의 오차 원인에 대해 시험관 벽에 닿는 문제, 센서의 정확도 문제를 지적함
- 강    : 피코용 온도 센서(전압 변화 -> 온도 변화)와 MBL용 온도 센서(온도 변화에 따라 저항이 변하고 그 저항 변화를 온도로 환산)의 작동 방식의 차이가 있음을 조사함
- 이    : 포도당 용액의 결과와 비교해서 분자량을 구하는 방식과 어는점 내림 식을 이용해서 구하는 방식을 비교하고 어느 것이 더 정확한지 의문을 가짐
- 서    : 시험관의 크기에 따른 차이에 대해 고찰함(작은 시험관이 적절하다고 판단함)
- 이    : 오차의 원인으로 물의 양, 한제로 인한 불균등한 냉각 등을 제시함
- **주    : 파이썬 코드를 수정해서 보충 실험(6/15 점심 시간 및 방과 후)을 함. uptime을 수정해 시간으로 표시되도록 수정하고, 과냉각이 나타나 급격하게 온도가 변할 경우 측정 시간 간격을 짧게 프로그램을 수정함. Good!**
- 이    : 시험관의 두께에 따른 차이를 비교해보고 싶어함
- 조    : 시험관의 굵기에 따라 발생할 수 있는 오차의 원인을 분석하고 오차가 적게 나타날 수 있도록 직경이 작은 시험관을 실험에 사용함.
- 김    : 시간당 온도의 순간 변화율을 구해 어는점을 찾음, Good!
- 박    : 묽은 용액이 아닌 일반 조건에서 사용할 수 있는 어는점 내림 공식을 소개한 논문을 찾아 보정값을 구함.
- 권    : 과냉각이 나타나지 않은 경우 시간에 따른 변화량을 이용해 어는점을 찾음
- 임    : 과냉각에 대한 논문 자료를 찾아 요약함. 온도 센서의 전선 부분이 잠긴 것이 오차의 원인일 수 있겠다는 의견을 제시함.
- 황    : 스위치를 제거한 대신 한 번 더 실행을 하도록 되어있는 파이썬 코드에서 open 함수 모드를 w에서 a로 바꾸어주면 데이터 이어쓰기가 가능하기 때문에 다시 한 번 더 실행하는 일이 생기지 않을 거라는 아이디어를 제안함.
- 서    : 피코를 이용해 실시간 그래프를 그리는 자료를 찾음
- 김    : 데이터를 그래프로 일목요연하게 정리하여 과정 및 결과를 쉽게 볼 수 있도록 했고, 어는점 내림 상수를 이용한 분자량 측정법, 포도당 용액과 비교하는 방법을 이용해 각각 분자량을 구하고 분석함
- 심    : MBL 온도 센서의 종류가 써미스터 타입으로 선형성이 떨어진다는 자료를 조사해 오차의 원인으로 지목함
- 이    : 진한 용액에서도 어는점 내림을 정량화할 수 있는 식이 포함된 논문을 찾아 소개함.

| | | |
|---|---|---|
| **3201_** <br> PDF | - 탐구 보... | **3206** 어는점내림 실험보... <br> PDF |
| **3301_** <br> PDF | - 탐구 보고... | |

피드백 문서의 예 (2022)

이런 식의 수행평가는 학생들의 자유도, 참여도를 높였고, 수행평가 점수 부담을 줄여 주었으며, 2022년 설문조사 결과에서 그대로 드러났다.

2022년 1학기 설문조사 결과(일부)

- 실험 후 결과 분석 이후에 오차의 원인을 분석할 때, 잘 생각이 나지 않는 경우가 많은데 피드백 문서를 통해 다른 친구들이 어떤 의견을 냈는지를 보고 수용할 수 있어서 직접 토의하지 않고도 생각을 확장시킬 수 있었다고 느꼈습니다.
- 실험 보고서에 대한 부담이 크지 않아 실험 수업에 온전히 집중할 수 있었다.
- 때마다 보고서를 제출해야 한다는 압박감이 존재하였으나, 그 대신 따로 수행평가를 준비해야 하지 않다는 점은 큰 메리트였던 것 같다.
- 수업 시간에는 실험에만 집중할 수 있었고, 보고서는 당일 제출하여 실험을 돌아볼 수 있었다. 또한, 선생님께서 실험마다 피드백을 올려주셔서 내 생각이 다른 친구들보다 더 나은지 확인할 수 있기도 하고 다른 친구들의 생각과 의견을 통해 더 좋은 아이디어를 떠올리는 데 도움이 되어서 좋았다. 내 아이디어를 친구들에게 소개해 주고 싶은 마음에 피드백 명단에 들어가고 싶어 보고서를 더 열심히 작성하고 많은 생각을 할 수 있다는 점에서 매 수업 시간마다 선생님께서 피드백 문서를 만들어 주시는 것이 가장 좋았다.
- 각자 모둠의 실험이 끝난 후 보고서를 작성할 때, 제출하면 수행평가 점수가 인정이 되니 틀리는 것을 두려워하지 않고 자신의 생각을 다 써볼 수 있어서 좋았던 것 같다.

교사가 행복해야 학생의 행복을 배려할 수 있고, 살아가면서 추구하게 되는 행복이 무엇인지 자신의 느낌을 전달할 수 있다고 생각한다. 35년간의 교직 생활을 돌아보면 행복했던 순간이나 기억들이 매우 많다. 그중에서 가장 으뜸은 좋은 제자를 만난 것이 아닐까.

## 기억에 남는 제자

교사 경력 35년 정도 되면 수많은 학생과 만나고 헤어졌다. 기억에 남는 제자, 혹은 지금도 계속해서 연락하고 있는 제자도 있지만, 대부분은 시절

인연으로 끝난 경우가 많다. 그중에서 귀한 기억으로 남아있는 두 제자를 소개한다. N과 B.

N은 1998년 금옥여고 근무 시절 고3 문과 담임을 처음 했을 때 옆 반 학생이었다. 금옥여고 교문 진입로에는 오래된 벚나무가 줄지어 있어서 벚꽃이 흐드러질 때면 다들 사진 찍느라 정신이 없었다. 이 사진은 그 벚꽃 시절 중 어느 하루, N의 친구들과 함께 찍은 것이다. 그전까지 중학교에 근무하다가 고등학교에 처음 올라왔던 30대 초반의 나는 이해 고3 첫 담임을, 그것도 문과반 담임을 하느라 엄청 힘들었다. 그때 내 마음을 참 많이 위로해 주었던 옆 반 N.

1999년 금옥여고 N과 그 친구들과 함께

N은 졸업한 이후 가끔 소식을 전해 왔고, 내가 어려운 일을 당했을 때는 김연수 작가의 책 『사월의 미 칠월의 솔』을 건네면서 함께 울어 주었으며, 역사 쪽으로 박사학위를 받고 대학 강단에서 역사를 가르치는 멋진 어른이 되었다. 아들 하나를 키우며 열심히 사는 N이 원하는 곳에 잘 자리 잡고 행복하게 살았으면 좋겠다. 이제는 그야말로 함께 나이 들어가는 동반자가 된 느낌이다.

B는 2005년 오금고 마지막 해에 고2 담임으로 처음 만났다. 당시 덥수룩한 머리와 건들대는 태도로 나타나 꽤 부담이었는데, 다행히 서로 진심이 잘 통했고, 어머님과도 잘 소통하는 1년을 보냈다. 그해 학부모 통신이라는

이름으로 매달 부모님들께 이런저런 이야기들을 적어서 보내고 있었는데, 마지막 편지에 B의 어머님께서 이렇게 답장을 보내오신 걸 보면 말이다.

부모가 자식을 보는 관점에서 나무를 보면서 숲은 보지 못한 것 같습니다.

항상 조바심으로 올해 한 해를 보낸 것 같군요.

하지만 단 한 가지, 학부모로서 처음으로 선생님에 대한 신뢰가 생긴 것도 올 한 해가 아닌가 합니다.

선생님께 감사드립니다.

선생님! 수고 많으셨습니다. ^^"

다음 해 다른 학교로 옮기면서 B로부터 연락이 올 거라는 기대는 전혀 하지 않았다. 그런데, 2년 후에 우연히 메신저로 대화를 나누면서 지방대에 다니고 있으며 곧 군대 간다는 소식을 전하더니, 2015년에 다른 친구와 함께 불쑥 나를 찾아왔다. 10년 만에 B는 이미 레바논 파병까지 다녀왔고, 서울의 대학으로 편입을 했단다. 와우, 우리 B가 이렇게 어엿한 어른으로 자라다니. 그리고는 2년이 지난 2017년에 다시 찾아와서 외국계 회사에 취직해 곧 출근한다는 소식을 전해 주었다.

2021년 결혼식을 올린 B와 짝, 그리고 주례 전화영

그리고는 한참 소식이 없다가 4년 만인 2021년 5월에 결혼 소식을 전했다. 결혼 축하한다고 했더니 글쎄, 나더

러 주례를 서 달라는 것이다. 여자 주례를 한 번도 본 적이 없었던 나는 그 말에 깜짝 놀랐다. 고등학교 때부터 결혼 주례는 꼭 내게 부탁해야겠다고 생각했다는 B의 말을 들으면서, '내가 자격이 있나?' 하는 생각이 들었다. 하지만 B가 강력하게 원했고, B의 어머님도 흔쾌히 나의 주례를 찬성하셨단 말에 결국 태어나 처음으로 결혼식 주례를 하게 되었다. 결혼식 당일, B는 어여쁜 짝을 만나 연신 싱글벙글하였고, 나는 열심히 준비한 주례사를 펼쳐 낭독하느라 달달 떨었다. 이것이 나의 처음이자 마지막 주례가 될 확률이 높겠지. B는 지금 예쁜 딸을 얻고 잘살고 있다. 고마워, B야. 행복하렴.

## 추천 도서: SF 마니아가 추천하는 K-SF

책 읽는 걸 좋아하는 편이고, 장르를 가리지 않는 편이지만, 그중에서 특히 좋아하는 건 SF다. 몇 년 전에 출간된 김초엽 작가의 『우리가 빛의 속도로 갈 수 없다면』을 시작으로 K-SF가 양적, 질적인 팽창을 시작했다는 느낌이라 참 반갑다. 그중에서 두 작품을 추천하고 싶다. 김초엽 작가의 『지구 끝의 온실』, 최이수 작가의 『두 번째 달』. 각각 식물, 인공지능을 주요 소재로 하는 작품이다. 다음은 두 책을 읽고 블로그에 적어두었던 내용이다.

### 『지구 끝의 온실(김초엽)』

재미있게 잘 읽혀서 첫날밤에 이미 3/5을 읽었고, 나머지는 다음날 수업이 비는 시간을 이용해 다 읽을 수 있었다. 마지막 책장을 덮고 나니 '역시

~!'라는 감탄사가 나오더라. 최근 좋은 책들을 연달아 읽고 있어서 좀 행복하다.

지기 증식 나노 물질 더스트가 연구소에서 방출되어 지구를 멸망시킨 시기, 모스바나를 키우는 레이첼과 그를 돕는 지수, 그들이 이루고 사는 마을 프림 빌리지에서 일어나는 일이 한축, 더스트가 완전히 사라지고 다시 지구가 재건된 시기 식물 연구소에서 연구를 하는 아영이 겪는 일이 한축이다. 해월에서 갑자기 번식하기 시작한 모스바나에 대해 연구하기 시작한 아영이 알게 되는 이야기. 나오미와 아마라 자매. 레이첼과 지수. 이희수와 어린 아영.

참 좋았다. 다음 독서 멘토링 모임에서는 모두 책을 다 읽은 뒤 가장 좋은 구절과 얘기해 보고 싶은 주제를 각자 가져와서 얘길 나누기로 했다. 마지막 멘토링 모임 때는 각자 단편을 써오기로, ㅎㅎㅎ. 기대 된다.

『두 번째 달(최이수)』

와, 진짜 겁나 재밌다. 읽기 시작하고 나서 숨도 안 쉬고 읽었을 정도.

최후의 인류인 트살, 나무흐와 아에록이 서로 대화를 수고받으며 이어져 나가던 스토리도 너무 좋았고, AuTX-3463과의 협업으로 온난화로 멸망한 지구를 생명체가 살 수 있도록 테라포밍해 가는 과정도, ScPA와의 협업으로 생물을 진화시켜가는 것도 흥미

진진했다.

손가락이 8개, 10개, 12개, 14개인 인종으로 구성되어 있던 인류가 온난화로 인해 멸절되기 직전 우주로 쏘아 올려진 아에록(인류 재생 기록 보관소)과 AuTX-3463. 이산화탄소를 없애기 위해 AuTX-3463이 선택한 방법은 칼슘이 주성분인 소행성을 지구에 가깝게 보내 자체 폭발로 절반이 나뉘게 한 뒤 각각 반대편에서 충돌 직전 폭발해 산화칼슘, 수산화칼슘을 거쳐 탄산칼슘이 되도록 만드는 거였다. 현재 이산화탄소 포집 기술에 관한 연구가 활발한데, 그중의 하나에서 소재를 찾은 거 같다.

지구 생태계의 장대한 역사를 빠른 속도로 재생하는 것 같은 느낌의 테라포밍 과정은 매우 인상적이었다. 특히 인상적이었던 건 얼음 행성을 있는 대로 가져와 지구에 충돌시키던 이야기. 그렇게 만들어진 물이 결국에는 녹아 바다를 만들고, 거기에 내려앉던 우주정거장 그리고 거기서 배출된 녹조 미생물. 원핵생물에서 진핵생물로, 이후 진화에 진화를 거듭해 덩치 큰 초식 공룡으로 인해 메탄의 농도가 높아지자, 그걸 줄이기 위해 소행성 충돌을 계획하는 이야기 또한 흥미로웠다. 잘 짜인 근사한 SF를 읽은 느낌이라 참 좋았다.

추천 영화

영화 보는 것도 매우 좋아하는 편인데, 역시 장르를 가리지 않고 즐기지만, SF 도서를 추천한 관계로 영화도 SF 장르를 추천하고자 한다. 아쉽게도, 영화는 아직 우리나라 SF 중에 추천할 만한 작품이 마땅하지 않아 다음의 두 작품을 소개한다. 드니 빌뇌브 감독의 「컨택트」와 「듄」. 우연히 같은 감독의 작품인데, 두 작품 모두 원작 소설을 갖고 있다는 공통점이 있다. 「컨택트」는 테드 창의 단편 『당신 인생의 이야기』, 「듄」은 프랭크 허버트의 어마무시한 대작 『듄』 시리즈 중 1편을 원작으로 한다. 원작이 있는 경우 대부분은 원작보다 못하다는 평가를 받기 마련이지만, 이 두 작품은 원작 못지않게 근사한 영화로 만들어졌다고 생각한다. 다음은 두 영화를 보고 블로그에 적어두었던 내용이다.

### 「컨택트」: 내 맘대로 뽑은 2017년 최고의 SF영화

이렇게 끝날 걸 알았더라도 나는 93년도에 남편에게 결혼하자고 했을까…. 남편은 결혼하자고 조르는 나와 부부가 되었을까…. 아마도, 아마도, 우린 결혼을 했을 것이다. 그래서 우리의 딸이 태어났겠지.

그 끝을 다 알면서도 그 선택을 하고야 마는 언어학자 루이스(에이미 애덤스), 그의 선택을 이해하지 못하는 물리학자 이안(제레미 레너). 영화의 원제는 Arrival인데 이 제목을 「콘택트」와 헷갈릴 것이 뻔한데도 굳이 「컨택트」라 지은 이들의 고심이 조금 이해가 되기는 한다. 쉘을 타고 갑자기 지구에 나타난 헵타포드들이 가장 원하고, 가르쳐 주고 싶어 했던 건 바로 소통이었으니까.

대서사시 스타일의 SF를 좋아하시는 분들께는 강추. 특히 한스 짐머의 음악이 엄청나고, 화면이 압도적이니 큰 화면, 좋은 음향이 있는 곳에서 보는 걸 추천한다.

드니 빌뇌브 감독이나 한스 짐머 음악 감독이 모두 『듄』 찐 덕후라서 영화에 애정이 덕지덕지 묻어난다. 그리고 출연 배우들의 면면이 엄청나다. 주인공 폴 역의 티모시 샬라메를 비롯해 레이디 제시카 역의 레베카 퍼거슨, 레토 공작 역의 오스카 아이작, 던컨 아이다호 역의 제이슨 모모아, 스틸가 역의 하비에르 바이뎀 등등. 이름만 들어도 눈이 번쩍 뜨일 배우들이 줄줄이 등장한다. 출연 분량은 적지만 중요 인물임이 분명한 차니역의 젠데이아도 있었네.

먼 미래, 우주에서 가장 중요한 물질 스파이스(우주여행을 가능하게 해주기도 하고, 정신 각성의 효과도 있는 물질로 우주에서 가장 비쌈)가 수확되는 모래 행성 아라키스는 오랜 세월 동안 무자비한 하코넨 가문에 의해 착취당하고 있다가 갑작스럽게 황제의 명으로 하코넨 가문이 물러나면서 대신 아트레이데스 가문을 맞게 된다. 모래 언덕을 뜻하는 '듄'이라 불리는 모래 행성 아라키스의 원주민 프레멘족은 지하에 숨어 살고 있는데, 그중 차니가 폴의 꿈속에 자꾸 등장하면서 운명적 만남을 예고한다(ps: 티모시 샬라메 배우는 얼굴이 꿀잼이라고들 하던데, 그 말의 의미를 제대로 알겠더라. 특히 어떤 각도에서 잡으면 그 얼굴을 보는 것만으로도 세상을 다 가진 느낌이 들었음).

# 교사가 되려는 그대에게

교사가 되기를 바라는 미래의 후배들에게 어떤 말을 해 주는 것이 좋을까? 교육에 대한 많은 정답은 시행착오를 통해 스스로 찾게 되겠지만, 후배들이 시행착오의 시간을 줄일 수 있기를 바라며 두 가지만 얘기하고 싶다. 기록과 교사모임이 그것이다.

## 기록을 남기세요

기록의 중요성은 누구나 알고 있을 것이다. 1988년에 처음 교단에 선 이래로 지금까지 35년 동안 가르쳐 왔지만, 수업자료, 교단 일기 등을 기록으

1989년 담임을 시작하면서 썼던 학급 모둠 일기들과 과학반 실험 노트

로 남겨두기 시작한 것은 2005년도에 블로그를 만들면서부터였다. 2005년 5월 첫 포스팅을 시작해 현재까지 지속하고 있으니 교직 생활의 절반 정도는 기록이 남아있지만, 그 이전의 18년 동안의 기록은 사라진 셈이다. 아, 아니다. 컴퓨터가 없었던 시절 손으로 적었던 모둠 일기, 과학반 실험 노트는 있으니 일부는 남아있구나.

예전에는 모둠을 구성하고 모둠별로 노트를 하나씩 만들어 모둠 일기를 돌아가면서 쓰게 했다. 아침에 걷어서 댓글을 달아 종례 때 나눠주면 차례가 된 아이가 저녁에 써서 다음 날 아침에 내곤 했다. 그리고 연말엔 그 일기를 간추려 학급 문집을 냈다.

언젠가부터 컴퓨터로 모든 문서를 작성하기 시작하고, 기록은 디지털로 대체되면서 이제는 모둠 일기 같은 것이 없어진 거 같다. 나는 싸이월드를 건너뛰고, 네이버 블로그 대열에 합류했다. '기록을 잘하지 못하는 내가 이걸 잘할 수 있을까?'라는 제목의 글이 내 블로그 첫 글이었다. 이 포스팅으로 시작한 블로그(https://blog.naver.com/chemijhy)는 〈전화영의 Life & Cool Science〉라는 이름을 가진 곳으로 지금까지 약 5,500개의 포스팅을 올려둔 내 교직 인생 최고의 보물 창고가 되었다.

각종 수업자료, 실험자료뿐 아니라 사는 이야기, 읽은 책, 본 영화, 공연, 여행기 등도 올리다 보니 18년 동안 5,500개의 포스트가 쌓였다. 얼추 계산해 봐도 한 달 평균 25개 정도이니 거의 매일 일기를 쓴 거나 마찬가지다. 이제는 자료가 워낙 많아 나도 내 블로그 안에서 검색을 하는 지경이 되었으니, 나중에 은퇴하더라도 다시 읽는 재미가 있을 듯. 내 인생을 정리하겠다고 만든 블로그가 뜻하지 않게 실험, 수업자료를 찾는 분들에게 자주 검색되면서 몇 년 동안 파워블로거에 선정되기도 했다. 지금도 출장을 가면 블로그 잘 보고 있다는 인사를 받는 경우가 많으니, 그저 감사할 따름이다.

자신만의 반짝이는 수업 아이디어, 멋진 결과물 등을 그냥 흘려보내지 마시라. 기억력은 점차 떨어지기 마련이고, 좋은 건 다른 사람들과 나누는 게 멋진 삶일 테니, 어디엔가 꼭 기록을 남기는 것을 추천한다. 다양한 플랫폼이 있으니 각자에게 맞는 곳을 찾아 오늘부터라도 기록하기를 추천한다. 개인적으로는, 이변이 없는 한 블로그를 계속하며 살 것 같다. 아마 퇴직을 한다고 해도. 앗, 설마 네이버 블로그 서비스가 사라지는 건 아니겠지? 그러기 전까지는 계속해서 고고.

## 교사모임에 함께하세요

아프리카 속담에 '빨리 가려면 혼자 가고, 오래 가려면 함께 가라.'는 말이 있다고 한다. 한 번 교사가 되면 길면 40년 가까이 교단에 서서 학생을 가르치게 되는데, 그동안 혼자 자가발전하며 계속해서 힘을 내는 것은 거의 불가능하다. 보통 10년 주기로 권태기가 온다고들 하는데, 35년 넘게 교직을 계속하는 동안 가장 큰 힘을 준 것이 있다면 바로 교사모임이라고 생각한다. 발령 초기부터 선배 선생님을 따라 참여했던 과학 교사모임을 1기 구성원으로 30년째 이어가고 있으니 참 오래도 했다. 거기서 만난 수많은 과학 선생님들을 보며 배우고, 때로는 가르치며 소중한 관계를 이어나가고 있다.

전국 각처 어디에나 과학 교사모임이 있다. 지역적으로 먼 경우 쉽지 않겠지만, 요즘엔 온라인 베이스의 〈재미있는 과학 수업 만들기〉(https://cafe.daum.net/sedu22)와 같은 공동체도 있으니 마음만 먹으면 얼마든지 함께 하는 즐거움과 소속감을 느낄 수 있겠다.

학교 현장에서는 쉽게 외로워질 수 있다. 그럴 때 함께 마음이나 생각을 나눌 수 있는 동료가 있다면 얼마나 든든할까. 1순위로 교사모임을 염두에 두고 어떻게든 참석해서 함께 하려고 노력한다면 어느새 주변에 든든한 아군이 많이 생길 것이다.

교사가 되기를 바라는 미래의 후배들에게 어떤 말을 해 주는 것이 좋을지 고민하다가 두 가지를 골랐다. 기록과 교사모임. 후배 선생님들이 부디 학교 현장에서 좋은 동료, 선배, 후배를 많이 만나고, 즐겁게 수업하며, 그 과정을 기록으로 잘 남겨두는 멋진 삶을 사셨으면 좋겠다. 박수칠 때 폼나게 떠나는 그날까지. Bravo, Our Life!

## 실험 사고 대처(강염기가 눈에 튀었을 때)

화학 실험을 하다 보면 실험 사고를 꽤 많이 겪게 된다. 그중에서 가장 아찔했던 것은 1M 수산화나트륨 용액이 내 눈에 튀었던 사건이었다. 다행히 예비 실험 중이어서 학생은 다치지 않았다. 강염기는 단백질을 녹이기 때문에 눈에 튀면 실명의 위험이 있다. 이때 가장 중요한 처치는 물로 계속 씻어 주는 것. 계속해서 손으로 물을 떠 눈에 끼얹으며 119를 기다려 응급실에 간 결과, 초동 대처를 잘했다는 칭찬을 듣고, 하루 결근 뒤 출근할 수 있었다. 이후로 반드시 보안경을 쓰는 습관이 생겼다. (그 어떤 실험도 안전보다 중요하지 않습니다!)

## 가장 힘든 점

물의 표면 장력을 이용해 10원짜리 동전을 물 위에 띄우는 별 것 아닌 활동에 학생들은 열광했다. 기회만 주어진다면 이렇게 즐길 수 있는데, 진도와 입시에 쫓겨 허덕이는 수업을 주로 해야 한다는 게 서글프다. 오히려 고3의 화학II 수업은 수능을 보는 학생이 거의 없어 진도와 입시에 쫓기지 않아 수업이 훨씬 자유로웠다. 가르치고 싶은 단원만 골라 마음껏 실험하면서 수업했던 그때가 그립다는 건 그만큼 평소 진도, 입시에 쫓기고 있다는 얘기. 진도 없는 세상에 살고 싶어요!

## 두 단어 글짓기

> 식초의 신맛은 아세트산이,
> 음식의 감칠맛은 msg가,
> 엄마의 쓴맛은 삶의 내공이~

두 단어 글짓기_MSG와 아세트산 (2023)

과학 개념 단어와 일상 단어 하나씩 주고 그 두 단어를 사용해 짧은 글을 쓰도록 하는 활동으로, 나는 활동지 검사가 재미있어졌고, 학생들은 글쓰기 능력이 신장되었다. 꿩 먹고 알 먹고~.

## 보조 교사 모둠(어벤져스)

거꾸로 교실 수업에서 성실하며 화학을 잘하는 학생 중 희망자 4명을 미리 선발해 그들을 별도의 모둠으로 구성한다. 이들은 미리 활동지를 모두 예습해오고 수업 중에 담당 모둠의 호출이 있을 때 출동하여 설명을 해 주는 보조 교사 역할을 한다. 교사와 함께 친구를 지도하면서 자신의 실력도 늘게 되며, 4명의 시너지도 높아진다. 꼭 해 보세요.

## 5분 말하기

수행평가로 자주 애용하는 활동으로, 수업 시간마다 한 명씩 나와 5분씩 말하는 활동. 주제는 다양했는데, 수업과 관련된 유튜브 영상 소개, 출석 번호에 해당하는 원소 소개하기, 인생에 도움이 되는 화학 이야기 등이 좋았다. 개별화 세특을 적기에도 적당하고 말하기 연습에도 좋으며, 수업 초반 약간의 여유로운 시간을 갖는 효과도 있다. 다만 학생 발표 후에는 반드시 교사의 간단 피드백이 있는 것이 좋다.

# 돌 보고 별 보며
# 지구를
# 사랑하는 교사

권홍진

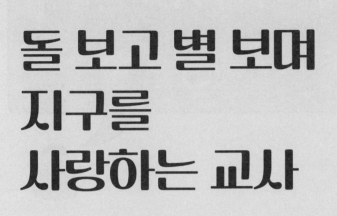

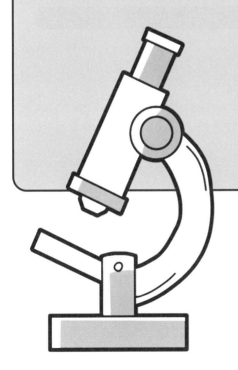

### 지구과학을 전공하다

대학 원서를 쓰기 전 담임 선생님과 상담을 하러 교무실에 갔다.

"대학교는 어디 쓸래? 공대 쓸 거야?"

이때는 남학생들에게 공대가 인기 있던 터라 많은 학생이 공대에 지원하던 시절이었다.

"과학 교사가 되고 싶습니다."

"그럼 사범대를 가야 하는데, 배치표를 볼까? 흠. S대는 성적이 안 되고, E대는 여학교라서 안 되고. D대 과학교육과를 쓰자."

그러나 D대 과학교육과의 교육과정을 확인하니 물리, 화학, 생물교육 전공과정만 있었다.

"선생님, D대는 지구과학교육 전공이 없는데요."

"그래? 지구과학 교사가 되려고?"

"네, 지구과학이 과학 중에서는 제일 재밌고, 가장 자신이 있습니다."

"그럼 국립대 중에서 한번 알아보자."

"집에서 가장 가까운 국립대인 K대에 원서를 써 보겠습니다."

학력고사 마지막 세대인 나는 선생님과 대학 배치표를 보지도 않고 K대 사범대학에 원서를 썼다. 그 당시 친구들은 다 공대로 진학하는 분위기였지만, 남중 남고를 다닌 나는 대학까지 남자가 많은 곳으로 가기는 싫었다. 하지만 더 중요한 것은 SKY 대학 말고는 공과대학이나 자연대학에는 내가 좋아하는 지구과학 관련 학과가 거의 없었기 때문에 나는 큰 망설임 없이 원서를 쓸 수 있었다. 이렇게 나는 지구과학 교사의 길로 들어서게 되었다.

나는 어떻게 지구과학에 관심 가지게 되었을까? 나는 각 학년에 한 반밖에 없는 시골 초등학교에 다녔다. 집에서 1km 정도 떨어진 학교까지 흙먼지 날리는 길을 따라 6년을 걸어 다녔다. 학교에서 돌아오는 길은 내게는 자연 학습장 그 자체였다. 친구들과 작은 개울에서 물고기도 잡고, 다슬기도 잡고, 뽕나무에서 오디도 따먹으며 자연 속에서 즐겁게 지냈다. 집과 학교 중간에는 벽돌 공장도 있었는데, 그곳에 쌓여있는 거대한 모래 더미에서 미끄럼도 타고, 굴을 파며 친구들과 노는 것도 큰 즐거움이었다. 모래 더미 속에서 찾은 반짝이는 작은 돌들을 보석이라 생각하고 열심히 주워 책상 서랍에 넣어 놓았다. 어느 날 친구로부터 수정이 자란다는 이야기를 듣고 개울에서 수정 덩어리를 주워와 화단에 심고 매일 물을 주었다. 커다란 수정으로 자라길 바라면서 말이다. 하지만 일주일이 지나도 한 달이 지나도 그대로였다. 물만 주어서 그런가? 엄마 몰래 창고에 있는 비료를 한 주먹 뿌려 주었지만, 역시나 수정은 자라지 않았다. 왜 자라지 않을까 궁금했지만, 그때는 답을 알 수 없었다.

무더운 여름에는 마당에 있는 평상에 누워 밤하늘을 보는 일이 큰 즐거움이었다. 금방이라도 쏟아질 것 같은 반짝이는 별들이 가득하고, 가끔 긴 꼬리를 끌며 떨어지는 별똥별이 나타나는 밤하늘은 나에게 우주 극장이었다. 삼촌은 나에게 밤하늘을 가로지르는 뿌연 구름 같은 것이 은하수이고, 그 옆에 밝게 빛나는 두 별의 이름이 견우와 직녀라는 것을 가르쳐 주었다. 그렇게 밤마다 나만의 우주 극장을 관람하며 다른 별자리는 몰라도 북두칠성만큼은 나 혼자서도 정확히 찾을 수 있게 되었다. 이렇게 자연과 함께하는 동안 나는 자연스럽게 자연과학에 관심을 가지게 되었다.

초등학교 3학년 때 포천 읍내에 있는 주산 학원에서 학생들을 모집한다는 광고지가 학교에 붙었다. 학교가 끝나면 승합차로 학원까지 데려가고, 집에도 다시 데려다준다고 했다. 주산을 꼭 배우고 싶었던 것은 아니었지만 학원을 다니게 되면 학교 끝나고 매일 읍내에도 가고, 집까지 걸어가지 않아도 되니 좋을 것 같아 부모님께 주산 학원을 다니겠다고 졸랐다. 주산 학원을 다니면서 숫자 계산에 흥미를 갖게 되었고, 주산과 암산의 급수가 높아질수록 수학을 공부하는 시간도 더 많아졌다. 이후 중학교에 진학하면서 수학과 과학에 흥미를 더욱 갖게 되었고, 고등학교에서는 자연스럽게 이과 반으로 진학하게 되었다.

어렸을 때 풀지 못했던 궁금증은 고등학교에 진학 후 지구과학 수업을 들으면서 많이 해결되었다. 내가 보석인 줄 알고 모았던 돌들은 석영이었고, 수정은 석영이라는 광물이고, 석영은 마그마가 식어 만들어지고, 땅속에 묻고 물을 주어도 자라지 않는다는 것을 지구과학 수업 시간에 알게 되었다. 어렸을 때 가족들과 철원 고석정에 나들이를 가서 그곳에서 구멍이 송송 뚫린 현무암을 보았다. 현무암은 제주도에만 있는 줄 알았는데, 철원에 왜 있지? 라는 생각을 했는데, 그 의문도 지구과학 수업을 듣고 해결되었다. 신생대 제4기에 백두산, 제주도, 한탄강에 용암이 분출했었다는 것을 알게 되었고, 집 뒷산에 있는 채석장에서 캐는 돌이 중생대 쥐라기에 땅속에서 마그마가 식어서 만들어진 화강암이라는 것도 배웠다. 내가 사는 곳이 어떻게 만들어졌는지 알게 되면서 점점 더 지구과학에 흥미를 갖게 되었다. 중학교 때는 생성 과정도 잘 모른 채 광물과 암석의 이름만 외워야 해서 수업 시간이 정말 재미없고, 지루하기도 했다. 어떤 친구들은 화강암, 현무암, **암, @@암 등등을 외우다가 암에 걸릴 것 같다고 농담을 하기도 했으니 말이다. 하지만 고등학교에 와서 광물과 암석의 생성 과정을 이해하니 외우지 않아도 이름이 머릿속에 남았고, 점점 지구과학에 빠져들게 되었다.

학생들이 가장 어려워하는 대표적인 지구과학의 내용이 천구 좌표계이다. 지구의 자전과 공전으로 인해 변하는 행성과 별들의 움직임과 위치를 파악하는 것은 예전이나 지금이나 어렵다. 수능에서 지구과학을 선택하여 공부하다가 좌표계에서 포기하는 학생들이 많았고, 2009 개정 교육과정에는 지구과학 I 에 포함되어 있었는데 어렵다는 의견이 있어서 2015 교육과 정에서는 지구과학 II 로 이동할 만큼 천구 좌표계를 이해하는 것은 쉽지 않은 일이다. 하지만 그런 천구 좌표계를 정말 쉽게 가르쳐 주신 분이 고등학교 시절 지구과학 선생님이셨다. 선생님은 항상 칠판에 커다란 천구를 그리고 수업을 시작하셨다. 천구를 도구도 없이 정확하게 원으로 그릴 때마다 학생들은 모두 함성을 지르곤 했다. 선생님께서 밤하늘의 별자리와 행성들의 움직임을 설명해 주실 때마다 내 머릿속에는 천체 투영실이 만들어지고 그 안에서 별들의 이동을 그려볼 수 있었다. 어린 시절 마당에서 관람하던 우주 극장이 이제는 천체 투영실이 된 것이다. 이렇게 천체 운동의 원리까지 배울 수 있었던 고등학교 지구과학 수업 덕분에 나는 지구과학교육을 전공하고 싶다는 꿈을 더욱 구체적으로 꾸게 되었다.

대학에 진학한 후에는 지구과학 전공 교수님에게 판 구조론과 같은 최신 과학 내용을 배우면서 지구과학에 새롭게 눈을 뜨게 되었다. 현재 화산과 지진이 일어나는 원인을 판 구조론으로 모두 설명할 수 있다는 것뿐만 아니라 한반도가 예전에는 다른 곳에 있었다는 것을 알고 점점 지질학에도 빠져들었다. 특히 강원도 땅덩어리는 남반구에서 만들어지고, 대륙 이동에 의해 이곳으로 이동했다는 것을 알게 되고 충격을 받았다. 이렇게 지질학에도 관심을 갖게 되면서 '화성암석학' 같은 우리 학과에 개설되지 않는 과목은 지질학과 전공 수업을 혼자 수강하며 배웠다. 그때 들었던 수업은 교사가 되고 나서 교실 수업뿐만 아니라 야외 지질 답사 활동에도 많은 도움이 되었다.

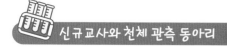

교사 임용고시를 합격하고 서울 근처에 있는 경기도 인문계 고등학교에서 처음으로 교사 생활을 시작했다. 그 학교는 서울과 가까웠지만, 농어촌 전형으로 대학을 가는 학생들이 많은 학교였다. 비평준화 지역 고등학교여서 학생들의 성적이 상위권은 아니지만, 순수한 마음으로 학교생활을 성실히 하는 학생들이 많았다. 그때 나는 훌륭한 교사란 EBS 강사처럼 교과내용을 완벽하게 설명해 주고, 모의고사와 수능에서 학생들이 좋은 성적을 낼 수 있도록 많은 문제를 풀어줄 수 있어야 한다고 생각했다. 그 무렵에는 아침 0교시 보충수업부터 늦은 밤 야간자율학습까지 지도하며 학생들을 문제 푸는 기계로 만드는데 헌신하였다.

그렇게 초임 교사 1년이 지나갈 무렵 과학부장님께서 기자재를 구입할 예정인데, 혹시 필요한 것이 있느냐고 물으셨다. 나는 망설임 없이 천체 망원경을 구입해 달라고 했다. 천체 망원경을 구입하면 학생들과 천체 관측도 하고 수업 시간에 적극적으로 활용하겠다는 약속을 했다. 학교는 남은 예산을 모두 모아 200mm 뉴튼식 반사 망원경을 구입했다.

천체 망원경은 대학교 다닐 때 잠깐 사용해 본 것이 전부였기 때문에 망원경을 구입한 후에는 열심히 사용 방법부터 익혔다. 설치와 분해, 파인더 정렬하는 법을 배우고 성도를 보며 천체를 찾아 관측을 했다. 그리고 야간자율학습 감독을 하다가 날씨가 맑은 날이면 학교 옥상에 천체 망원경을 설치하고, 학생들에게 달과 행성, 성단을 보여 주었다. 요즘은 야간자율학습을 하는 학생들이 거의 없지만, 그때는 공부하든 안 하든 밤 9시까지 학교에 모든 학생을 붙잡아 두던 시절이라 쉬는 시간에 별을 보고 싶은 학생들은 옥상으로 올라오라고 했다. 천체 관측은 종일 학교에 갇혀있던 학생들에게 생기를 불어넣어 주는 비타민과도 같았다. 과학 잡지에 실린 달 사진처럼 선명한 달을 처음 본 학생들은 감탄사를 연발했고, 토성의 고리를 보고 천문학자가 되고 싶다는 꿈을 갖게 된 학생도 있었다. 천체 망원경으로 밤하늘을 직접 보면서 깨달은 것이 있다. 지구과학을 배우며 갖게 되는 학생들의 호기심은 교사의 설명과 문제풀이만으로 채워질 수 없다는 것이다. 천체 망원경으로 아이들과 함께 밤하늘을 보며 지구과학은 다른 어떤 과학 교과보다도 대상을 직접 보고 관찰하는 것이 필요하다는 것을 절실히 느끼게 되었다.

그렇지만 학교에서는 관측 말고도 해야 할 일이 너무 많았다. 관측 활동이 늘어갈수록 매번 직접 천체 망원경을 설치하는 것이 쉽지 않아서, 아예

천체 관측을 하며 스마트폰으로 찍은 달 사진

천체 관측 동아리를 만들어 학생들을 모집했다. 그렇게 만든 천체 관측 동아리 이름은 '아크투루스'로 지었다. 아크투루스는 목동자리 알파별로 봄철 별자리에서 가장 밝은 별이다. 4월에 학생들과 옥상에서 관측할 때 가장 밝은 별이었기 때문에 아이들에게 길라잡이 별이 되었으면 하는 마음을 담아 이름을 빌려왔다.

이후의 일은 일사천리로 진행되었다. 모집한 동아리 학생들에게 망원경 설치 방법을 연습시키고, 파인더로 별을 찾는 방법을 안내했다. 처음에 학생들은 비싼 망원경을 다루어야 해서였는지 소극적인 모습을 보였지만, 익숙해지고 나서는 언제 그랬나 싶게 적극적으로 변해있었다. 자율학습 시간이 되면 자기들끼리 망원경 설치하고 달과 행성을 관측하겠다고 난리를 쳤으니 말이다. 하지만 다른 공부도 해야 하는 학생들에게 매일 천체 관측을 허락해 줄 수는 없었다. 전교 학생들에게 신청을 받아 일주일에 하루씩, 조를 정해서 천체관측을 진행했다. 나는 동아리 학생들을 관리만 하고 망원경 조작과 관측하는 천체에 대한 설명은 모두 동아리 학생들이 맡아서 관측 활동을 진행했다. 다음 해부터는 학생들이 직접 동아리 부원을 선발하고, 천체망원경 조작 방법과 천체 찾는 방법을 전수해주었다. 동아리 학생들과는 매년 1박 2일로 천문대를 탐방하여 큰 망원경으로 천체 관측도 하고, 돗자리를 깔고 누워 유성우를 관측하는 시간도 가졌다. 천체 관측 동아리를 만들고 운영하면서 다시 한번 깨달은 것은 학생들은 자신이 관심을 가진 부분은 억지로 시키지 않아도 스스로 찾아보고 알려고 한다는 것이었다. 공부도 마찬가지로 선생님이 시키면 하기 싫지만, 학생들에게 동기를 부여하고 스스로 학습할 기회를 만들어주면 즐겁게 할 수 있다는 확신이 들었다.

지금도 수많은 학교의 과학실 어딘가에는 먼지를 뒤집어쓰고 잠들어 있는 천체 망원경이 있을 것이다. 지구과학 교사라고 해서 모두가 망원경을 다룰 줄 아는 것이 아니기에 학교에 망원경이 있어도 무용지물인 경우가 많다. 너무 아쉬운 부분이다. 생물 교사가 현미경을 사용할 줄 모르면 안 되는 것처럼 지구과학 교사라면 천체 망원경을 조작할 수 있어야 하지 않을까? 지구과학 교사가 될 여러분은 천체 망원경 사용법을 꼭 익히고 학교에 와서 학생들과 천체 관측을 해보기 바란다. 학생들은 매일 보던 달이지만, 천체 망원경으로 보게 된다면 그야말로 달만 보아도 감동하게 된다. 그리고 그 감동의 여파로 누군가는 로켓을 만들게 될 것이고, 누군가는 외계 생명체를 찾는 천문학자의 꿈을 향해 달릴 것이다.

 **야외 답사 활동을 통한 교사의 성장**

지구과학에서 학생들이 가장 어려워하는 단원은 암석과 천체 단원이다. 특히 암석 단원은 학생뿐만 아니라, 지도하는 선생님께도 힘든 부분이다. 책 속의 사진과 이름으로만 만나는 암석은 학생들에게 그저 암기하고 지식으로 받아들여지는 대상일 뿐이다. 이런 지구과학 수업의 어려움을 어떻게든 해결하고 싶어 대학생 때부터 많은 고민을 했다.

대학생 시절, 학부 졸업을 하기 위해서는 졸업 논문을 써야 했다. 졸업 논문을 쓰기 위해 여러 주제를 생각하던 중, 지도 교수님께서 지구과학 야외 학습장 개발을 제안하셨다. 앞으로 학교에서도 체험학습이 강조되고, 지구과학도 교실에서만 배우는 것이 아니라, 직접 현장에 나가 학습하는 날이 올 것이라고 말씀하셨다. 나는 학교에서 그 먼 곳까지 누가 암석을 보러 올까? 하는 생각이 들었지만, 한편으로는 지구과학을 야외에서 수업한다면 교사와 학생이 모두 흥미를 느끼고, 책으로만 배우는 것보다 더 학습 효과가 클 것 같다는 생각이 들었다. 그 후로 교수님과 상의하여 한탄강 지질 야외 학습장 개발을 논문 주제로 결정하고 장소를 고민하기 시작했다. 한탄강 주변은 수도권 지역에 가까이 위치한 현무암 관찰 장소이다. 더불어 다양한 지질시대의 암석과 지질구조를 볼 수 있는 곳이다. 주말이면 한탄강에 나가 학습장으로 적합한 곳을 찾아보았다. 그때 개발한 야외 학습장이 연천 은대리 지역과 재인폭포, 양원리 탄광, 좌상바위 지역이었다. 이곳에서는 현무암과 주상절리, 응회암, 퇴적암과 석탄, 그리고 변성암을 관찰할 수 있다. 야외 학습을 진행할 수 있는 노두(암석이나 지층이 지표에 직접적으로 드러나 있는 곳)를 찾고, 암석 샘플을 채집하고, 어떤 암석인지 알기 위해 박편을 만들어 관찰했다. 그리고 활동 프로그램과 학생용 활동지를 개발했다. 지금 보면 참 부끄럽지만, 이때 작업한 것이 첫걸음이 되어 지금까지 야외 지질 체험학습을 진행하고 있다.

경기도로 교사 발령을 받은 후, 서울지구과학교육연구회(이하 서울지교연)가 있다는 것을 알게 되었다. 경기도에서 근무하는 교사였지만, 연구회 대표 선생님께 연락해서 지질 답사 연수에 함께 참여하게 되었다. 서울지교연 선생님들과 함께하는 지질 답사에 참여하며 나는 새롭게 눈을 뜨게 되었다. 처음으로 시화호 답사에 참여했던 때는 마침 여름 방학이었다. 햇볕이 뜨거운 날이었지만, 공룡알 화석지까지 질퍽거리는 뻘밭을 맨발로 걸어가서 화석과 퇴적암을 관찰했다. 1억 년 전 공룡들이 살던 환경을 상상하고, 퇴적 구조의 형성 과정을 토의하면서 이것이 진짜 공부이고, 지구과학 교사의 전문성을 높이는 길이라고 생각했다. 그 이후에도 방학 때마다 제주도, 경주, 해남, 영월, 부산 등 전국을 다니며 답사에 참여하였고, 그곳에서 교수님과 암석의 형성 과정을 토의하는 활동을 통해 나의 지구과학 교사로서의 전문성도 높아졌다.

서울지교연 활동을 하면서 경기도에 있는 지구과학 선생님들과 함께 경기도 지역을 답사하고 싶은 마음이 생겼다. 주변 지구과학 선생님들과 뜻을 모아 '지구과학 야외 학습 연구회'라는 교사 동호회를 만들고, 주말마다 답사를 다녔다.

동호회 선생님들과 함께 답사를 시작한 곳은 연천 지역이었다. 대학교 때 논문을 쓰기 위해 많이 다녔던 곳이어서 잘 알고 있는 지역이기도 했다. 또 이곳은 초등학교 때부터 배우는 현무암을 직접 볼 수 있는 곳이다. 우리는 현무암이라고 하면 입자가 작고, 구멍이 송송 뚫린 검은색 암석만을 생각한다. 하지만 한탄강에는 기공이 없는 현무암도 있다. 수업 시간에 한탄강에서 가져온 기공이 없는 현무암을 보여 주면 학생들은 사암이라고 대답한다.

기공이 있는 현무암(좌)과 기공이 없는 현무암(우)

그런데 이 암석이 현무암이라고 하면 왜 기공이 없느냐는 질문을 모두가 한다. 이런 과정을 통해 학생들과 자연스럽게 암석이 생성되는 과정을 토의하며 수업을 진행할 수 있었다.

한탄강에 분포하는 현무암은 화산이 폭발하여 분출한 용암이 굳어 만들어진 암석이다. 이곳의 현무암을 만든 화산은 우리가 가 볼 수 없는 휴전선 너머 북한 평강 지역에 위치한 오리산이다. 위성 지도를 통해 작은 분화구만 확인할 수 있을 뿐이다. 나는 언젠가 오리산을 답사하는 날을 손꼽아 기다리고 있다.

연천 지역은 한반도 형성의 중요한 증거를 가지고 있는 곳이다. 바로 한반도 충돌대가 위치한 곳이기 때문이다. 과거 고생대 때는 서로 떨어져 있던 경기도 땅덩어리와 북한 지역 땅덩어리가 대륙 이동으로 현재의 위치에서 서로 충돌하여 만들어진 곳이다. 마치 인도 대륙과 유라시아 대륙이 충돌하여 히말라야 산맥이 만들어지는 것처럼, 두 땅덩어리가 충돌한 곳으로 대륙 충돌 당시의 모습을 상상해보곤 한다. 충돌의 증거는 바로 석류석과 남정석이란 변성광물인데, 이 광물들을 연천 지역에서 발견할 수 있다는 건 지구과학 전공자만이 누릴 수 있는 기쁨이다. 선생님들과 한탄강 주변을 탐사하며 수업 시간에 활용할 암석 샘플도 구하고, 사진도 많이 찍었다. 그리고 야외 학습이 가능한지, 이곳에 오면 어떤 것을 학생들과 관찰하고 학습을 할 수 있는지 토의하며 기록하였다. 물론 탐사를 진행하면서 우리끼리 머리를 맞대는 것으로는 해결이 안 되는 문제를 만나기도 했다. 그럴 때면 전문가와 교수님을 모셔서 함께 답사하고 형성 과정을 토의하였다.

한탄강 주변은 군사 지역도 많다. 지금은 멋진 지질 공원으로 바뀌어 많은 사람이 찾는 재인폭포도 우리가 답사할 당시에는 군부대 안에 위치해서 자유롭게 드나들 수 없는 곳이었다. 암석이 있는 곳을 찾으려 농로를 따라 걷기도 하고, 새로운 지질 구조를 보기 위해 강을 따라 걷기도 했다. 그러던 중 30m가 넘는 현무암 절벽과 한탄강 현무암이 흐른 맨 아랫부분의 자갈층을 찾았다. 모두들 쏟아질 듯한 주상절리와 수평절리로 이루어진 현무암 절벽을 보고 감탄을 쏟아냈고, 현무암 아래에 있는 자갈층을 보고 예전에 강물이 어디로 흘렀을지 추론을 하고 토의를 했다. 그리고 바로 근처 강가에는 고생대 바다에서 퇴적된 미산층이라는 암석과 백악기 때 퇴적된 역암과 화산이 분출해서 쌓인 응회암이 부정합을 이루고 있는 곳이 있다.

이렇게 답사를 다니다 기존의 지질도나 논문에 없는 노두를 찾을 때면 로또에 당첨된 것 이상의 기쁨을 느끼곤 했다. 이렇게 선생님들과 함께 경기 북부 지역과 시화호 지질 답사를 하고 야외 지질 학습장을 개발하여 '경기 지역 지질 탐구학습 백과' 장학자료를 만들었다. 이 장학자료를 바탕으로 지질 체험학습 프로그램을 개발하였고, 교사 연수와 학생 프로그램을 운영하였다. 이것을 점점 다듬어서 '지구과학 창의적 체험학습'이라는 경기도 대표 지구과학 프로그램을 완성하였다.

한탄강 현무암 절벽과 백의리층

학교에 근무하다 보면 가끔 학생들이 없었으면 좋겠다고 생각힐 때가 있다. 학생들이 일으킨 사건을 해결해야 하거나, 공부하기 싫은 학생들과 수업을 할 때면 학생들이 없는 곳에서 근무하고 싶다는 생각이 들기도 한다. 그런데 사실 나는 학교가 아닌 곳에서 두 번 근무한 경험이 있다. 한 번은 대학원 석사 파견 교사로, 또 한 번은 경기도과학교육원 파견 교사로 말이다.

한국교원대학교와 서울대학교는 교사 중에서 특별전형으로 석사과정을 모집한다. 교직에 들어선 지 3년이 되던 겨울 방학 때 서울대학교에서 공통과학 부전공 연수를 받았다. 90시간짜리 연수였기 때문에 매일 방학 동안 집에서 출퇴근하며 연수를 들었다. 연수 중간에 어느 교수님께서 서울대학교에 개설된 석사과정 파견 교사를 안내해 주셨다. 학교에서 근무하지 않고, 석사과정 공부를 할 수 있을 뿐만 아니라, 학교에서 근무하는 것과 마찬가지로 월급도 나온다고 했다. 야외 지질 학습의 이론 공부를 더 하고 싶었던 차에 파견 교사는 나에게 너무 매력적인 목표로 다가왔다. 어떤 것을 준비해야 하는지 학과 사무실에 문의했다. 원서는 11월쯤에 제출하면 되는데, 원서 제출 전에 텝스(teps) 550점 이상의 점수를 받아야 한다는 것이었다. 교사가 되면 영어 공부를 안 해도 될 줄 알았는데, 영어 시험을 먼저 통과해야만 되다니! 텝스 준비를 위해 문제집을 사고, 매일 EBS 영어 프로그램도 듣기 시작했다. 학교에서 낮에는 수업하고, 야간자율학습 시간에는 수능 공부하는 학생처럼 공부했다. 오랜만에 하는 영어 공부는 쉽지 않았다. 고3 학생들의 영어 모의고사 문제도 풀어봤는데, 모르는 단어가 너무 많았다. 무모한 도전인 것 같았다. 4월에 처음으로 텝스 시험을 봤다. 서울의 한 고등학교에 마련된 고사장으로 입실하고, 시험지를 받아든 순간부터 아무 것도 생각나지 않았다. 짧은 시간에 많은 문제를 풀어야 하기에 바짝 집중했지만, 쉽지 않았다. 역시 영어는 어렵다는 생각을 하며 집으로 향했다. 그리고 수능을 준비하는 학생들의 마음도 다시 한번 헤아리게 되었다. 몇 주 뒤 텝스 성적표가 집으로 날아왔다. 두근거리는 마음으로 봉투를 열어보니, 990점 만점에 400점 초반 점수였다. 두 번째 시험에서는 400점 중반의 점수. 550점의 벽은 너무 높아 보였다. 수업 준비와 학교 업무도 해야 하는데, 영어까지 하려니 너무 힘들어서 포기하려고 했다. 그래도 한 학기 동안 준비했으니, 한 번만 더 시험을 보자고 마음을 다독였다. 이번에도 안 되면 다른 방법을 생각해 보기로 했다. 세 번째 시험도 힘들게 쳤다. 텝스 성적표가 우편함에 있는 것을 보고, 아무 기대도 하지 않고 뜯어보았는데, 점수가 550점을 살짝 넘었다. '역시 노력하면 좋은 결과를 얻는구나.'라고 생각하며 600점 이상을 목표로 뜨거운 여름 태양보다 더 뜨겁게 영어를 파고들었다. 영어 점수가 더 높으면 합격에 더 가까울 것이라 생각하고 대학원 입시 전 마지막 텝스 시험을 최상의 컨디션으로 보았다. 높은 점수를 기대했지만, 역시나 점수는 500점 초반이었다.

그렇게 커트라인을 넘긴 영어 성적과 자기소개서를 갖고 대학원에 접수했다. 그리고 합격해서 이듬해 3월 1일부터 교사에서 다시 공부하는 학생이 되었다. 대학원 수업은 대부분 저녁 6시부터 9시까지였지만, 연구실 출근은 아침 9시였다. 수업 있는 날은 9 to 9이었다. 야간자율학습 감독으로 단련되었던 터라 하루의 절반을 연구실에서 보내는 것은 힘들지 않았다. 무엇보다 학생들과 싸우지 않아서 좋았다.

대학원 생활은 프로젝트 참여와 수업자료인 영어 원서 해석으로 하루가 다 가기가 일쑤였다. 영어 공부가 왜 필요한지 절실하게 느꼈다. 대학원에 서는 '초임 교사의 수업 지향과 실행'을 주제로 연구했다. 초임 지구과학 교 사가 목표로 하는 지향점이 실제 수업에서 어떻게 실행되고 있는지를 보기 위해 선생님들 수업을 많이 촬영하고 영상을 보며 분석 틀에 맞추어 분석하 였다. 1년 동안 연구한 자료를 국내외 학회에 발표하며 학위 논문으로 다듬 었다. 처음 국제학회 발표는 샌프란시스코에서 있었다. 영어로 대본을 써 서 발표 전날까지 숙소에서 외우고, 발표 연습을 했던 기억이 아직도 생생 하다. 첫 국제학회에 참가하며 힘들었지만, 영어를 잘 못해도 발표를 할 수 있다는 자신감을 얻었다. 이 자신감을 믿고 다음에는 미국 플로리다, 스웨 덴 말뫼, 노르웨이 오슬로에서 열리는 여러 국제과학교육학회에 차례로 참 석해서 발표하였다. 학회에서는 평소 관심 있던 주제 세션에 들어가 최신 연구를 듣고, 내가 하는 연구에 접목할 수 있는 부분도 고민해 보았다. 학회 에 참가하면 연구 발표를 하고 듣는 것도 좋았지만, 학회가 열리는 도시 주

변을 여행하고, 답사하는 것도 큰 매력이었다. 노르웨이 오슬로에서 진행된 국제지질학회가 끝난 후 답사한 베르겐시역이 가장 기억에 남는다. 오슬로에서 기차를 타고 중간에 산악 열차로 갈아타고 깊 은 산속 골짜기를 따라 들어갔다.

STEM 국제 학회 발표

만년설을 모자처럼 쓰고 있는 높은 산들 사이로 빙하가 녹은 물이 폭포처럼 흘러내렸다. 지구온난화로 인해 녹는 양이 많아진다는 설명을 듣고, 기후 변화를 실감할 수 있었다. 한참을 더 가서 도착한 곳은 호수처럼 잔잔한 강가였다. 이곳부터는 페리를 타고 베르겐까지 이동한다고 했다. 배를 타기 전 주변 암석을 관찰하고, 물속을 바라보았다. 그리고 물을 손으로 찍어 맛을 보았는데, 짠맛이 났다. 깊은 산속이었지만, 바다였다. 수업 시간에 학생들에게 설명한 스칸디나비아반도의 피오르가 떠올랐다. 해수면이 상승하며 빙하의 침식작용으로 형성된 U자형 계곡 골짜기까지 바닷물이 들어온 것이다. 배를 타고 가면서 찍은 피오르와 U자형 계곡의 사진은 지금까지도 수업 시간에 활용하고 있다. 베르겐에 위치한 숙소에 저녁 6시에 도착했는데, 해는 아직도 중천에 떠 있었다. 베르겐은 고위도라 8월 중순에는 9시 30분쯤에 해가 진다고 누군가 알려 줬다. 저녁을 먹고 9시쯤에 일몰을 보러 나갔다. 고위도 지방에서는 여름에 낮이 길고, 겨울엔 밤이 길다는 것도 말로만 들었지, 직접 경험을 하니 묘한 기분이 들었다. 다음번에는 백야와 극야를 한번 경험하러 북극권에 가고야 말겠다는 다짐을 했다. 여행에서 얻은 암석 샘플과 사진자료는 계속 수업 시간에 활용하고, 그곳의 생생함을 학생들에게 전하려고 노력하고 있다.

　대학원 석사과정을 마치고 다시 소속 학교로 발령을 받아 생활한 지 1년이 지나갈 무렵 고등학교 시절 지구과학 은사님으로부터 연락이 왔다. 은사님은 내가 고등학교 때 지구과학 교사로 진로를 정할 수 있도록 영향을 주신 바로 그분이시다. 경기도과학교육원 연구사로 근무하는 은사님께서는 내년에 경기도 북부기초과학관이 생기는데, 함께 일을 하자고 제안을 하셨다. 경기도과학교육원은 수원에 있어서 경기 북부 지역 선생님들이 연수를 받기 위해 교육원까지 가려면 너무 힘들었다. 그리고 과학원에서 진행하는 학생 체험활동도 북부 지역 학생들은 참여하기 어려웠다. 새로 만들어지는 과학관에 2년 동안 연구원으로 파견을 나와서 재밌는 과학관을 만들고, 천문대에서 하고 싶은 프로그램을 기획하여 실행해 보고 싶었다. 그렇기에 나는 조금의 망설임도 없이 연구원에 지원했다. 은사님이 계셨기 때문에 조금의 두려움도 없었다.

　이곳은 원래 과학고등학교 시설이었는데, 경기도과학교육원으로 관리 전환이 되었다. 면접을 보고 2월부터 북부기초과학관에 근무했다. 연구사 2명과 연구원 2명, 주무관 2명, 총 6명이 근무하였다. 이곳에 있는 기자재와 시설들을 인수인계 받고, 어떤 프로그램을 운영하면 좋을지 고민을 했다. 이곳에는 500mm 반사 망원경이 있고, 슬라이딩 돔에 작은 망원경이 여러 대 있었다. 또 언제나 밤하늘을 볼 수 있는 플라네타리움(천체 투영기 또는 천체 투영 시스템)도 있었다. 이 기기들을 활용해 보고자 학생 천체 관측 프로그램을 개발했다. 플라네타리움에서 밤하늘 별자리를 설명하기 위해 그리스 로마 신화를 읽고, 계절별 별자리 설명 대본을 만들었다. 매일 밤 볼 수 있는 행성과 성운 성단의 목록을 만들어 관측 대상을 선정하고, 각 천체에 대해 공부했다. 실내에서 학생들과 함께할 수 있는 야광 별자리판 만들기, 간이 망원경 만들기를 준비했다. 그 당시에는 이러한 만들기 키트를 판매하지 않았기 때문에 직접 별자리판을 만들어 인쇄소에 인쇄를 맡겼다. 간이 망원경도 직접 구입한 렌즈와 직접 그린 전개도를 사용하여 만들었다.

과학관으로 천체 관측을 온 학생들은 플라네타리움에서 별자리와 함께하는 우주여행에 푹 빠져들었고, 천체 망원경으로 밤하늘을 보며 우주의 아름다움을 느꼈다. 달의 크레이터와 바다를 보면서 사진이 아니냐는 학생도 있었다. 토성의 고리, 목성의 위성들, 그리고 달과 같은 금성의 위상을 보면서 행성 여행을 떠나고 싶다는 학생도 있었다. 도시에서는 보기 힘든 안드로메다은하를 직접 보면서 우리가 지금 보는 안드로메다은하는 250만 년 전에 출발한 빛이라는 이야기를 해 주면 학생들은 우주가 얼마나 큰지 상상하게 된다. 그리고 우리 말고 우주 어딘가에 있을 외계 생명체를 찾고 싶다는 포부를 당차게 이야기하는 학생들도 있었다.

과학관에서는 천체 관측 이외에도 다 함께 할 수 있는 프로그램도 운영하였다. 누구나 과학을 배우고 즐길 권리가 있는데, 특수학급이나 특수학교에 있는 장애 학생들은 과학관 탐방이나 과학 활동에 참여하기가 쉽지 않다. 장애 학생이라고 해서 과학교육에서 소외되면 안 될 것이다. 그래서 '장애 학생 과학교실'을 개설하여 프로그램을 진행하였다. 특수학급 학생과 학부모가 함께 와서 과학관 전시물도 조작해 보고, 과학 마술과 인체 속 숨은 과학 등 다양한 활동을 통해 과학의 즐거움을 느낄 수 있도록 하였다.

또한 학부모 과학교실, 가족 천체 관측 교실, 과학의 달 행사 등 학생들뿐만 아니라, 일반 시민들도 참여할 수 있는 프로그램을 개발하고 진행했다. 그 그 미힌 괴힉괸이고 근무 인원은 직있지민, 일반 과학관 만큼이나 많은 프로그램을 운영했고, 과학을 좋아하는 학생들을 만날 수 있었다. 학교를 떠나 행정적인 업무와 프로그램을 기획하면서 과학 프로그램의 큰 계획을 세워 볼 수 있었다. 그리고 그때의 경험을 바탕으로 다양한 교사 연수 프로그램과 학생 프로그램을 지금까지 진행하고 있다.

## 수업이 즐거워지는 이야기

### 학생 중심의 과학탐구실험

2018년부터 2015 개정 교육과정이 시작되었다. 미래 사회에서 요구되는 기초 소양 및 핵심역량을 학교 교육을 통해 준비시키고, 학교를 떠난 이후에도 평생학습사회를 살아갈 수 있도록 기존의 교과중심 교육과정을 역량중심 교육과정으로 바꾸었다. 2015 개정 교육과정에서는 세상을 보는 안목과 인간을 이해하는 능력인 인문학적 소양교육과 과학적 지식을 바탕으로 개인 및 사회적 문제를 합리적이고 과학적으로 해결하는 능력인 과학적 소양교육이 강조되었다. 그리고 과학 교과에서는 '모든 이를 위한 과학교육(Science for All)'이라는 목표 아래 고등학교 1학년 과목으로 통합과학과 과학탐구실험이 새로 도입되었다.

2015 개정 교육과정이 시작되는 첫해, 모든 선생님이 과학탐구실험을 맡기를 꺼렸다. 처음 개설되는 과목이니 무엇을 해야 하는지도 막막하고, 매 시간 활동 중심의 수업 준비를 해야 하기 때문에 부담이 있다. 나는 2015 개정 과학과 교육과정 작업에 함께 참여하고, 경기도융합과학교육원에서 발간한 과학탐구실험 장학자료 개발에도 참여했던 터라 내가 과학탐구실험 수업을 모두 맡겠다고 했다. 일주일에 한 시간씩 열두 반을 지도하는 것이었다.

　이전 2009 교육과정까지는 과학탐구활동이 교과내용을 이해하기 위한 활동이었다면, 2015 개정 교육과정에서의 과학탐구실험활동은 학생들이 창의성과 상상력, 과학적 태도, 과학의 본성, 협력적 활동, 연구의 발표 등을 경험하는 것에 목표를 두었다. 나는 과학탐구실험 수업을 통해 학생들의 탐구능력과 과학과 핵심역량을 향상시키기 위해 학생 중심의 과학탐구 활동을 계획하였다. 또 학생들이 자신의 의견을 발표하며, 서로 의사소통이 이뤄질 수 있도록 수업 계획을 세웠다. 특히 과학의 본성, 과학적 태도, 협력을 통한 문제 해결을 통한 과학탐구에 중점을 두었다. 과학은 완벽한 불변의 지식이 아니라, 과학자들이 합의해 만든 것이며, 다른 증거가 나오면 바뀔 수 있다는 과학의 본성을 수업을 통해 경험할 수 있도록 하였다.

　첫해 과학탐구실험 수업은 나의 의욕만큼 활발히 진행되지 못했다. 1시간짜리 활동을 계획하는 일은 생각보다 어려움이 많았다. 학생들이 실험실에 도착해 실험을 준비하는데 10분 정도 걸리고, 정리하는데도 5분이 걸렸다. 결국은 실제로 활동을 진행할 수 있는 시간은 30분 남짓이었기에 계획했던 수업을 진행하기 힘든 경우가 많았다. 무엇보다도 교육부에서 이 실험 수업을 1등급부터 9등급까지 석차등급으로 성적을 내라고 해서 황당했다. 수행평가의 점수를 촘촘히 배점해서 평가해도 동점자가 많이 나왔다. 게다가 석차등급이 부여되는 과목이라 학생들은 활동보다는 점수에 더 민감하게 반응했다. 그래서 이러한 문제점을 공감하는 선생님들과 함께 기회가 될 때마다 과학 관련 학회와 연구회에 의견을 개진하고 교육부에 과학 교사들의 입장을 전달했다. 다행히도 다음 해부터는 석차등급이 아닌, 성취도에 따라 A, B, C로만 평가하는 것으로 바뀌었다. 또한 과학탐구 수업을 1시간씩 진행하며 겪었던 어려움은 다음 해부터는 2시간을 묶어 연강으로 수업을 진행하며 어느 정도 해결되었다.

지금까지의 과학 활동은 요리 레시피처럼 교사의 안내에 따라 실험 과정이 진행되는 경우가 많았다. 그러나 과학탐구실험에서는 이러한 형식을 과감히 벗어버리고, 학생들이 직접 활동을 설계하고, 결론을 낼 수 있도록 진행했다.

그중에서 학생들이 직접 실험을 설계하며 조원들끼리 협력하는 모습을 가장 잘 보여 준 실험이 하나 있다. 학기 초에 진행한 밀도 측정 실험이 그것이다. 물, 금속 추, 암석, 탁구공을 주고 조별로 각 물체의 밀도를 측정하는 것이 활동 주제였다. 학생들은 밀도를 구하는 식은 중학교 때 배워 알고 있었지만, 막상 교사의 안내 없이 물체의 밀도를 구하는 실험을 진행하라고 하니, 처음에는 모두 막막해했다. 액체와 금속 추까지는 조원들과 협의하며 눈금실린더를 이용하여 부피를 측정하고, 전자저울로 질량을 측정하여 쉽게 밀도를 찾았다. 그런데 다음이 문제였다. 암석은 크기가 커서 눈금실린더에 들어가지 않아 부피를 직접 잴 수 없었다. 그러나 오히려 어려움에 부딪히자 조원들의 협의는 더욱 활발히 이루어졌다. 나에게 어떻게 해야 하는지 물어보는 학생도 있었지만, 절대 가르쳐 주지 않았고, 조원들과 협의하라고 했다. 제공된 종이컵에 암석을 넣고 늘어난 부피를 측정하는 방법을 찾았지만, 이번에는 눈금이 없어서 정확히 측정하기 어려운 상황을 맞았다. 그러던 중 우연히 누군가 종이컵에 물을 가득 붓고, 암석을 넣은 다음 넘친 물의 부피를 눈금실린더로 측정하여 밀도를 계산했다. 방법을 알아낸 학생은 유레카를 외치며 흥분을 감추지 못했다. 마치 과학자가 되어 새로운 이론이나 법칙을 발견한 것처럼 즐거워했다. 이렇듯 과학 활동을 통해 학생들이 성취의 기쁨과 협력의 기쁨을 경험하는 것이 과학 지식을 많이 아는 것보다 중요하다고 생각한다. 교사가 안내하지 않아도 학생들은 서로 협력하여 방법을 찾아내어 문제를 해결하는 활동을 하며 과학의 즐거움을 스스로 찾아낸 것이다.

두 번째 소개할 것은 '미스터리 박스' 활동이다. 학생들에게 과학 지식은 어떤 특성을 갖고 있는지 물어보면, 많은 학생이 뛰어난 과학자가 자연의 규칙성을 찾아 과학 지식을 만든다고 답한다. 그렇기에 또한 과학 지식은 절대적이고, 완벽하다고 생각한다. 과연 그럴까? 학생들은 '미스터리 박스' 활동을 통해 과학 지식이 만들어지는 과정과 과학의 본성을 이해하게 된다. '미스터리 박스'는 어떤 물체가 들어 있는지 아무도 모르는 상자를 말한다. 조별로 4개의 미스터리 박스가 주어지고, 각 박스 속에 무엇이 들어 있는지 알아내기 위해 다양한 방법으로 증거를 수집한다. 그리고 조별로 토의를 거쳐 구체적으로 어떤 물체가 들어 있을지 결정하는 것이다.

조별 활동이 끝나면 칠판에 박스별로 이름을 쓴 포스트잇을 붙인다. 모둠

미스터리 박스 활동1

별로 미스터리 박스 속에 들어 있다고 생각하는 물체의 이름을 발표하고, 그렇게 생각한 이유와 증거를 함께 제시한다. 다른 모둠에서는 증거에 반박하면서 반 전체에서 컨퍼런스가 열린다. 서로 토의하다 보면 각각의 박스에 들어 있는 물체의 이름이 결정된다. 1번 박스에는 모래, 2번 박스에는 구슬, 3번 박스에는 지우개 등등. 하지만 다른 반에서는 각 박스에 들어 있는 물체가 다른 이름으로 결론이 나기도 한다. 그렇게 합의했으면 그 반에서는 그것이 참이다.

이러한 활동을 통해 학생들은 과학 지식이란 과학자들의 합의에 따라 만들어지고, 다른 증거가 나오면, 바뀔 수 있다는 과학의 본성을 이해할 수 있다. 명시적으로 과학의 본성이 무엇이라고 강의식으로 이야기하면 학생들은 바로 잊어버리지만, 활동을 통해 경험한 과학의 본성은 쉽게 잊지 않는다.

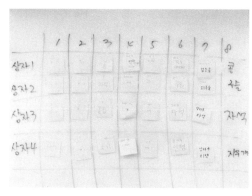

미스터리 박스 활동2

물론 수업이 끝나고, 박스 안에 진짜 무엇이 들어 있는지 물어보는 학생이 꼭 있다.

"선생님~ 박스 안에 무엇이 들어 있어요? 수업 시간에 결정한 것이 아닌 것 같아요."

"나도 모르는데."

"선생님이 만들었는데, 왜 몰라요? 무엇이 있는지 알려 주세요."

"나도 진짜 몰라."

"안 알려 주시면 궁금해서 계속 생각나서 오늘 밤에 잠을 못 잔단 말이에요."

"그럼, 내가 점심시간에 이 박스를 줄 테니까, 좀 더 증거를 수집해서 네가 다시 결정해서 나에게 알려 주렴."

"아~~ 그게 뭐예요. ㅜㅜ"

이 외에도 마시멜로 챌린지, 금속의 산화 환원 반응, 자료를 변환하여 지질 연대표 제작, 기후 변화 신문기사 만들기 등 학생중심의 탐구활동을 진행하였고, 보고서와 글쓰기 활동도 수행하였다. 이를 통해 학생들은 과학에 대한 이해뿐만 아니라, 조원들과의 협동심과 배려를 경험할 수 있었으리라 믿는다.

 **학생의 생각을 넓히는 아침 과학 독서**

독서는 학생들에게 교실에서 배우지 못한 새로운 정보를 알려 주기도 하고, 어떤 대상이나 문제에 대해 질문을 던지고 학생들 스스로 비판적으로 생각을 정리하게 하는 힘이 있다. 학생들은 독서를 하며 직접 경험하지 못한 세계를 간접 경험하고, 자신이 어떤 부분에 흥미와 관심이 있는지도 찾을 수 있기에 진로교육에도 도움이 된다.

평소에 책 읽기에 관심이 많았던 나는 학생들과 책 읽기 프로젝트를 진행하기로 했다. 경기도는 학생들이 9시에 등교하기 때문에 아침에 늦게 일어나거나, 학교에 일찍 와도 핸드폰으로 게임을 하며 시간을 보내는 학생들이 많다. 학생들에게 과학적 소양과 책 읽는 습관을 키워 주고 싶어 아침 8시 20분부터 50분까지 30분 동안 책을 읽는 아침 과학 독서 프로그램인 '과학책 읽고 앉아 있네'를 시작했다. '과학책 읽고 앉아 있네'는 내가 평소가 즐겨 듣던 팟캐스트 '과학하고 앉아 있네'의 이름을 패러디한 것이다.

프로그램은 사서 선생님의 도움으로 학교 도서관에서 진행하기로 하고 최신 과학책만 모아 놓은 책장을 따로 만들어 학생들이 쉽게 책을 선택할 수 있도록 준비했다. 아침 일찍부터 등교하여 책을 읽는 활동이라 신청하는 학생이 적을 것이라고 예상하였다. 하지만 막상 신청을 받아 보니 50명의 학생이 신청을 했다. 마치 학교에 이런 프로그램이 마련되기를 기다리고 있었던 것처럼. 덕분에 나도 아침 8시부터 도서관으로 출근하여 학생들이 책을 읽을 수 있도록 준비했다. 그리고 학생들 옆에서 같이 책을 읽었다. 한 학기 동안 학생들은 2권에서 많게는 5권까지 책을 읽었다. 책을 다 읽으면 간단한 소감문을 작성하고, 학기 말에는 자신이 읽은 책 중에서 가장 인상 깊은 책 한 권을 선정해서 서평을 작성하였다. 학생들 사이에 아침 독서 프로그램에 참여한 내용이 학교생활기록부 독서란에 기록되고, 교과 공부에도 도움이 된다는 이야기가 퍼지면서 2학기에는 120명의 학생이 신청하였다. 도서관에 다 앉을 수 없어 도서관 옆 다목적실까지 활동 공간을 확장했다. 모든 학생이 아침 과학 독서를 완주하는 것은 아니지만, 많은 학생이 과학책을 읽으면서 새로운 경험을 쌓고, 독서의 중요성을 느낀 시간이었다.

학생들에게 책의 내용을 더 생생하게 전해 주고 싶어 2학기 말에는 학생들이 읽은 책의 저자 중 네 분을 초청하여 강연을 듣는 기회를 마련했다. 책에 관한 내용, 과학을 하는 방법, 저자의 경험뿐만 아니라 교과서에서 알려 주지 않는 과학의 배경 내용을 직접 들을 수 있어서 좋은 경험이 되었다. 독서와 서평 쓰기, 그리고 저자 강연이 일체화되어 어렵게 느껴졌던 과학을 쉽게 이해하고 더욱 친근하게 받아들이는 기회가 되었다.

2018년과 2019년에 독서 프로그램을 참여한 학생들이 작성한 서평을 모아서 책으로 만들었다. 학생들이 쓴 글을 편집하고, 서로 읽어가며 오타와 문구를 수정하여 하나의 서평이 완성되었다. 그리고 그것을 묶어서 책으로 제본하였다. 당장 출판해도 좋을 만큼 학생들의 서평은 훌륭했다. 학교 예산으로 200권을 인쇄하여 아침 과학 독서 교실에 참가했던 학생들에게 한 권씩 주고, 담임 선생님들께도 한 권씩 전해드렸다. 자신이 쓴 글이 책으로 엮인 것을 보고 감동을 하고, 같은 과학책을 읽고 다른 서평과 감상을 쓴 친구들의 글을 읽어보며 즐거워하던 학생들을 지켜본 기억이 가장 큰 보람으로 남았다.

2020년, 코로나19로 인해 학교는 수업을 원격으로 진행하는 시간이 길어졌다. 학생들이 등교하지 않으니 예전처럼 아침 독서를 진행할 수 없게 되었다. 그래도 책 읽기 프로그램을 중단할 수 없어서 '온라인 과학 독서 교실'을 진행했다. 구글 클래스룸을 개실하고 프로그램에 참여할 학생들을 모집하였다. 프로그램에 참여한 학생들은 자신이 읽을 책을 준비하고, 매일 책을 읽은 만큼 구글 클래스룸에 기록하였다. 그리고 책을 다 읽으면 양식에 맞추어 서평을 제출하고, 책에 대한 내용과 소감을 영상으로 찍어서 제출하였다. 그리고 저자 특강도 온라인으로 진행하여 저자와의 소통을 이어 나갔다. 하지만 대면 활동만큼 활발하게 진행되지 못해 조금은 아쉬웠다.

2022년에 다시 학생들이 등교하게 되어 '과학책 읽고 앉아 있네'를 예전처럼 진행할 수 있었다. 이번에는 80분으로 늘어난 점심시간을 활용하여 독서 프로그램을 진행했다. 점심을 3학년, 2학년, 1학년 순서로 먹기 때문에 1학년 학생들이 먼저 30분 독서를 하고, 2학년과 3학년 학생들이 나중에 30분 독서 활동을 했다. 점심시간을 쪼개 독서 활동을 진행하느라 몸은 조금 피곤하지만, 책에서 자신의 꿈을 찾는 학생들의 모습에서 우리의 밝은 미래를 볼 수 있었다.

과학 독서 포스터

과학 독서 서평집

과학의 달 4월이 되며 과천과학관, 과학교육원 등 많은 기관에서 과하 체험행사를 진행한다. 또 여름방학 때는 한국과학창의재단에서 대한민국과학축전을 개최한다. 이러한 행사는 학생과 일반인들에게 과학에 대한 관심과 흥미를 높이고, 나아가 과학문화 확산에 기여한다. 나도 기회가 있을 때마다 학생들과 과학 부스 활동에 참여했다.

처음 과학 부스 활동에 참여했을 때는 내가 활동을 기획하고, 재료도 준비하고 포스터도 만들었다. 교사가 주도하여 부스 활동을 진행하면, 학생들은 수동적으로 활동의 보조 역할만 맡는 것이 보통이었다. 학생들은 내가 하는 것을 따라하고, 봉사시간을 채웠다. 그러다 학생들이 좀 더 적극적으로 과학 부스 활동에 참여할 수 있도록 운영 방법을 바꾸어야겠다고 생각했다.

과학 부스에 참여한 관람객들에게 활동 내용을 설명하기 위해 공부를 하게 되니 부스 활동을 통해 학생들은 자연스럽게 과학 원리를 배우고, 발표하는 능력을 키울 수 있게 되었다. 과천과학관에서 진행한 과학의 날 행사에 '화석이 들려주는 지구 이야기'로 참여했을 때다. 참가자들은 학교에서 가져간 화석에 대한 설명을 듣고, 활동지를 채우고 마지막에 찰흙으로 암모나이트나 삼엽충 화석 모형을 만들어 보는 활동이었다. 부스를 운영할 동아리 학생들은 화석의 이름뿐만 아니라, 특징과 생물이 살았던 당시 환경을 조사하고, 설명할 이야기를 만들었다. 또 부스 참가자들이 사용할 활동지도 만들어 인쇄하고, 부스 운영에 필요한 재료를 구입했다. 내가 옆에서 다 해줄 수도 있었지만, 학생들이 부스 활동을 준비하고 진행하며 배우는 경험이

다른 어떤 교육보다도 더 크다는 걸 알았기 때문에 시간이 걸리더라도 학생들이 스스로 할 수 있도록 옆에서 지켜보았다. 처음엔 잘 해낼 수 있을까 걱정도 많이 했지만, 그것은 기우에 불과했다. 학생들은 걱정했던 마음이 무색할 만큼 훨씬 더 잘 해냈다.

교사가 학생들에게 기회를 제공하면, 학생들은 스스로 프로그램을 기획하고, 문제가 생기면 서로 협력하여 해결한다. 학생들이 미숙하다고 생각하고 교사가 개입하면 그다음부터는 학생들은 수동적으로 변한다. 학생들을 믿고 기다려 주고, 조금씩 안내해 주는 것이 교사의 역할임을 배우는 계기가 되었다.

## 지구과학 창의적 체험학습

중학교 1학년 과학책 첫 단원에서는 광물과 암석을 다루고 있다. 교과서에는 학생들이 과학에 흥미를 갖게 하려고 다양한 관찰 활동이 포함되어 있지만, 중학교에는 지구과학을 전공하지 않은 선생님이 많기에 사진과 교과서로 수업이 진행되는 경우가 많다. 그러다 보니 학생들은 광물과 암석의 이름과 특징을 이해하지 못한 채 외우게 되는 경우가 많고, 게다가 어려운 한자어로 되어 있는 이름들은 외계어같이 어렵게만 느껴진다. 고등학교 지구과학 교과서에 있는 지질 단원을 배울 때도 학생들과 교사는 마찬가지로 어려움을 느낀다. 이 어려움을 해결하기 위해 경기도중등지구과학교육연구회 선생님들과 야외 학습장을 개발하였다. 중·고등학교 교과서에 나오는 암석과 지질 구조를 직접 관찰하고 형성 과정을 토의할 수 있는 학생 체험 학습 프로그램을 만들고 진행하였다.

연구회에서 학교에 공문을 보내 학생들을 모집하고, 연구회 선생님들이 강사로 활동했다. 지질 답사를 통해 축적한 자료를 바탕으로 학생용 활동지를 인쇄하여 참여 학생들에게 제공하였다. 포천아트밸리, 한탄강야외학습장, 시화호공룡알화석지에서 직접 학생들과 함께 광물과 암석을 관찰했다. 야외에서는 교실에서처럼 암석과 그 속에 들어 있는 광물이 무엇인지 교사가 설명하는 것이 아니라, 왜 암석이 여기에 있는지, 어떻게 만들어진 것인지를 생각해 보면서 과거에 이 지역의 환경을 상상해 보고, 변화 과정을 추론해 보는 활동을 진행했다.

체험활동에 참여한 학생들은 포천아트밸리에서는 화강암을 관찰하고 화강암을 구성하는 광물을 직접 찾아보는 활동을 한다. 그리고 땅속에서 마그마가 식어 만들어진 화강암이 어떻게 지표로 나오게 되었는지를 토의하고, 융기 속도를 계산하면서 지표와 지형의 변화를 이해하게 된다. 한탄강에서는 현무암과 주상절리를 관찰하고, 어떻게 이곳에 현무암을 만든 용암이 분출하게 되었는지, 주상절리는 어떻게 만들어졌는지 추론하게 된다. 또 변성암 속에 들어 있는 석류석과 같은 변성광물을 통해 이곳에서 대륙 충돌이 있었던 것을 이해하고, 교과서에서 배운 대륙 이동과 판 구조론을 연결하게 된다. 시화호야외학습장에서는 퇴적암의 종류와 퇴적물이 쌓인 환경을 추론하고, 자갈의 모양을 보고 이동 거리 등을 토의한다. 시화호야외학습장은 공룡알을 직접 찾아보고, 공룡이 어떠한 곳에서 알을 낳았는지, 그리고 그 당시 이 지역이 어떠한 환경이었는지 등에 대해 상상해 볼 수 있는 곳이다.

야외에 나와서 암석을 보면, 직접 만져 보고 관찰할 수 있어서 교과서나 사진으로 보는 것보다 더욱 생생한 경험을 할 수 있다. 그리고 자연의 아름다움을 느끼고, 지구를 아끼는 소중한 마음도 생기게 된다. 우리가 살고 있는 한반도의 변화 과정을 빅 히스토리(Big History, 역사에 대한 관점을 인류나 우주 전체의 경과까지 넓게 확장하여 보는 학문적 움직임)로 이해할 수 있다.

연구회에서는 지질 체험학습뿐만 아니라, 찾아가는 천체 관측 교실도 운영하고 있다. 중학교와 고등학교 과학 교과서에는 별과 우주에 관한 내용이 나온다. 단원과 연계하여 별을 보고 싶은데 천문대까지 거리가 멀어 가기 힘든 학교가 많고, 학교에 천체 망원경은 있는데 사용법을 아는 선생님이 없는 곳도 있다. 이러한 학교들의 요구를 반영하여 '찾아가는 천체 관측 교실'을 운영하고 있다. 천체 관측 전문가이신 연구회 선생님들이 직접 천체 망원경을 가지고 학교에 방문하여 학생들이 별과 우주의 아름다움을 느

아트밸리 화강암 체험학습

태양 관측을 하는 학생들 모습

낄 수 있도록 프로그램을 진행한다. 관측 전 천문 프로그램을 이용하여 오늘 밤 어떤 천체를 볼 수 있는지 설명을 해 주고, 직접 찾을 수 있는 계절별 별자리를 실내에서 안내한다. 그리고 학생들 스마트폰에 천체 관측 앱을 설치하고 밤하늘을 보면서 별자리와 행성 등을 찾는 활동을 한다. 선생님들이 가져간 망원경을 학교 옥상이나 운동장에 설치하고, 달, 행성, 성단, 이중성 등을 관측한다.

"선생님, 밤하늘에 움직이는 별이 있어요."

"아, 저건 인공위성이야. 아주 밝게 빛나는 것을 보니 국제우주정거장(ISS)인 것 같은데."

"국제우주정거장이 눈으로 보여요?"

"초저녁이나 새벽녘에는 국제우주정거장이 태양 빛을 반사하기 때문에 그 반사된 빛을 우리가 볼 수 있어. 국제우주정거장이 우리 머리 위를 언제 지나가는지 알려 주는 앱도 있어."

"우리 동네에 이렇게 많은 별이 있다는 것을 처음 알았어요."

학생들에게 가장 인기 있는 활동은 자신의 스마트폰으로 달 사진을 찍는 것이다. 다른 천체는 빛이 약하기 때문에 찍기가 힘들지만, 달은 밝기 때문에 조금만 집중하면 사진을 찍을 수 있다. 직접 달을 촬영한 학생들은 SNS

에 자랑도 하고, 프로필 사진을 자신이 찍은 달 사진으로 바꾸기도 한다. 평소에 하늘을 올려 보지 않던 학생들이 천체 관측을 계기로 밤하늘의 밝은 별과 행성을 찾아보게 된다. 그리고 밤하늘의 풍경을 사진으로 남긴다.

이렇듯 지질 체험학습과 천체 관측 교실을 통해 학생들은 지구과학 교과를 이해하고 더욱 친근하게 느끼게 되어 고등학교에서는 지구과학 과목 선택자가 많아졌다고 자부한다. 2012년부터 시작된 '지구과학 창의적 체험학습'은 2022년까지 2천여 학교, 5만 명의 학생이 참여하였다. 코로나19 시기(2020~2021년)를 제외하고는 매년 200여 학교 이상이 이 프로그램에 참여하여 경기도에서는 가장 인기 있는 학생 체험학습으로 자리 잡았다. 앞으로도 자연의 아름다움과 과학의 이해를 높이기 위한 체험학습을 계속 진행할 예정이다.

찾아가는 천체 관측 교실 후 기념촬영

학교 현장에서는 학생 체험학습이 강조되고 있다. 예전부터 진행되어 온 수학여행이나 학교 인근의 박물관과 과학관 탐방도 현장체험학습으로 운영되고 있다. 그러나 교과와 연계한 지구과학 체험학습은 학교에서 교사가 운영하기 힘들다.

이러한 어려움을 덜어주기 위해서 경기도중등지구과학교육연구회에서는 1년 동안 지질 체험학습과 천체 관측 참여학교를 신청받아 운영하고 있다. 2월 중순이면 학교가 새 학기 준비로 연간 학사 일정을 계획하게 된다. 이때 연구회 누리집(https://cafe.daum.net/studyES)에서 선접수를 받는다. 그리고 3월 초에 학교에 정식으로 공문을 발송하여 신청접수를 받는다.

연구회에는 지질 체험학습 지도 강사 선생님 20명, 천체 관측 지도 강사 선생님 20명이 소속되어 있어 서로 날짜를 조율하여 강사를 배정한다. (함께 학생들을 지도하고 싶은 선생님은 언제나 환영)

체험학습 진행 한 달 전에 학교의 담당 교사에게 체험학습 안내사항과 강사 카드를 전달한다. 지질 답사의 경우 안내사항에는 강사 선생님과 만나는 장소와 시간, 체험학습을 진행하는 동안 인솔 교사의 역할 등등이 포함되어 있고, 학생들이 읽어볼 책도 소개되어 있다. 천체 관측의 경우 실내 교육 장소, 관측 장소(운동장, 옥상 등)를 어디로 할 것인지, 강사가 가지고 가는 천체 망원경 말고, 학교의 천체 망원경이 있는지 등등에 대해 협의한다. 학교에 있는 망원경도 점검해 주고, 천체 관측에 같이 활용한다.

지질 체험학습은 10시부터 12시까지 오전 탐사를 진행하고, 점심 식사 후 13시부터 16시까지 오후 탐사를 진행한다. 체험학습에 필요한 학생용 자료집은 연구회에서 책자로 인쇄하여 제공한다. 그리고 강사 선생님들은 탐사에 활용할 광물과 암석을 준비하여 학생 지도에 활용한다.

천체 관측 교실은 18시 30분부터 21시 30분까지 진행한다. 어두워질 때까지 천문 프로그램을 이용하여 오늘 밤하늘을 설명하고, 별과 우주의 실내 강의를 진행한다. 그리고 야외로 나가 밤하늘에 떠 있는 밝은 별과 행성 등을 별 지시기로 가리키며 설명한다. 학생들은 별보다 직선으로 별을 가리키는 녹색 레이저에 더 열광한다. 천체 망원경을 설치하고, 그날 볼 수 있는 달과 행성, 이중성, 산개 성단을 차례로 관측한다. 시골에 있는 학교는 구상 성단과 안드로메다은하도 눈으로 볼 수 있다. 달은 스마트폰 카메라로 직접 촬영을 한다. 지구과학 창의적 체험학습을 한번 신청한 학교는 빠짐없이 매년 신청하여 참여하고 있다.

교사 연수 기획자

경기도에는 선생님들이 직접 연수를 기획하여 진행하는 공모 연수가 있다. 15시간 또는 30시간을 선생님들이 직접 기획하여 연수를 진행하는 것이다. 경기도과학교육원에 근무하면서 교사 연수와 학생 프로그램을 기획하고 진행하였다. 학교 현장과 선생님들의 요구를 파악하여 매년 15시간짜리 다양한 직무 연수와 자율 연수를 기획하였다. 지구과학 교과서에 나오는 지질 명소를 중심으로 매년 1곳씩 선정하여 진행했다. 연수 장소를 선정하고, 그곳의 지질과 지질 명소를 공부했다. 그리고 그곳을 연구하거나 잘 아는 박사님 또는 교수님을 강사로 섭외하고 시간대별로 일정을 짜고, 연수생을 모집했다. 하지만 그것으로 끝나는 것이 아니었다. 미리 사전답사를 하고, 버스와 숙소를 예약하고, 그 지역의 맛집을 찾아 식사를 예약했다. 그리고 선생님들이 현장에서 학습할 수 있는 연수 교재를 제작하고 인쇄하였다. 전문가의 현장 강의와 맛있는 식사, 편안한 잠자리가 선생님들의 연수를 100% 만족하게 했다. 이렇게 연수를 진행한 곳이 영월-태백(2회), 울릉도-독도, 청송 주왕산, 부안 채석강, 진주-고성, 포천-연천 한탄강(3회), 시화호(2회) 등이다.

선생님들도 교과서에 나오는 내용을 사진으로만 보다가 직접 와서 관찰하고, 형성 과정을 토의하면서 한반도의 생성 과정을 이해하게 되었다. 직접 와서 보고, 설명을 듣고, 선생님들과 토의를 하면서 형성 과정을 이해하니 학생들에게도 야외 지질 답사가 꼭 필요하다고 말씀하시는 분도 계셨다. 또 어떤 선생님은 지질 명소를 수업할 때 부담이 있었는데, 연수를 통해 자신감이 생겼다고 했다. 지질 답사는 학생뿐만 아니라, 교사들에게도 꼭 필요한 연수라는 것을 실감했다. 야외는 지구과학의 살아있는 교과서다.

2012년부터 매년 겨울 교사 자율 연수로 제주도 지질 답사를 진행했다. 이 연수는 직무 연수도 아니고, 자신이 모든 비용을 내고 참여해야 한다. 그래도 연수가 공고되고 반나절이면 마감될 만큼 선생님들의 관심이 뜨거웠다. 제주도는 한 번 이상씩은 다녀온 곳이라 다들 많이 보았고 많이 안다고 생각을 한다. 그러나 제주도 지질 연수가 진행되는 곳은 대부분 평소에 여행으로 방문하는 관광지가 아닌 곳이다. 화산이 수중에서 폭발하여 화산재가 쌓인 수월봉에서 화산의 생생함을 느끼고, 현무암이 아닌 퇴적암과 퇴적 구조를 볼 수 있는 송악산 아래 지층, 1백만 년 전 가리비 화석이 쌓여 있는 서귀포층과 맨틀을 볼 수 있는 해안가 등을 답사하며 제주도의 형성 과정을 이해하게 된다. 연수를 통해 제주도에 오면 평소와 다른 제주도의 새로운 모습을 보는 눈을 갖게 된다.

하지만 지질 연수의 진짜 하이라이트는 답사 후 시간이다. 공식적인 연수 시간이 끝나면 저녁 식사를 하며 선생님들과 친교의 시간을 갖는다. 여러 지역에서 모인 처음 보는 선생님들과도 쉽게 이야기를 나눈다. 바로 관심 주제가 같기 때문이다. 지구과학 교사이기 때문에 수업 시간에 어떻게 지도 하는지, 어떤 활동을 하는지, 시험 문항은 어떻게 출제하는지 등에 관해 이 야기하며 쉽게 친해질 수 있다. 낮에 진행된 연수보다 저녁 시간에 모여 이 야기하는 것이 더 소중하게 다가올 때도 있다. 마치 학생들이 수학여행을 가서 밤시간을 기다리듯.

국내 지질 탐사로 단련된 선생님들은 해외 지질 답사를 가고 싶다는 요청 을 하셨다. 그 요청으로 2015년부터 2018년까지 하와이 지질 답사를 진행 했다. 제주도에서도 현무암을 많이 봐 왔지만, 용암이 분출하여 굳은지 얼 마 안 된 따끈따끈한 하와이 현무암을 보고 싶었다. 하와이 지질 답사는 우 리가 많이 들어본 와이키키 해변이 있는 오아후섬이 아니라, 지금 현재 화 산이 분출하고 있는 하와이섬인 빅아일랜드로 떠났다. 지질 답사를 가기 6 개월 전부터 하와이의 지질에 대해 모여서 공부했다. 우리는 수업 시간에 학생들에게 하와이섬이 열점 분출에 의해 형성되었다고 가르친다. 하지만 그 이상 아는 것이 없어서, 하와이화산연구소에서 자료를 찾아 영어를 해석 하며 공부하였다. 그리고 일주일간의 일정표를 짜고 비행기표와 숙소, 렌 터카를 예약하고 떠났다. 답사 일정 중에 꼭 들어간 것은 하와이화산국립 공원에서 킬라우에아 분화구를 탐사하는 것과 실제로 지표를 흐르는 레드라바를 보는 것이었다. 그리고 지상에서 가장 큰 망원경인 켁 망원경(keck telescope)이 있는 해발 4,200m의 마우나케아산도 필수 탐사지로 포함되었다. 사륜구동 차량을 렌트해서 서로 돌아가며 운전을 하고, 지도를 보며 답사지를 찾아다녔다. 도착해서 길가에 있는 새까만 현무암과 용암이 흐르면서 생긴 로피구조를 보며 사진도 많이 찍고, 신기해했다. 우리나라에서는 볼 수 없는 암석과 풍경이었는데, 현무암이 너무 많아 반나절이 지나니 대수롭지 않게 느껴졌지만 말이다.

레드라바

하와이화산국립공원을 답사하며 현지 가이드로부터 레드라바를 볼 수 있는 곳을 안내받았다. 우리는 뜨거운 태양과 현무암 대지에서 나오는 열기를 뚫고 1시간을 걸어가서 흐르는 용암을 보았다. 내 발 앞에서 흐르는 용암을 직접 보다니! 현무암 사이를 뚫고 물처럼 흐르는 용암, 표면이 식으면서 밧줄 모양의 구조를 만드는 용암. 뱀처럼 길게 흐르는 용암. 마치 용광로에서 쇳물이 흘러나오는 것 같았다. 현무암질 용암 온도는 1천℃ 이상이다. 내 몸 전체로 용암의 열기를 받으며 지구가 살아있다는 것을 느낄 수 있었다. 이러한 용암이 제주도나 한탄강에서도 흘렀다는 상상을 하며 하와이 지역을 자세히 탐사했다.

해수면 위로 가장 높은 산은 에베레스트(8,849m)이다. 하지만, 마우나케아(4,207m)를 해수면 아래부터 높이를 재면 10,205m로 전체 높이는 에베레스트보다 더 높다. 이 높은 곳 정상에 세계의 유명한 천문대가 모여 있다. 세계에서 가장 큰 광학 망원경인 켁 망원경도 이곳에 있다. 우리는 이곳을 보기 위해 아침 일찍 출발했다. 숙소는 해발고도 0m이고, 정상은 4,000m가 넘기 때문에 한 번에 올라갈 수 없다. 천천히 올라가며 고도에 적응해야 했다. 말 안장처럼 생긴 새들로드를 따라 올라가며 주변 암석과 식물들을 관찰했다. 그리고 점심때 2,800m에 위치한 오니즈카 방문자 센터에서 점심을 먹고, 휴식을 취했다. 이곳 방문자 센터도 고도가 높기 때문에 산소가 많지 않아 호흡하기가 힘들었다. 조금만 빨리 걸어도 숨이 차고 어지러웠다. 우리 발아래에서 구름이 만들어지고 사라지는 모습을 볼 수 있었다. 2시간 정도 지나니 어느 정도 적응이 되었다. 그리고 켁 망원경을 보기 위해 출발했다. 방문자 센터까지는 일반 차량으로 갈 수 있지만, 이곳부터 마우나케아 정상까지는 비포장도로에 경사가 심해 사륜구동 차량만 올라갈 수 있어서 우리는 처음부터 사륜구동 차량을 렌트했다. 숙소가 있는 해안가는 반팔을 입어도 더웠지만, 마우나케아 정상은 기온이 영하로 내려가 눈이 쌓여 있어, 패딩을 입어야 했다. 그리고 방문자 센터보다도 더 숨쉬기 힘들었다. 켁 망원경 방문자 센터에서 지름 10m의 켁 망원경을 보고, 저녁이 되어 관측 준비를 하며 망원경이 움직이는 모습도 볼 수 있었다. 마우나케아 정상에서 구름 위로 지는 일몰을 보고 싶었지만, 같이 간 선생님이 고산증 증세가 심해져서 오래 머물지 못하고 내려왔다. 다시 오니즈카 방문자 센터에 와서 저녁을 먹고 천체 사진 촬영을 했다. 일주 사진도 찍고, 밤하늘 별자리 사진도 찍었다. 그리고 방문자 센터에서는 천체 관측도 진행해서 지금껏 사진으로만 만나 본 성운, 성단, 은하를 직접 볼 수 있었다.

2018년부터 하와이에서는 용암이 활발하게 분출하고 있다. 코로나19도 끝났으니 다시 하와이 지질 답사를 추진해서 가 볼 예정이다. 돌도 보고 별도 볼 수 있는 하와이는 지구과학 교사라면 꼭 한번 가 봐야 할 보물 같은 곳이다. 코로나19 이후로 랜선 여행이라는 제목으로 유튜브 영상과 VR자료가 많이 나오고 있다. 하지만 직접 가 보는 것만큼의 느낌은 아니다. 직접 걷고 보고 만져 본 경험이야말로 살아 있는 교육이다. 학생들뿐만 아니라 교사들에게도.

마우나케아 정상 켁 망원경

## 지구과학 교사의 매력

지구과학 교사의 가장 큰 매력은 당당하게 여행을 많이 다닐 수 있다는 것이다. 중학교와 고등학교 지구과학 관련 단원에는 국가지질공원에 대한 내용이 포함되어 있다. 국가지질공원을 직접 탐방하고 자신이 직접 찾은 암석과 지질 구조의 사진을 보여 주며 수업을 한다면 더욱 생동감 있고 자신있게 설명할 수 있을 것이다. 매년 경기도중등지구과학교육연구회에서는 지질답사 교사 연수를 진행하고 있다. 제주도 지질 답사, 한탄강 지질 답사, 채석강 지질 답사 등등을 진행했다. 지질 답사는 암석만 보러 다니는 것이 아니라 주변의 역사 문화 탐방도 같이 진행한다. 전문가와 함께여서 개별적으로 가는 것보다 전공 관련 공부도 하고 새로운 경험을 많이 할 수 있다.

또 국내뿐만 아니라 국외 지질 답사도 많이 진행하고 있다. 경기도에서는 코로나 이전까지 매년 하와이 지질 답사를 진행했다. 하와이화산국립공원에서 지표를 흐르는 용암도 직접 보고, 마우나케아 정상에서 켁 망원경도 보고 천체 관측도 할 수 있다. 그린비치에서는 감람석 광물을 실컷 볼 수 있다.

하와이뿐만 아니라, 서호주 지질 탐사, 미서부 지질 탐사도 진행하고 있다. 혼자 가기 힘든 여행을 같은 관심을 가진 선생님과 함께 할 수 있다. 그리고 가족들에게도 놀러가는 것이 아니라 공부하러 간다고 당당히 말할 수 있다. 답사를 다녀와서 사진과 영상 자료뿐만 아니라 조그마한 암석 샘플을 수업에 활용하면 학생들에게 설명할 때도 당당하게 말할 수 있다.

"이 암석은 하와이 열점에서 분출한 용암이 굳은 현무암이야. 한번 열점의 열기를 느껴 봐."

서호주 밤하늘

교사가 되면 경력을 쌓아 교감, 교장이 되어 학교를 경영하고 싶어한다. 그리고 많은 선생님이 교장에서 퇴직하는 것을 목표로 한다. 하지만 평교사로 근무하면서 퇴직 때까지 학생들과 수업하는 선생님들도 많이 계신다. 나는 학교 경영을 하는 교장이 되기보다는 평교사로 정년 때까지 학생들과 함께 수업하고 과학 활동을 하는 것을 계획하고 있다.

교감, 교장을 학교 관리자라고 하는데, 관리자가 되는 방법은 크게 두 가지가 있다. 학교에서 20년이상 담임과 부장으로 근무를 하고, 근무 평정 점수와 연구 점수 등을 쌓아서 되는 것이다. 이를 위해서 연구 대회도 나가야 하고, 농어촌 학교에도 근무하고, 교무부장 등의 업무도 해야 한다. 두 번째 방법은 전문직 시험을 보고 교육청이나 연구원에서 근무하는 장학사나 연구사가 되는 것이다. 지역에 따라 다르지만, 전문직을 4~5년 정도 하면 교감 연수를 받고 다시 학교로 돌아와 관리자가 될 수 있다.

학교에는 수석 교사라는 직책도 있다. 교감, 교장 등의 관리직이 아닌 교사로서 올라갈 수 있는 최고의 자리이다. 수석 교사는 수업 전문성이 뛰어난 교사 중에서 선발하며 교사의 수업과 연구 활동을 지원한다. 수석 교사는 학교 선생님들의 수업 참관과 컨설팅을 해 주고, 신규교사의 멘토링 등 선생님들이 좋은 수업을 할 수 있도록 지원해 주는 교사이다.

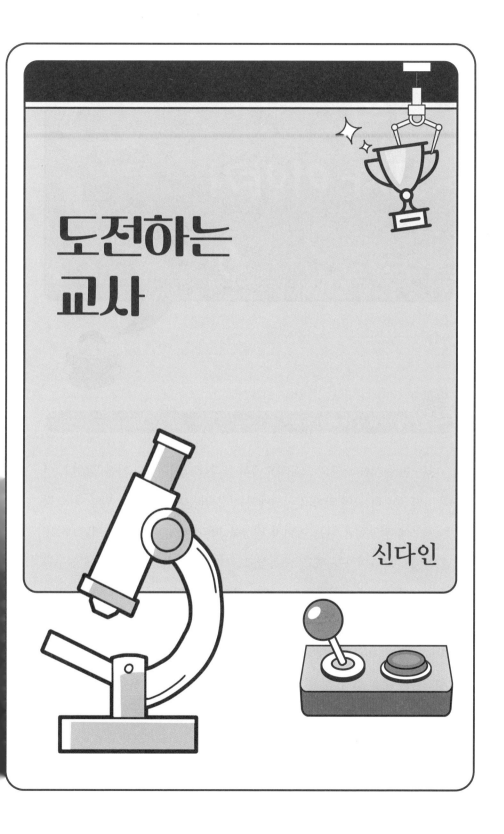

# 도전하는
# 교사

신다인

나의
교사 이야기

물리 교사가 되기까지

나는 현재 서울 소재의 고등학교에서 물리학 교사로 9년 차를 맞았다. 아주 어릴 적부터 몸이 약하고 학년에서 가장 작은 아이로 꼽힐 만큼 유독 작은 체구에 깡말랐던 나는 아버지 직장을 따라 이사 다녔다. 태어난 후 10년 안에 7번의 이사를 했고, 초등학교를 세 군데 다녔다. 그랬기에 친구관계 형성에 실패해 따돌림을 당하기도 하고, 공격적인 친구에게 학교폭력을 당하기도 했었다. 더군다나 학교에 일찍 들어가 여러 가지로 남들보다 많은 것이 느렸다. 다행히 좋은 친구들을 만나 점차 안정적인 인간관계를 형성하는 법을 배울 수 있고 나중에는 자연스레 리더 역할을 하기도 하였다. 그래서 신체뿐만 아니라 정신적으로도 아이마다 발달 속도가 많이 차이 날 수 있다는 것을 개인적 경험을 통해 공감한다.

　그러한 환경 속에서 부모님은 내가 안정적이고 위험하지 않은 직업을 가지길 원하셨고, 나는 두각을 드러내는 재능은 없었지만, 고루 잘하는 편이었기에 다재다능한 초등학교 교사가 되길 원하셨다. 그래서 장래희망이 타의에 의해 어릴 적부터 교사로 정해졌다. 항상 친구들과 무리 없이 어울리는 것이 제1의 목표였던 내가 스스로 나에 대해 생각하고 꿈을 주체적으로 고민해 본 것은 고등학교에 다닐 때였다. 이 또한 또래보다 조금 늦은 편이 아니었을까 생각한다. 나는 수학, 과학을 남들보다 쉽게 배우고 사회, 영어는 남들보다 큰 노력을 해야 했으며, 운동신경과 손재주가 좋았다. 그래서 고민하던 끝에 건축가를 하고 싶다는 목표를 정했다. 하지만 당시 건축가라는 직업의 이미지는 지금보다 더 거칠었고, 여성이 적었으며, 많은 현장 기술자를 대상으로 지도력과 카리스마가 필요한 직업으로 인식되던 때였다. 부모님의 염려를 자주 들으며 결국 그 꿈을 포기하게 됐다. 그래도 아이는 싫었던 나는 교육대학(초등학교 교사 양성 대학)이 아닌 사범대학교(중고등학교 교사 양성 대학)에 지원하고 다니게 된다. 부모님의 바람과 현실에 타협한 것 같다. 요새 TV 프로그램에 보면 많진 않아도 멋진 여성 건축가가 나오는 걸 보면 힘들고 고됨이 예상되는 직업이더라도 포기하지 않고 그 길을 선택했다면 개척해 나가고 성취하는 기쁨이 있지 않았을까 싶다.

　어쨌든 그렇게 과학교육과에 다니게 되었고 과학 과목 중 가장 좋아하는 과목인 물리를 선택하여 전공했다. 대학 다니는 내내 교사 말고 다른 일에 관한 호기심을 바탕으로 이것저것 해 봤던 것 같다. 월화수목금토 모두 다른 동아리 활동을 할 정도였다. 유화 동아리, 연극 동아리, 도서관 운영 동아리, 자원봉사 동아리, 교육 세미나 동아리 등. 이 와중에 과외나 아르바이트, 교회 등 다른 여가 활동도 쉴 적이 없었고 한가한 시간만 생기면 부지런히 놀러 다녔다. 건축학과를 복수 전공하고 싶었지만, 건축학과는 5년제라 복수 전공이 불가해서 다시 포기했다. 결국 대학 시절 내내 정확한 목표를 바탕으로 한 스펙 쌓기 활동은 하지 못했다. 지금 생각하면 방황의 시기였던 것 같다. 새로운 것을 배우는 게 좋았던 나는 정해져 있는 굴레를 싫어했고 교사는 지루한 직업이라는 편견이 있었기에 교사가 하고 싶지 않았던 것 같다. 졸업하고 나서야 뭐하고 먹고살지에 대한 고민을 시작했다. 지금 보니 스스로에 대한 고민이 전반적으로 좀 늦은 편인 것 같다. 늦으면 어떻나. 어떻게든 길을 찾아 걸어 나가면 되는 것 아닌가.

가지고 있는 전문성이라고는 대학 시절 내내 배웠던 물리교육 지식과 물리, 공통과학 2급 정교사 자격증밖에 없었기에 배운 내용이 아까워서라도 교사를 한번 도전해 봐야겠다고 생각했다. 그런데도 마음을 정하지 못하고 갈팡질팡했다. 그렇게 졸업 후 어영부영 1년을 보낸 뒤, 떠밀려 임용시험을 보았다. 공부를 안 했으니 떨어지는 건 당연했고 최저 기준점도 넘지 못했다. 그런데 신기한 게 그 과락을 했던 임용고시에서 가능성을 봤다. 그때는 풀지 못했지만 대학 시절 동안 배웠던 익숙한 내용이었고, 제대로 공부하면 충분히 합격할 수 있겠다는 자신감이 생겼다. 아무래도 임용고시가 어렵다는 얘기에 노력도 안 해 보고 지레 겁을 먹고 있었던 것 같다. 그리고 1년을 어영부영 보낸 나 자신이 한심하기도 했다. 교직 생활을 해 보지도 않고 나와 맞지 않을 거라고 지레 판단하는 것은 오만이며, 직접 몇 년은 경험해 보고 판단하는 것이 옳다는 생각이 들었다. 그렇게 대학교 도서관과 노량진에 오가며 1년을 흔들리지 않고 규칙적으로 준비했다. 임용 준비하는 겸 대학원에도 지원했다. 처음 공부를 시작할 때는 남들보다 매우 부족했지만, 시간이 지날수록 채워지는 게 느껴졌다. 운칠기삼이라고 했던가, 운과 기기 따라주어 이듬해 서울시 공립 교사가 되었으며 동시에 대학원을 다니게 되었다.

사실 나에게 재능이라고 할 만한 것은 새로운 것을 배우는데 두려움이 없고 맡은 자리에서 성실하게 주어진 일을 한다는 것이다. 그리고 꾸준함과 성실함이 나의 성장이 된다는 걸 믿는다. 아직 인생의 절반도 살지 않았지만 돌아보면 살면서 이 재능이 빛을 발하는 순간이 참 많았다. 수업 시간에 집중하는 걸 당연하게 생각했고 학습을 가리는 요령 또한 부리지 않았다. 과제는 나의 발전을 위해 주어진 것인 만큼 스스로 학습하면서 해야 한다. 교사가 되고 싶은 마음이 없었지만, 교생실습 갔을 때는 교사가 무척 되고 싶은 사람처럼 행동하고 배웠다. 이처럼 단순 무식한 방법이 가장 효율적인 경우를 많이 봤다. 학생들을 가르치며 정도가 아닌 길을 걷는 아이들을 보며 왜 그러는지 많이 물어봤는데, '하고 싶어서'는 소수이고 다수가 '불안하기 때문'이라고 표현했다. 수행 과정에서 자신에게 떳떳함을 우선 과제로 잡지 않으면 불안해지기 쉽다. 결과만 바라보면 스스로에 대해 만족하지 못하고 불안하다. 경쟁 사회에서 그러기 쉽지 않다고 말하지만, 자신을 인정하고 소중히 여기기 위해서라도 자신의 신념을 따르며 삶의 과정을 중시하며 살면 좋겠다(교사를 하면서 안타까운 학생들을 많이 보아서 말이 길어졌다).

　그렇게 나는 일단 해 보자는 마음으로 교사가 되었다. 첫 학교는 강북에 있는 남자고등학교였다. 세 자매의 첫째, 여고, 여대라는 배경을 가진 나는 출근 첫날, 평생 내 귀에 들린 욕보다 더 많은 욕을 듣는 경험을 했다. 조용한 걸 좋아해 음악도 듣지 않는 나에게 학교는 카오스 그 자체였다. 교사가 된 첫해는 담임 업무, 수업 및 평가, 행정 업무 모두 쉴 없이 삐걱댔다. 성인이 된 후 개인적이고 독립적인 문화에 익숙해져 있던 나는 남자아이들의 리더로서 효과적인 의사소통을 하는데 서툴렀고, 심지어 교직 문화에 녹아들어 협동하는 데도 어려움을 겪었다. 그리고 한 가지 일에만 집중하여 오랫동안 하는 것에 익숙해져 있었던 데다가 모든 일이 처음이었기에 여러 가지 일을 꼼꼼히 동시에 신경 쓰는 것에 미숙했다. 교사 일도 제대로 감당 못하고 있는데 대학원까지 다니느라 석사 취득하기까지 2년 동안은 단 하루의 쉴 수 있는 방과 후 시간도, 주말도 가지질 못했다. 월급 통장에 찍히는 돈이 200만 원도 안 됐기에 그만두고 싶기도 했지만, 그래도 최소 3년은 해 보고 판단해야 한다는 마음으로 참았다.

　지금 돌아보면 참 부족했던 교사였음에도 부단히 애쓰고 노력했던 마음이 닿았던 것인지, 젊어서 그랬는지 아이들은 다행히도 나를 좋아해 주었다. 그 힘으로 버텼던 것 같다. 아이들에게 감사한다. 교사의 열정은 아이들이 주는 사랑에서 나온다는 말을 실감했다. 지금도 애들을 별로 좋아하지 않는 편임에도 불구하고 내가 학교에서 만나고 가르치는 아이들에게 한정해서는 사랑할 수 있다는 점이 신기하다. 그래서 애들을 안 좋아한다고 교

경동고 제자들 졸업식 　　　　　창덕여고 제자들 졸업식

사를 하면 안 된다는 생각은 버렸으면 좋겠다. 비록 평소에 아이들을 안 좋아하더라도 교생실습 나갔을 때 담당한 반 학급 애들이 예뻐 보이기 시작했다면, 교사를 했을 때도 아이들을 사랑할 준비가 되어 있는 것이다.

　발령 첫해 나는 우선 수업 잘하는 교사가 되고 싶었다. 그래서 유명한 인터넷 강사의 강의 전체를 들으며 꼼꼼히 필기 후 교과서를 분석하고 이를 적용해 학습지를 만들고 수업에 응용하였다. 이때는 당장 내일 수업에 쓸 방법이 필요했기 때문에 선택한 방안이었지만, 지금 생각하면 아쉽다. 최대한 빨리 수업의 질을 올리기 위해 편법을 사용했는데도 한 차시 수업을 준비하기 위해 몇 배의 시간이 필요했다.

　학교 현장에 있으면서 생각보다 아이들을 수업에 집중시키기 어렵다는 것을 느꼈다. 물리학이 많은 학생이 어렵고 자신과 관련이 없다고 느끼는 추상적이면서 논리적인 학문이기 때문일 수도 있다. 피아제 이론에 따르면 아직 형식적 조작기에 이르지 못한 학생은 물리학이 이해하기 어려울 수밖에 없다. 그래서 첫 단원부터 큰 어려움을 느끼고 포기해 버리는 학생이 많았다. 그렇지만 포기하지 않는 학생은 해가 지날수록 엄청난 성장을 보이는 과목이기도 하다. 어쨌든 학교에서는 수업 시간이 매우 한정적인데 다양한 수준의 학생들이 모여있기에 일률적인 강의식 수업만 하는 것은 의미가 없어 보였다. 아이들이 스스로 학습할 수 있도록 하는 것이 필요해 보였고, 고민하다 '거꾸로 수업(flipped learning)'에 관심을 가지게 되었다.

거꾸로 수업은 학생 활동 중심의 수업을 위한 방안이다. 일반적인 수업이 학교에서 강의식 수업을 듣고, 집에서 혼자 복습하며 문제를 푸는 등으로 심화 보충 학습을 하는 것이라면 거꾸로 수업은 교사가 미리 제작한 수업 내용을 압축해서 올려놓은 영상을 학생들이 보고 오면 수업 시간에 학생 중심의 과제 해결, 토론, 토의, 실험·실습 등 모둠 활동이 이루어진다. 학생 간 상호작용이 활발해지고 수업에 참여 학생의 비율이 높아진다는 장점이 있지만, 아이들이 사전 영상을 보고 오지 않으면 모둠 활동에 어려움이 발생한다는 단점이 있다. 어쨌든 교실 상황을 개선하기 위해 거꾸로 수업이라는 방안을 찾았고 거꾸로 수업하는 방법을 배우기 위해 '미래 교실 네트워크'의 연수와 모임에 꾸준히 나가면서 수업 나눔을 받았다. 여기서 디딤 영상을 만드는 방법과 주의사항부터 모둠 형성 방법, 수업 시간에 하면 좋은 활동들까지 많은 노하우를 배울 수 있었다. 거꾸로 수업은 초임 발령 이듬해인 2016년부터 시작해서 2020년 코로나가 전 세계를 강타하기 전까지 진행하였다. 그렇게 거꾸로 수업을 진행하면서 생겼던 수업 영상 만드는 노하우가 공교롭게도 코로나로 인한 원격 수업에 많은 도움이 되었다. 뭐든지 열심히 노력하며 배운 것은 개인적인 성장에 도움이 될 뿐만 아니라 언제 어디서든 나에게 도움이 되는 순간이 오는 걸 실감했다.

수업 외에도 학급 운영도 잘하고 싶어서 서울시교육청에서 공고를 낸 학급 운영 지원 프로그램이나 교사 멘토·멘티 프로그램 등에 지원하였고, 이와 관련된 교사 직무 연수도 한 해에 몇백 시간씩 신청해서 들었다. 그리

천체 동아리 활동1          천체 동아리 활동2

과제 연구 지도          'Hands on Activity' 수업

고 이런 프로그램들은 초보 교사인 나에게 정말 많은 도움이 되었다. 그리고 어쩌다 맡게 된 천문 관측 동아리를 지도하기 위해 1년 동안 교육을 받고 시험을 봐서 천문 지도사 자격증을 따기도 했다. 이외에도 교사로서 전문성을 키울 수 있는 여러 책을 찾아 짬짬이 읽었다. 그렇게 쉼 없는 자기 훈련을 하면서 교직과 대학원 생활을 2년간 병행했다. 그러면서 교사라는 직업이 나에게 잘 맞는 직업인지 계속 살폈고, 실제로 부모님께서는 내가 갑자기 교사를 그만둘까 봐 조마조마했다고 나중에 말씀하셨다.

교사를 하면서 느낀 바는 내가 예상했던 것처럼 교사가 딱딱하고 정적인 직업이 아니라는 것이다. 내가 어떻게 하는가에 따라 매년 하는 일이 변할 수 있었고, 교사로서 배우거나 할 수 있는 일이 끝이 없다는 것을 하면 할수록 느끼며 교사를 지속하는 이유가 되었다. 그리고 매우 힘들었지만, 교직 시작과 동시에 대학원을 다닌 것은 정말 잘한 선택이라고 생각한다. 대학원에서 배운 SSI(과학 관련 사회 쟁점), Hands on Activity 등의 내용이 수업을 다양화시키고 과학 교사로서 시야를 넓히는 데도 도움이 되었을 뿐만 아니라 논문을 써 보니 연구 방법에 대해 알게 되었고 이는 아이들의 과제 연구(심화 탐구) 지도에 큰 도움이 되었다. 이렇게까지 도움이 될지 알고 간 건 아니었는데 말이다.

## 교육 공동체의 힘

대학원 생활이 끝나고 방과 후 시간이 생기자 전부터 가 보고 싶었던 '신나는 과학을 만드는 사람들(이하 신과람)'이라는 서울·경기 과학 교사모임의 카페에 가입하고 아는 사람 하나 없는 오프라인 모임에 나가기 시작했다. 교직 생활 1차 적응기가 끝나고 2차 활동기의 시작이라고 할 수 있을 만큼 교직 생활의 큰 전환점이었다. 처음에 언급했던 것처럼 나는 특출나게 뛰어난 장점과 능력을 보이는 사람은 아니지만, 평균보다 성실한 편인 것 같다. 그래서 화요일 저녁마다 있는 신과람 오프라인 모임에 공식적인 학교 행사가 있어 못 가는 경우만 아니면 매주 갔다. 미래 교실 네트워크가 범교과모임이라는 것과 다르게 신과람은 과학 선생님들만 모이는 모임이고 실험 실습 위주의 세미나가 열리는 모임이다(수업 활동 방법 측면에서는 미래 교실 네트워크에서 더 많이 배웠다. 신과람은 실험 위주이다). 그래서 해 보지 않았던 다양한 과학실험을 매주 배울 수 있었으며, 과학에 더 특화된 수업 노하우와 학생 지도 방법을 배울 수 있었다. 그리고 가까운 지역의 과학 교사끼리 모인 집단이라 그런지 유대 관계가 더 깊고 끈끈했기에, 모임을 통한 지적인 성장도 있고, 정서적인 안정을 찾는 데 많은 도움이 되었다. 사실 학교에 있다 보면 다양한 사람들을 만나게 되고 학생이나 학부모보다 오히려 동료 교사로 인해 힘들어지는 때도 있다. 그런 경우가 생겼을 때 교직 사회에 실망하거나 마음이 뜨기 쉬운데 또 다른 교육 단체에 속해 있으면 그게 전부가 아니고 일부일 뿐이라는 것을 알게 해준다. 특히 신과람에는 계속 함께하며 배우고 싶은 존경하는 선배 교사들이 눈만 돌리면 여기저기 있다. 멋진 선배 교사들을 보면 흔히 말하는 '매너리즘' 또는 '직장 권태기'라는 게 오려고 하다가도 다시 마음을 가다듬게 된다. 그분들을 보며 매주 교사로서 자세를 다잡았다. 교직관도 많은 선생님의 이야기를 들으며 정립해 갔다. 같은 학교에서 일로 엮인 사이가 아니기에 생기는 자유로움도 있었다. 이처럼 신과람에 있으면 함께 연구하며 의지하는 교사 공동체의 힘을 느낄 수 있다.

신과람에서는 매주 세미나만 있는 게 아니다. 소모임이라고 각자 관심 있는 주제로 한 달에 한 번씩 활동하는 동아리 비슷한 모임이 있다. 과학관 소모임을 할 때는 과학관에 견학도 가고 과학관 프로그램에도 참여해서 학교 동아리 활동이 과학관 활용 수업 쪽으로 더 구체화되었다. 현재는 맛책이라고 한 달 동안 같은 책을 읽고 리뷰를 공유하는 활동에 참여 중인데 요새 트렌드에 대해서도 알게 되며 지적 양식을 쌓아가는 느낌이다. 그리고 지역 아동센터에 돌아가며 봉사활동을 나가기도 하며, 선생님들과 함께 과학축전에 부스 운영을 하기도 하고, 전국단위 과학 교사 연수에 함께 가기도 한다. 여름에는 각 학교의 과학 동아리 학생들을 데리고 사이언스 잼버리라는 과학캠프를 운영하기도 했다. 신과람을 통해 운신의 폭이 넓어진 만큼 아이들에게 제공할 수 있는 교육활동도 더욱 다양해졌다. 참고로 학교 아이들을 사이언스 잼버리에 데려가면 그다음 해에 또 가고 싶다는 얘기가 꼭 나올 만큼 아이들 만족도가 높다. 아이들에게 도움이 되고 좋은 것이라고 느껴지면 내가 힘들어지는 게 분명하더라도 추가로 더 해 주고 싶다. 그래서 감당할 수 있을 만큼만 일을 벌여야 하는데 그게 잘 안되어 고민이기도 하다. 어쨌든 이 모든 활동이 즐겁고 의미 있는 추억이 되었다.

| 2022년 화요발표 및 일정표 [1학기] | | | | |
|---|---|---|---|---|
| 날짜 | 발표순번 | 발표자 | 발표주제 | 주요행사 |
| 3.15. | 1 | | 온라인 교육과학부·평가원(수능) 등 출제 사례(수능) | 가공, 조작 확산 |
| 3.22. | 2 | | 질문이 있는 수업 | 소모임&지 소개 홍보 |
| 3.29. | 3 | | 독서 활동 및 서평쓰기 평가를 제작 아이디어 나눔 | 소모임조직 |
| 4.5. | 4 | | [과학탐구실험] 탐구방법 수업하기 | |
| 4.12. | 5 | | 위그선 제작 활동과 평가 | |
| 4.19. | 6 | | 재해 재난 단원 수업(움직이는 큐브) | |
| 4.26. | | | 소모임&지역모임 | |
| 5.3. | 7 | | 구글 사이트&도구를 활용한 융합수업 계획 : festival 과학관교 출판물 | |
| 5.10. | 8 | | 디지쿼라(예정) | |
| 5.17. | 9 | | 연계 자유학기제 수업 사례 나눔(미세먼지 측정기)을 | |
| 5.24. | 10 | | 소리나는 연필 | |
| 5.31. | | | 소모임&지역모임 | |
| 6.7. | 11 | | welcome toGethertown | |
| | 12 | | 관찰 활동 아이디어 | |
| 6.14. | 13 | | 지구직업의 수업 소개 | 1학기 연수 |
| | 14 | | 울트라진 만들기 좋은 책장기 알수우드 등유포 관찰기 | |
| 6.21. | 15 | | 데이터활용 탐구방법 | |
| | 16 | | 통합과학 기후 관련 단원 수업 사례 나눔 | |
| 6.28. | 17 | | 과학수업요리활동(사례 통가 새로운 결 작동한 기록 | |
| 7.5. | | | 외부강사 특강(연수) ※최형록(버늘맹 체험) | |
| 7.12. | | | 소모임&지역모임, 1학기 종강 | |
| | | | 온라인 사이언스잼버리(8.3~5일 3일) | |

| 2022년 화요발표 및 일정표 (2학기)-전연 대면 진행 | | | | |
|---|---|---|---|---|
| 날짜 | 발표순번 | 발표자 | 발표주제 | 주요행사 |
| 8.23. | 18 | | stem교육 - 과학적 사고력을 위한 수업 | 2학기 개강 |
| 8.30. | | | 소모임&지역모임 | |
| 9.6. | 19 | | 전자전달계 보드게임(예정) | |
| 9.17(토) | | | 신과람 창립30주년 기념행사 | |
| 9.20. | 20 | | 생물정보학 | |
| 9.27. | 21 | | 영재교육(예정) | |
| 10.4. | 22 | | Arduino S/업을 활용한 실험 수업 | |
| 10.11. | 23 | | 기후위기 교육 | |
| 10.18. | 24 | | 교과융합 인성교육 | |
| 10.25. | | | 소모임&지역모임 | |
| 11.1. | 25 | | 체험 과학 활동 아이디어 사례 | |
| | 26 | | 생물의 분류 수업 나눔 | |
| 11.8. | 27 | | 에너지&호친사단 활동과 업싸이클링 | |
| | 28 | | IQ퍼즐램프 터치우드등 만들기(예정) | |
| 11.15. | 29 | | CoSpaces VR&AR 제작하기(패드 또는 스마트폰) | 2학기 연수 |
| | 30 | | 랜즈로 미러휴 | |
| 11.22. | 31 | | 중화생이 좋아하는 학급놀이와 수업놀이 | |
| | 32 | | easy solar tracker 만들기 | |
| 11.29. | | | *외부강사 특강(연수) | |
| 12.6. | | | 정기 총회 및 송년 종강파티 | |
| | | | 신과람 직무연수 계획(2022.1.11~13, 3일) | |

2022년 신과람 화요 발표 및 일정표

신과람 활동은 공식적인 활동 외에도 다방면으로 성장의 원동력이 되었다. 오프라인 모임에 꾸준히 참여하다 보니 처음엔 신과람 총무팀 팀원으로 시작해 총무가 되었다가 지금은 잠시 이사라는 자리를 맡고 있다. 성실함이 쌓일수록 더 많은 기회가 나에게 왔다. 2022년이 신과람 30주년이었던 만큼 신과람에는 능력이 뛰어난 과학 교사들이 여러 자리에서 많은 일을 하고 있다. 여기저기에서 신과람 선생님들께 업무 협조를 요청하는 경우가 꽤 있

신과람 연수 - 코딩        신과람 전남과학축전 부스 운영

신과람 지역 아동센터 과학교육봉사       신과람 사이언스 잼버리

고, 대표 선생님을 정해 함께 일할 팀을 꾸려 진행한다. 신과람 공식 행사 외의 다른 일들도 오고 간다. 서로 학교에 영재 수업을 지원해 주기도 하고, 연수 강사로 출강하기도 하며, 과학관 프로그램이나 영재 프로그램 개발에 참여하기도 했다. LG사이언스랜드와 연합하여 과학실험 영상을 제작하기도 하고, 잡지나 신문에 칼럼을 쓰는 경우도 종종 있다. 그리고 선생님들이 모여 책을 쓰기도 한다. 신과람에 꾸준히 눈도장을 찍은 덕분인지 매년 이런 기회가 주어졌다. 나는 이런 활동들이 나를 계속 공부하게 만들고 과학교사 전문성을 향상하게 해 주며 내가 근무하고 있는 학교라는 공간 속에서 벗어나 넓은 시야를 가지게 해 주기 때문에 좋아한다.

학교 안에서 교사로서 해야 하는 일 말고도 학교 밖에서도 교사로 할 수 있는 일이 정말 많다. 학력평가 및 수능 출제, 임용 출제, 임용 채점, 교과서 편찬, EBS 강의 등. 본인이 원한다면 교육청에서 분배되는 다양한 일을 할 수 있다. 현재 나는 강동, 송파 수업·평가 나눔 교사단으로 활동하고 있다. 아직 교사로서 할 수 있는 다양한 일 중에 못 해 본 것이 훨씬 많다. 이는 모두 교사가 아니면 할 수 없는 일들이다. 그래서 호기심 때문에라도 지금 이 일을 더 계속하고 싶다. 교사를 직접 해 보기 전엔 학창시절에 내 눈에 보인 선생님들의 아주 일부 모습만으로 교사가 하는 일을 예측하고, 교육 '공무원'이니까 일이 단순하고 반복적일 것이라고 예상했는데 그런 예상은 모두 틀렸다. 교사가 하는 일의 절반 이상을 차지한다고 해도 과언이 아닌 행정 업무만 보아도 그렇다. 학교라는 커다란 시스템이 돌아가기 위해서는 수십 가지의 많은 행정 업무와 역할이 필요하다. 나는 학교 행정 업무 중 아직 해 보지 못한 일이 훨씬 많으며, 학교가 어떻게 유기적인 시스템으로 돌아가고 있는지 전체적인 이해를 하기엔 경험과 지식이 턱없이 부족하다. 현재 각 자리에서 주어진 일에 성실히 임하며 경험하고 이해하며 부족한 부분을 조금씩 채워나가고 있다. 그래서 매년 다른 업무를 맡기 위해 노력 중이다. 그렇게 각 부서와 전체 흐름에 대해 이해하고 나면 내가 어느 곳에서 어떤 일을 어떻게 하면서 학교 공동체에 긍정적인 영향을 줄 수 있을지, 내가 어떤 일을 잘할 수 있을지 알 수 있지 않을까.

학교 밖 경험의 기회가 늘어나고 있지만, 학교 일을 소홀히 하는 것은 아니다. 신과람에서 뛰어난 능력을 갖춘 선생님들이 학교에서도 많은 일을 맡고 계신 걸 볼 수 있다. 나의 경험에 비추어보아도 학교 외부 일을 하며 교사 전문성이 급격하게 높아져 학교 일을 더 잘할 수 있게 되었다. 영재교육에 대한 이해가 높아졌을뿐더러 교육과정과 교과서를 보는 방법, 그리고 시험 문제를 만들고 평가하는 시야가 길러졌다. 요즘은 수업의 질 향상을 위해 교육과정 성취 기준 분석 후 교과서 실험을 실습해 보며 수업 지도안을 구성하고, 연합평가 기출 문제 분석을 하는 등 수업 전문성을 더 높이기 위해 노력 중이다. 몇 해째 하고 있음에도 작업에 끝이 없다. 평가 전문성이 높아질수록 전에 냈던 시험 문제가 부족한 점이 많았다는 것을 느낀다. 그리고 여전히 다양한 연수와 교사 공동체 활동, 도서 등을 통해 과학 및 교육 분야의 최신 동향도 파악하고 교실에 신선하고 흥미로운 콘텐츠를 제공하는 방안을 찾는 등 교육 효과를 높이는 방법을 모색하고 시도하고 있다. 배움은 끝이 없다.

## 미래를 생각하며

내가 왜 교사를 그만두고 싶고 자주 힘겨워하는지 생각해 봤다. 나는 교사는 '이래야 한다.'는 기대가 높아 책임감을 무겁게 느끼는 편인 것 같다. 헌신하는 교사가 좋은 교사라는 생각을 은연중에 가지고 나 자신을 그렇게 매섭게 몰아붙였던 것 같다. 하지만 교사가 지치고 행복하지 않으면 그 피해는 학생들에게 고스란히 돌아가게 되어 있다. 상황은 다양하고 가르치는 일에 정답은 없으며 노력의 결과나 효과가 즉각적으로 나타나지 않는다. 심지어 가르치는 일은 교사가 하는 일은 일부이며 그 외에도 담임 업무와 학생 상담, 행정 업무 등 해야 할 일이 무척 많다. 그렇기에 교직의 현실에 대해 솔직하게 이야기하고자 한다. 좋은 경험과 나쁜 경험을 공유하여 교사가 된다는 것이 실제로 어떤 일인지 이해할 수 있도록 돕고 싶다. 모든 직업이 그렇겠지만 교사도 평생 배우고, 발전해야 하는 직업이다. 전문성 개발 기회를 추구하고 능력 향상을 위해 지속해 노력해야 한다. 수업을 잘한다고 인정받는 교사가 되어야 교사로서 자존감을 지키기 쉽다.

더불어 어려움에 부닥쳤을 때 회복 탄력성과 끈기를 가질 수 있도록 하는 것도 중요하다. 사실 일과 삶의 균형을 유지하는 것은 지금도 어렵다. 결혼한 후에는 이전보다 일과 삶을 분리할 수 있겠거니 했는데 딱히 그렇지도 않았다. 그래서 오히려 학교에서 취미 생활과 즐거움을 찾았다. 학교 선생님들과 같이 매주 배드민턴을 규칙적으로 치기 시작했으며 가끔 같이 러닝을 하기도 한다. 출퇴근 시간에 자전거를 타고 출근하며 나 자신을 환기하고 활기찬 아침을 만들려고 한다. 정신 건강을 지키며 교직 생활을 씩씩하게 잘 헤쳐나가는 후배 신규 교사들을 보면 다들 운동 하나는 꾸준히 하고 있다. 그리고 사적인 교사모임에서 힘들 때나 고민이 있을 때마다 이야기를 들어 주고 공감해 주는 사람들이 있어 견딜 수 있었다. 임용 공부를 같이 했던 대학교 동기나 후배들, 같은 해 임명되었던 동료 물리 교사들, 1급 정교사 연수 때 같이 연수 들으며 공부했던 선생님들, 멘토가 되어 주시는 선배 교사들과 교수님, 나를 믿고 응원해 주는 가족들. 그들이 힘들 때마다 정신적 위안을 주었고 위로받았기에 힘들었던 시기를 덜 스트레스 받으며 넘

현 물리 교사, 구 대학 동기들　　　　　　　교직 선배이자 인생의 동반자 남편

매번 서로 돕는 임용 동기들　　　　　　　수업 연구 같이 하는 1정 연수 동기들

길 수 있었다. 모두 정말 고맙고 소중한 인연이다. 지금은 이 역할 중 많은 부분을 선배 물리 교사이자 나의 사랑하는 남편이 해 주고 있어 정서적으로 더욱 안정되었다. 항상 내 편인 든든한 안식처가 생긴 기분이랄까. 함께하면 행복해질 확신이 드는 사람을 만나면 결혼을 고려해 보는 것을 적극적으로 추천한다.

　교사라는 직업은 힘들기도 하지만 엄청난 보람을 느끼게도 한다. 교생 실습 때 만났던 학생, 임용 첫해 담임을 했던 학생 등 지금까지도 매년 감사하다고 연락하는 친구들이 있다. 대부분 학생에게 준 애정과 사랑을 돌려받지는 못한다. 그런 걸 바라지도 않는다. 그냥 아이들에게 내가 도움이 되었다면 그걸로 족하다. 그런데 가끔 더 큰 감사로 돌려주는 학생도 있다. 그러면 교사하면서 공허하거나 상처받았던 마음이 위로받는다. 아이들의 성장에, 감사의 표현 하나가 다음 해를 또 견디게 해 준다. 그렇지만 혹여 누가 알아 주지 않더라도 아이들은 아직 아이들이기에 성장과 변화 가능성이 있으며, 내가 하는 활동들이 그들의 삶에 긍정적 영향을 줄 수 있다는 믿음으로 노력하고 있다. 이처럼 교사는 아이들의 성장에 직접 긍정적인 영향을 줄 수 있으며 교육을 통해 더 나은 미래를 만들어 가는 보람 있는 직업이다.

2023년 기준 9년 차 교사지만, 지금도 직장을 바꾸고 싶은 유혹이 없다면 거짓말이다. 해가 지날수록 월급이 조금씩 오르고 있지만, 여전히 만족스럽지 않은 금액이다. 수험생 시절 같이 합격했던 전기·전자공학과를 진학해 취업했다면 지금보다 훨씬 잘 벌었을 수도 있다. 이 일이 교육적 보람과 가치가 없었다면 진작에 그만뒀을 것이다. 그리고 초임 때보다는 나아졌지만 업무와 수업은 계속 어려운 데다 쉬워질 기미는 보이지 않는다. 좋은 강의를 쉽게 접할 수 있는 요즘 수업의 질이 더 신경 쓰이고, 학교생활기록부 기록은 까다로워지고 있으며, 원격의 발달로 아이들은 직접 대면하는 학교생활을 더욱 힘들어한다. 학생 수 감소와 고교학점제 도입 등 업무량은 늘어날 예정이라 벌써 걱정된다. 시간 부족으로 수업 준비를 충분히 하지 못했을 때 수업을 들어가는 괴로움은 마치 나를 잡아먹을 것처럼 크다. 해가 지날수록 교사로서 부담과 책임감은 커지고 점차 체력적으로도 정신적으로 지쳐간다.

그래서 선배 교사들을 보며 존경하게 된다. 이걸 어떻게 견뎌내셨을까. 나이 지긋이 드신 선생님들과 대화하다 보면 가끔 마음을 울리는 말씀을 툭 던지신다. "제가 부족해서 걱정돼요."라고 말했을 때, "앞으로 절대 그렇게 말하지 말고, 생각도 하지 말라." 나를 안으며 다그쳐 주셨던 선생님. "정년 퇴임 너무 대단하세요!"라고 말했을 때 비결은 "계속 담임을 하면 된다."라고 웃으며 답변하신 선생님. 그렇게 되기까지 얼마나 많은 경험을 하면서 자신을 만들어 오셨을까. 나는 그 과정을 견딜 수 있을까? 그래서 경력이 나보다 많은 다른 선생님들의 솔직한 글들이 너무 궁금하다. 내가 아직 가보지 않은 길을 먼저 걸어 본 분들이 풀어놓을 이야기보따리가 기대된다. 아직 왜 이런 책이 나오지 않았을까? 의문이 들 만큼.

　나는 지금도 여전히 고민하고 배운다. 내가 언제까지 학교 교사 일을 할 수 있을까 싶으면서도 정체하지 않고 계속 발전하기 위해 지금도 매년 새로운 것을 찾아 배우고 있다. 교사 일을 그만두더라도 이왕이면 학교에서 배울 수 있는 것들, 할 수 있는 모든 것들을 다 경험해 보고 그만두고 싶다. 이건 순전히 개인적인 호기심과 자아실현 욕구의 영역이다. 솔직하게 털어놓자면 나이가 들어갈수록 더 능력 있는 훌륭한 교사가 되어야 할 텐데 그렇지 못할까 두려워서 도망치고 싶은 마음도 있다. 그렇기에 앞으로 내 앞에 어떤 미래가 펼쳐지든 각 현장에서 노력하고 있는 모든 선생님을 존경하며 살 것이다. 나 스스로에게도 말해 본다. 조급할 필요 없다. 힘들면 쉬었다가 가도 되고 느려도 괜찮다. 이루고자 하는 목표가 있다면 포기하지 않고 꾸준히 노력하면 개인적 성장은 물론이고 언젠가 어떤 형태로든 반드시 무언가를 이뤄낼 수 있다.

## 수업이 즐거워지는 이야기

### 교사로서 신념과 소통 사이에서

교사를 하면서 아이들의 바람과 나의 신념 사이에서 고민이 될 때가 많이 있다. 특히 교사하기 전부터 나는 '융통성이 없다.', '정석대로 한다(FM이다).'와 같은 말을 자주 들을 만큼 나의 정체성을 이루는 특성은 뚜렷했다. 이 특징이 장점으로 작용할 때도 많았지만, 사회적 문제를 해결할 때 단점으로 작용할 때도 많았다. 그래서 융통성에 대해서 생각해 보면서 적절하게 융통성을 가지려 노력했다. 학교에서 근무하는 선생님 중 안 그런 분들도 분명 많겠지만, 나와 같이 흔히 말하는 모범생의 길을 걸었던 사람도 많을 것이다. 동질 집단에서 나와 결이 같은 사람들과 어울려 지내다 나와 결이 다른, 이해가 힘든 아이들을 만났을 때 답답함을 느끼게 된다. 그래서 개인적인 이해와 공감의 영역을 넘어서서 교사로서 아이들을 품어야 한다고 생각한다. 그렇기에 아이들이 한 행동이 옳은 행동이 아니라는 것을 분명하게 알고 있더라도 그렇게 행동한 아이들을 이해하고 그 감정에 공감하기 위해 노력했다.

독단적인 교사가 되지 않기 위해서는 아이들과 끊임없이 소통해야 한다. 아이들을 이해하고 파악해서 적절한 교육을 실행하기 위해서도 꼭 필요하고, 내가 하는 교육활동들에 대해서 피드백을 받기 위해서도 필요하다. 아이들과 대화할 때 답이 없는 문제에 답이 있는 것처럼 말하는 것도 주의해야 한다고 생각한다. 그것은 교만일 수도 있고, 독선일 수 있으며, 심할 때는 언어폭력이 될 수도 있다. 때로는 혼란스러움에 괴로운 아이들이 누군가 대신 답을 정해주길 바랄 수도 있다. 하지만 아이들도 스스로 고민하고 선택하고 그 선택에 책임지는 과정이 필요하다. 교사는 다양한 길을 제시하고, 같이 고민하고 아이에게 적절한 길을 추천해 주면 충분하다. 아이들이 안타까워서 뭐든지 대신해 주다 보면 아이들은 연습할 기회를 뺏기고 주체성이 떨어지기 쉽다. 답이 없는 문제에 답을 주면 감사의 대상이 되기도 하지만, 원망의 대상이 되기도 한다. 여기서 의문이 생길 수 있다. 교사는 아이들과 끝없이 소통하며 자기 자신과 아이들을 살펴야 하고 융통성을 가지고 사람들을 품어야 하는데, 왜 안타까운 마음이 들더라도 교사가 아이들의 바람대로 행동해서는 안 되는 걸까? '교육적'이라는 의미가 아이들이 원하는 대로 해 주는 것을 의미하지 않기 때문이다. 아이들이 수업 시간에 자습을 원한다고 해서 빈번하게 자습을 주는 것이 교육적이지 않은 것처럼 말이다. 하지만 아이들이 조르면 마음이 약해지기도 하고, 종종 아이들 눈치를 보기도 한다. 교직에 들어오면 생각보다 아이들 눈치를 많이 보게 된다. 솔직히 나는 매일 매 순간 아이들 눈치를 보는 것 같다. 나뿐만이 아니라 아주 오랜 경력의 원로 교사도 나와 같이 아이들 눈치를 본다는 걸 선생님들과 대화를 통해 알게 되었다. 단적인 예시로 교실 붕괴가 심한 고등학교 3학년 교실에 들어가면 열심히 준비한 내 수업을 진행하는 게 눈치 보일 정도다.

　다만 그렇다고 해서 아이들이 원하는 대로 결정하지 않는다. 전문가로서 해당 수업 시간을 책임지고 있는 건 교사인 나 자신이다. 무엇인가를 결정할 때 아이들의 의견을 귀담아듣는 것은 중요하다. 가끔 평가가 두렵고 의견들이 마음에 상처를 남기기도 하지만, 그런 아이들의 의견을 듣고 마음을 살피면서 교사는 이를 고려한 교육적이고 합리적인 결정을 하면 된다. 당시 아이들이 힘들어하거나 싫어하더라도 독선이 아닌 교육적이고 합리적인 결정이었다면 그 마음은 통하기도 한다. 반대로 아이들이 원하는 대로 들어주더라도 나중엔 원망을 듣는 경우도 많다. 모든 아이가 만족하는 수업이 가능할까? 일타 강사라고 해도 그건 안 될 것이다. 그리고 아이들의 선호도와 훌륭한 교사는 비례 관계인가? 그것도 생각해 볼 문제다. 학생에게 인기가 높았던 교사가 이듬해 인기가 뚝 떨어질 수도 있고 그 반대도 가능하다. 그래서 교사는 학생을 항상 고려하되 학생에 의해 끌려다녀선 안 된다고 생각한다. 수업을 운영하는 주체는 교사이기에 최종 결정은 교사가 하는 것이고 그 책임도 교사에게 있다. 주체성을 잃어서는 안 된다. 그래서 단단한 교육 철학과 마음이 필요하다. 수업 시간에 자는 아이들을 꼭 깨워서 이유를 물어보고, 아이들이 졸라도 수업 진도는 계획대로 나가고, 고3 교실에도 필요하다고 생각하는 수업을 준비해 진행하고, 원치 않는 아이들을 붙잡아 상담

하고 진학 지도하는 일들이 그렇다.

이러한 흐름은 수업뿐만이 아니라 학급 운영, 각종 학교 업무 진행에도 포함된다. 학급비 사용(학급비는 담임 교사에게 학급 운영에 사용하라고 지원하는 돈이다)과 같이 아주 사소한 것까지 아이들 눈치를 보게 된다. 그만큼 아이들을 신경 쓰고 있기 때문일 수도 있다. 교육 여행 일정 짜기, 교육과정 정하기 등에서도 프로그램 적용 대상이 학생들인 만큼 아이들의 바람을 귀 기울이며 듣는 것은 중요하지만, 그 요구를 반드시 들어줘야 하는 것은 아니다. 전문가적 견지에서 다양한 여건과 상황을 고려하여 교육적인 목적을 가지고 신중하게 논의하고 합리적인 결정을 하는 것이 바람직하다. 교사는 다른 사람들의 의견을 적극적으로 듣고 수용할 수 있는 열린 마음과 함께 교육 전문가로서 책임감을 느끼고 교육활동을 펼쳐 나가야 할 것이다.

또 다른 예를 들어 「금쪽같은 내 새끼」 프로그램을 보면 알 수 있듯이 부모는 아이와 적절한 방식으로 소통함과 동시에 올바른 훈육을 위해서는 일관적인 기준을 제시한 뒤 인내하고 기다리는 반복적인 과정이 필요하다. 아이들이 울고 떼쓰면 바라는 것을 모두 들어주는 부모가 좋은 부모가 아니듯이, 교육 전문가인 교사는 더욱 그래서는 안 된다. 교육 원칙에 따라 일관적인 자세를 취해야 한다. 이때 저 때 다르게 교사가 행동하면 아이들은 편애하거나 차별한다고 느끼기 쉬울뿐더러 어느 장단에 맞추어야 할지 혼란을 겪을 수 있다. 교사의 기준이 왔다 갔다 하면 학생들은 공동체를 유지하는 규칙 안에서 느낄 수 있는 정서적 안정감을 가지기 어렵게 된다.

나는 교사는 본질적으로 아이들의 친구가 될 수 없고, 친구가 되어서도 안 된다고 생각한다. 친구 같은 교사가 되려고 하다가 교사 마음대로 친구와 교사의 역할을 왔다 갔다 하게 되며, 이에 따라 아이들은 배신감이나 혼란을 느끼게 될 것이다. 학교와 교실 내에서 교사에게 부여된 역할이 있다. 일관적인 기준을 가지고 교육적으로 아이들을 대하며, 아이들이 교사의 보호 아래에서 안정감을 느끼고 자신의 꿈을 향해 학업적, 정신적, 사회적으로 배우고 노력하며 성장하는 데 집중할 수 있도록 보조하는 것. 교사가 소임을 제대로 하지 않으면 교실은 무너지기 십상이다.

옳은 행동을 하더라도 비난받는 경우는 종종 있다. 튀르키예 에르진의 엘마솔루 시장이 불법 건축을 절대 용납하지 않았기에 '당신만 정직하냐?'라는 비난을 들어온 것처럼 말이다. 하지만 이 덕분에 2023년 2월 6일 대지진에서 이 도시는 사망자는 물론 무너진 건물도 없었다. 그래서 아이들의 철없는 표현이나 오해가 간혹 아프게 상처입히더라도 아이들을 사랑하고 교육적 책임감을 놓지 않기 위해 노력하고 있다. 교사라면 당연히 그래야 하는 거 아니냐고 생각할 수 있지만, 교사도 마음이 무쇠가 아니라 계속 노력해야 하는 부분이다. 아이들은 아직 자라는 중이며 경험이 적다. 이에 따라 쉽게 혹하고 쉽게 판단하고 쉽게 동조하는 경우가 많다. 교사들이 아이들을 사랑하는 마음으로 아이들을 위한 여러 가지 지원을 애써서 하고 있지만, 아이들은 그 의도와 깊은 마음속까지 알지 못하는 경우가 많다. 학창시절 나 또한 아이들을 위해 교사들이 얼마나 다양한 역할을 수행하며 노력하고 있는지 모르기도 했고, 정말 말도 안 되는 소문에 혹했듯이 말이다. 예를 들어 아침에 일찍 일어나 교문 앞에 서서 인사를 건네는 아침 등교 맞이가 즐거워서 하는 사람은 거의 없을 것이다. 교문 지도를 하는 교사는, 등교하는 아이들에게 인사를 건네고 상태를 살피고 적절한 지침을 주는 것이 교육적이기 때문에, 아이들을 위해 미움받을 각오까지 하며 지친 몸을 끌고 나와 책임감으로 하는 것이다.

## 정석이지만 효과적인 수업 설계

물리학은 배움의 장벽이 높아 아이들이 어려워하는 과목이다. 흥미가 낮고 기피도가 높은 과목인 만큼 체계적인 수업 설계와 함께 수업 상황에 아이들을 끌어 들여오는 작업이 중요하다. 물리학이 우리가 살아가는 이 세상을 설명하는 학문이라고 말하면 놀라는 아이들도 있다. 물리(物理)라는 단어가 만물의 이치를 의미하는 단어인데도 말이다. 그만큼 물리학이라는 과목이 자신과 관련 없고 쓸데없는 학문이라는 인식이 널리 퍼져 있다. 슬프게도 말이다. 물리를 공부하면 만물의 이치를 알아가며 과학적 사고력과 판단력이 향상되는 게 당연하다. 다른 과목이 그러하듯 공부할 가치가 있는 과목이다. 내 수업이 정말 재미있고 쉬워서 아이들이 이 과목을 좋아하게 되고 많이 선택한다면 기쁘겠지만, 안타깝게도 유머 감각이라는 재능이 남들보다 부족한 나는 노력해도 안 되더라.

나의 특징 중 하나가 정석대로 한다는 것이다. 수업도 마찬가지이다. 내 수업은 대학교 교육론 시간에 배운 것과 같이 루틴화 되어 있다. '전시 학습 확인 – 학습 목표 확인 – 학습 내용 습득 – 문제 상황에 적용 – 자기 평가'가 그 순서이다. 뻔해 보이지만, 하나라도 빠지면 교육 효과가 떨어진다. 이는 교육학적으로 증명되었다. 그래서 이 순서를 지킨다. 나는 증명된 학문과 이론을 믿고 적용한다. 간혹 대학 때 배운 내용과 교육적 실천을 완전히 분리해서 생각하는 경우를 보곤 하는데, 한 사람도 아니고 여러 학자가 실험하고 증명해서 학문이 된 것을 효과가 없다고 말하는 건 논리적이지 않은 것 같다. 다만 교육의 상황이 다양하므로 모든 상황에 적합한 교육 방법은 존재하지 않는다. 상황에 따라 배운 방법 중 적절한 방식을 선택하여서 적용하면 된다. 우리는 대학교 때 쓸데없는 걸 그 많은 돈을 내고 배운 것이 아니다. 유용하고 가치 있는 것이기에 돈을 주고 배운 것이다. 대학교에서 중고등학교 물리학 수준에 비해 과하게 높고 넓은 전공 지식을 배웠다고 생각할 수 있다. 하지만 그만한 배경지식이 있기에 교사의 오개념을 줄일 수 있으며 깊은 이해를 바탕으로 전문성 높은 수업을 설계할 수 있다. 아이들이 더 알고자 할 때 아이의 깊이 있는 탐구를 도울 수 있는 적절한 설명과 질문도 가능하다. 그리고 교육과정이 계속 변하기 때문에 대학 때 배운 내용이 언제 어디서 쓰일지 모른다. 내가 학교 다닐 때 상대성이론과 양자역학이 고등학교 교과서에 들어올 줄 예상 못 했듯이 말이다.

수업을 밥에 비유하여 말하자면 루틴화된 수업은 '집밥' 같은 것이다. 아

---

**선생님의 수업 목표**

- 입시만이 제 수업 목표는 아니에요.

- 나의 수업 목표는 함께하며 서로 배우는 성장♥
- 학생들이 살아가며 더 행복하기 위한 다양한 역량 강화!

- 여러분의 인지적, 정신적, 신체적 성장을 위해서 어떤 수업을 해야할까요?

**그래서 수업 시간은 어떻게 진행되죠?**

- 준비물: 교과서, 노트, 필기구

- 수업 과정:
  - 출석체크, 지난 시간 배운 내용 확인, 이번 시간 학습 목표 확인(5분)
  - (협동활동) 교과서 읽고 탐구 활동하기(15분)
  - 질문에 답하기(10분)
  - 노트에 핵심 내용 정리(10분)
  - 퀴즈 풀기, 수업 일기 적기(10분)

- 소단원의 난도가 높고 양이 많은 경우, 위 과정을 여러 차시에 걸쳐서 진행

오리엔테이션 PPT 1                     오리엔테이션 PPT 2

174

이들이 이 루틴에 적응하면 더 안정적으로 수업 상황에 들어올 수 있다. 익숙하면 편하고 쉽게 하므로 효율을 높일 수 있는 것과 같은 원리이다. 평범히고 정석적인 수업 같지만, 틀은 같더라도 수업은 다양하게 진행할 수 있고, 재미 요소를 넣을 수 있다. 전시 학습 확인을 하기 위해 전 시간에 배운 내용을 교사가 요약 설명해 주는 것이 아니라 클래스 카드의 '배틀 퀴즈' 같은 걸 이용해서 경쟁심을 자극하고 모두 복습에 스스로 참여할 수 있도록 한다. 유사한 프로그램으로는 '카훗', '퀴즈앤' 등이 있다. 교사중심의 강의식 수업에서 잘하는 아이들은 강의를 들으며 자기개념화를 통해 스스로 학습하며 인지구조에 저장시키지만, 그렇지 않은 아이들은 학습 내용을 저장하지 않고 그냥 흘리는 경우도 많다. 그래서 뭐든지 학생 스스로 할 수 있는 기회를 만들려고 한다. 화면에 등수가 떠서 싫어하는 친구도 있다는 걸 알고 있지만, 복습을 더 열심히 하게 되는 등 결과적으로 긍정적 효과가 더 많다고 판단해 사용하고 있다. 그리고 등수에 따라 간식을 주는데 이 비용으로 사비로 연간 몇십만 원을 쓰지만, 돈이 아깝지 않을 정도로 아이들의 학습 의욕을 높이는 데 도움이 된다. 교육적 효과가 별로 없었으면 안 했다. 집에서는 먹을 게 굴러다녀도 먹지 않는 아이들이 학교에서 수업 시간에 조금씩 나눠 주는 건 잘 먹는다. 노력해서 받은 것이기 때문이지 않을까 예측해 본다. 실제로 물리학 수업 시간에 머리를 쓰다 보면 당이 끌리기도 하고.

수업 철학은 내용 학습에서도 이어진다. 교육과정에 기반해서 만들어진 게 교과서이기 때문에 내용 학습은 교과서를 이용하려고 한다. 모든 아이가 돈 주고 샀기도 했고 내용 학습에 효과적으로 구성되어 있기 때문이기도 하다. 그래서 오늘 배울 내용에 해당하는 교과서를 스스로 읽고 학습 목표와 학습 내용을 스스로 정리하는 시간을 준다. 교과서를 읽을 때 교과서에 구성된 내용 중 학습에 도움이 안 되거나 필요 없는 것은 없다는 마음으로 본문의 글 외에도 그림, 표, 그래프, 날개를 모두 꼼꼼히 읽으라고 한다. 이때 교실을 돌아다니면서 아이들의 질문을 받거나 비계(scaffolding, 비고츠키 사회문화적 인지이론에서 인지적 상호작용인 조력)가 필요한 아이들을 찾아 도움을 준다. 이 과정이 마무리되면 학습한 내용의 틀을 잡을 수 있도록 한 번 더 요약 정리해 준다. 코로나가 확산하기 전 거꾸로 학습할 때는 이 과정을 디딤 영상을 보고 학습 내용을 정리해 오는 것으로 대체하여 다음 활동 시간 비중을 늘렸다. 디딤 영상을 미리 제작해서 올리는 과정이 힘들었지만, 학습 욕구가 높은 아이들이 여러 번 돌려보며 도움이 되었다는 이야기를 들으며 보람을 느꼈다.

물리학 과목에 대한 학습 의지가 낮은 학생들은 디딤 영상을 제공하든, 수업 시간에 읽고 정리할 시간을 주든 학습에 노력을 기울이지 않는다. 이해가 어렵기 때문이라고도 이야기하지만, 사실 물리학은 상·중·하위권 학생 전체가 학습 내용을 처음 배울 때 이해가 안 되는 경험을 한다. 설명을 읽자마자 이해되는 과목은 아니다. 그렇지만 한 문장, 한 문장 그 의미를 생각하며 꼭꼭 씹어 읽으며 개념끼리 연결하다 보면 이해가 확 되는 순간이 생긴다. 자발적인 머리 굴리기가 필수이다. 거기에 이전 내용을 모르면 다음 내용은 학습하기 어려운 위계가 있는 내용 교과라 학습 결손이 있을 때 수업 시간 내에 따라가기가 쉽지 않다. 물리학이 학원을 많이 다니는 과목이 아니기에 분명 시작할 때는 비슷한 학업 수준에서 시작했는데, 시간이 지날수록 교실 내 학생 간 학업 성취 수준 격차가 크게 벌어지는 것을 보면 마음이 씁쓸하다.

그래도 개인별로 특기가 다르듯이 과학적 사고력 성장 속도가 다를 수 있다는 점을 인정하고, 성장의 정도가 다르지만 어쨌든 모두가 성장한다는 점에서 위안으로 삼는다. 그리고 물리학 수업의 목적이 물리학적 지식 향상과 같은 내용 영역 목표만 있는 건 아니다. 따라서 수업 내에 다양한 역량을 향상할 수 있는 활동을 계획해 서로 다른 아이들이 배우고 성장할 수 있도록 기회를 제공한다.

내용 학습을 했으면 이제 문제 상황에 적용할 차례이다. 문제 상황 적용은 문제풀이가 가장 일반적이다. 요즘엔 보통 학력평가와 수능 기출 문제를 내용별로 모아 풀이 단계나 난이도 별로 정리해서 배운 내용을 적용해 보도록 한다. 여기서 또 아이들이 어려움에 직면하는데 내용을 이해했다고 생각했는데 문제를 풀려고 하니 막막하고 손도 못 대는 상황이 자주 생기기 때문이다. 왜 이런 상황이 생기는지 이유를 두 가지 꼽아보고자 한다. 우선 학습 내용을 본인의 것으로 만들지 못했기 때문이다. 물리학 개념을 이해한 게 아니라 표면적으로 받아들인 경우가 있다. 예를 들어 '관성'이란 '물체가 운동 상태를 유지하려는 성질'이라고 배운다. 이 정의를 외우기만 해서는 관성의 정의를 물어보는 문제만 풀 수 있고 다른 문제는 풀 수 없다. '관성'을 설명하는 다양한 그림과 추가 설명, 그래프나 표 등의 정보를 이용해 관련 개념까지 연결하고 종합적으로 이해해야 한다. 관성에 의해 정지한 물체는 정지해 있으려 하며, 움직이는 물체는 운동 상태(빠르기와 방향)를 유지하려 한다. 관성은 질량이 클수록 커서 질량이 큰 물체의 운동 상태를 변화시키려면 힘(물체의 운동 상태를 변화시키는 원인)이 크게 필요하다. 질량은 물체의 고유한 양이라서 물체가 어디에 있든지 변하지 않는다. 이처럼 관성의 정의가 의미하는 바에 대한 종합적인 이해가 되어 있어야 다양한 문제 상황에 적용할 수 있다. 그래서 아이들에게 내용 학습할 때 교과서 구석에 있는 작은 글씨, 그림, 표, 그래프 하나하나 빠지지 않고 다 읽고 연결해 보고 자기 손으로 직접 내용을 정리해 보게 시키는 것이다. 물리학 내용은 천천히 꼭꼭 씹으며 음미해야 한다.

한편 2025 개정 교육과정부터는 고교학점제로 운영되면서 최소 학업 성취 수준이 생긴다는데 어떤 방식으로 수업을 설계하고 운영해야 할지 고민된다. 하지만 그때가 다가오면 집단지성의 힘을 느낄 수 있을 것이라 믿는다. 교사를 해보면 놀랄 정도로 교사 커뮤니티가 발달하여 있다는 걸 알 수 있다. 더 놀라운 것은 열심히 연구하고 개발한 자료들을 누가 교사 아니랄까 봐 체계적이고 자세한 설명과 함께 아무런 대가 없이 공유하는 문화가 있다는 것이다. 세상엔 능력과 인성이 뛰어난 교사가 정말 많다. 물론 다른 사람의 수업 지도안과 자료는 제작한 교사의 몸과 상황에 맞게 설계된 것이라 내가 그대로 쓸 수 없다. 그랬다간 처절한 실패를 맛보게 될 것이다. 그래서 다양한 자료를 보며, 그중에 내가 입을 수 있는 옷을 골라 나에게 맞게

노트 정리 방법

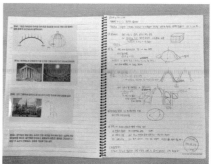

노트 정리 사례

수정해서 사용하면 된다. 네이버 카페, 다음 카페, 과학 교사 카카오톡 단체 방, 개인 홈페이지와 블로그, 과학 교사 공동체 홈페이지, 과학 교사 연수, 책에 이르기까지 자료를 공유하는 방법도 다양하다. 각 커뮤니티에서는 시기에 맞는 토론과 정보가 활발하게 오고 간다. 질문과 도움도 자유롭게 오고 간다. 어찌나 감사한 일인지.

## 물리학 수업에서의 적용 학습

내용을 충분히 이해해도 여전히 문제에 적용하기 막막한 경우가 많다. 물리학이라는 학문이 세상의 작동 원리를 설명하는 학문인 만큼 문제 상황을 주고 문제 상황에 대한 이해를 바탕으로 그 원리를 적용해 문제를 해결해야 하기 때문이다. 물리학을 알면 현재 상태가 왜 이 상태인지 그 원인이 무엇이고 과거가 어땠는지, 미래엔 어떻게 될지를 논리적으로 유추할 수 있다. 그래서 물리 내용 이해와 별도로 문제 상황 분석과 적용에 대해 따로 배우고 연습하는 시간이 필요하다. 즉, 물리학을 잘한다는 것은 개념에 대한 이해와 함께 문제 상황 분석을 잘한다는 의미이다. 과학탐구 과목의 특징인데, 아이들이 관성에 대해 배웠다고 관성에 대한 특징을 서술한 것 중에 옳은 것을 고르라는 형식으로 문제가 나오지 않는다. 수학 능력 시험에서는 사고력을 평가하는 것이 목적이므로 관성에 대한 이해를 바탕으로 문제 상황을 분석하고 설명할 수 있는지를 묻는 문제가 나온다. 1번으로 나오는 가장 쉬운 문제조차도 그렇다. 예를 들어 '가벼운 승용차가 달려와 무거운 트럭에 충돌하는' 문제 상황을 제시하고 이를 물리학 지식을 이용해 왜 그런지 설명하도록 하는 것이다. 어떤 학습 내용을 적용해야 할지도 문제를 분석해 찾아내야 한다. 가볍고 무거운 것에 서로 상호작용하는 힘이 가해지는 상황이라는 점을 바탕으로 현상을 설명할 수 있는 질량, 관성과 같은 물리학 개념을 떠올리고 연결하고 적용하는 과정이 필요하다. 즉, 두 물체가 서로 충돌하는 상황은 '작용 반작용의 법칙'에 따라 각 물체가 받는 힘 또는 충격량의 크기가 같으며, 질량이 다르면 관성이 다르므로 질량이 작은 물체가 속도 변화가 크다는 것을 유추해 낼 수 있어야 한다. 그래프로 두 물체가 충돌할 때 운동량의 변화를 줌으로써 그래프를 해석해서 문제 상황을 파악하고 개념을 적용하여 원인과 결과를 물리적으로 분석할 수 있는지 물을 수도 있다. 문제 상황을 제시하므로 개념을 외워서는 문제를 해결할 수 없다. 난도가 높은 문제일수록 문제 상황이 복잡하고 다양한 개념이 얽혀있다.

문제 분석 및 적용 능력을 키우기 위해서는 학생들에게 여러 가지 문제 상황을 접하도록 해서 문제 상황을 스스로 분석하고 상상하고 설명할 기회를 주어야 한다. 문제를 해결할 시간을 충분히 주는 것이다. 그래서 개념을 문제 상황에 적용하는 방법을 알려 주고, 다양한 문제 상황을 제시 후 스스로 해 볼 수 있도록 시간을 정해 기다린다. 학생의 학습을 기다리다 보면 시간을 낭비하는 것 같기도 하고 빨리 알려 주고 싶어 초조해지지만, 그래도 기다린다. 학습 속도가 빠른 학생들은 추가 과제를 할 수 있도록 필수 문제 외에 여분 문제를 준비해 간다. 그리고 학습하는 학생들 사이를 돌아다니면서 몇몇 아이들에게 추가 과제를 주거나 도움을 요청하는 아이에게는 적절한 힌트를 주고, 아직 학습 내용에 대한 이해가 더 필요한 학생들은 다시 교과서를 꼼꼼하게 읽고 학습하게 시킨다. 시간이 다 되어도 주어진 문제를 해결하지 못하는 아이들도 많지만, 고민한 그 시간만큼 물리학적 사고력과 문제 해결력이 향상되었을 것이다. 몇몇 아이들은 풀이 시간이 끝나도 본인의 힘으로 해결한 뒤 선생님의 풀이를 듣고 싶어 조금만 더 시간을 달라고 요청한다. 질문하는 아이들도 바로 정답을 알려 주길 원하기보다 자신이 막히는 부분에 대한 힌트를 원하는 경우도 많다. 보통 이런 아이들이 물리학 성취 수준이 쑥쑥 상승한다. 물리학 내용을 충분히 학습할 만큼의 수업 시간이 주어지지 않기 때문에 항상 진도에 쫓겨 마음이 급하지만, 그래도 차분하게 아이들을 기다려야 한다. 급하게 주다가 아이들이 체하기만 하고 소화 못 할 수가 있으니까.

문제 상황에 적용 활동이 문제풀이 활동만 있는 것은 아니다. 활동이 문제풀이만 있으면 아이들이 길러야 할 다양한 역량 중 과학적 사고력과 문제 해결력만 연습이 될 것이다. 과학과 핵심역량은 과학적 사고력, 과학적 탐구능력, 과학적 문제해결력, 과학적 의사소통능력, 과학적 참여와 평생 학습능력 이렇게 다섯 가지다. 아이들이 과학 수업에서 이 다섯 가지 능력을 키울 수 있도록 수업을 설계해야 한다. 그렇다면 아이들의 다양한 역량을 키우는데 효과적인 활동으로 무엇이 있을까? 바로 과학 개념 적용의 현실화, 과학 수업의 꽃, 과학실험이다. 아이들이 조별 활동은 안 좋아하면서 실험은 좋아하는 경우가 꽤 있을 정도로 실험 활동에 대한 선호도는 높다. 그런데 안타깝게도 실제로 실험하면 실패하는 경우가 많다. 교사가 예비 실험 했을 땐 멀쩡하게 잘 되던 실험이 아이들이 하면 잘 안 된다. 그 이유는 이론을 현실에서 증명하기 위해서는 섬세한 변인 조작이 요구되기 때문이다. 현실에는 실험에 영향을 미칠 수 있는 변인들이 무궁무진하다 보니 실험을 통해 이론을 검증하기가 쉽지 않다. 간단한 전자기 유도 실험에서도 코일을 꼼꼼하게 꼬지 않아서, 코일과 LED의 연결이 약해서 등의 이유로 실험이 실패하는 걸 자주 봤다. 수소 연료 전지 만들기 실험에서는 흑연과 집게 전선을 연결할 때 반대쪽 흑연에 집게가 닿아 회로가 제대로 작동하지 못해 실패하기도 한다. 적힌 설명대로 실험하면 되는데 왜 그럴까 싶지만, 실제 실험을 시키면 예상치 못한 문제가 생긴다. 아이들의 배경지식과 실험 조작 경험이 적어 그런 것이다. 그러므로 아이들에게 실험 활동이 더욱 필요하다고 생각한다.

배운 내용을 현실에서 직접 확인하는 방법이 실험이기에 성공한다면 그 효과가 대단히 크다. 물리학 이론은 세상의 이치를 설명하는 학문인데 수업에서 배운 물리학 이론대로 세상이 구성되어 있고, 움직인다는 것을 직접 확인하면 얼마나 놀랍겠는가. 고사성어 중에 백문불여일견(百聞不如一見)이라는 말이 있는 것처럼 실험은 뇌리에 각인되는 학습 효과가 크다.

전류가 흐르면 주위에 자기장이 생긴다는 걸 수업에서 배우긴 하지만 실

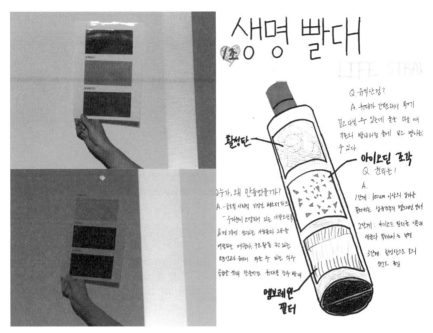

빛의 삼원색 실험                    학생들이 만든 적정기술 발표 자료

감이 나진 않는다. 하지만 전류가 흐를 때 나침판이 회전하는 걸 눈으로 목격하면 믿을 수밖에 없다. 이처럼 실험 수업은 아이들을 집중시키고 과학에 대한 호기심을 불러일으킬 수 있는 효과적인 과학교육 방법이지만 그 준비와 진행 그리고 뒤처리가 힘들다. 그래서 자주 실험하시는 선생님들을 보면 정말 존경스럽기까지 하다. 마음 같아서는 교과서에 나온 실험을 모두 보여주고 싶지만, 실험 준비물 점검 및 구매와 세팅, 실험 수행 방법 숙지, 안전사고 예방, 뒷정리 등 많은 신경을 써야 하고 수업 준비에 필요한 시간과 노력이 다른 수업 방법에 비해 너무 커서 현실적으로 어려움이 많다. 물리 실험 도구 중 무거운 것도 많다. 그리고 다른 과학 교사들과 실험실을 나누어 쓰기 때문에 실험실 사용 수업 시간이 겹치지 않도록 유의해야 하므로 원할

때 항상 실험 수업을 할 수 있는 것도 아니다. 그래도 물리학 실험은 다른 과학 과목보다 실험실에서 간단하게 할 수 있는 실험의 종류도 많고 위험도도 높지 않아 나은 편이다.

 ## 물리학 수업에서의 역량 학습

실험 활동 외에도 아이들의 과학적 의사소통능력, 과학적 참여와 평생 학습능력 등을 키우기 위해 과학 토론을 하기도 하고 독서 활동을 하기도 한다. 갈수록 개인화되는 사회에서 의사소통과 협동 활동은 어렵고 힘들어서 피하려는 경우가 많은데 그럴수록 해당 능력을 키우고 경험하기 위한 효과적인 조별 학습을 계획해야 한다고 생각한다. 그래서 모든 조가 서로 비슷한 상황을 만들면서 서로 다른 이질 집단의 친구와 의사소통하는 기회를 만들기 위해 한 조에 모든 학업 성적대의 아이가 골고루 들어가도록 배치한다. 그렇게 조를 편성해 활동하다 보면 아이들의 학업능력 외에 다양한 능력들이 눈에 띄기 시작한다. 아이마다 이제껏 활약하지 못했던 다양한 역량을 발휘한다. 어떤 아이들은 말을 너무 재미있게 잘하고, 어떤 아이들은 조용히 학습 과제를 꼼꼼하게 정리해서 활동이 원활하게 진행되는 것을 돕는다. 물론 학업 성취 수준이 높고 낮음에 관계없이 과학적 의사소통이 잘 안 되거나 친구를 가리는 등 포용력이 부족한 모습을 보여 주는 친구들도 있다. 그런 경우 아이와 문제 상황에 관해 대화하는 두려움을 이겨내고 따로 불러서 아이의 생각을 듣고 지도하면 아이도 전보다 노력하는 모습을 보이곤 한다. 학업뿐만이 아니라 생활 지도도 교사의 교육 영역이다. 가정에서는 부모가, 학교에서는 교사가 아이가 잘못된 길로 가려고 할 때 올바른 방향으로 이끌어 줘야 한다. 아이와의 갈등을 피하려고 외면하면 시간과 에너지를 절약할 수 있겠지만, 우리가 안 하면 누가 하겠는가.

이외에도 세계 대회인 '페임랩(Fame Lab : 전문성과 창의성을 갖춘 과학기술 분야 전공자나 관계자들이 관련 주제에 관한 생각과 경험 등을 대중과 소통하는 국제 대회)'에서 착안하여 개인별 관심사에 맞는 심화 탐구활동을 위한 '물리학 페임랩'을 수행평가로 자주 진행하곤 한다. 이 수행평가에서 아이들은 흥미로운 흐름을 가진 글쓰기 실력과 전달력 높은 발표 능력을 보여 주곤 한다. 발표 내용을 들으며 '이 아이가 평소에 이런 생각을 하고 이런 분야에 관심이 있었구나.'라고 깨닫게 되며 그 학생이 다시 보인다. 평소 목소리를 듣기 힘들 정도로 차분하고 조용했던 아이가 뛰어난 발성과 정확한 발음으로 자신의 발표에 주의집중을 시켜 깜짝 놀라기도 한다. 학업 성취도는 뛰어나지만, 발표할 때 부끄러움이 많아 목소리가 작아지다 흐지부지 발표를 마무리하는 학생도 한 번씩 볼 수 있다.

독서 토론 수행평가도 아이들의 만족도가 매우 높은 활동 중 하나이다. 관심 분야가 비슷한 친구끼리 모여 도서 한 권을 정해 함께 읽기를 한다. 그리고 책을 읽은 소감을 나누고 토론 또는 토의 주제를 정해 토론하고 토론지를 작성한다. 이후 토론한 내용을 다른 책을 읽은 친구들에게 돌아가면서 설명하고 서로 피드백한다. 아이들이 책을 읽고 독서 기록장을 적을 때 들이는 많은 시간과 노력에 힘들어하다가도 책에 대해 함께 이야기를 나눌 때는 눈을 반짝반짝 빛낸다. 그 활기차고 열정적인 모습이 사랑스럽다. 실제

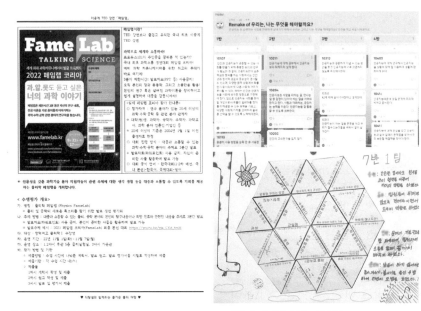

페임랩 수행평가 안내문

▲▲인공지능에 관한 의견 교류 활동
▲타지아를 이용한 개념 정리 활동

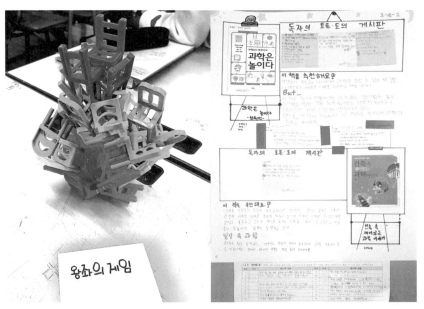

창의적 문제해결 활동

독서 토론 활동지

로 아이들은 이 활동을 통해 과학적 탐구심과 평생학습능력, 의사소통능력 등 다양한 역량이 향상되며 성장한다. '물리학 페임랩'이든 '독서 토론'이든 아이들의 다양한 역량을 발휘하고 성장할 기회를 제공하면서 '과목별 세부 능력 특기사항(이하 과세특)'도 개별화되며 풍부해진다. 아이들에게 능력을 발휘할 기회를 주어야 과세특도 쉽게 써진다. 평소 교사 위주의 강의식 수업만 해서는 절대 알 수 없는 부분들을 알게 된다. 학생 주도의 다양한 수업이 필요한 이유 중 하나이다.

다만 위의 활동들은 과목의 각 성취 기준을 달성하기 위해 하는 내용 학습 활동은 아니다. 그래서 주객전도가 되지 않도록 위와 같은 활동이 수업 과정의 일부가 되도록 운영하고 있다. 성취 기준 달성을 위한 수업도 여러 방법을 사용할 수 있는데 강의식 수업은 그중의 하나이다. 그리고 강의식 수업을 구성하는 요소도 다양하다. 칠판을 이용한 수업, 파워포인트를 이용한 수업, 학습지 배부, 교과서 읽기, 포트폴리오 정리, 퀴즈 이용(사지선다, 초성 퀴즈, 그림 퀴즈), 영상과 같은 멀티미디어 자료 이용, 시뮬레이션 이용 등 학습 내용에 따라 또는 교사의 특성에 따라 강의를 어떻게 구성하는지 달라진다. 내용 학습 중 강의식 수업이 아닌 형태로 가능한 것들을 예로 들어보자면 하브루타(서로 알려 주기), 협동 학습 과제 해결하기(타지아 맞추기, 장치 만들기, 특정 내용 설명하는 포스터 만들기), 실험하기, 토론하기, 역할극, 마인드맵 그리기, 보드게임 등 셀 수 없이 많은 방법이 있다.

고등학교 수업인 만큼 많은 내용을 짧은 시간에 전달하기에 효율적인 강의식 수업을 주로 활용하는 편인데 이때 포트폴리오 정리, 멀티미디어 자료, 물리실험 시뮬레이션 자료, 파워포인트, 칠판 필기, 퀴즈 등을 거의 매

시간 이용하고 학습 단계 중간에 하브루타를 넣어 학생 간 상호작용이 일어나도록 하고 있다. 그리고 가끔 특식으로 활동 중심 내용 학습을 하는데 이때 가장 많이 이용하는 방법은 실험 활동이다. 시간이나 재료 관계상 모든 학생이 실험해 보기 어려울 때는 시범 실험을 종종 이용한다.

나는 남들보다 발성이 약하고 20분만 말해도 목이 쉬기 때문에 50분 내내 혼자 이야기하는 수업은 하지 않는다. 더불어 수업 시간의 주체는 학생이 되어야 한다고 생각해서 학생에게 학습을 안내하는 방식으로 수업을 설계하려 한다. 수업을 진행하며 순서와 시간에 따라 아이들이 무엇을 해야 하는지 알려 주고 다양한 자료를 제시하며 학습하는 방법을 알려 주려고 노력한다.

여기까지 나의 개인적인 수업 이야기를 다루었다. 정답이 없는 문제이기에 풀어놓은 이야기들에 공감하는 부분도 공감하지 않는 부분도 있을 것이다. 모든 교사가 같을 수 없고, 같아서도 안 된다. 다양성이 우리의 삶을 풍부하게 만들 듯이 이런저런 경험을 하면서 자신이 생각하는 교직 철학을 다듬어 가면 된다. 그저 과학 교사 중에 이렇게 생각하고 수업을 운영하는 사람이 있다는 정도로 받아들이고 교직을 이해하는 데 도움이 되었길 바란다.

## 회복 탄력성이 높은 교사가 되기 위하여

교직에 있으면서 업무가 힘든 것보다 감정적으로 더 힘든 경우가 많았다. 물론 내가 도저히 혼자 감당할 수 없는 양의 일이 장기간 계속되어 매우 힘들었던 해도 있었지만, 대부분 일은 감당할 수 있는 정도였다. 문제는 부단한 노력에도 인정받지 못했을 때 상처받고 지쳐가는 마음이다. 학교는 여러 공동체가 서로 어울리고 배려하며 함께 나아가는 집단이기에 새로운 무언가를 시도하거나 도전하려고 했을 때 기존의 체제에 벗어나서 생길 수 있는 문제 상황들에 대한 염려와 두려움으로 인해 반대에 부딪혀 좌절하거나 상처받는 경우가 자주 있다.

학교는 학생들과 함께하는 공간이기에 안정성이 중요하고 이에 따라 변화가 필요할 때는 다양한 경우의 수를 고려하며 보수적으로 반응하는 것이 일반적이다. 그래서 학교는 변화가 느리다. 역사가 깊은 학교, 보수적인 성향의 학교일수록 더 느린 경향이 있다. 어쨌든, 일을 벌일수록 소란이 생기기 마련이고, 이에 따라 사람들의 주목과 경계의 눈초리를 받을 확률이 높다. 적이 많이 생긴다는 뜻이다. 뭐든지 적당한 게 무난한 법인데, 나는 그러지 못했던 것 같다. 그래서 마음을 많이 쓰고 노력한 만큼 상처도 많이 받았고 지쳐갔다. 그런데도 '매너리즘'에 빠지지 않고 교직에서 현재까지 노력을 이어갈 수 있는 원인을 회복 탄력성 측면에서 이야기하고자 한다. 회복 탄력성을 개발하는 것은 교사가 스트레스와 어려움을 효과적으로 관리할 수 있도록 도와주므로 교직을 지속해 나감에 있어 매우 중요하다. 경험에서 우러나온 회복 탄력성을 키울 수 있는 몇 가지 방법을 소개하겠다.

우선 성장 지향 태도를 갖는 것이다. 성장 지향 태도를 갖는다는 것은 도전에 실패해도 패배감을 느끼지 않고 성장과 발전의 기회로 받아들이는 것을 의미한다. 당장 변화가 일어나지 않고 원하는 바를 실천하지 못했어도 괜찮다. 이렇게 할 수도 있다는 생각의 바람만 불어넣어도 도전과 시도에 의미가 있었다고 보고 전략적으로 다음 도전의 발판으로 삼는 것이다. 심지어 내가 명백하게 실수하거나 잘못했어도 괜찮다. 사람은 누구든지 실수할 수 있고 이 과정을 통해 배운 점이 분명히 있을 것이다. 실수했다고, 몰랐다고 해서 나라는 사람 자체에 문제가 있는 것은 아니다. 배우는 중이고 성장하는 중일 뿐이다. 다만 도전과 실패에서 계속 배우고 성장하고자 하는 자세가 중요하다. 이러한 성장 태도를 키우면 좌절을 딛고 다시 일어설 가능성이 크고 개선을 위해 계속 노력할 가능성도 크다. 나 자신도 끊임없이 성장하고 도전하는 교사가 되려 노력 중이며, 다른 교사의 도전과 성장을 진심으로 공감하며 응원하는 교사가 되고자 한다.

다음으로 공동체를 구축하는 것이다. 앞에서 썼던 것과 같이 나는 다양한 공동체에서 교사로서 전문성을 얻었을 뿐만 아니라 교직 생활에서 정서적으로 바닥을 치지 않도록 해 주는 버팀목이 되어 주었다. 동료, 멘토, 지원 네트워크, 교육 공동체와 돈독한 관계를 갖게 되면 어려움에 직면했을 때 격려와 지원의 원천이 된다. 또 학생들과 긍정적인 관계를 발전시키기 힘든 날에도 성취감과 목적의식을 가질 수 있다. 정착할 만한 교사 공동체를 찾지 못했다면 교사가 아닌 사람들이 모여있는 공동체도 좋다. 마음을 간간이 털어놓고 서로 의지할 수 있다면, 그게 아니라도 나의 자존감을 높이거나 스트레스를 풀 수 있는 활동을 함께 할 수 있다면 회복 탄력성이 증가할 것이다.

세 번째로는 신체적, 정신적 건강을 관리하는 것이다. 규칙적인 운동, 건강한 식습관, 좋은 수면 습관은 적당한 에너지 수준을 유지하고 스트레스를 관리해 준다. 자신을 혹독하게 몰아치기보다 중간에 쉬는 시간을 강제적으로 가지는 것도 좋다. 무리하면 탈이 난다. 하룻밤을 새우면 적어도 이틀

수업평가나눔교사단 활동(독서 토론)　　　교내 수업 공동체 활동(수업 공개)

은 고생하는 것처럼 말이다. 나 자신의 특징과 한계를 알고 적당히 조절하는 것도 능력이다. 또 나만의 마음 챙김과 심신 이완 방법을 연습하면 불안을 줄이고 전반적인 삶을 객관적으로 다시 바라보고 개선하는 데 도움을 줄 수 있다. 그 방법은 명상이 될 수도 있고 독서가 될 수도 있고 한강 자전거 타기도 캠핑도 될 수 있다. 특히 '소확행'이라고 흔히 이야기하는 일상의 소소한 행복을 찾아 꾸준히 즐기는 것도 효과적인 마음 챙김의 일환이라고 볼 수 있다. 나에게 소확행은 남편과 함께 맛있는 것을 먹으며 좋아하는 예능을 챙겨보는 것이다.

네 번째로는 현실적인 기대치를 설정하고 실행하는 것이다. 자신과 학생 모두에게 현실적인 기대치를 설정하면 소진(번 아웃)을 피하고 동기를 유지하는 데 도움이 된다. 스스로 달성할 수 있는 목표를 설정하고 실행하고 달성해 나가면서 성취감과 만족감을 느낄 수 있다. 별거 아닌 것 같지만 달력에 일정과 해야 할 일을 표시하고 채워나가는 것, 더 나아가서는 교무 수첩이나 플래너에 매일 해야 할 일 체크 리스트를 작성하고 지워 나가는 것은 일의 실수나 누락을 줄여주기도 하고 일의 효율성을 높여 주는 효과도 있고 내적으로도 많은 성취감을 준다. 내가 이렇게 열심히 살고 있고, 이렇게 많은 것들을 해내고 있다고 말이다. 아주 사소한 것들이라도 괜찮다. 내 생각에는 플래너 작성은 평생 필요한 것 같다.

다섯 번째, 긍정적인 시각을 가지는 것이다. 긍정적인 시각을 갖고 인생의 좋은 점에 집중하면 어려운 시기에도 가능성을 열어두고 낙관적인 태도를 유지하는 데 도움이 된다. 낙관적인 태도를 가지면 불안하거나 초조함을 극복하게 해 주며 도전의 두려움을 줄여주기 때문에 개인적, 직업적 성장의 기회를 모색하고 기쁨과 성취감을 주는 활동에 시간을 할애할 수 있게 해준다. '주인공병'이라는 단어가 있는데, 이 단어가 부정적으로는 '나에게만 왜 이렇게 불행한 일이 몰려오지. 세상에서 내가 제일 불쌍해.'와 같이 자기연민에 빠져 객관적으로 상황을 바라보지 못하고 현실적인 개선방안을 찾지 않을 때 쓰인다. 이걸 반대로 적용해 보자. '나는 꽤 괜찮은 사람이고, 잘될 거야. 노력하면 반드시 성장하고 어떻게든 나에게 도움이 될 거야.'와 같은 자기 자신에 대한 믿음을 가져 보는 것이다. 지나간 일이 후회되더라도 감정의 늪에 빠지는 것이 아니라, 거기서 개선점과 배울 점을 찾고 수정하여 다음을 계획하고 실천해 나가며 긍정적 의미를 부여해 보자. 원하는 대로 일이 풀리지 않았을 때도 오히려 전화위복이 될 수 있음을 알고 지나간 일을 털어내면 된다. 그 일로 세상을 좀 더 배웠으면 그 자체로 의미가 있다. 세상에 완전히 좋기만 한 일도, 완전히 나쁘기만 한 일도 없다.

이런 다양한 방법을 통해 회복 탄력성을 키우면 매너리즘이나 슬럼프에 빠지는 것을 막을 수 있으며, 도전을 통해 보람을 얻으며 다양한 분야에서 성장하고 성공할 확률을 높여준다. 그렇기에 회복 탄력성은 매우 중요한 특성이다. 물론 이를 개발하는 데 시간과 노력이 필요할 수 있다. 처음부터 자존감과 회복 탄력성이 높은 사람이면 좋겠지만, 그렇지 않아도 노력으로 키울 수 있다. 그러므로 더 행복하고 멋진 교사가 되기 위해 나를 돌보는 데 시간과 노력을 아끼지 않길 바란다.

교사가되려는
그대에게

이 글에 교사 경력 10년을 바라보는 30대 중반의 과학 교사의 이야기를 꾸밈도 가감도 없이 솔직하게 담기 위해 노력했다. 내용 중에는 교사로서 성취와 보람도 있고 상처와 고민도 담겨 있다. 교사라는 직업도 여러 가지 직업 중 하나일 뿐이고 나라는 사람도 대단하거나 특별한 사람이 아니다. 지극히 평범한 인간이라 끊임없이 흔들리고 실수하고 실패하고 아파한다. 그럼에도 불구하고 나는 행복한 교사다. 살아오며 아픔도 있지만 감사하고 날 행복하게 하는 것도 참 많다.

내가 날 행복하다고 생각하고, 삶에 만족하는 이유가 뭘까 생각해 봤다. 비록 실패와 실수를 많이 하고, 이로 인한 다른 이의 지적과 자책에 아파하고 있지만, 아픔의 이유가 그만큼 도전하고 있기 때문이라고 여긴다. 도전하지 않거나 일하지 않으면 아플 일도 적다. 그리고 잘하고 싶은 욕심이 없다면 자신에게 실망하지도 않는다. 그래서 나는, 내가 지금 어쨌든 괜찮은 사람이라는 걸 의심하지 않는다. 그리고 모든 사람은 각자의 매력과 특징을 가지고 있다. 다른 사람이 가진 것이 나에게 없다고 슬퍼하기엔 그 사람에게 없는 것이 나에게 있다.

지금 만약 많이 아프다면 내가 그만큼 도전하고 노력하고 있다고 생각하고, 잘하고 있다고 자신을 칭찬해 주면 좋겠다. 아픔에 몸과 마음이 지쳐갈 때 잠시 쉬었다 가면 좋겠다. 무리하지 않고. 천천히 나아가도 괜찮다고 자신을 도닥여주면 좋겠다. 포기하지만 않으면 어떻게든 길은 생긴다. 이 책을 읽고 있는 그대를 환영한다. 만약 당신이 과학 교사가 된다면 동료 교사로 함께 하며 같이 써 내려갈 또 다른 이야기를 기대해 본다. 손잡고 같이 걸어가 보자. 멋진 과학 교사가 되기 위해서! 우린 할 수 있다! 당신과 함께 나에게도 외쳐 본다.

언제부턴가 같은 학교 선생님들로부터 담임을 잘한다는 칭찬을 자주 듣고 있다. 하지만 나는 딱히 다른 사람들보다 엄청난 매력이나 흡입력이 있거나 리더십이나 카리스마가 뛰어난 사람이 아니다. 아이들에 대한 애정과 포용력도 오히려 내가 배워야 할 선생님들이 수두룩 빽빽이다. 다만 내가 가지고 있는 몇 가지 원칙과 노하우들이 있는데 여기서는 그걸 풀어보고자 한다. 초임으로 발령받았을 때 바로 담임을 맡게 되었다. 아이들과의 상담을 진행해야 하는데 막막했던 나는 우연히 '학토재'라는 사이트에서 진행하는 학급 운영 및 학생 상담 연수를 듣게 되었다. 홈페이지에 들어가면 다양한 교구들이 있는데 이 교구들을 활용하는 방법을 실습했었다. 분위기를 푸는데 이미지 프리즘 카드를 이용하고 '자아선언문 카드'를 이용한 집단 상담 기술을 배웠다. 그게 내 가슴에 훅 다가오며 울림을 주었기에 아이들과 학기 초, 소그룹 상담을 계획해 실천하곤 한다. 그리고 마인드업 배너를 구입해 교실 여기저기 붙여서 아이들이 어딜 봐도 긍정 문구를 볼 수 있도록 해 놓는다. 이처럼 자신에게 필요한 연수를 신청해서 듣고 마음에 드는 교구를 구매해 학급 지도에 응용해 보는 걸 적극 추천한다.

교구를 활용한 소그룹 상담 활동

조회시간 활용에 대한 학급 회의

학생들과 함께 뛴 봄 마라톤

학급 문화 활동(연극 관람)

다음으로는 임용 발령 받아 신규 연수 들으면 알게 되는 '돌봄 희망 교실'을 카페를 적극적으로 이용하는 것이다. 여기에는 학급 운영과 관련하여 많은 선생님의 노하우와 자료가 체계적으로 쌓여있다. 여기서 학기 초 학부모님께 느리는 편지, 책상 위의 이름표 양식, 1인 1역 배정표 및 운영 방식 등을 참고하여 실천하고 있다. 무언가 내가 할 수 있겠다 싶은 걸 찾아 실천해 보는 것이 중요하다. 이런 작은 실천들이 모여서 학급 운영의 고수가 되어 가는 것이다.

## 학급 운영 레벨업 하기 2단계

학급 운영의 전환점이 생긴 2번째 계기는 1정 연수 때 들은 학급 운영 연수이다. 그때 학급 운영 연수를 해주신 수석 선생님의 강연이 너무 인상적이었는데, 교육청의 교사 멘티-멘토 프로그램의 멘토 목록에 계신 걸 보고 무작정 신청서를 제출했다. 교과목도 다르고 지역도 다르고 심지어 학교급도 달랐지만 간절한 메일을 써서 보냈고, 다행히 그 메일이 멘토 선생님의 마음에 닿았다. 그렇게 1년 동안 정기적으로 만나면서 교육 철학에 대해 다시 생각해 보게 하는 질문들과 대화들이 오갔고, 많은 도움이 되었다. 그리고 그분이 쓰신 학급 운영책을 사서 정독하고 내가 할 수 있는 일들을 체크해서 하나씩 실천해 나가기 시작했다. 예를 들어 학급 모둠짱 제도를 활용하는 것이다. 이 책이 너무 좋아서 다른 선생님들에게도 추천했는데 그중에 한 분은 이 책을 읽고 학급 행사로 학생들이 각자 재료를 준비해 오는 김밥 만들기를 계획하셨고 다음 해는 와플 만들기를 실천하셨다. 이걸 보면서 사람마다 잘할 수 있는 영역이 다른 것이 실감 났다. 어쨌든 그 책에 학급 운영과 관련하여 난이도와 시기별로 할 수 있는 다양한 활동과 프로그램이 체계적으로 적혀 있다. 실질적으로 도움을 많이 받은 정말 좋은 책인데 학급 운영 도서를 검색할 때 찾기 힘들다. 이 책의 이름은 『신학기가 두렵지 않은 차근차근 학급경영(장홍월, 주예진)』인데 종이책도 샀고 E-book으로도 구매해서 매년 학급 운영을 계획할 때마다 다시 읽고 세부사항을 참고하고 있다.

# 성장하고 있는
# 교사

정지수

처음부터 교사가 될 생각은 없었다. 고1 때부터 진학하고 싶던 화학과에 진학하게 되었다. 고2 때 어쩌다 보니 학급회장을 맡긴 했지만, 남들 앞에 나서는 성격도 아니었고, 말을 잘하는 편도 아니었기에 교사라는 직업은 생각도 안 했다. 얼마나 소심한 성격이었느냐면 중학교 때 어쩌다 교단 앞에 나와 랩을 해야 하는 상황이 있었는데, 긴장해서 30분 넘게 뜸을 들이다가 네 마디도 안 하고 내려왔다. 다행히 고등학교 때부턴 무대에 서는 것을 좋아해서, 축제 때는 무대에 올라가고는 했다. 그리고 지금도 종종 올라가고 있다. 강원도에 살았기에 지역 인재 할당이 있는 춘천교대에 진학할 기회도 있었지만, 교사를 하고 싶은 생각이 없었고, 특히나 어린아이들과 함께 교실에서 어울리는 건 상상도 하지 않았다. 결국 성격에 맞다고 생각한 연구원이라는 직업을 목표로 화장품이나 세정 용품 같은 것을 만드는 것을 꿈꾸고 화학과에 진학하였다. 당시 수능 성적이 원하는 만큼 나오지 않았지만, 대학원에 진학할 생각을 한 것과 고3 내내 슬럼프였기에 두려움도 있어서 재수는 하지 않고 점수에 맞춰서 대학에 진학하였다. 대학에서 전공인 화학을 배우면서 '고등학교 3년 동안 왜 화학과를 가려고 했을까?'라는 생각과 '화학공학과나 신소재공학과 같은 유사 학과는 왜 쳐다보지 않았을까?'라는 생각이 종종 들기도 하였다. 대학 전공과 관련 없는 직업을 가진다는 뉴스는 많이 보았지만, 주위를 보면 생각보다 대학의 전공이 인생에 꽤 큰 영향을 미친다. 당장 나만 해도 화학과를 나와 '화학 교사'라는 직업을 가지게 된 것처럼 말이다. 그래서 대학 전공은 신중히 선택하는 것이 중요하고 학창시절 다양한 직업에 대해 찾아보고 탐구하는 과정도 중요하다고 생각한다.

화학 전공을 하면 크게 네 가지로 분류되는 전공들을 배운다. 최근에는 5개 혹은 그 이상인 경우도 있지만, 기본적으로 물리화학, 유기화학, 분석화학, 무기화학 4개 과목으로 나누어진다. 대학교 2학년부터 전공 수업을 들으며 화장품 연구원을 하려면 유기화학이라는 과목을 잘해야 한다는 것을 알게 되었다. 나는 내가 유기화학이라는 과목을 무척 어려워한다는 것을 깨닫고, 진로에 대해 고민했다. 물리화학에서 열역학과 양자역학을 증명하는 것이 재미있어 더 깊게 배울까 하다가 대학원생 선배로부터 취업이 어렵다는 이야기를 듣고 마음을 접었다. 최종적으로 분석화학이라는 과목에 흥미를 두고, 복학 직후인 대학교 3학년 때부터 연구실에 들어가 실험실 활동을 시작하였다. 4학년에는 대학원 수업까지 미리 이수하며 차근차근 대학원 준비를 하고 있었는데, 4학년 1학기(2009년) 5월쯤에 인생의 큰 반환점이 생기게 된다. 고향에 있는 모교로 교생실습을 나가게 된 것이었다.

사립 고등학교를 나와서 대부분 알고 있던 선생님들과 한 달 동안 지내며 교사 체험을 하게 되었는데, 5월이라 수학여행, 체육대회 등으로 수업을 할 기회가 많지는 않았다. 심지어 교생실습 기간에 학교 전통이었던 전교생 대청봉 등반도 있어 교생실습 마지막 행사로 대청봉을 다녀오기도 하였다. 이런저런 행사들로 약 4시간 정도 수업을 해 본 것으로 기억한다. 수업을 준비하고 내용을 전달하는 과정과 학생들의 반응을 보며 '생각보다 신기하고 재미있는데?'라는 생각이 들게 되었다. 한 달의 교생실습을 마치고, 다시 연구실로 돌아와 고민하였다. 학과에서 임용시험을 준비하거나 합격한 선, 후배들에게 자문을 구했다. 힘든 길이며 교생실습의 긍정적인 경험이 전부가 아닐 것이라는 이야기도 들었지만, 그래도 도전하고 싶다는 생각은 계속 있었다. 여름 방학쯤 연구실 담당 교수님에게 교사에 도전하겠다는 이야기를 드렸다. 교수님이 몇 번 만류하였고, 원하는 연구 프로젝트 제안도 하였지만, 이미 마음을 정한 상태였기에 임용시험에 도전하게 되었다.

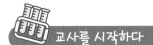

## 교사를 시작하다

임용시험을 도전하기 위해 노량진에서 공부를 했는데, 두 달 정도 지난 뒤에 스트레스로 인한 편두통이 생기기 시작하였고, 공부를 더 진행할 수 없을 정도로 상황이 악화되었다. 그래서 고향에서 요양을 취하며 어영부영

1년을 보내고 당연히 시험은 낙방했다. 같이 떨어진 고향 친구가 사립 학교에 합격한 것을 보며, 나도 도전해 보자는 생각이 들어 급하게 교육청 공고를 찾았으나 지역에 기간제 교사 자리는 없었다. 대신 2011년 당시 있었던 인턴 교사 공고를 보고 다시 모교로 돌아가게 되었다. 실험 보조의 역할이었는데, 임용을 준비하는 상황을 알고 선생님들의 배려로 공부할 시간을 많이 얻을 수 있었다. 하지만 여전히 있는 편두통과 학교에서 새로운 사람들을 만나가며 공부는 소홀히 하게 되었고, 역시나 임용은 통과하지 못하였다. 2012년 기간제 교사를 하겠다고 마음을 먹었지만 아무 경력이 없는 교직 이수의 초임은 어느 곳에서도 받아주지 않았고, 수십 장의 원서를 이메일과 우편으로 보냈지만, 연락 오는 곳은 거의 없었다. 연락을 주었던 섬에 있던 학교는 면접을 혼자 왔는데도, 말도 안 되는 분량의 수업계획서를 내면 채용해 주겠다는 말로 나를 돌려보냈다. 그날 저녁 홈페이지에는 채용 재공고가 올라와 있었다. 한편으로는 다행이었던 게, 나중에 그 학교가 여러 문제로 뉴스에 나왔다는 사실이다. 만약 그때 그 학교에 갔었다면 인생이 안 좋은 쪽으로 바뀌었을 수도 있을 것 같다는 생각이 들었다. 종종 면접을 불러 주는 곳들이 있었지만, 지금 생각하면 엄청 부끄러울 정도로 면접을 잘 보지 못하였고, 겨우 경기도에 있는 종합고등학교에 개학 1주일 전 채용되었다. 처음 담임도 맡게 되었고, 시행착오와 미숙함이 있었지만 많은 것을 배울 수 있었다. 2013년에는 우여곡절이 있어 3월에 채용된 학교를 떠나 5월에 학교를 옮기고 중간에 담임을 맡으며 어려움을 겪었다. 당시 담임 반 학생들이랑 사이가 좋지 않아 교사는 나랑 맞지 않는 직업인가 고민도 하였고, 여러 선생님에게 조언을 구하고 이런저런 노력을 했던 시기이기도 했다. 매 수업이 끝나고 수업 복기를 하며, 고쳐야 할 것을 진지하게 고민도 하였다. 하지만 담임 반 학생들과 관계 회복이 쉽지 않아 교원능력 개발평가에서 담임 반에서 2점 초반이라는 충격적인 점수를 받기도 하였다. 참고로 학교, 선생님마다 다르겠지만 교원평가는 4점대 점수가 일반적이고 2점대는 매우 낮은 점수이다. 중간에 담임을 들어갔던 부분과 담임 반의 수업이 없어서 어려웠다는 핑계가 있긴 하지만, 학급에 사건과 사고도 많았고 이래저래 힘든 시기였던 것 같다.

| 어디? | 정보의 저장과 활용 | | 날짜 | 9/3 | 지도교사 | 정지수 |
|---|---|---|---|---|---|---|
| 애가들의 요것들도 알아야지 | 자성체, 자기력선, 앙페르의 법칙, 패러데이 법칙, 전자기 유도, 저장매체의 원리 등. | | | | | |
| | 담임으로서 | 배움 결 만들기 / 배움 돌아봄 | | | | |
| | | 2학년 7반 | 1학년 1반 | 1학년 2반 | 1학년 5반 | |
| 단원 | | 올 문제풀이 | 디스플레이 원리 | 디스플레이 원리 | 디스플레이 원리 | |
| 수업성찰 — 두드림 | | 흥미를 끌어낼 수 있는 요소 필요. | 노트 정리 확인으로 조금 지체 / 학생들의 반발이 조금 있음 | 교과서 확인으로 수업 조금 지체 / 프레지 비번 까먹어 지체 | 크게 지체 없이 진행 | |
| 수업성찰 — 어울림 | 점심시간에 찾아가 학생일부와 대화 | 중간 중간 과학 관련내용 및 역사 관련내용 넣음 (좋은 방안인지는 의문이나 관심을 가지는 학생들도 일부 보임) 학생들이 어려워 하지 않도록 숫자를 바꾸는 등의 노력을 기울임. 예상보다 진도를 많이 나가지 못함. | 오늘 수업이 전체적으로 정리가 되지 않은 느낌 / 학생들이 크게 흥미를 느끼지 못함 / 수업 방식의 변경이 조금 필요. | 학생들이 지나치게 프레지에만 집중하려고 함. 학생들의 흥미를 끌 수 있는 사진이나 요소 들이 필요해 보임. | 수업시간이 다소 붕뜸. 대부분의 학생이 흥미가 없음. 수면을 취하는 학생이 많음 | |
| 수업성찰 — 새김 | 종례 간단히 | 다음 단원 수업준비 철저 필요 | 반도체에 대해 고민이 필요함 | 학생들의 눈높이에서 고려 | 동기 부여 필요. 풍생과 비교해도 너무 저조 | |

당시 기록했던 성찰록

전화위복이었을까. 경기도를 벗어나 2014년 서울에 있는 고등학교에 근무할 수 있게 되었다. 예전부터 관심 있던 교사모임이 있었는데, 서울에 근무하는 기회를 얻어 용기를 내고 모임에 가입하였다. '신나는 과학을 만드는 사람들'이라는 모임이다. 이후 교사 생활에 큰 변화가 생겼다. 2015년 교사 생활을 시작할 때는 강남에 있는 여고에 근무할 수 있게 되었다. 수업에 대한 부담이 가장 컸기 때문에 어느 때보다 수업 준비에 최선을 다하려고 노력하였다. 꼼꼼하지 못한 성격 때문에 종종 사고도 많이 치기는 했지만(그때 고생한 학생들에게는 정말 미안하다.) 학생들과 다양한 외부 활동을 진행하며, 한화 사이언스 챌린지, 창의재단에서 주최하는 전국대회 본선에 진출하는 등의 성과를 이룰 수 있었다.

2017년, 100년이 넘는 역사와 전국 최고의 한강 조망을 가진 용산에 있는 오산고등학교에 정교사로 채용되었다. 어떤 사람들에게는 짧다고 느낄 수도 있고, 길다고 생각될 수도 있는 5년의 기간제 교사 생활이었다. 수많은 학교를 옮겼고 매년 겨울마다 새 학교를 찾아다니고 학교 주변에 집을 구하고 1년마다 거주지를 옮기며 연구실을 나온 것을 후회하던 때도 있었지만, 오히려 다양한 학생들을 접하고 여러 학교를 경험할 수 있는 시간이 지

교무실에서 바라본 풍경

금의 나를 만드는 데 큰 도움이 되었다. 지금도 전국 여러 곳에서 열심히 업무와 수업을 병행하고 계시는 선생님들에게 응원을 보내고 싶다.

## 신나는 과학을 만드는 사람들

나의 교사 생활에 가장 큰 영향을 준 두 요인을 뽑으라고 하면 첫 번째는 2012년 교직에 처음 들어왔을 때, 옆자리 선생님의 교직에 대한 태도였다. 당시 50대 중반이셨고, 교장, 교감으로 진급 생각이 없으셨던 체육 선생님 이셨는데, 교사로서 학생들을 대하는 마음가짐을 배울 수 있었다. 아무것도 모르던 시절이라 곁눈질로 따라 하고, 많이 질문하며 어느 정도의 교직관을 형성하는 계기가 되었다. 그리고 두 번째가 '신나는 과학을 만드는 사람들 (이하 신과람)'이다. 주로 서울, 경기 지역의 과학 선생님들이 모여 수업과 관련된 내용을 발표, 공유하는 모임이다. 1993년에 시작되어 지난해 창립 30주년 행사를 진행하기도 하였다. 교사를 시작한 초창기에 실험 수업에 대한 노하우가 없을 때 관련 지식이 없어 인터넷을 검색하고 '전화영의 Life & Cool Science'라는 블로그의 자료를 많이 참고하고 진행하였는데, 모임에 가입하니 전화영 선생님이 앞에 계셔서 신기한 경험이기도 했다. 지금은 그 선생님과 함께 이 책을 쓰고 있다. 사실 더 신기한 경험은 어릴 적 「호기심 천국」이라는 SBS에서 방영하는 과학실험 프로그램이었다. 지금은 상상할 수 없지만, 당시엔 무려 주말 저녁에 과학실험 프로그램이 방영되고 있었다. 지금으로 보면 긱블이나 공돌이 용달 채널의 영상이 주말 저녁에 런

닝맨처럼 TV에 나오고 있는 것이라고 보면 될 것이다. 해당 프로그램에 나오던 선생님들이 모임에 계시는 것을 보며, 뭔가 어릴 적 우상을 옆에서 보는 그린 느낌이 들기도 했다.

모임은 매주 화요일 6시 30분에 서울교대(2014년 당시는 한양대)에서 있는데, 많은 분이 매주 특정 시간에 모여 대가 없이 수업에 관한 발표를 하고, 피드백을 받는 신기한 경험을 하게 된다. 2014년에 어떤 소개도 없이 모임에 가입하여, 처음 한 달 동안은 아는 분이 없어 말 한 마디도 못하고 실험 활동을 따라 하기만 하였다. 그렇게 선생님들과 교류하는 시간이 점점 생기기 시작했고, 무엇인지도 정확히 모르면서 신과람에서 하는 여러 활동에 참여하게 되었다. 학생들을 이끌고 여름 방학에 사이언스 잼버리라는 캠프를 가기도 했고, 겨울 방학에는 초등학생들을 대상으로 학생들과 과학 수업을 진행하기도 하였다. 주말에 서대문자연사박물관, 서울시립과학관에서 과학 부스를 운영하는 시간도 있었고, 서울시립과학관의 개관 초기에 교육 프로그램을 기획, 운영하는 경험도 얻을 수 있었다. 인도네시아 교사 양성 프로그램에 사용될 화학 실험 동영상을 촬영하기도 하고, 과학 도서를 몇 권 집필하는 기회도 얻을 수 있었다. 그리고 매주 이루어지는 발표 내용 중 마음에 드는 내용은 수업 시간에 바로 적용해 보고 도움을 얻을 수 있었다.

신과람에서 이루어진 여러 활동이 아니었으면 지금의 실험 수업이나 다양한 활동을 좋아하는 과학 교사가 될 수 없었을 것이다. 신과람에서의 활동이 교사로서 성장하는 데 큰 양분이 되었고 오산고에 채용될 때도 이 부분이 대단히 마음에 들었다고 나중에 들을 수 있었다.

신과람 외에도 서울에도 '사랑의 과학 나눔터'와 같은 모임, 각 지역에도 과학 교사모임들이 있으니 관심이 있으면 해당 모임에서 활동하면 과학 교사로서 성장하는 기회를 얻을 수 있을 것으로 생각된다. '재미있는 과학 수업 만들기'처럼 온라인으로 전국의 선생님들이 참여하는 모임이나 과목별로 운영되는 카카오톡 오픈 채팅방들도 있으니 조금만 관심을 가지면 다양한 정보들을 얻을 수 있다.

2019년부터 매년 1월에 제주도에서 개최되는 전국과학교사협회에서 주관하는 '과학교사큰모임' 행사도 있는데, 이곳에서 전국 각지에서 오신 선생님들의 수업 노하우 및 제주 지역의 탐방 활동을 할 수 있다. 매년 10~11월 신청을 받고 있으니 관심 있는 분들은 전국과학교사협회 홈페이지에 들어오시면 확인할 수 있다.

| 단체명 | 지역 |
|---|---|
| 강원 과학 교육 연구회 | 강원 |
| 경기도 중등과학 교육 연구회 | 경기 |
| 경남 중등생물교과 교육 연구회 | 경남 |
| 경북 과학 교사 모임 | 경북 |
| 과학을 사랑하는 사람들_(과사람) | 전남 |
| 부산 어메니티 과학교육 연구회 | 부산 |
| 사랑터(사랑의 과학 나눔터) | 서울 |
| 신과람(신나는 과학을 만드는 사람들) | 서울경기 |
| 울산 청소년 과학탐구 연구회 | 울산 |
| 인천 과학 사랑 교사 모임 | 인천 |
| 전북 과학 교사 교육 연합회 | 전북 |
| 제주과학문화협회 / 제주 청소년 과학탐구 연구회 | 제주 |
| 화사모(화학을 사랑하는 사람들의 모임) | 광주전남 |

각 지역 과학 교사모임(출처: 전국과학교사협회 홈페이지 https://k-sta.org/)

## 소통하(려고 노력하)는 선생님

현재 근무하는 이 학교에 온 지 얼마 안 된 것 같은데 벌써 5년이라는 시간이 지났고, 교사 경력도 아직 부족하지만 10년이라는 시간이 지났다. 아직도 막내라고 생각하지만, 부서에서 막내가 아니라 나름 고경력에 속하는 집단에 포함되는 것을 보며 적응이 어려울 때도 있다.

선생님들 사이에서 "처음 한 달은 학생들에게 웃는 모습을 보이지 말아라."라는 말이 있다. 학생들에게 엄하게 대해야 한다는 의미인데, 성격상 이런 부분이 힘들어 매년 첫날부터 농담을 던지며 조회를 시작한다. 학생들과도 소통하려고 노력 중인데, 예전에는 자연스럽게 다가갈 수 있었다면 이제는 세대 차이가 점점 나기 시작하면서(물론 언론 기준으로는 같은 MZ세대이다!) 소통을 하려면 미리 공부하고, 준비해야 하는 어려움도 생기고 있다. 학생들과 같이 종종 게임도 하는데, 반년마다 유행하는 게임이 바뀌어서 적응하기 어렵다. '어몽어스'에 겨우겨우 익숙해졌더니 다들 '폴가이즈'를 하고 있었다. 학생들이 쓰는 용어들도 처음 듣는 말들이 많아 몰래몰래 뜻을 찾아보고 대화를 이어가기도 한다. 그래도 지금이 제일 젊은 시절이고 앞으로 학생들과 소통할 때 더 많은 준비가 들 것을 알기에, 학생들과 소통하려고 많이 노력하고 있다.

### 공교육과 사교육

우리는 공교육에 근무하고 있다. 밖에서 보는 시선은 마냥 좋은 것이 아니라는 것은 잘 알고 있다. 사실 학교는 예전과 많은 부분이 바뀌었는데, 다들 본인들의 학창시절을 떠올리고 여전히 과거에 머물러 있을 것이라고 생각하는 것 같다. 지금 학교에 근무하는 나도 학창시절을 생각하면 체벌이 있었고, 수업 시간이 만족스럽지 않았던 경우도 많았다.

2012년 학교에 처음 부임하고는 아무것도 아는 것이 없었기 때문에, 학교와 업무에 적응하는 것만으로도 힘이 들었다. 거기다 전공과목도 아닌 10여 년 만에 접하는 지구과학을 하라고 했기에 수업 준비에 더 많이 힘들었다. 그래도 당시엔 체력이 꽤 좋은 편이어서 하루에 2~3시간을 자도 다음날 큰 지장이 없었다. 새벽까지 수업을 준비하고, 다음날 수업을 했다. 아마도 당시의 수업은 지금 보면 매우 부족한 부분이 많았을 것이다. 그래도 당시 학생들은 잘 따라 주었던 것 같아 고맙다. 점점 경력이 쌓이고 업무에 적응하고, 수업에 대한 노하우가 생기면서 수업에 대한 욕심이 생기기 시작했다.

최근 수능 과학탐구 영역을 경험해 본 사람들은 느끼겠지만, 교과서의 내용만으로는 절대 수능 문제를 해결할 수가 없다. 내가 담당하고 있는 화학도 마찬가지이고 이제는 사회탐구 영역도 점점 그렇게 변해가고 있다는 이야기를 들었다. 물론 학생을 또는 학생들을 변별하기 위한 평가원이나 교육청의 어쩔 수 없는 상황도 이해 못 하는 것은 아니다.

수능 화학 문제를 30분이라는 주어진 시간 내에 풀기 위해서는 일명 '스킬'이라는 것이 필요하다. 이것을 빨리 익히기 위해 매년 사설 인강을 듣고, 수업에 참고하였다. 시간과 경제적인 이유로 여러 명의 강의를 듣지는 못하고, 1년에 한 명씩 각 사이트의 일타 강사 수업을 들으며, 문제풀이에 필요한 스킬을 익히고, 문제해결에 도움이 된다고 생각되는 내용을 모아 나만의 자료로 재구성하였다. 사실 그때의 마음가짐은 "인강 강사들을 다 이겨 버려야지." 혹은 "인강을 들을 필요가 없을 정도로 내 수업을 완성해야지."라는 포부가 있었다. 수업 시간에도 이런 내용을 학생들에게 이야기하였는데, 아이러니하게도 자주 듣는 질문이 "인강 강사 누가 좋아요?"라는 질문이었다. "각 사이트에 올라오신 분들은 다들 출중하신 분들이니 샘플 강의 들어 보고 너에게 맞는 강사를 찾아라."라고 대답해 주지만, 내 수업도 좀 잘 들어 주었으면 하는 묘한 서운함도 생긴다.

핑계일 수 있지만, 공교육은 누구에게나 제공되는 것이고, 사교육은 누군가 의지를 가지고 경제적인 투자를 하는 것이기에, 같은 내용을 제공하여도 받아들이는 태도나 집중력이 다를 수 밖에 없다. EBS와 사설 인강에서도 마찬가지의 상황이 적용될 것으로 본다. 물론 앞서 말한 자료의 제공 부분에서 따라갈 수 없는 것도 있고, 실제로 실력이 그분들이 더 뛰어난 것도 맞는 이야기일 것이다. 또, 학교에는 화학에 큰 흥미가 없는 학생들이 절반 이상인 경우들이 많았다. 그 학생들에게 아무리 스킬적인 내용을 설명해도 받아들이기는커녕 오히려 과목이 어렵다는 느낌만 받게 된다. 물론 "내 수업만으로 수능 50점을 맞게 해 주어야지."라는 생각은 지금도 변함이 없지만, 이것을 모든 학생을 위해 할 필요는 없다는 생각이 들며 수업에 대한 고민이 시작되었다. 과연 어떤 수업을 할 것인가?

앞서도 말했지만, 인강만큼 좋은 수업을 하겠다는 포부가 있었다. 실제로 연구도 많이 하고 비슷해지려고 노력도 했다. 전달할 스킬들이 많아지면서 시수가 적다는 이유로(실제로 적기는 하다) 매년 수업 시간이 부족했고, 이를 핑계로 다양한 활동들을 진행하지 못했다. 심지어는 시험 기간을 앞두고 진도를 다 나가지 못해 다른 선생님들에게 양해를 구하고 시험 진도가 다 나간 다른 수업 시간을 빌려 수업을 진행하기도 했고, 이 모습은 매년 반복되었다. 어떤 날은 하루에 6시간씩 수업하기도 했는데, 교사도 힘들고 연강을 듣는 학생들도 힘들어하는 모습이 보였다. 게다가 지금은 선택 과목이 활성화되어 있어 매시간 수업 듣는 학생이 다르기 때문에 이전처럼 다른 수업 시간을 빌려 진행할 수도 없는 상황이다. 이렇게 나름 노력했지만, 학교에서 점점 어려워하는 학생들이 많아지고 화학 선택자가 줄어들면서 고민이 생겨나기 시작하였다. 개인적으로도 스킬을 익히고 전달하고 있지만, 대학에서 배우던 화학의 내용과는 너무 거리가 멀었기에 '이게 맞는 것인가?'라는 생각도 들었다.

물론 학교에 따라 수능 대비를 철저히 하고 강의를 멋지게 하는 선생님이 필요하기도 하고 선호되는 것을 경험하였다. 하지만 지금 근무하는 학교에서는 다른 모습의 교사가 필요한 것으로 느껴졌다. 완벽하고 멋진 강의보다 더 많은 학생을 위한 수업, 쉬운 수업에 대한 고민을 하기 시작하였다. 인강처럼 완벽한 강의도 좋지만, 조금 덜어내더라도 많은 활동과 학생 때 내가 목말라 하던 실험 수업을 많이 하는 선생님으로의 변화를 생각하게 되었다.

## 덜어내기

지금도 수능 연계 과목의 경우는 킬러 문제라고 불리는 어려운 내용을 제외하고는 수능과 연계하여 수업을 진행하고 있다. 하지만 예전에 "모두를 50점을 맞게 해 주자."에서 지금은 "모두를 40점 이상을 맞게 해 주자."로 목표를 변경하는 것으로도 수업 시간의 30% 이상을 줄일 수 있었다. 학생들에게 너무 어려운 양적 관계 공략법만 덜어내도 부담이 대폭 줄어든다! 내용을 덜어내니 진도에 대한 부담이 줄었고 덕분에 여러 활동을 진행할 시간이 생기기 시작했다. 진도의 압박을 벗어나니 수업에서도 여유가 생기며 학생들이 더 많이 보이기 시작하고, 학생마다 개별화를 할 수 있는 활동 및 관찰할 시간도 생기기 시작했다. 실험 활동도 더 많이 하자 성취도와 상관없이 화학에 관심을 가지는 학생이 늘어나는 것이 보이기 시작했다.

선생님마다 다르지만, 기본적으로 교과서를 통해 수업을 진행하는 경우가 많을 것이다. 교과서 대신 활동지를 사용하더라도 기본적으로 교과서의 내용을 바탕으로 만들어지는 것이다. 사실 얼마 전까지는 교과서의 모든 내용을 전달하려고 노력하였다. 아니, 교과서만 다루면 현재 수능 문제를 절대 풀 수 없기에 그 이상의 내용을 많이 연구하고 수업에 적용하였다. 교사 연수를 다니다 보면 '교과서에 있는 것을 다 전달할 필요는 없다, 그저 참고 자료다.'라는 내용을 매년 들었지만, 막상 이를 실천하지는 못하였다. 하지만 수능 연계 과목에서도 나름대로 과감한 시도를 하고 나니 교과서의 내용에 대한 압박에서 벗어날 수 있었다. 물론 성취 기준은 준수하고 있다.

고등학교 1학년의 과목 중 과학탐구실험 과목의 경우 수능과 관련이 없고 지금은 성취 평가제라 변별에도 큰 부담이 없는 과목이다. 교과서들에도 다양한 실험들이 있지만, 운영이 비교적 자유로워 평소에 하고 싶었던 과학 수업을 자유롭게 구상하고 시행해 볼 수 있었다. 과학실 안전 지도 만들기, 교내 생태 지도 만들기, 교통카드 데이터 분석을 통한 과학적 사고, 유사 과학 관련 수업 등 다양한 활동을 할 수 있었다.

많은 학교에서 과학탐구실험 과목을 부담스러워 서로 맡지 않으려고 한다는 이야기를 자주 들었다. 하지만 개인적으로 많은 교사와 교수님이 과학 수업의 꽃은 실험이라고 말하는 상황에서 이보다 더 완벽한 과목이 있을까? 라는 생각이 먼저 든다. 비록 재구성이 구상할 때 시간이 더 많이 걸리긴 하지만 몇 시간의 고민으로 한 학기, 1년의 수업이 나아진다면 충분히 투자할 가치가 있다고 생각한다. 2023년 기준으로 실질적으로 화학I과 같은 I과목만 수능과 관련이 있기에, 교과서나 수능 시험 범위에 얽매이는 것을 풀 수 있다면 조금 더 자유롭고 하고 싶었던 수업을 할 수 있을 것으로 생각된다. 2023년 화학Ⅱ 수업에서 학생들이 원하는 실험을 선택하고 포스터 발표 활동을 하는 도전을 하였다. 생각보다 학생들이 잘 따라와 주었고 결과물도 우수하게 만들어 주었다. 올해 부족한 점도 파악하여 내년에는 더 나은 수업을 할 수 있을 것 같다.

## 성취 기준을 꼼꼼히!

앞서 과학탐구실험을 교과서를 최소한으로 사용하고 재구성한다고 하였는데, 물론 기본적인 것을 지키면서 진행하고 있다. 바로 성취 기준이다. 개인적으로 선생님들을 보며 가장 안타까울 때가 교육과정이 변하는 시기인데, 성취 기준에 제외되어 이제 가르칠 필요가 없는 내용을 그대로 수업하는 모습을 보면 아쉬운 부분이 많다. 특히 활동지 위주로 수업하는 경우에 교재 연구가 미흡한 경우 예전 자료를 사용하여 이런 부분을 놓치는 경우를 많이 보았다.

매년 학생들과 수업 오리엔테이션 시간에 성취 기준을 함께 보며 이 과목에서 무엇을 배워야 하는지 이야기를 하는 시간을 가진다. 학생은 크게 흥미가 없을 수도 있지만, 화학Ⅰ의 경우 '이런 부분이 수능에 나오고 이런 부분은 나오지 않을 것이다.'라고 이야기하며 한 학기 혹은 1년 동안 배울 내용에 대해 간략하게 언급하면, 조금 더 해당 과목의 전문가 같은 모습이 보일 수 있을 것이란 생각이다. 개정 초기에는 일부 기출 문제집이나 인강 교재 등에도 개정 전의 내용이 실려 있고, 심지어 EBS 인강에서도 개정 전 내용이 실려 있는 것을 보았다. 당시 학생들이 자주 질문하였는데, 모의고사 경향을 보자고 하였고, 당연히 출제되지 않아 1~2년 뒤에 대부분 삭제되었다. 하지만 지금도 선생님들이 모인 SNS방에서 이전 교육과정에 대한 질문이나 문제풀이 질문이 올라오는 것을 종종 보면 아쉬운 마음이 들 때가 있다.

교육과정은 계속 바뀌고 있다. 지금 적용된 15개정 교육과정도 적용된 지 얼마 안 된 것 같은데, 22개정 교육과정이 확정 공시되었고, 25년부터 순차적으로 고등학교에 적용될 예정이다. 과목별로 크거나 혹은 작은 변화들이 있으므로 꼼꼼하게 읽고 수업 준비에 반드시 참고하였으면 하는 바람이다.

**교육과정 비교 예시**

| 15 교육과정 | 22 교육과정 |
|---|---|
| (2) 원자의 세계 | (2) 물질의 구조와 성질 |
| [12화학Ⅰ02-01] 양성자, 중성자, 전자로 구성된 원자를 원소기호와 원자번호로 나타내고, 동위원소의 존재비를 이용하여 평균 원자량을 구할 수 있다. | [12화학02-01] 실험을 통해 화학 결합의 전기적 성질을 설명할 수 있다. |
| [12화학Ⅰ02-02] 양자수와 오비탈을 이용하여 원자의 현대적 모형을 설명할 수 있다. | [12화학02-02] 전기 음성도의 주기적 변화를 이해하고, 결합한 원소들의 전기 음성도 차이와 쌍극자 모멘트를 이용하여 결합의 극성을 판단할 수 있다. |
| [12화학Ⅰ02-03] 전자 배치 규칙에 따라 원자의 전자를 오비탈에 배치할 수 있다. | [12화학02-03] 원자와 분자를 루이스 전자점식으로 표현하고, 전자쌍 반발 이론을 근거로 분자의 구조를 추론하여 모형으로 나타낼 수 있다. |
| [12화학Ⅰ02-04] 현재 사용하고 있는 주기율표가 만들어지기까지의 과정을 조사하고 발표할 수 있다. | [12화학02-04] 물질의 물리적, 화학적 성질을 분자의 구조와 연관 짓고, 이에 대한 호기심을 가질 수 있다. |
| [12화학Ⅰ02-05] 주기율표에서 유효 핵전하, 원자 반지름, 이온화 에너지의 주기성을 설명할 수 있다. | |

15 교육과정 2단원에서 원자를 다루었다면 22 교육과정에서는 원자, 분자를 동시에 다루는 것을 확인할 수 있으며 기존에 배웠던 양자수, 오비탈, 유효 핵전하 같은 개념이 삭제되는 것을 확인할 수 있다.

학생들이 수업에 적극적으로 참여하고 듣는 방법에 대한 고민을 매년 한다. 수업에 열심히 참여하고 집중도도 높아 성취도가 우수한 학생도 있는 반면, 선행학습이나 학원에서 준비하여 학교 수업은 거의 듣지 않아도 성취도가 잘 나오는 학생도 있다. 그래서 평가에 대해 고민을 하기 시작했다. 수능 부담이 없는 화학Ⅱ 과목에서는 예전부터 객관식 문제 대신 단답형과 서술형 위주로 출제를 하고 있었는데, 수업에 적극적으로 참여하는 학생들의 성취도가 우수하게 나오는 것을 보았다.

수능과 연계가 비교적 덜한 화학Ⅱ 과목에 비해 수능 선택자가 많은 화학Ⅰ 과목에서 어느 방향으로 가는 것이 옳을까에 대한 고민이 있었다. 매년 수능형 문제로 접근하다 보니 앞서 말한 대로 진도에 대한 부담도 있고, 역으로 화학Ⅰ 과목이 너무 어렵다고 느껴 수능 선택을 망설이거나 옮기는 학생들을 많이 보게 되었다. 많은 고민 끝에 화학Ⅰ 과목에서도 화학Ⅱ와 비슷하게 객관식 비중을 줄이기로 하였다. 수능형 문제를 줄이면서 앞서 말한 덜어내기도 가능했던 것 같다. 주로 어려운 문제들을 줄이고 그 부분에 활동들을 넣는 고민을 하였다.

학교는 3월 초에 교육계획서 및 평가계획서라는 것을 제출해야 한다. 이 시기에 1년 혹은 1학기의 평가 및 학교 교육 계획에 대한 계획이 정해지는데, 3월 초는 이런저런 서류들로 매우 바쁜 시기 중 하나이다. 매년 3월 평가계획서를 작성할 때, 일정에 쫓기게 되어 예전에 했던 것을 거의 그대로 내는 경우들이 많았는데, 막상 수행평가를 하다 보면 아쉬움이 많이 남았다, 그래서 비교적 시간적 여유가 있는 겨울방학 기간에 수행평가 및 지필평가에 대해 고민하기 시작하였다.

**화학1 수업 평가 계획 예시**

| 대단원 | 수업 주제 | 수업 형태 | 주요내용 |
|---|---|---|---|
| 1단원 | 화학의 유용성 | 참여형 | 화학의 유용성이 적용된 사례 찾아보기, 크롬북 활용 |
| | 몰 체험 | 참여형 | 1몰 표현하기, 물, 풍선 등 이용 |
| | 양적관계 실험, 몰 농도 만들기 | 실험 | 탄산칼슘, 염산 반응 실험 몰 농도 용액 만들기 실험 |
| | ppm | 자료조사형 | 이용 사례 자료 검색, 원격 |
| 2단원 | 현대 원자 모형 신문 만들기 | 모둠형 | 원자모형 변천과정 만들기 |
| | 주기율표 카드 활동 | 참여형 | 주기율표 카드 배치, 원격 |
| | 주기성 그래프 그리기 | 참여형 | 수업 활동지, 원격 |
| 3단원 | 분자구조 만들기 | 참여형 | 아보가드로(분자구조 만들기 프로그램) 이용 |
| | 극성, 무극성 확인 | 실험형 | 극성, 무극성 용매 및 색소 확인 실험 |
| 4단원 | 중화적정 | 모둠형, 실험 | 중화 적정 실험 |
| | 금속 에칭 만들기 | 실험 | 금속 에칭 실험 |

화학1 교과서의 목차를 보며, 학생과 함께 할 수 있는 활동들에 대해 고민한 것을 알 수 있다. 동시에 다른 선생님들의 여러 수업 사례들을 찾아보며, 교과서 이이 활동들도 생각해보았다. 활동들을 표로 정리하고, 수업 형태를 참여형, 실험, 모둠 수업 등으로 구분하였다. 개별화를 좋게 하려고 참여형 위주로 구상하였다. 2021년 당시는 원격 수업과 등교 수업이 격주로 시행되어서 원격 수업 기간에 자료조사 활동이나 교과서의 탐구활동을 하면 편리할 것 같아 진도 계획 및 활동 계획을 미리 구상하였다.

활동에 자주 활용하는 사이트 중 하나로 phet(https://phet.colorado.edu/)라는 사이트를 자주 활용한다. 콜로라도 대학교에서 만든 개방형 교육 자원 프로젝트인데, 한글도 지원되고 모바일에서도 모든 내용은 아니지만, HTML5 기반으로 제작된 내용은 문제없이 작동하기 때문에 시범 실험으로도, 학생 활동용으로도 잘 활용하고 있다. 화학1 단원에서 알파입자 산란실험이라는 내용이 있다. 수능, 모의고사에서도 종종 다루는 내용이다. 하지만 알파입자를 만들려면 방사선을 내는 물질이 필요하기 때문에 학교에서 실험이 불가능하다. 예전에는 유튜브 등의 영상을 통해 해당 내용을 보여주었다면 최근에는 phet 사이트를 활용하고 있다.

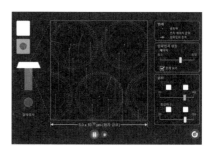

알파입자 산란 실험 (출처:phet 웹 페이지)

수업 시간에 알파입자 산란 실험에서 실험 물질의 양성자 등을 변화시켜 보며 발생하는 현상을 살펴보았다. 이전 2015학년도 6월 모의고사 기출 문제에서 원자핵을 금박 대신에 알루미늄을 사용하였을 때, 일어나는 현상을 물어보는 문제가 있었는데, 그것을 응용한 활동이었다. 그리고 1차 지필고사(중간고사)에 아래와 같은 문제를 출제하였다.

해당 활동의 기초가 된 2015학년도 6월 모평 8번 문제

다음은 러더퍼드의 α입자($He^{2+}$) 산란 실험 결과와, 이를 토대로 민수가 가설을 세운 후 수행한 실험이다.

[러더퍼드의 실험결과]

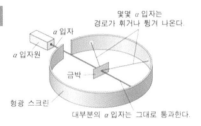

α입자

α입자원

몇몇 α입자는 경로가 휘거나 튕겨 나온다.

금박

형광 스크린

대부분의 α입자는 그대로 통과한다.

[민수의 가설]

[민수의 실험 결과]

러더퍼드의 α입자 산란 실험에서 사용한 금($^{79}$Au)박 대신 알루미늄($^{13}$Al)박으로 실험하였더니 경로가 휘거나 튕겨 나온 α입자의 수가 감소하였다.

민수가 실험을 통해 검증하고자 했던 가설로 가장 적절한 것은? [3점]

① 모든 원자에는 음전하를 띠는 입자가 있다.
② 원자에서 전자의 위치는 확률적으로만 나타낼 수 있다.
③ 전자는 원자핵 주변의 허용된 원형 궤도를 따라 움직인다.
④ 경로가 휘거나 튕겨 나온 α입자의 수는 원자핵의 전하량에 따라 달라진다.
⑤ 원자에서 음전하를 띤 전자는 퍼져 있는 양전하 구름에 무질서하게 분포한다.

(문제1) 〈실제 출제한 지필고사 문제〉

알파입자 산란 실험에서 금박 대신 원자량이 작은 알루미늄을 사용하였을 경우 일어나는 현상을 작성하시오.

이 문제 이후 수업 중 phet를 사용하면 학생들이 혹시 출제되는 것이 아닐까? 하고 수업에 더 집중하는 모습을 볼 수 있었다.

2차 지필고사(기말고사)에서도 수업 시간에 했던 실험(평가 계획에서 극성, 무극성 실험) 내용을 다음과 같이 출제하였다.

(서술형1) 아래 그림은 물과 핵세인을 시험관에 넣고 흔든 다음 가만히 두었을 때의 모습이다. 물음에 답하시오. [6.0점]

핵세인
물

(1) 위 실험으로 알 수 있는 사실을 2가지만 서술하시오.(3번째부터 재검하지 않으며, 물질의 화학적 또는 물리적인 특성들이 들어가야 함.) [3.0점]

(2) 위 시험관에 아이오딘 가루를 넣고 흔들었을 경우 일어나는 변화와 그 이유를 서술하시오. [3.0점]

시험 문제

## 가상 실험 활용 사이트

### 1. 자바실험실(https://javalab.org/)

1996년부터 운영되는 사이트로 별도의 프로그램 설치를 요구하지 않으며, 멤버십 가입이 필요없이 자유롭게 사용 가능하다. 400여가지의 실험 실습용 시뮬레이션이 제공되고 있으며, 3개 국어로 번역되어 서비스 되고 있기도 하다. 사이트를 운영하는 선생님을 이 책의 저자로 모시고 싶었으나 아쉽게도 사이트 추천으로 이를 대신하고자 한다.

### 2. phet(https://phet.colorado.edu/)

본문에서 소개한 사이트로 무료 과학 및 수학 시뮬레이션을 해 볼 수 있는 사이트이다. 대부분 한글로도 번역이 되어 있어 사용하는데 큰 어려움이 없을 것이다.

### 3. 김정식 허명성의 과학사랑(https://sciencelove.com/)

과학실험자료 외에도 학급 운영에 도움되는 다양한 프로그램 및 팁을 얻을 수 있는 사이트로 특히 중학교 과학의 경우 단원별로 정리되어 있어 활용하기 편리하다. 최근에는 고등학교에 근무하셔서 고등학교 관련 실험자료들도 업로드되는 것을 볼 수 있다.

### 4. vlab on https://www.vlabon.re.kr

한국과학기술정보연구원(KSITI)에서 운영하는 사이트로 수학, 과학 온라인 가상 실험을 제공하고 있다.

실험 자체는 수행평가로 수행한 것이 아니었지만, 이런 식으로 지필고사에 반영하니 학생들의 참여도도 올라가고 수업 시간의 참여도를 높일 수 있었던 것 같다.

학교마다 분자구조 만들기 모형이 전부 있을 것이다. 잘 활용하는 분들도 있지만, 개인적으로 몇 번 사용하면 파손되고 분실하고 관리가 어려워 잘 사용하시 않고 시범으로 보여 주는 용도로 많이 사용하였다. 분자구조 만들기 실험은 오히려 이쑤시개와 먹는 과자를 이용해 실시하였다. 하지만 잘못된 분자구조를 만드는 경우가 많이 생겨 아쉬움이 있었다. 그러다 코로나19 때 해당 활동을 진행하기 어려운 상황이 발생하였기 때문에, 원격으로 할 만한 프로그램이 무엇이 있을까 고민하다가 '아보가드로' 프로그램을 찾게 되었다(https://avogadro.cc/). 해당 사이트에서 무료로 받을 수 있다. 해당 프로그램 사용법을 학생들에게 설명하고 분자구조를 만들어 보게 하였다. 결합각이나 극성, 무극성 유무, 전자의 배치 등을 확인할 수 있고 분자구조를 회전시킬 수 있어 이해하는 데 많은 도움을 얻을 수 있었다. 학생들에게 선택권을 주고 어려운 분자구조를 만들어 보고 싶은 학생은 심화 탐구도 할 수 있도록 하고 이를 나중에 생활기록부에 기록하였다.

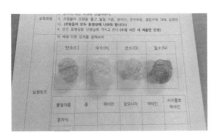

먹는 과자를 이용하여 분자구조 만들기

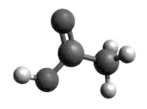

아보가드로 프로그램을 활용하여 만든 아세트산 분자

주기율표 카드 만들기 활동도 기존에 인쇄된 카드를 구매해서 모둠별로 활동하던 것을 하나하나 그림을 만들어 구글 슬라이드로 만들었다. 학생들에게 구글 계정이 하나씩 배포가 되어 있고 이를 활용하여 사본 만들기 기능을 통해 각자 계정에서 만들 수 있게 하였다. 한 슬라이드에 각자의 공간을 두면 서로 참고가 될 것 같아 최대한 참고하지 못하도록 장치를 마련하였다. 기존의 오프라인 수업에서 모둠별로 활동을 하며 무임승차 혹은 너무 앞서가는 학생들이 있었는데, 각자 개인 계정에서 활동하기에 모두가 해당 내용에 대해 고민하는 장점이 있었다.

이 수업은 사실 1년 전부터 큰 그림을 그리고 있던 활동이었는데, 2021년 당시 수업을 할 때, 해당 학생들은 1학년 과학탐구실험에서 동일한 활동을 해 본 경험이 있었다. 학교에 화학 교사는 나뿐이었기에, 화학I을 나에게 배울 것이 확실했다. 나는 똑같은 카드를 보았을 때, 배경지식에 따른 차이를 확인하고 싶었다. 1학년과 2학년 때의 카드 배치 순서는 같겠지만, 원자에 대한 심화 개념을 배우고 보면 더 많은 것이 보이기 때문에 해당 활동을 의도하였고 많은 학생들이 의도대로 추가로 보이는 것을 찾아낼 수 있었다. 같은 현상이어도 배경지식에 따라서 알아낼 수 있는 것이 다르다는 것을 느끼

주기율표 카드 활동

게 할 수 있는 활동이었다. 해당 내용도 당연히 출제와 연계했다. 매년 학생들에게 하는 말이 있다. 출제자가 바로 앞에서 수업을 하고, 시험에 대한 힌트도 주고 있는데, 왜 출제자를 두고 엉뚱한 곳에서 대비를 하고 있느냐고 말이다.

## 기록의 일상화

모든 학교 선생님들이 작성하는 것이기는 하지만 고등학교 교사들은 대학 입시와 관련된 생활기록부 작성이 큰 업무이다. 여러 시행착오를 겪으면서 예전보다 작성하는 양이 많이 줄어들기는 했지만, 한편으로는 줄어든 만큼 작성하는 내용의 중요도가 커져 부담은 오히려 늘어나는 경향도 있다. 특히나 생활기록부에 대해 굉장히 강조하는 요즘, 개별화에 대한 고민이 클 것이다. 강의식 수업으로 진행할 때는 주로 학생들로부터 질문 받은 내용을 기억하고 기록으로 남겨 생활기록부를 작성하였다. 하지만 질문도 주로 하는 학생들 위주로 하고, 정신이 없을 땐 이것을 기록하지 하지 못해 기억이 나지 않는 경우들도 많았다. 덜어내기를 하고 활동형 수업이 많아지니 자연스럽게 학생들을 관찰할 수 있는 시간이 늘어났다. 그리고 모든 활동을 마무리한 뒤에 짧게라도 학생들에게 느낀 점이나 배운 점을 작성하여 제출하게 하였다. 비록 한두 줄의 내용이어도 매번 활동마다 쌓이면 학기가 끝날 때 꽤 많은 양이 쌓이게 된다. 아마 학기 말에 학생들에게 이번 학기 느낀 점 같은 것을 작성하도록 하는 경우들이 많을 텐데, 학생은 기억하지 못하기 때문에 기억이 있을 때 기록을 남기는 깃이 양적으로나 질적으로 좋은 것 같다.

## 기록 동기화

Tip

스마트폰의 메모나 todo앱을 활용하면 건망증도 문제가 없다. 주변에는 다양한 노트 프로그램들이 있다. 개인적으로 pc, 모바일, 패드 간 동기화 되는 것을 매우 중요시하는데, 소개하는 프로그램들은 동기화가 잘 되고 빠른 프로그램들이다. 메신저로 온 내용들을 옮겨놓으면 조·종례 때 내용이 빠질 일도 없고 업무도 수월하게 할 수 있다.

무료, 유료 모두 있는데, 개인적으로 사용하는 프로그램들을 소개하고자 한다(물론 이 글을 쓰고 있는 2023년 기준이고, 이후 더 좋은 프로그램이 나와 다른 프로그램을 사용하고 있을 수도 있다).

**keep** 무료. 구글에서 제공하는 것으로 동기화가 빠르며, 주로 간단한 메모 기록용으로 사용한다.

**todo** 무료. 마이크로소프트에서 제공하는 것으로 오늘 할 일을 정리하는 용도로 사용하며, pc, 모바일 동기화가 가장 빠른 편이라 애용하고 있는 프로그램이다.

**노션** 유료(구독형, 제한적 무료 이용 가능), 일잘러들에게 유행하던 프로그램으로 협업에 활용하기 좋다고 하나 학교에서 사용하는 분들이 별로 없기에, 협업 툴보다는 간단한 홈페이지처럼 사용하고 있다. 과탐실에서 수업 활동을 소개하는 페이지 예시이다. https://bit.ly/sciencelab1

아래는 펜으로 필기가 되는 프로그램이다.

**삼성 노트** 무료(단, 삼성 기기만). 몇 년전 대규모 업데이트가 되면서 사용 빈도가 높아진 프로그램이다. 몇 가지 단점도 있지만 안드로이드 기준 필기 지원 프로그램 중에 괜찮은 편이라 수업 시간이나 교재 연구 시에 사용하고 있다. 삼성 기기끼리는 pc, 모바일 동기화도 잘 되는 편이다.

**굿 노트** 유료. ios전용 프로그램으로 노타빌리티와 함께 양대산맥인 프로그램이다. 맥북이 아니면 동기화가 불편한 단점이 존재하기는 한다. 우리의 업무 환경은 '나이스'로 윈도우가 필수이기 때문이다. 23년 9월 기준 윈도우, 안드로이드 버전이 출시되어 해당 문제는 어느 정도 해결되었다.

이외에도 플렉슬, 원노트 등 다양한 프로그램이 있으니 본인에게 맞는 프로그램을 사용하면 좋을 것 같다.

이번주에는 산화수로 화학 반응식의 계수를 맞추는 수업을 했습니다. 그 과정을 통해서 변화하는 산화수에 값은 같아야하는 것을 알게 되었습니다. 그리고 흡열반응과 발열 반응을 알게 되었습니다. 흡열반응은 주변의 열을 흡수하여 주변을 시원하게 만드는 것이고 발열반응은 열을 방출하여 주변을 따뜻하게 만드는 원리였습니다. 그리고 3단원의 프린트 문제를 풀어보며 모르는 문제는 수업시간에 열심히 들었습니다. 2021/06/12

이번주에는 산 염기 중화반응과 산화 환원 반응에 대해 배웠습니다. 그중에서 산화환원에 산화수라는 개념이 있었는데 처음에는 뭔 소리인줄 몰랐지만 그 과정을 보니 전자를 누가 더 끌어 당기느냐에 따라 나타나니 이해가 잘되었습니다. 2021/06/06

온라인 수업 요약
이번주 온라인 수업에서 배운 내용들 중 가장 중요한 부분은 산화수 파트이다. 화합물을 구성하는 원자가 가지는 전하수를 뜻하는 산화수는 전기음성도라는 배경지식이 필요해 이 부분을 찾아가며 학습했다. 산화수를 알아내기 위해서는 우선순위를 지켜 찾아가야 하는데 수소를 제외한 1족원소와 마그네슘,칼슘,알루미늄과 플루오린을 먼저 보고 그 다음 수소 그 다음으로 산소를 보고 17족 원소를 분별한 다음 마지막으로 그 이외의 원소를 보고 산화수를 판별해야한다. 산화수에 대해 간단히 배우고 예시를 배운다음 카훗에서 이를 이용한 게임을 해봤는데 예시를 보고 산화수를 구하면서 배울 수 있었다. 어떻게 하면 더 빨리 시간을 단축해 문제를 맞출 수 있을지 고민하면서 색다른 공부를 했던 경험이었다. 2021/06/06

학생 느낀 점 사례

수업 시작하기 전 학생들의 모습은 어떠한가? 상황에 따라 다르겠지만, 학생이 잠들어 있는 경우가 많다. 특히 전 시간이 학생들이 지루해하는 경우였거나, 수업 시간이 남아 5분 정도 학생들에게 수면 시간을 주는 경우 대부분 자고 있어 독서실을 들어가는 느낌이 들 때도 있다(물론, 그런 수업이 내 수업이 될 때도 있다). 체육 시간이라 학생들이 쉬는 시간까지 축구를 하다 뒤늦게 들어와 땀을 뻘뻘 흘리며 수업 준비가 안 된 경우도 많다. 음악실, 미술실이 멀리 있는 학교나 점심시간 이후 수업도 비슷한 상황에 처한다. 학교마다 상황이 조금은 다르겠지만 대다수 고등학교 2, 3학년의 수업이 이동 수업으로 이루어져 수업 시작 전에 학생들이 조금 어수선한 분위기가 있을 것이다.

언제부터 정확히 시작했는지는 기억이 안 나지만 어떤 연수에서 수업 시작 전에 집중시키는 다양한 활동들을 접하고 바로 도입해 보았다. 실패하는 것들도 많지만 성공적인 것들도 많다. 우선 학생들을 잠에서 깨우거나 수업을 받을 수 있는 마음가짐을 갖출 수 있는 시간을 만들었다. 그 이후 항상 수업 시작 전 5분 정도의 시간을 '수업 도입 시간'으로 하고 있다.

수행평가로 학생들이 5분 스피치(실제로는 3분)를 실시하기도 하고, 간단한 퀴즈 활동 같은 것도 준비해 보았지만, 이 또한 계속 준비하는 부담이 있어 지금은 대체로 영상물을 보여 주며 집중시키고 있다. 수업과 관련된 과학 영상이 가장 좋겠지만, 맨날 과학 영상만 보는 것도 지루할 수 있기에 당시에 화제가 되는 사건, 스포츠 관련 영상, 뮤직비디오 등 다양한 소재로 접근하고 있다. 개인적으로 유튜브를 많이 보는데 괜찮은 것이 있으면 공유하는 편이기도 하다. 그렇게 5분 동안 영상을 보여 주고 돌아다니면서 자는 학생을 깨우고 교과서나 활동지 준비 상태를 확인히며 미흡한 부분을 보완할 수 있도록 지도한다. 이동 수업의 경우 인원 확인 및 출석 확인 시간을 병행하기도 한다. 이동 수업으로 본인 반에 학습 준비물을 두고 오는 경우들이 많은데, 수업 중간보다는 수업 초반에 들어가는 것이 다른 수업에 민폐도 덜 끼치는 것 같아 처음에 무조건 5분은 수업 도입 시간을 가지고 있다.

5분이라는 시간이 고등학교 전체 수업 시간인 50분의 10%에 해당하는 큰 시간이지만, 교원평가나 학생들에게 자체적으로 피드백을 받아보면 매년 수업 도입 시간에 대한 호응도가 높아 대부분의 수업 시간에 적용하고 있다. 간혹 못하거나, 수업 지연 사유 등이 있어 도입 시간을 건너뛰면 오히려 학생들이 오늘은 무엇이 없냐고 물어보기도 한다. 수업 도입 부분에서 어려움을 겪고 있거나 고민이 된다면 추천하는 활동이다.

## 과학 동아리 운영

과학 교사만의 특징이 '실험'이라면, 이것은 동아리와도 연결이 될 것 같다. 학교마다 상황은 다르지만, 학교는 과학 동아리를 운영하고 있고, 일반적으로 운영은 과학 선생님의 몫이다. 학교의 분위기에 따라 상황이 다르겠지만, 기본적으로 동아리 운영은 학생들이 자치적으로 활동할 수 있도록 유도하고 있다. 초반에는 교사의 주도하에 실험을 몇 개를 실시하고 학생들끼리 교류를 발생시킨 뒤 팀을 구성한다. 팀을 구성할 때는 학년을 섞어 다음 해에 노하우가 전달될 수 있도록 한다. 대략적인 진행 과정은 아래와 같으며 이 패턴을 반복한다.

### 팀구성 예시

| 팀A | 팀B | 팀C |
|---|---|---|
| 3학년 학생 | 3학년 학생 | 3학년 학생 |
| 3학년 학생 | 3학년 학생 | 3학년 학생 |
| 2학년 학생 | 2학년 학생 | 2학년 학생 |
| 2학년 학생 | 2학년 학생 | 2학년 학생 |
| 1학년 학생 | 1학년 학생 | 1학년 학생 |
| 1학년 학생 | 1학년 학생 | 1학년 학생 |

| 학생 역할 | 동아리 팀 구성 | 팀별 실험 주제 선정 | 준비물 요청 | 예비 실험 | 동아리 시간 발표 |
|---|---|---|---|---|---|
| 교사 역할 | 팀 구성 확인 및 조정 | 실험 가능 여부 확인 | 구매 기안 | 안전 지도 | 안전 지도 |

활동 후에 LMS나 카페 등을 활용하여 인터넷으로 보고서를 작성하게 하는 것이 기록 관리 차원에서도 좋다. 활동 중에 사진을 잘 남기도록 하며, 실험 후 보고서를 잘 작성하였는지 확인해 주면 학생 주도 활동이 이루어질 수 있다. 물론 쉬운 일은 아니고 학생 구성에 따라 어려움을 겪는 경우도 생기지만, 과학 동아리를 교사 주도로만 하면 부담이 너무 커지기 때문에 위와 같은 운영 방식을 추천한다.

코로나 이전에는 박물관이나 구청 등에서 과학 부스 봉사활동 운영 기회도 있어 팀을 구성하여 봉사활동을 나가기도 했다. 주말에 지도해야 하는 부담과 생각보다 많은 시간이 투여되지만, 보람을 느끼는 학생들이 많아 매년 2회 정두는 나갔던 것 같다. 이제는 제도가 변경되어 계획이 있다면 사전에 기관 문의 후 교육계획서에 등록을 해야 할 것이다.

### 교육부에 바랍니다

화학 선생님들은 요즘 수능에서 화학을 과목으로 선택하는 학생이 줄어드는 게 눈에 보일 정도인 것 같다. 최근에 인공지능 교육대학원을 졸업하였는데, 진학 이유에서 농담으로 화학 과목이 없어질 것 같아서라고 대답하곤 한다. 예전에는 화학이 과학 4과목 중에 선택 학생이 가장 많았다고 하는데, 점점 줄어들어 지금은 3등이고 만년 4등(?)인 물리와 점점 격차가 줄어들고 있다. 표를 보면 물리학과 화학의 선택자 차이가 점점 줄어드는 것을 확인할 수 있다. 참고로 현재 내가 근무하는 학교에서 2023년 화학I 모의고사 선택자는 전교에서 3명이다.

**수능 선택자 추이**

|      | 물리학 | 화학 | 생명과학 | 지구과학 |
| ---- | ------ | ------ | -------- | -------- |
| 2023 | 62,309 | 70,745 | 140,978 | 146,060 |
| 2022 | 68,433 | 80,007 | 147,737 | 149,115 |
| 2021 | 53,826 | 71,815 | 117,487 | 116,729 |

이런 일이 생기는 가장 큰 이유는 수능에서 두 과목만 선택하는 제도에 있다고 생각한다. 과목을 줄이고 범위를 줄이면 학습 부담이 줄어든다는 생각은 도대체 누가 하는 것인지 모르겠다. 우리나라 시험의 특징상 변별은 해야 하는데, 범위가 줄어들면 변별이 어려워지고 시험 문제가 이상한 방향으로 간다. 지금 과학탐구뿐만 아니라 수학도 그렇고 사회도 그렇고, 전체적으로 이런 방향으로 가는 것 같다. 수능의 화학 문제를 풀고 있으면 이게 화학인지, 수학인지, 확률 싸움인지 모를 정도의 문제들이 있다. 그런데 놀랍게도 많은 학생이 그런 문제들을 술술 잘 풀어낸다. 앞서 말한 스킬들을 활용하면 그래도 시간을 많이 단축할 수 있어 해결이 가능하다. 그러면 다시 평가원이 스킬들을 무력화시킬 문제를 출제하고, 학생들은 다시 그것을 대비하는 식의 반복을 거듭하다 보면 문제는 점점 산으로 간다. 이렇게 되다보니 학생들이 스킬을 잘 쓰는 것이 화학을 잘하는 것이라고 착각하는 경우들도 많이 보았다. 매년 수업 때 이런 걸 왜 하는지 모르겠다고 한탄하면서 대학에서 써먹을 일 없는 스킬을 알려 주고, 졸업생들이 와서 대학교 1학년 때 배우는 일반화학이 수능 화학보다 쉽다고 이야기를 듣고있지만, 매년 수능 화학의 난이도는 올라간다. 물론 변별을 해야 하는 평가원의 입장은 이해한다. 그냥 물화생지 다 보게 범위를 늘리는 것은 안 될까? 6차 교육과정 시기에는 사탐 4개, 과탐 4개+선택 1과목을 보던 시절도 있었는데. 그렇게는 아니더라도 범위를 늘리고 시험을 쉽게 냈으면 하는 바람이다. 2024년 수능에서 결국 화학I은 과탐I 과목 중 최소 선택자를 기록하였다.

내 학창시절과 지금의 학교는 많은 것이 변했다. 체벌이 사라졌고, 촌지 문화가 사라졌고, 매주 하던 운동장 아침 조회도 사라졌고, 화장실 청소를 하는 학생들의 모습도 사라졌다. 대부분 바람직한 변화들이다. 입시 제도도 많이 바뀌어 수능으로만 대학을 가는 학생들이 예전과 비교하면 많이 줄어들었다. 수시 제도의 비중이 높기 때문인데, 언론에서 나오는 것처럼 문제점들이 없는 것은 아니지만, 여러 시행착오로 인해 많은 개선이 이루어졌고, 지금은 오히려 너무 보는 것이 없는 것 아닌가 싶을 정도로 평가 요소들이 많이 줄어들었다. 수시와 정시 중 어느 것이 더 낫거나 바르다는 이야기를 하려는 것은 아니고, 수시 제도 활성화로 가장 크게 바뀐 문화를 이야기하고자 한다.

예전 학창시절은 대회나 동아리 활동 등을 큰 대가 없이 활동했던 것 같은데, 요즘은 학생들은 어떤 활동이나 대회 참여를 할 때, 생활기록부 기록 여부를 가장 먼저 물어보고 참여를 결정한다. 학생들의 바쁜 상황이 이해가 안 되는 것은 아니지만, 너무 계산적이라는 느낌과 '활동 자체에 느끼고 배우는 것이 있을 텐데.'라는 아쉬움이 드는 건 어쩔 수 없다. 물론 이 글을 쓰고 있는 본인도 참여자가 너무 없거나 수업 참여도를 위해 이런 부분을 당근 삼아 학생들을 유혹하기는 한다. 선배 선생님도 예전에 당근(생활기록부 반영)이 없을 때는 순수한 마음으로 학생들이 참여하고, 그런 것을 고려하지 않았는데, 당근이 생기니 당근만 바라보는 것 같다고 변화를 아쉬워하셨다. 이제 당근이 점점 사라지는 추세이니 '시간이 지나면 다시 예전의 모습으로 돌아갈 수 있을까?'라는 생각도 든다.

교사라면 모두가 생활기록부를 작성하여야 한다. 모든 교사가 같을 수 없듯이 각자의 스타일이 있을 수밖에 없고, 꾸미는 글을 잘 못 쓰기에 매년 작성에 고민이 많다. 그래서 좋게 작성하려면 학생들과 이것저것을 실제로 많이 하는 수밖에 없는데, 학생은 적은 노력을 들여 좋게 작성되면 좋은 것이기에 무엇인가 열심히 하는 교사를 마냥 좋아하는 건 아닌 것 같다. 주변에도 비슷한 성향의 선생님들이 있는데, 학생에 따라서 호불호가 갈리는 것을 보았다. 적은 노력으로 좋은 결과(많은 생활기록부 문구)를 얻으면 학생이 아니라 나라도 유혹에 넘어갈 것 같다. '왜 열심히 하는 걸까?'라는 딜레마에 빠지지만 결국 누군가는 알아주겠지하는 마음으로 학생들을 이끌고 여러 가지 활동을 시도하는 교사들이 많다. 그래 결국은 모든 문제는 당근(생활기록부)이 아닌가 싶기도 하다.

## 학부모와의 소통법

최근에 가장 잘하고 있는 것 중 하나가 학부모 단체 채팅방인 것 같다. 학부모들과 소통하는 방법으로 카페나 밴드, 교육 관련 플랫폼을 이용하는 경우들도 많지만, 가장 접근성이 좋은 것은 카카오톡일 것이다. 학부모 단체방은 선생님마다 호불호가 많이 갈리는 것이기도 하다. 학생 단체방도 마찬가지이지만 단체방을 통한 문제가 발생하는 경우가 있기 때문일 것인데, 이런 부분은 단체방을 운영할 때 규칙을 세운다면 어느 정도 방지는 가능할 것으로 생각된다. 2년 전부터는 아버지 단체방과 어머니 단체방으로 나누어 학부모 단체방을 2개 운영하고 있다.

내 아이디어는 아니고 겨울 방학에 교원 연수에서 해당 내용을 듣고 바로 해 봐야겠다고 마음먹고 시행했다. 처음에 학생들에게 학부모님 연락처를 받고, 연락처 프로그램을 통해 동기화한 뒤 방을 개설했다. 초대 후 원하지 않는 분이나 잘못 초대된 분은 나갈 수 있도록 하루 정도 시간이 지나면 방을 운영하였다.

학부모 단체방을 힘들게 2개나 운영하냐고 말할 수도 있지만, 보기보다 얻는 장점이 많다. 특히 아버지들이 신기해하고 좋아하셨다. 학교를 10년 넘게 다녔지만, 아버지 채팅방은 처음이라며 감격에 찬 소감을 말하는 분도 계셨다. 물론 사적 대화를 금지했기에 소통은 그 이후에 없었지만, 공지사항을 통해 학교에서 어떤 일이 벌어지는지 알 수 있어서 좋았다고 하셨다. 또, 생각하지 못한 부분이었는데, 가정환경으로 인해 아버지만 계시는 경우가 있다. 대부분 학부모 단체방을 운영할 때 어머님들 위주로 운영하는 경우가 많다. 이로 인해 본인 빼고 다 어머님들이라 난감한 부분이 있었는데, 따로 방이 생겨서 좋았다고 말씀하셨다. 2개를 운영하는 것이 별로 힘든 부분은 없었다. 여기서는 일단 운영 과정에 대해 말하겠다. 학부모 단체방 운영의 목적은 소통이 아니라 공지사항의 전달이다. 그래서 가장 먼저 한 것은 "네.", "알겠습니다."와 같은 응답을 하시지 않도록 하는 것이었나. 많은 인원이 예를 쓰고 알겠다고 쓰면, 공지 내용이 묻힐 수 있기에 대답은 하지 않도록 부탁드렸다. 요즘에는 메시지에 하트나 체크를 누르는 것도 대중화되어 있으니 확인은 그러한 방법으로도 가능하다. 정말 중요한 확인이 필요하다면 투표 기능을 활용하기를 적극 권장한다. 그밖에 사적인 대화나 개인적인 질문 등도 제한하였다. 이렇게만 해도 학부모 단체방에서 발생할 수 있는 문제는 거의 해결할 수 있다고 생각한다.

학부모 단체방 운영 방침 예시

안녕하세요.
부모님 카카오톡방 운영 방침을 안내드립니다.
1. 공지사항에 단순 대답(예. 알겠습니다)등 금지
   • 공지 내용이 채팅에 묻히고 대화가 많이 쌓이는 부분이 있습니다.
   • 확인 여부를 표시하고 싶으시면 좋아요 기능을 이용 부탁드립니다.
   • 확인이 필요한 중요 질문의 경우 투표 기능 등을 이용합니다.
2. 개인적인 질문이나 건의사항 등은 개인 톡으로 부탁드립니다.
3. 공적인 대화방으로 사적인 내용은 되도록 자제 부탁드립니다.
4. 공지사항 확인 잘 부탁드립니다.
   • 주로 가정통신문 안내 예정입니다.
   • 종종 설문지 응답도 요청하는 경우가 있으니 응답 부탁드리겠습니다.
이외 내용은 상황 발생시 다시 안내드리겠습니다.
1년간 잘 부탁드립니다!

개인적으로 서명 등의 회수가 필요한 가정통신문이 아니면 학생들에게 배부하지 않았다. 나누어 주면 종례 후 바닥이나 책상에 뒹구는 것을 보는 것이 더 힘든 일이었기에. 대신 가정통신문 한 장을 스캔하여 학생 단체방, 어머니 단체방, 아버지 단체방에 업로드했다. 생각보다 많은 시간이 소모되지 않으며 전달 측면에서도 더 뛰어나다고 생각한다. 물론 LMS를 통해 가정통신문을 발송하는 학교도 있지만, 그래도 우리나라에서 접근성이 가장 뛰어난 것이 카카오톡인 것은 부정할 수 없다. 시간이 지나면서 선생님들끼리도 가정통신문을 스캔해서 교사 단체방에 공유하여 더 편하게 배포할 수 있게 되었다.

학교 행사나 쉬는 시간이 모습, 매달 학생의 단체 사진을 찍어 업로드하는 일도 했다. 부모님들이 학교에서 학생들이 어떻게 지내는지 궁금했는데, 종종 아이들의 사진을 볼 수 있어서 좋았다고 하셨다. 다만 일상 사진은 학생들의 동의와 소외되는 학생이 없도록 골고루 찍어야 한다. 부모님들은 본인 아이부터 보이기 때문에, 모든 학생이 나올 수 있도록 신경을 썼다. 또, 업로드 전 학생들의 동의는 받고 진행하였다.

학급 이벤트로 학생들에게 이야기하지 않고 학부모 단체방에 학생들에게 편지를 써 달라고 요청했다. 이것도 SNS에서 우연히 다른 선생님이 해 봤던 것을 보고 괜찮아 보여 바로 시도한 것이다. 부모님 두 분이 다 보내 주시는 경우도 있었고, 엄청 길게 혹은 한두 줄 써 주시는 경우도 있었다. 설문지로 받은 내용을 편지지 형식으로 편집하고 인쇄하여 편지 봉투에 넣어 학생들에게 주었다. 학생들에게 편지를 주고 나니 남학생들은 서로 편지의 내용을 공유하고 이야기하는 문화가 있었다. 내용이 지나치게 짧은 분들의 경우 살짝 보완을 해야 서로 민망한 상황이 생기지 않을 것 같았다. 학부모님들이 보낸 편지를 보며 부모님들의 학생에 대한 마음이나 특성 같은 것도 보이기도 하고, 보내는 부모님도 이런 시간이 오랜만이었다며 좋아하시는 경우가 많았다. 예상하지 못한 편지를 받고 눈물을 보이는 학생도 있었다.

아마 이런 것도 학급의 분위기에 따라 다를 것 같다. 학생들이 부모님에게 답장을 보내는 활동도 실시하였다. 학생들에게 전달해 주라고 하면 전달하지 않는 학생들이 있을 것 같아 편지를 받고 부모님 카카오톡으로 보내

이 름☐ ☐☐☐☐☐

○○야, 매일 피곤하면서도 괜찮아요~ 라며 웃는 모습이 정말 고맙다. 어렵다고 짜증내다가도 끝 마음 다잡고 책상에 앉아있는 네 모습이 너무 자랑스럽구나. 성공은 결과가 아니라 과정이라고 하더라. 지금까지 과정으로 노력해왔으니 조금만 더 해보자. 잘 될꺼고, 잘 해나갈꺼야. 항상 네 편에서 응원한다. 화이팅!!

☐☐☐ ☐☐☐

부모님 편지 예시

드렸다. 이 부분 역시 부모님들에게는 알리지 않고 깜짝 이벤트로 진행하였다. 다른 반에서도 해당 이벤트가 좋아 보였는지 따라하는 선생님이 있었고 반응이 좋았다고 한다. 편지지 편집하고 일일이 포장하는 수고가 있기는 하지만 충분히 시도해 볼 만한 이벤트인 것 같다.

편지지 사진

학교마다 상황이 다르지만, 학급비로 배정된 예산이 조금은 있어 매년 어버이날에 학생들에게 카네이션 같은 선물을 주고 있다. 이 역시 소품을 들고 단체 사진으로 찍어 학부모님 단체방에 올리고 있다. 학교에서도 다른 학급에서 비슷한 이벤트를 진행하고 있으며, 이런 것들 하나하나가 쌓여 학부모와 신뢰를 형성하는 계기가 되는 것 같다는 생각이다.

교사를 꿈꾸지 않다가 교사가 되었지만, 사실 나의 직업 만족도는 매우 높은 편이다. 대부분 친구를 보면 하는 일에 대해 만족하지 못하거나 경제적인 이유로 어쩔 수 없이 하는 경우들도 많은데(직장인 대부분이 그럴 것 같기도 하고), 학생들과 수업하는 것은 재미있다. 행정 업무는 조금 더 줄었으면 좋겠지만, 학생들과 함께하는 것이 즐겁기 때문에 매우 만족하며 생활하고 있다. 행정 업무도 꼼꼼한 성격은 아니라 이런저런 실수가 잦지만, 새로운 도구나 프로그램들을 사용하는 것을 좋아하는 성격이라 복잡했던 것을 간단하게 처리할 때 느끼는 희열이 있어 나름의 성취감이 있기도 하다.

나와는 반대로 교생실습을 계기로 선생님을 포기하는 사례도 종종 본다.

혹은 힘들게 교사가 되어서도 그만두는 분들을 종종 보았다. 경제적 불만족도 있지만, 대부분 학생을 대하기 어려워서 그런 경우들이었다. 사실 가르치는 것도 중요하지만, 학교라는 곳이 수업만 하는 곳이 아니기 때문에 학생들과 소통하고 교감하는 것이 더 중요한 요소인 것 같다.

## 취미가 연결되어

취미는 사실 평범하다면 평범하다. 대한민국 사람 대부분의 공통 취미인 음악 감상, 독서이기 때문이다. 음악 듣는 것을 좋아하고 20대 초반에는 미디 학원에 다니며 작곡을 배우기도 했었고, 한때는 음악 웹진 리뷰어도 할 뻔했던 경험이 있기에 가장 큰 취미는 음악 감상 및 공연 관람이다. 락 페스티벌에 빠져 1년에 10개가 넘는 페스티벌에 참석하기도 하였다. 코로나로 한동안 페스티벌이 없다가 다시 진행되고 있는데, 예전처럼 가고 싶은 생각이 있지만, 당분간은 어린아이가 있어 쉽지 않을 것 같아 아쉽다.

독서는 한 달에 한두 권을 읽는 것을 목표로 하고 있는데, 실제로는 조금 더 보는 편이라 1년에 60~70권 정도는 읽고 있다. 주로 과학 도서를 읽고 괜찮은 도서를 학생들에게 추천해 주거나 수업 시간에 활용할 에피소드용으로 읽으며, 그밖에 평소 관심이 많은 지리학 관련 도서를 주로 읽는다. 물론 편향적 독서를 조금이라도 줄이기 위해 소설도 종종 접하기는 한다.

요즘에는 종이책보다 전자책으로 읽는 것이 편하여 밀리의 서재라는 앱을 통해 주로 독서를 하는데, 열심히 사용하였더니 회사와 연결되어 인터뷰를 할 기회가 생겼고, 인터뷰 영상이 유튜브 광고로 업로드되어 올라갔는데, 수업을 듣지 않는 학생들이 광고를 보고 인사를 하는 등 생각보다 많은 사람의 연락을 받았다. 단순 취미로 신기한 기회를 얻는 경험을 하였다. 이 경험은 이후 다른 유튜브 촬영 시에도 많은 도움을 받을 수 있었다.

[밀리의 서재 인터뷰 영상]

https://www.youtube.com/watch?v=dy7jJ0kFa2U

 나의 추천

추천앨범

『Haute Couture(글렌체크, 2012)』

즐겨 듣는 곡의 가수는 따로 있지만, 한 장의 앨범을 추천하라고 하면 이 앨범을 추천하고 싶다. 10년 전 어느 펍에서 배경으로 나오는 것을 우연히 듣고 집에서 찾아 들었던 앨범이고, 이후로 매일은 아니지만 10년 넘게 듣고 있는 앨범이다. 한국대중음악상 2013년 최우수 댄스 & 일렉트로닉 수상 앨범이기도 하다. 한국 가수 앨범이지만 가사가 전부 영어라 외국 밴드로 알고 있는 경우도 많다. 방송이나 여러 광고에서 많이 들어본 음악들도 많이 있는 앨범이다. '피파 온라인3'에도 수록곡이 하나 담겨 있다. 이후 2, 3집이나 ep 앨범도 나왔고 앨범마다 스타일이 변하는 변화무쌍한 그룹으로 가장 즐겨 찾는 앨범인 1집인 것 같다.

추천곡

「polydream(다브다, 2020)」

유튜브 알고리즘의 안내로 알게 된 밴드인데, 한동안 푹 빠졌던 곡이다. 요즘 시대에 맞지 않게 6분이 넘는 긴 곡인데, 듣는 시간이 금방 지나갈 만큼 즐겁게 들었던 곡이다.

파스텔 사이키델릭이라는 장르로 본인들의 음악을 설명하는데, 이 곡에서 그 특징을 가장 잘 느낄 수 있는 것 같다. 아침 등교나 출근 시간에 이 곡을 들으면 신나게 아침을 시작할 수 있다. 노래는 무척 좋은데 아직 대중적으로 인지도가 부족한 것 같아 조금 더 흥행했으면 하는 바람이 있다.

『파이 이야기(얀마텔)』

베르나르 베르베르도 좋아하고 과학책들도 많이 읽지만, 추천도서를 선정하라면 여전히 이야기하는 책이다. 두께가 꽤 있는 책이라 여러 번 시도하다가 실패한 책이기도 한데, 영화가 재개봉되어 우연히 영화를 접하게 되었다. 영화의 여러 장면이 너무 아름답고 이야기도 매력적이어서 소설을 다시 잡게 되었고, 이틀 만에 완독하는 경험을 하였다. 처음 접한 날 기준으로는 12년 만에 다 읽었다고도 볼 수 있다. 개인적으로 소설, 웹툰 원작이 영화화된 작품이 있는 경우 원작을 안 보았다면 영화를 먼저 보는 경우가 많다. 영화를 먼저 보고 원작을 보면 영화의 모습이 떠올라 상상력이 제한될 수도 있지만, 영화에서 채우지 못하는 서술들을 볼 수 있어서 이 방식을 더 선호한다. 영화『라이프 오브 파이』도 매우 좋은 영화이니 안 보았다면 추천한다.

## 교사가 되려는 그대에게

### 실패를 두려워하지 말아요

앞서 썼던 내용은 대부분 나의 아이디어가 아니라 다른 선생님들이 시도한 것들을 적용한 것이다. 그리고 책에는 쓰지 못한 것들도 많다. 쓸 것이 너무 많아서 그런 것이 아니고 실패한 것이 많아서이다. 괜찮아 보이면 바로 도전하는 성격 때문에 신과람 발표나 연수에서 들은 내용은 일주일 내로 적용하려고 했다.

나의 역량 부족이 가장 크겠지만 생각했던 것만큼 잘 안되는 것도 많다. 물론 학교, 학급의 분위기, 교사의 능력 등 다른 요인들이 너무 많기에 모두 성공할 수는 없을 것이다. 그래도 열 개 중에 하나라도 성공하면 그것을 계속 발전시키면 된다는 생각으로, 괜찮아 보이는 것들은 시도하고 미흡한 부분은 수정 보완하고 있다. 그렇게 시간이 지나다 보니 어느덧 쌓인 자료들 및 수업 형태도 많이 있다. 똑같은 활동이나 수업도 학급에 따라 다르기도 하고, 학년에 따라 다르기 때문에 좋아 보이는 것이 있다면, 고민하지 않고 일단 도전적으로 시도해 보는 것이 좋다고 생각한다. 그리고 따라 할 것이 있으려면 일단 많이 보고, 배워야 할 것이다. 각종 연수나 무료 강연, 최근에는 온라인으로도 많이 열리고 있다. 조금만 관심을 가지고 살펴보면 좋은 자료들을 얻을 수 있을 것이다.

이 책의 집필 제안을 받고, 처음에는 재미있는 기회겠다는 생각으로 참여하였다. 어쩌다 보니 집필진을 모으는 역할까지 맡게 되었다. 저자를 섭외하는 과정에서 비슷한 경력의 다른 선생님이 집필 수락에 고민하는 것을 보며 쉽게만 생각해서는 안 되겠다는 생각이 들었다. 집필하면서 여전히 그런 생각은 있지만, 10년 차 경력의 교사와 20년 차, 30년 차 교사의 경험과 시각은 다를 것이란 생각에 집필진 섭외도 최대한 그렇게 하였고, 원고를 작성하였다. 쓰다 보니 생각보다 나눔을 할 수업 기술도 별로 없었고 다른 선생님들의 이야기를 보며 많은 부족함을 느끼기도 했다. 이런저런 시행착오도 많이 겪는 교사지만 같은 길을 걷는 선, 후배 선생님들과 함께 성장했으면 좋겠다. 혹은 교사를 꿈꾸는 학생들에게 간접적으로라도 도움이 되었으면 혹은 꿈의 동기가 되었으면 좋겠다.

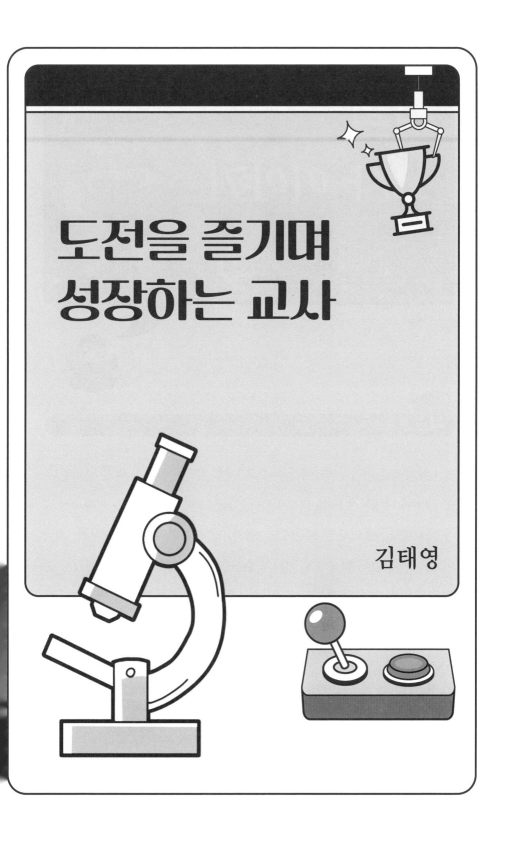

# 도전을 즐기며
# 성장하는 교사

김태영

　시험이 코앞이라 자습 시간을 주고, 개인적으로 질문을 받던 중이었다. 한 학생이 뒤에서 엎드려 자고 있었다. 물론 그 학생이 자는 건 어제오늘 일은 아니었다. 평소 수업 시간에도 개의치 않고 자던 학생이었으니까. 지금이 타이밍이었다. 학생에게 변화의 순간을 만들 수도 있겠다는 생각이 든 것은. 학생을 조용히 복도로 불러냈다. 잠을 깨워서 짜증이 날 법도 했는데 학생은 인상을 찌푸리지 않았다. 그 정도의 인성은 지니고 있었으니 불러낸 것이다. 인성 교육이 자취를 감춘 시대에 그나마 바른 인성을 갖춘 학생들이 성공하도록 돕는 것이 나의 교육 목표이자 철학이기 때문이다.

　"넌 꿈이 뭐니?"

"음. 전 하고 싶은 것이 없어요."

"그럼 책을 한번 읽어보는 건 어때?"

"    ."

"어차피 자면서 시간을 보낼 바에야 남보다 더 나아지는 게 있어야지. 하다못해 자격증 준비라도 하면 넌 고등학교 졸업하면서 자격증을 몇 개 가지고 사회생활을 시작하는 거야."

학생은 조용히 고개를 끄덕였다. 무슨 생각을 하는 걸까. 최근에 본 유튜브가 떠올랐다. 매일 새벽 4시에 일어나 하루 10시간씩, 1,000권 넘는 책을 읽고 성공했다는 한 개그맨에 대한 이야기였다. 책을 읽는 건 내신에 신경 쓰느라 교과서나 참고서 말고는 1년에 1권도 읽을까 말까 한 고등학생들은 감히 꿈도 못 꾸는 것이 현실이었다. 하지만 내신이 필요 없다면 책으로 승부를 볼 수도 있지 않을까. 책 안에 성공에 대한 모든 답이 들어있다는데. 그런 생각으로 이야기를 이어나갔다.

"어떤 책이라도 좋으니 학교에서 한번 읽어봐. 선생님 수업 시간에 읽어도 좋아."

"네."

"그래. 뭐, 선생님에게 물어보거나 하고 싶은 말은 없니?"

학생이 뭐라도 느꼈으면 해서, 또는 인생의 고민 중 하나라도 짧게 해결해 줄까 싶어 건넨 질문이었다.

"저, 근데 선생님은 어쩌다 교사가 되셨어요?"

순간 비디오테이프를 뒤로 감듯, 내가 교사가 된 기쁨을 만끽하는 장면에서 대학교 학과를 결정하는 장면, 고등학생 때 친구와 대화하는 장면 등이 머릿속을 빠르게 스쳐 지나갔다. 학생을 바라보았다. 잠 오는 얼굴은 온데 간데없고, 나의 답변을 기다리는 초롱초롱한 눈망울만 보였다. 누군가에게 나의 스토리를 말하는 것은 처음이었다.

## 나를 인정해 준 선생님

내가 중학교 2학년이던 시기는 청소년 단체 가입이 유행하던 시기였다. 나도 청소년 단체 중 하나인 누리단(한국청소년연맹의 경우 초등학생은 아람단, 중학생은 누리단, 고등학생은 한별단이라는 이름을 가졌다.)에 가입을 하였다. 단체에서 1년에 한 번 있는 캠핑을 가게 되었는데, 캠핑장에 도착해서 텐트를 치고 놀기 시작했다. 시간이 조금 흐른 후 혼자 텐트로 돌아왔고, 텐트 주변은 쓰레기로 가득했다. 딱히 할 일이 없었던 나는 텐트 주변을 치웠고, 잠시 후 선생님께서 지나가는 듯한 말투로 칭찬 한마디를 툭 던지셨다. 애들은 다 노는데, 쓰레기를 치우는 모습이 기특하다는 말씀이셨다.

며칠 후, 나는 전교생이 보는 앞에서 교장 선생님으로부터 청소년연맹 모범단원 표창장과 메달을 받았다. 나는 누리단 대표도 아니었고, 조별 팀장도 아니었다. 캠핑을 자주 간 경험도 없다. 집에 텐트가 없어 냄비와 그릇이 들어 있는 코펠이나 가스버너를 챙겨왔던 것 정도였다. 내가 한 거라곤 단지 쓰레기를 주웠을 뿐인데, 학교에서 단 한 명에게 수여하는 표창장을 받다니! 그 기억은 강렬했고, 남들 앞에 나서는 적극적인 성격이 아니어도, 자신에게 주어진 일을 묵묵히 열심히 하면 인정을 받을 수 있다는 확신이 생겼다. 그

표창장과 메달

리고 나도 만약 교사가 된다면 묵묵히 자기 일을 책임감 있게 하는 아이들을 잘 찾아내고, 나를 칭찬했던 그 선생님 같은 사람이 되고 싶었다.

한 학기가 지나면 반에서 3~5명에게 모범상, 선행상, 봉사상 등을 수여한다. 어떤 반은 학생 투표를 해서 상을 주기도 하고, 어떤 반은 성적이 좋은 학생들에게 상을 주기도 했다. 하지만 학생들에게 인기가 좋아도 모범적이지 않은 학생이 있고, 성적이 좋아도 거짓말을 일삼거나 예의 바르지 않은 학생도 있다. 나에겐 기준이 있었다. 청소 시간에 유리창을 하루도 빼놓지 않고 열심히 닦아 1년 내내 투명한 유리창을 만들어 준 학생, 체육대회가 끝나고 마지막까지 남아 쓰레기를 줍던 학생, 학급에서 소외되는 친구를 따뜻하게 대하고 챙겨 주는 학생들이 나에겐 우선순위였다. 나도 그들에게 내가 느꼈던 마음을 똑같이 느끼게 해 주고 싶었다. 나에게 표창장은 내가 보잘것없는 존재라는 생각이 들 때마다 힘을 주는 버팀목이었고, 인생의 방향을 제시해 주는 이정표였으니까.

## 농대에서 사범대로

초등학교 때 나는 공부를 잘하는 편이긴 했지만, 최상위권은 아니었다. 하지만 6학년 담임 선생님께서 추천해 준 반편성 대비고사 문제집을 열심히 푼 결과 꽤 좋은 성적으로 입학하게 되었다. 같은 반에서 친해진 친구와 는 늘 붙어 다녔는데, 어느 날 친구는 과학고에 가고 싶다고 했다. 나도 가 고 싶었지만, 이미 성적은 떨어진 뒤였다. 처음 잘 받은 성적이 나에게 독이 된 것이다. 결국 그 친구는 과학고에, 나는 일반고에 진학했다. 우리는 고등 학교에 가서도 주말마다 만나서 축구를 하고 오락실에 다니며 놀았다. 과학 고에서 배우는 공부가 궁금했던 나는 프린트물이 있으면 챙겨 달라고 부탁 하기도 했다. 어느 날 친구가 말했다.

"태영아. 이제 생물이 뜬다!"

당시 중학교 과학책은 물상과 생물 2권으로 나누어져 있었다. 물상은 생 물을 뺀 물리, 화학, 지구과학의 내용이 담겨 있어 두꺼웠고, 생물은 상대 적으로 얇았다. 물상은 여러 법칙과 공식들로 이해를 해야만 문제를 풀 수 있었고, 생물은 암기해야 하는 내용이 대부분이었다. 그런데 생물이 뜬다 니. 하지만 친구는 가끔 시시껄렁한 농담을 하긴 했지만, 입이 가벼운 친구 는 아니었다. 정말 생물이 뜰지, 안 뜰지 몰랐지만, 남들보다 일찍 정보를 알게 되었다는 생각에 마음이 살짝 들떴다. 다시 한번 목표에 정진해야 할 때였다.

지금은 대학 입시가 수시와 정시로 이분화되어 있지만, 당시에는 전국 생물올림피아드에서 일정 수준 이상의 입상을 하면 수능과는 무관하게 서 울의 상위권 대학에 갈 수 있는 전형이 있었다. 그럼 생물올림피아드에 나 가려면 무슨 책으로 공부해야 하지? 조금 알아보니 다들 '호랑이책'으로 공 부한다고 하였다. 처음엔 무슨 농담하는 줄 알았다. '호랑이가 어떻게 책을 봐?'라면서 말이다. 그래서 고등학교 2학년 때 무작정 생물 선생님께 찾아

생물학, 생명의 과학(일명 호랑이책)

가 호랑이책을 보고 싶다고 했다. 키가 좀 작으셨던 선생님께서는 자리에서 살짝 일어나시더니 책장 위에 꽂힌 두꺼운 검은 표지의 책을 꺼내 주셨다. 표지에는 호랑이 얼굴 사진이 가득 자리하고 있었다. 가슴이 뛰었다. 이 책만 제대로 공부하면 대학에 갈 수 있겠구나! 그때부터 야간자율학습 시간에 남들이 수학의 정석으로 공부할 때 나는 몇백 페이지의 호랑이책을 공부하기 시작했다. 친구들은 나를 이상하게 보았지만, 그것은 중요하지 않았다. 나는 이 책으로 대학에 갈 거니깐. 결과적으로 도대회에 나가 상은 받았지만, 대표로 선발되지는 않았다. 보기 좋게 실패한 것이다. 이제 시간이 얼마 남지 않았다. 수능까지는 겨우 5개월이 남았다. 부지런히 뒤처진 과목들을 공부했지만, 수능 성적은 좋지 않았다. 지금껏 공부한 것이 생물이었으니 생명공학과 위주로 배치표에서 대학을 찾았다. 그때 눈에 얼핏 들어온 것이 사범대 생물교육과였다. 하지만 내 성적으로는 힘들었다. 그렇다면 적절한 대학의 생명공학과를 가야 하는데, 우수한 성적으로 가긴 힘들었다. 1996년 복제양 돌리의 탄생으로 한창 뜨고 있는 과였기 때문이다.

고민이 되었다. 뱀의 머리가 되느냐, 용의 꼬리가 되느냐. 수능의 실패로 부쩍 떨어진 자신감에 용의 꼬리로 들어가 용의 머리가 될 자신이 없었다. 그리고 생명공학 분야라는 막연한 진로가 있었을 뿐, 딱히 무엇을 하고 싶다는 것도 없었다. 물론 생명공학과에 들어가도 교직 이수를 통해 교원자격증을 받아 교사가 될 수 있었지만, 당시에는 그런 사실도 몰랐다. 그래서 농과대학으로 눈을 돌렸다. 눈이 가는 학과 중 점수가 제일 높은 학과를 찾았다. 뱀의 머리가 되고 싶었으니깐. 응용화학식품공학부에는 농화학과와 식품공학과 2개가 있었다. 여기다!

얼마 후 합격자 발표가 있었고, 명단에는 학부 수석 입학으로 1학년 등록금 전액 면제라고 적혀 있었다. 관심 여부를 떠나 어쨌든 들어온 학과이니 일단 열심히 하고 싶었다. 그렇게 1년이 지나고 보니, 학점이 4.0이 조금 넘었다. 생각보다 잘 나온 성적은 다시 내 마음을 움직였고, 이걸로 무엇을 할 수 있을까 생각했다. 그렇게 조금 알아보니 '전과'라는 제도에 대해 알게 되었다. 평균 3.0이 넘고 본인이 속하지 않은 단과대학이면 과를 옮기는 것이 가능했다. 무조건 되는 건 싫었다. 뭔가 경쟁을 통해 올라가고 싶었다. 그렇게 규정을 살피던 중 '일반 학부(과)에서 사범대학으로 전과하려면 면접고사에 합격하여야 한다.'라는 내용이 눈에 들어왔다. 순간 가슴이 두근거렸다.

면접 고사에는 나 말고도 2명이 더 기다리고 있었다. 둘 중 한 명이 붙겠구나. 교수님은 온화한 미소로 가볍게 질문을 던지셨다.

"혈액의 구성에 대해 말해 보겠나?"

순간 너무 놀라 소리를 지를 뻔했다. 바로 일주일 전에 야간 학교에서 어르신들께 수업했던 내용이었기 때문이다. 수업 준비를 하면서 필기 내용을 정리했는데, 바로 그 내용이 질문으로 나온 것이다.

"네, 혈액은 혈구와 혈장으로 구성됩니다. 혈구에는 적혈구, 백혈구, 혈소판이 있는데 적혈구는 산소 운반 기능을, 백혈구는 식균 작용을, 혈소판은 혈액 응고를 도와주는 역할을 합니다."

"허허. 혈구의 기능은 다음 질문이었는데, 기능까지 답을 해 버렸네요?"

"아!"

"그럼 유전자가 무엇인지 말해 볼까요?"

유전자는 생각하기에 따라 범주가 꽤 넓은 개념이었다.

"유전자는 DNA 위에 있고, DNA는 뉴클레오타이드로 이루어져 있습니다. 뉴클레오타이드는 인산, 당, 염기로 이루어져 있는데…."

답변이 산으로 가는 느낌이었다.

"다시 설명하겠습니다. 유전자는 사람마다 모두 달라 사람의 형질이 모두 다른 이유로 DNA 위의 특정 부분을 말합니다. 영어로는 gene이라 하고…."

이후의 답변은 기억나지 않는다. 다음 질문이었다.

"왜 교사가 되고 싶나요?"

판에 박힌 질문이었지만 판에 박힌 답변 말고는 떠오르지 않았다. 실제로도 그러했으니깐.

"친구들이 제게 질문할 때, 설명해 주는 것이 좋았던 것 같습니다. 지금도 야간 학교에서 학생분들을 가르치고 있습니다."

결과는 합격. 와, 나도 이제 선생님이 되는 건가?

군대를 다녀와 2학년으로 복학을 했다. 나와 함께 전과한 몇몇을 제외하고는 다들 선후배 관계로 친해 보였다. 텃세를 좀 걱정하긴 했지만, 다행히 같은 과의 구성원으로 받아들여 주었고, 그렇게 시간은 흘러갔다.

그런데 문제가 조금 생겼다. 복학하기 전, 사기를 당해서 은행에 이자를 낼 돈이 좀 필요했다. 제3금융권이라 이자가 연 36%였고, 매월 15만 원이라는 돈이 꼬박꼬박 출금되었다. 잔고가 부족할 때면 어김없이 전화가 걸려왔다. 아르바이트를 할 수밖에 없는 상황이었다. 구인 광고가 빼곡하게 적혀 있는 신문(교차로, 벼룩시장 등)을 종류별로 가져와 무슨 일을 할 수 있는지 보았다. 시간당 고작 2,000원 남짓한 일자리가 대부분이었다. 그때 눈에 들어온 것이 학원 강사 모집 공고였다. 야간 학교에서 어르신들을 가르친 적은 있지만 나보다 10살이나 어린 학생들을 가르쳐 본 적은 없었다. 그리고 이런 초임 강사를 누가 뽑아줄까 하는 생각에 시내 중심가에서 벗어난 변두리 학원에 전화를 걸었다.

원장님은 오늘 바로 와서 교재를 받아 가고, 내일부터 수업하면 된다고 하셨다. 와, 이렇게 쉽다고? 강의 첫날 교실에 들어가니 20여 명이 앉을 수 있는 공간에 여학생 4명이 맨 앞에 앉아 나만 뚫어져라 바라보고 있었다. 수업 준비를 하긴 했지만 벌써 긴장이 되었다. 이미 입은 바싹 말라 있었다. 그렇게 5시간 같은 50분이 지났다. 얼굴은 땀으로 범벅이 되었고 다리는 후들거렸다. 최대한 티 나지 않게 한 걸음 한 걸음 발을 옮기며 교실을 빠져나왔다. 원장님께는 교재를 돌려 드리며 죄송하다고, 못하겠다고 말씀드리며 도망치듯 학원 문을 나섰다.

내가 너무 한심했다. 이런 모습을 보일 거면서 사범대로 전과는 왜 한 건지. 트리우미기 한 달 내내 내 미릿속을 지배했다. 이렇게 ~~주지않을 수는~~ 없었다. 트라우마를 깨 버려야 했다. 충격에는 충격! 트라우마를 깨기 위해서는 더 큰 목표에 도전해 성공하는 방법밖에는 없다고 생각했다. 그래서 다시 한번 학원 문을 두드렸다. 이번에는 나름 규모가 있는 중견 학원이었다. 그래서 그런지 전화를 했을 때 수업 시연을 준비해 오라고 했다. 수업 시연 후 목소리가 좋다는 칭찬을 받았고, 내일부터 수업에 나오라고 했다. 이번에는 잘할 수 있을까?

다음 날 교실에 들어가니 10~20명 정도의 학생들이 교실에 빼곡히 앉아 있었다. 반응은 나쁘지 않았다. 수업 중에 적절한 대답이 나왔고, 나의 실 없는 유머에 웃어 주는 아이들이 있었다. 긴장은커녕 내가 그때 왜 그랬을까 하는 생각마저 들었다. 지금 생각해 보면 학생들의 반응이 전혀 없어서 너무 긴장했던 것 같다. 교사는 학생들 앞에서 연기하는 배우라고 생각해야 하는데 그걸 몰랐다. 트라우마는 생각 외로 쉽게 치료되었다. 정말 다행이었다. 그렇게 돈을 천천히 갚아 나갔다.

대학교 때 꼭 배낭여행을 해보고 싶은 로망이 있었지만, 그것보다는 당장 눈앞에 임용고시 합격이 급했다. 경쟁률이 20:1을 넘나드는데, 외국에 나갔다 올 여유는 없었다. 4학년이 되자 1학기에는 교생실습을 나갔다. 그리고 졸업 학점을 모두 채웠기에 2학기에는 노량진 고시원에서 공부를 했다. 노량진은 공부하기 정말 좋은 환경이었다. 저렴한 마트, 저렴한 옷 가게, 저렴한 식당 등 생활비를 아끼기에 최적화되어 있었다. 문제는 PC방 컴퓨터 사

양이 전국 최고 수준이라는 것이다. 처음에는 고시원과 독서실을 오갔지만 서서히 쉬는 동안에 PC방 사용 시간이 공부 시간을 잠식했다. 수업 시간에 학생들에게 종종 하는 이야기지만 공부하기 좋은 날씨는 놀기도 좋은 날씨인 것처럼, 공부하기 좋은 환경은 놀기도 좋은 환경인 법이다. 그해 시험에서 보기 좋게 탈락했다. 그렇게 노량진을 떠나고, 진주에 내려와 다시 공부를 시작했다. 필기시험이 서술형에서 객관식으로 바뀐 첫해였다. 그렇게 1차를 통과하고, 2차로 수업 실연을 마친 후 시험에 합격했다. 정말 운이 좋았다. 그렇게 나는 교사가 되었다.

## 나의 첫 방송반

신규 교사 임명장을 받고 교육청을 나서는 길이었다. 짙은 회색 산타페 차량에서 선생님 한 분이 내리시더니 본인은 화암중학교 교무부장이라며 같이 가자고 하셨다. 아, 원래 신규 교사는 학교에서 이렇게 다 태우러 오는 건가? 약 15년의 교직 생활을 거친 지금은 안다. 그건 말이 안 되는 사건이었다. 그분은 원래가 아래부터 위까지 두루두루 잘 챙기는 스타일이었다. 얼마 전 녹조근정훈장을 받으며 정년퇴임을 하신 학생교육원장님의 이야기다.

교무실에 도착하니 업무분장표를 보여 주며 내 업무를 알려 주셨다. 나는 과학 기획, 과학 행사, 과학 물품 구입, 과학실 관리 등 과학에 관한 모든 업무가 다 들어 있었고, 방송반에다 1학년 담임까지 있었다. 옆에서 선생님들이 업무가 많아서 어떡하냐고 걱정하자, 교무부장님께서는 기획은 부장이 시키는 대로만 하면 되는 자리라며 너무 걱정하지 말라고 하셨다.

사건은 출근 첫날인 3월 2일부터 발생했다. 방송반 학생들을 전임지로부터 입학식 당일 아침에 소개를 받았다. 곧 입학식이 진행되었고, 방송반 아이들은 일사불란하게 움직이고 싶어 했지만 잘 안 되는 것 같았다. 입학식이 어영부영 끝나고 학생들과 대화를 시도했다. 이제 방송반 운영을 해야 하니 학생들에게 이것저것 물어보았던 것으로 기억한다. 그런데 학생들 반응이 상식을 벗어나 보였다. 행동이 기본적인 예의와는 거리가 멀고, 내가 무슨 말을 해도 자기들끼리 웃고 킥킥대는 모습을 보였다. 대놓고 텃세를 부리는 건가. 결국 폭발했다. 나도, 아이들도. 영어듣기평가를 하루 앞둔 날, 학생 중 한 명이 나에게 말했다.

"우리 내일 안 내려올 거니깐, 선생님 혼자 한번 잘 해 보세요!"

이렇게 톡 쏘아붙이고는 우르르 올라갔다. 해 보자는 건가. 한숨이 나고 속이 끓었지만, 오히려 잘 됐다. 이참에 내보내는 거다. 하지만 당장 내일이 영어듣기평가다. 우선 방송반 업체 연락처를 알아내 회사와 연락을 했다. 전화로 버튼을 하나하나 배우고, 라디오 연결이 잘 되지 않을 경우 인터넷으로 방송을 내보내는 것까지 마스터했다. 짧은 시간이었기에 정말 필요한 기능만 배웠다. 평가 15분 전, 라디오가 전송되지 않아 당황했지만 어제 미리 연락을 해 두었다. 이 시간에 전화를 꼭 받아달라고. 그렇게 해서 영어듣기평가가 큰 사고 없이 잘 마무리되었다.

방송반 학생들은 내려와서 용서를 빌었지만, 진심이 느껴지지 않았다. 학생들을 내보내면 당장 학교 행사에 문제가 있으므로 나 또한 타격이 있었다. 하지만 장기적으로 볼 때 선배들의 이러한 태도가 그대로 후배들에게 대물림될 가능성이 있었다. 방송사의 PD처럼 내 말 한마디에 일사불란하게 움직여 주길 바랐다. 아무리 신규 교사라지만 학생들에게 질질 끌려다니고, 행사 때마다 방송 사고를 걱정하고 싶지는 않았다. 나는 그 길로 방송반에 적합한 학생들을 물색하기 시작했다. 1학년 담임 선생님들께 추천을 부탁드리고, 내가 괜찮다고 생각하는 학생들을 하나하나 검증해서 4명을 뽑았다. 방송은 나도 처음이었고, 학생들도 처음이었다. 무작정 업체에 연락해 교육을 받기 시작했다. 그렇게 우리는 선배가 없는 방송반을 만들고 하나둘 적응해 나갔다.

1년이 지나 졸업식 행사가 있었다. 졸업식 전날 눈이 펑펑 쏟아졌다. 체육관에 졸업식 행사를 준비해 두었는데, 행사 하루 전날 저녁에 1, 2학년들은 교실에서 TV를 시청하는 것으로 갑자기 변경되었다. 나는 급히 방송반 학생들을 소집했다. 어떻게든 교실로 송출을 해야 했지만 우리 중 누구도 해 본 적이 없었다. 업체를 부르기에도 시간이 너무 늦었다. 우리끼리 해결해야만 했다.

졸업 후 내가 근무하는 학교로 놀러온 방송반 학생들

마치 혹한기 훈련을 받으며 통신병이 바닥에 선을 까는 것처럼 우리도 눈밭을 바지런히 이동하며 선을 깔았다. 방송실에서부터 야외를 지나 체육관에 설치한 카메라까지. 저녁 6시에 시작한 작업은 밤 9시가 훌쩍 넘어서야 끝이 났다. 다행히 졸업식은 큰 방송사고 없이 잘 넘어갔다. 이제 겨우 중학교 2학년에 올라가는 학생들이었는데, 방송반 담당 교사인 김쌤의 책임감을 갖고 임해준 학생들이 너무 고마웠다. 그렇게 함께 2년을 보내고 고등학교로 갔는데, 끈끈한 우리의 인연은 지금도 계속되고 있다.

## 과학 대회 수상에서 연구회 참여로

중학교에 있을 때 과학 대회 지도 업무를 맡아 여러 대회를 지도했다. 그중 중학교 2학년을 대상으로 개최하는 자연관찰탐구대회가 있었다. 난생처음 들어보는 대회였다. 자연을 관찰하는 대회라니. 나 같은 교사들이 있어서인지, 교육청에서는 대회에 참여할 교사들을 위해 사전 연수를 열어 주었다. 장소는 들꽃학습원이었다. 학교에서 차로 40여 분 걸리는 거리였지만, 아직 차가 없을 때라 나는 버스를 타고 1시간 넘게 걸려 도착했다.

사회자의 연수 강사님 소개가 있었고, 바로 강연이 시작되었다. 나는 조용히 MP3 플레이어의 녹음 버튼을 눌렀다. 1시간가량 진행된 강의는 매우 열정적이었고, 지금이라도 당장 학생들을 수상시킬 수 있을 것만 같았다. 돌아오는 버스는 만원이었고, 나는 버스 손잡이를 잡은 채 녹음했던 강의를 반복해서 듣기 시작했다. 학생 지도에 대한 자신감은 점점 높아져 갔다.

교내 대회를 거쳐 학생 2명을 선발하고, 대회 일정에 맞추어 지도를 했다. 학생들이 다들 학원에 가느라 바빴기 때문에 함께 할 수 있는 시간이 많지 않았다. 다행히 모두가 대회에 집중해 주었고, 하교 후에 교무실에 남아 대회를 준비하기 시작했다. 열심히 준비해서 그런지 결과도 좋았다. 강북교육지원청 대회를 통과하고, 울산광역시교육청 대회를 거쳐 전국 대회에 출전하게 되었다. 얼떨떨했다. 이왕 여기까지 온 김에 끝까지 가 보고 싶었다. 하지만 대회 당일 2명 중 1명의 멘탈이 나가는 바람에 아쉽게도 장려상에 그치고 말았다.

하지만 신규 교사가 전국 대회에서 상을 받아왔다며 주위에서는 칭찬이 대단했다. 그 일로 교장 선생님은 나를 울산생물교과연구회 총무로 추천하셨고, 학교 일도 겨우 해내던 내가 교직 3년 차부터 연구회 일을 시작하게 되었다.

**학생과학탐구올림픽 안내**

1. 자연관찰캠프(구. 자연관찰탐구대회) : 초등학교 5, 6학년들을 대상으로 제시된 과제에 맞게 자연의 세계를 관찰하고 그 과정을 탐구보고서로 기록하는 대회

2. 과학실험한마당(구. 과학탐구실험대회) : 중학교 1, 2학년들을 대상으로 주어진 탐구주제에 대하여 창의적인 실험을 수행하고, 그 과정과 결과를 실험보고서로 기록하는 대회

3. 과학탐구올림픽(구. 고등학교과학탐구대회) : 고등학교 2학년을 대상으로 주어진 탐구주제에 대하여 창의적인 실험을 수행하고, 그 과정과 결과를 실험보고서로 기록하는 대회

연구회 일을 시작하면서 인간관계의 폭이 빠르게 넓어졌다. 이것은 장점이면서도 단점으로 작용했다. 아는 사람이 늘어나면서 덩달아 학교 일이 아닌 외부 활동에 하나둘 추천되기 시작했다. 호기심이 워낙 강한 성격이라 궁금하면 직접 해 보아야 직성이 풀렸다. 외부 활동이 학교생활을 즐겁게 해 주는 하나의 활력소가 되는 것은 분명하다. 하지만 시간 관리를 잘하여 학교 일에 지장이 없도록 하는 것이 제일 중요하다.

## 앞으로의 목표

물론 새로운 일에 대한 나의 호기심도 한몫했겠지만, 지금까지 다양한 활동을 하며 나의 길을 개척해 왔던 것은 모두 주변 선생님들 덕분이다. 늘 새로운 분야에 도전하고, 한 가지 일을 하더라도 제대로 하시는 선생님들이 옆에 계시니 그렇게 일하는 것이 당연한 것처럼 느끼고 배웠다. 선배 교사들로부터 많은 것들을 배웠고, 내가 알고 있는 것을 전달하는 과정에서 다시 한번 배웠다.

몇 년 전에는 선배 교사로부터 아두이노 연수를 듣고 아두이노 수업을 하는 봉사활동을 진행했다. 하지만 초보였던 내가 수업 중 무수히 많은 학생의 도움을 매끄럽게 해결해 주기에는 무리였다. 개인적인 연습이 필요했다. 마치 실험 수업 준비를 할 때 여러 번의 사전 실험을 거치는 것처럼 아두이노 또한 마찬가지였다. 이제는 아두이노가 작동하지 않을 때, 무엇을 먼저 체크해야 할지를 안다.

아두이노 수업을 하는 모습                    학생 개별 지도를 하는 모습

　최근에는 연구회에 참여하여 오렌지데이터마이닝(https://orangedata
mining.com/)을 이용해 인공지능으로 이미지를 분류하는 방법에 관한 연
수를 듣고, 교사를 대상으로 연수를 하였다. 인공지능을 교과에 제대로 적
용해본 첫 번째 사례였기에 열심히 준비했다. 이것만으로는 부족했다. 인공
지능을 이용해 어떤 수행평가들을 할 수 있을지를 고민한 내용도 추가하였
다. 미드저니(https://www.midjourney.com/)를 이용해 프롬프트(거대 언어

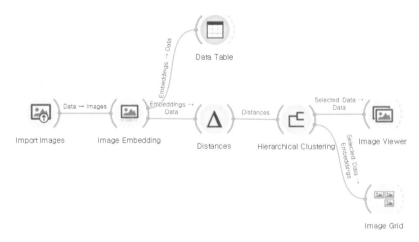

오렌지(Orange)로 이미지를 분류하기 위한 화면

모델로부터 응답을 생성하기 위한 단어 또는 문장)를 넣으면 그림을 생성해 주는 모습을 보고, 학생들이 프롬프트를 잘 넣으면 창의적인 그림이 나올 수 있을 것이리고 생각했다. 그에 대한 자신의 생각을 EBS 온라인 클래스에 개설한 게시판에 올리라고 했다. 결과는 생각보다 만족스러웠다. 이런 내용도 추가로 소개하였다. 학생이 게시판에 올린 그림과 내용 중 우수작을 다음과 같이 소개하고자 한다.

다음은 학생이 그림을 그린 동기와 프롬프트(Prompt)에 대해 적은 내용이다.

1. 동기 현재 그림 AI가 기하급수적인 속도로 발전하며 사람들은 자신이 원하는 고퀄리티의 그림을 AI를 통해 빠르게 쉽게 얻을 수 있게 되었다. 이런 그림 AI의 발전은 일반인들에게는 유용한 도구가 되지만 그림업계에는 악몽과도 같은 존재로 다가온다. 현재 그림 AI는 웹툰, 커스터 마이징 그림에 이미 이용되고 있으며, 아

학생이 미드저니(Midjourney)로 그린
〈인공지능 화가와 인간 화가〉

마추어 일러스트레이터나 아마추어 화가들의 생계를 위협하고 있다. 비록 인공지능은 무생물이지만, 나는 이런 그림 AI와 인간 화가의 관계가 마치 5단원에서 배운 종간 경쟁이라는 상호작용과 비슷하다고 생각했다. 경쟁 관계가 심화된다면 경쟁배타의 원리와 같이, 그림 AI와 인간 화가 둘 중 하나

는 없어질 것 같다고 생각을 했고, 이런 심각한 문제를 상상해서 그림으로 구상해 보았다.

2. Prompt: competition, artificial intellingence, human, brush

얼마 전 챗GPT가 시대의 화두가 되었다. 미국 뉴욕시 공립 학교에서는 챗GPT가 학생의 학습 효과에 부정적 영향을 준다는 이유에서 학교 내 사용을 차단했다. 미국의 최대 투자은행 JP모건체이스와 아마존에서는 보안을 이유로 직원들의 챗GPT 사용을 차단했다. 하지만 미국 펜실베이니아 대학교 와튼스쿨에서 기술과 기업가 정신을 가르치는 에슨 몰릭 교수가 학생들에게 인공지능(AI)만을 사용해 짧은 논문을 쓰도록 했다는 기사를 접했다. 이때 프롬프트를 어떻게 넣는지에 따라 지루하고 평범한 글이 나오기도 하고, 뛰어난 결과물이 나오기도 했다. 나는 후자에 동의한다. 고등학교 교육과정에서 개인정보를 사용할 일은 거의 없기 때문에 보안에 문제가 될 일은 없다고 생각하기 때문이다. 오히려 인공지능(AI)이 대세인 세상에서 이를 잘 활용하는 사람이 성공하는 세상으로 바뀌어 갈 거라고 생각한다. 그래서 끊임없이 최신 인공지능(AI) 기술을 익혀 교육에 어떻게 접목시켜 가르칠지를 고민하는 교사가 되고 싶다.

# 수업이 즐거워지는 이야기

## 첫 수업 이야기

첫 학교에서 첫 수업 준비를 했다. 대상은 중학교 1학년. 단원은 지진파와 지구 내부 구조에 대한 내용이었다. 나의 전공과는 거리가 멀어서 몇 권의 문제집을 가져다 놓고 내용을 꼼꼼히 정리했다. 공통 내용은 빼놓지 않으면서 특정 문제집에만 있는 내용들 중 학생들의 이해에 도움이 되는 내용을 선별했다. 노트에 번호를 붙여가며 정리했고, 작은 글씨로 보충 설명할 내용들을 적었다. P파와 S파의 속도에 대한 그래프를 그리고, 그래프가 변하는 지점과 그 이유를 정리했다. 수업 준비는 이만하면 완벽하다고 생각했다.

문을 열고 교실에 들어갔을 때, 교실의 조용한 분위기는 나를 긴장시켰다. 처음 학원 강사의 문을 두드렸던 때가 생각났다. 트라우마가 아직 남아 있는 것일까. 그때의 나와 지금의 나는 다르다. 이미 중견 학원에서 수업을 한 경력이 있지 않은가. 아마 칠판만 보면서 준비한 내용들을 읊었던 것 같다. 신규 교사처럼 보이기 싫었다. 베테랑처럼 보이고 싶었다. 사교육을 더 믿는 사회에서 공교육의 신뢰를 수업으로 높이고 싶었다. 시간은 생각보다 빨리 흘렀고, 이내 종이 쳤다.

아, 망했다. 내가 원한 건 일타 강사들처럼 내용이 머리에 쏙쏙 박히고, 유머러스한 이야기들을 적절하게 풀어내며 졸린 학생들을 깨우는 그런 수업이었다. 다른 방법이 필요했다. 교과서를 들고 무작정 과학실로 향했다. 실험 수업이 별로 없어서 그런지 과학실은 정돈되지 않은 채로 있었다. 교과서를 보며 학생들에게 시범 실험으로 보여 줄 거리를 찾기 시작했다. 정전기를 설명하기 위해 에보나이트 막대와 털가죽, 풍선 등을 사용했고, 광물의 특성을 설명하기 위해 광물 상자를 준비했으며, 힘의 합력을 측정하기 위해 용수철과 추가 달린 실험 키트를 가져갔다. 점점 학생들의 눈빛이 변하는 게 느껴졌다. 탄력을 받아 다음 해 중학교 3학년 수업을 맡았을 때는 원소의 불꽃 반응 실험을 위해 여러 원소와 불꽃 토치를 준비해 불 쇼를 했고, 전기와 자기를 설명하기 위해 자석과 못, 구리 선 등을 준비했으며, 역학적 에너지 보존 법칙을 설명하기 위해 진자 운동 키네틱 아트를 가져갔다. 책상은 늘 과학실험 도구들로 가득했다.

교직에 들어온 지 1년째 되던 겨울, 동네에서 내가 가르쳤던 여학생 한 명을 만났다. 평소에는 굉장히 활발하다가 수업 시간만 되면 기력을 잃곤 하던 학생이었다. 무심코 말이 튀어나왔다.

"과학 공부 좀 하지~?"

"아, 선생님 수업 너무 어려워요. 뭐가 중요한 건지 모르니까 뭘 공부해야 할지도 모르겠어요."

"그래? ㅎㅎ"

쉽게 가르치기 위해 내용을 정리하고, 흥미로운 예시를 준비하여, 학생들에게 익숙한 용어로 설명했건만 노력이 무색했다. 짧은 대화를 했고 웃어넘기며 지나갔지만, 마음은 이미 '쿵~!' 내려앉았다. 그 뒤로는 항상 학생들에게 중요한 핵심 개념은 몇 번씩 강조하고, 중요한 내용의 번호에는 별표를 달고 있다.

한 가지 더 기억나는 것은 처음 담임을 맡았던 반의 반장이었다. 유독 나를 잘 따르는 학생이었다. 수업에 대한 피드백이 늘 고픈지라 1년 후 물었다.

"선생님 수업에서 어떤 점이 제일 좋았어?"

내 수업이 좋다고 말한 적도 없는 학생에게 뜬금없이 한 질문이었지만, 학생은 한 치의 망설임도 없이 대답했다.

"선생님이 수업 중간중간 복습용으로 질문해 주시는 게 좋아요."

단, 학원에서 미리 공부를 하고 온 학생들이 대답을 독점할 수 있음을 인지하고 있어야 한다. 그래서 나는 정답을 자주 말하는 학생에게 미리 이렇게 말해둔다.

"○○이는 잘하니깐 우선 대답 금지!"

이러한 말은 2가지 효과를 동시에 얻을 수 있다. 첫째, 선생님이 자신을 잘하는 학생으로 인정해 주는 말이기 때문에 뿌듯함을 줄 수 있다. 둘째, 어떤 문제를 다른 학생들이 대답을 못할 때 자신을 증명할 수 있는 기회를 줄 수 있을 것이다. 만약 대답을 하지 못한다면 자신의 부족함을 깨닫고 겸손함을 배울 기회를 줄 수도 있을 것이다. 교직 2년이 지나자 학부모님들 사이에서 내가 과학 수업을 맡아주면 좋겠다는 이야기들이 돌고 있음을 건너들었다. 이제 됐다.

### 유전은 너무 어려워!

중학교에 2년간 근무를 하던 중 한 통의 전화가 걸려 왔다. 고등학교 교감인데 초빙 교사로 와줬으면 좋겠다는 내용이었다. 그렇게 해서 과학 중점 고등학교로 옮기게 되었다. 내가 맡은 업무는 과학 중점부의 기획 자리였다. 연구 학교 주무 부서이다 보니 일이 많았다. 한창 진로를 위해 소규모 체험활동이 유행하던 시기였고, 나는 학생들에게 다양한 체험활동을 시키기 위해 각 지역 기관에 전화를 돌리지 않은 곳이 없었다. 그러다 성사될 것 같지 않았던 '문화재연구원'이나 '하수처리장' 등에서 학생 체험활동을 허락하면 그렇게 기쁠 수가 없었다. 학생들을 동아리별로 묶어 지도 교사와 함께 45인승 버스에 태웠다. 처음 하는 일이라 모든 것이 서툴렀지만, 다행히 항상 응원해 주는 부장 선생님과 고생 많다고 말해 주는 선생님들 덕분에 해 나갈 수 있었다.

문제는 수업이었다. 일이 끊임없이 발생하니 수업 준비를 할 시간이 별로 없었다. 수업을 잘하기 위해 교사가 되었지만, 학교는 일을 잘하는 교사를 원하는 것 같았다. 하지만 당장 내일 수업 준비를 해야 했기에 고민을 오래 할 여유는 없었다. 모든 과목이 처음 가르쳐 보는 것이었기에 인터넷 강의로 빠르게 내용을 익히고, 나만의 스타일로 가르칠 내용을 정리했다. 학교에서는 늘 늦게까지 남아 일하기 일쑤였기 때문에 수업 준비는 늘 주말로 미루어졌다. 그래서 일요일 밤까지 수업 준비를 하다 보면 월요일 아침은 녹초가 된 채로 한 주를 맞이하곤 했다.

하지만 기분은 좋았다. 내가 꿈꾸던 교사가 되었으니. 2학년을 맡아 본격적으로 수능 과목인 생명과학 I 을 가르쳤다. 여러 일타 강사의 강의를 듣고, 참고서를 보며 내용을 추가하고, 배경지식을 확보하기 위해 인터넷 검색을 하며 수업을 준비했다. 이 정도면 완벽하게 준비했다는 느낌으로 수업에 들어가 학생들을 가르쳤다. 생물은 기본적으로 외울 내용이 많았고, 많이 외우면 외울수록 내용이 쉽게 다가왔기 때문에 암기법 마련에 집중했다. 누군가 말했다. 이해하기 어려운 내용은 일단 외우라고. 일단 외우면 이해가 된다고 말이다. 나도 그랬던 경험이 있었기에 학생들에게 도움이 되고 싶었다.

한창 이론을 가르치고 있던 와중에 기출 문제풀이로 문제 적응력까지 높여줘야겠다고 생각했다. 그렇게 기출 문제집을 풀어 보는데 깜짝 놀랐다. 문제가 안 풀리는 것이다. 내가 보았던 수능과는 다르게 난이도가 꽤 높았다. 다른 문제를 풀어 보았다. 이번에도 풀리지 않았다. 무언가 잘못되었다. 내가 못 푼다는 말은 내용을 완벽히 이해해도 문제를 풀 수 없다는 것이고, 이는 대부분의 학생들에게도 해당하는 말이었다. 우선은 내가 문제를 풀 수 있어야 했다. 이때부터 학교 근처 도서관에 다니기 시작했다. 자존심은 상했지만, 오히려 기대감 같은 것이 생겨서 좋았다. 내가 밑바닥에서부터 문제 푸는 법을 익혀 나가고, 그 방법을 제대로 학생들에게 전수할 수만 있다면 분명 도움이 될 터였다. 내가 머리가 좋아 처음부터 문제를 단번에 풀어냈다면 학생들의 마음을 이해나 할 수 있었을까.

내가 문제풀이에 어려움을 겪었던 단원은 유전 파트였다. 시간이 지나며 다른 고등학교 선생님들과 대화할 기회가 있었고, 나만 어려워하는 것이 아니라는 사실을 알고 나니 마음이 조금 편해졌다. 하지만 나는 수업 전문가인 교사이고, 내 과목에 대해서는 어떤 단원의 문제라도 척척 풀어낼 정도로 완벽해야 했다. 그래야만 학생들이 제아무리 어려운 문제를 질문하더라도 쉽게 해결해 줄 수 있고, 그것이야말로 학생들에게 신뢰감을 주는 지름길이기 때문이었다. 고등학교에 근무하니 몇몇 모의고사 문제를 검토할 기회가 있었다. 그중 초고난도 모의고사 4회분을 검토한 일이 있었는데, 모든 문제가 막힘없이 풀리는 경험을 했다. 이때가 고등학교 경력이 약 6년쯤 되던 해였다. 그래서 출제 인력풀 자격 조건에 '고등학교 교사 5년 이상'이라는 조건이 붙어 있었구나 하는 생각이 들었다.

내가 느낀 점은 문제에 지지 말라는 것이다. 문제에 손을 대기도 어려웠던 시절을 돌이켜보면 '아, 어렵다….' 라는 생각으로 문제를 읽어 나갔던 것 같다. 하지만 제아무리 어려워 보이는 문제라도 교육과정에서 벗어난 문제 출제를 하지는 않는다. 바꾸어 말하면 문제를 처음 볼 때 눈을 부릅뜨고 노려보며 '넌 내가 반드시 풀어준다.'라는 마음으로 접근하면 문제가 쉽게 풀린다. 지금도 학생들은 종종 나에게 질문한다.

"선생님, 유전 단원 너무 어려워요. 잘하려면 어떻게 해요?"

우선 기초 개념을 탄탄히 익혀 두어야 한다. 수업 시간에 잘 이해가 가지 않았다면 인터넷 강의를 활용해서라도 개념을 정확히 익히면 된다. 다음은 쉬운 문제부터 하나하나 풀어 나가며 실력을 키워야 한다. 어느 정도 실력이 쌓였다면 다음부터는 자신감이다.

"절대 문제에 지면 안 돼. 그러면 풀 수 있는 문제도 못 풀어."

지금도 항상 학생들에게 하는 말이다.

## 새로운 과목에 대한 끊임없는 도전

교직에 들어온 지 8년째 되던 해의 일이다. 연구회 때 알게 된 선생님으로부터 전화 한 통이 걸려 왔다.

"우리 학교에서 생명과학실험 수업 좀 해 줄 수 있어요?"

영재 수업에서 중학생을 조금 가르친 경험은 있었지만, 고등학생을 대상으로 실험 수업을 해 본 적은 없었다.

"아, 제가 해 본 적이 없어서 좀 힘들 것 같습니다만…."

자신이 없었지만, 도전은 나를 성장시킨다는 신념이 있었기에 딱 잘라 거절을 하지는 못했다.

"선생님은 잘하시잖아요. 하실 수 있을 겁니다."

"…몇 명이나 가르치는 거죠? 무슨 요일에 가야 하나요? 과학실에 현미경은 있나요?"

마치 거절할 만한 명분이라도 찾는 듯 이것저것 생각나는 대로 질문을 던졌다.

"애들은 다 착하고 소인수 수업이라 10명 정도밖에 안 돼요. 수요일 저녁에 수업해 주시면 되고, 안 되면 요일 조정도 가능해요. 현미경 상태가 좋은 편은 아닌데, 저도 자세히는 모르겠어요."

차분하게 답을 해 주시자마자 마지막 카드를 던졌다.

"다른 분은 안 계세요?"

해 보지 않은 것에 대한 막연한 두려움이 있었고, 나를 섭외하는 선생님의 기대치에 못 미쳐 민폐를 끼치면 어쩌나 하는 걱정도 있었다.

"한번 해 주세요~ 잘하시잖아요!"

그렇게 시작한 소인수 수업은 〈생명과학실험〉에서 시작해 〈생태와환경〉, 〈융합과학탐구〉로 이어졌다. 새로운 과목을 제안받을 때마다 두려움이 앞섰지만 새로운 분야에 대한 호기심은 나를 막을 수 없었다. 그렇게 타교로 강의를 나가던 중 교감 선생님께서 타교에 나가지 말고 본교에서 수업하는 것이 어떻겠냐고 하셨다. 그렇게 공동 교육과정이라는 이름으로 본교에서 수업하게 되었다. 지역마다 부르는 이름은 다르지만 내가 속한 지역에서는 '거점형 공동 교육과정' 또는 '학교 간 공동 교육과정'이라고 부른다. 내가 근무하는 학교에서 본교와 타교 학생들을 모아서 수업하는 형태이다. 그렇게 시작한 실험 수업에 대한 노하우는 하나둘 쌓여만 갔고, 주위에서 교사 대상으로 연수를 할 기회가 점점 늘어났다. 연구회에서 실험

〈생명과학실험〉 수업에서 시범을 보이는 모습

연수 강사로, 과학관에서 직무 연수 강사로. 처음에는 내 전공인 〈생명과학실험〉만 수업하다가 3학년들에게 좀 더 도움이 될 만한 수업을 해 주어야겠다는 생가에 치근에는 〈고급생명과학〉도 수업하고 있다.

## 내가 수업을 준비하는 방법

내가 수업을 준비하는 방식은 전자 칠판 도입 전과 후로 나뉜다. 전자 칠판이 도입되기 전에는 교과서를 먼저 읽어 보고, 교과서의 빠진 내용을 참고서에서 확인했다. 중학교 근무 시절에는 보충 설명이 잘 나와 있는 조금 두꺼운 교재를, 고등학교 근무 시절에는 수능특강을 참고하였다. 중요한 그림이나 교과서에 빠진 내용을 체크하고, 필기 내용을 정리하였다. 중요한 그림은 핵심을 드러나게 그리되, 단순하게 그리도록 노력했고, 그래프는 x축과 y축의 관계를 먼저 설명하는 것으로 계획을 세웠다. 나름 학생들의 흥미를 돋우기 위해 식도 만화 캐릭터(Bart Simpson)을 그리기도 했다. 물론 유튜브의 도움을 받았고, 당시 연습장에는 심슨의 얼굴로 도배가 되어 있었다.

수업용으로 준비했던 Bart Simpson 그림

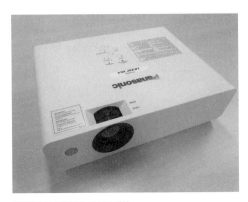
수업용으로 구입했던 빔 프로젝터

생물이야말로 어느 과목보다 시각적인 그림자료가 중요하다. 하지만 아무리 도움이 될 만한 그림을 준비해도, TV 화면의 크기가 작았고, 칠판의 한쪽 구석에 덩그러니 있다 보니 뒤에 앉은 학생에게는 아무리 확대를 해도 잘 보이지 않았다. 그래서 개인용 빔 프로젝터를 구입했다. 전용 받침대로 사용할 이동식 탁자도 함께 구입했다. 금액은 100만 원 정도로 다소 부담스러웠지만, 앞으로 10년간 쓸 생각을 하면서 이 정도 투자는 해야 한다고 나름 합리화했다. 교실로 해가 가득 들어오는 아침에도 화면이 잘 보여야 했기에 밝기인 ANSI 루멘에 특히 신경을 써야 했다.

야심차게 준비했기에, 모든 학생이 만족할 것이라 생각했다. 그렇게 1년간 수업을 마친 후, 학생들에게 질문을 던졌다. 판서로 수업하는 게 나은지, 화면으로 수업하는 게 더 나은지를. 판서로 수업하는 게 더 낫다는 학생이 손을 번쩍 들어 왜 그렇게 생각하는지 물었다.

"쉬는 시간마다 책상 사이에 빔 프로젝터를 설치하는 게 힘들어요!"

빔 프로젝터 도우미였던 것이다. 이번에는 빔 프로젝터로 수업하는 게 더 낫다는 학생이 손을 번쩍 들어 왜 그렇게 생각하는지 물었다.

"쉬는 시간마다 칠판 닦는 게 힘들어요!"

나를 포함한 모든 아이들이 답변을 듣고는 빵 터졌다. 대부분의 학생은 손을 들지 않았고, 나는 생각했다. 역시 수업은 대만족이구나!

3, 4년 전, 교육박람회 등에서 전자 칠판을 볼 때는 막연히 와, 신기하다 징도로만 생각했었다. 금액이 꽤 비싼 편이기도 했지만, 그보디는 화면에 선을 그으면 잠시 후 선이 그려지는 등 반응 속도가 너무 느렸기 때문이었다. 하지만 몇 년 사이에 기술력이 급격하게 좋아졌다. 이제는 거의 분필로 칠판에 판서하는 것만큼이나 전자 칠판에 선이 바로 나타났다. 이렇게 좋은 전자 칠판이 일선 학교에 보급되다니. 이제 남은 문제는 사용법이었다. 내가 수업하는 패턴에 맞추어 전자 칠판의 기능들을 무리 없이 사용하려면 공부해야 했다.

전자 칠판은 2월 중순에 설치되었고, 곧 3월이 다가오고 있었다. 2월 말 학교에 나가 이틀간은 전자 칠판 앞에서 이것저것 닥치는 대로 조작해 보았다. 작동이 안 되는 부분은 설치 업체의 연락처를 알아내 문의하였고, 그래도 해결이 안 되는 문제는 본사 고객센터로 연락했다. 그렇게 전자 칠판과 3일째 씨름하고 나니, 차곡차곡 매뉴얼이 머릿속에 들어왔다. 하지만 기능을 익히는 것만으로는 부족했다. 손가락 단축키까지 익혀야 수업은 효과적이고 능수능란하게 진행될 수 있었다. 그렇게 나는 서서히 전자 칠판 전문가가 되어 갔다.

수업 준비 방식도 달라져야 했다. 기존의 수업은 칠판 판서 위주였지만 전자 칠판으로 수업을 하기 위해서는 파워포인트로 내용을 다시 준비해야 했다. 교과서를 이용한 PPT 파일은 이미 교과서 출판사의 홈페이지에 준비되어 있으므로 그대로 내려받아서 이용하기로 했다. 불필요한 그림은 삭제하고, 수능특강을 보면서 좋은 그림은 추가로 넣었다. 핵심 개념들을 글자로 정리하여 넣었고, 중요한 내용은 붉은 글자로 수정하였다. 단원의 마지막에는 기출 문제를 넣었다. 6월, 9월, 대 수능 문제 위주로 단원의 핵심적인 내용을 다룬 문제들 위주로 정리했다. 학생들이 시험 공부할 때 필요하다고 하여 EBS 온라인 클래스를 개설해 그곳에다 PPT 파일을 그대로 올렸다. 문제에 정답이 없다고 하여 정답을 표시한 파일을 추가로 올렸다.

학생들은 내 수업을 재미있어했다. 중간중간 집중력이 떨어질 때쯤이면 농담을 퍼부었다. 웃기든 안 웃기든 그건 중요하지 않았다. 아무리 재미없는 농담도 반복하면 재밌다는 사실을 익히 방송에서 들은 적이 있었다. 내 수업을 재미있게 들으려면 내가 재미있어야 했다. 나라는 사람에 대해 기본적인 기대감이 있어야 그 수업이 기다려지지 않겠는가. 처음 사용하는 농담은 가장 리액션이 좋은 반에서 시작했다. 반응을 보면 대충 느낌이 온다. 다른 반에서 사용해도 될지, 여기서 폐기 처분해야 할지. 리액션이 가장 좋지 않은 반에서는 검증된 농담만을 구사했다.

교사는 학생들 앞에 선 연극배우라는 이야기를 어디선가 들은 적이 있었다. 연극을 보면 정말 피곤한 경우를 제외하고는 잠이 오지 않는다. 공연 내용도 한몫하겠지만 발성이 어느 순간에는 귀를 기울여야 할 정도로 작다가도, 어느 순간에는 잠이 번쩍 깰 정도로 크기 때문이다. 그래서 나 또한 수업의 목소리 크기를 조절하기 위해 노력했다. 동기 유발의 질문을 던질 때는 씨익 웃으면서 시작했고, 중요한 내용의 배경을 설명할 때는 일반적인 톤으로 이야기하듯이, 중요한 내용은 스타카토로 끊어서 딱딱 강조해 가며 재차 반복 설명했다. 어떨 때는 내 흥분을 내가 못 이긴 듯한 모습을 보여 주기도 했다. 오히려 학생들은 그 모습을 보며 즐거워했다.

교 수 평 기 일체화란 몇 년 전부터 화두가 된 개념으로 교육과정, 수업, 평가, 기록이 일체화가 되도록 해야 한다는 것이다. 말이 쉽지 실제로 수업하기 위해서는 많은 준비가 필요하다. 교육과정을 재구성하여 교사가 재량껏 수업하고 평가하는 것까지는 지금까지 해 오던 것들이다. 하지만 평가를 기록으로 연결하는 것은 다른 문제이다. 기록은 개인마다 특성을 반영해야 하고, 그러기 위해서는 학생들로부터 다양한 반응을 끌어낼 수 있는 평가를 진행해야 한다.

다음은 지금껏 시도해 왔던 여러 수행평가 주제들이다.

### 내가 진행했었던 수행평가 주제

| 개인/팀 | 수행평가 주제 | 특징 |
|---|---|---|
| 개인별 | 생명과학 교과서 표지 그리기 | • 조금 두꺼운 A4 용지를 별도로 구입하여 그림을 통해 학생의 생각을 드러내고자 하였고, 뒷면에 그렇게 그린 이유를 함께 적도록 하여 기록에 참고함.<br>• 일반적인 그림이 아닐 경우 그 이유를 확인하고 어떤 역량이 드러났는지를 기록<br>• 단, 그림 실력이 평가에 영향을 미치지 않도록 함. |
| 개인별 | 과학 글쓰기 | • 과학적 개념을 포함한 문장을 일기 또는 소설의 형식을 빌려 기술하도록 함.<br>ex) 나는 깜짝 놀라 심장이 쿵쾅거렸다. 아마도 교감 신경이 흥분하여 시냅스 이후 뉴런의 말단에서 에피네프린이 분비되어 심장이 빨리 뛰기 때문일 것이다.<br>• 과학적 개념이 맞는 문장의 개수로 채점하였고, 과학적 오개념이 들어 있을 경우 감점함. |

| 개인별 | 독서 활동 | • 교과 시간을 2~3번 정도 할애하여 책을 가져와 관심 있는 목차를 골라 읽도록 함.<br>• 꼬리에 꼬리를 무는 독서의 중요성에 대해 전달하고, 3칸 모두 동일한 책이어도 되고, 다른 책이어도 된다고 안내함.<br>• 점수와는 무관하게 책의 내용과 관련하여 더 알고 싶은 내용을 찾아 조사한 학생들의 경우 기록에 반영함. |
|---|---|---|
| 개인별 | 주제 탐구 | • 과학 기사나 논문을 찾아 읽고, 선정 동기, 핵심 내용, 느낀 점을 기록하도록 함.<br>• 점수와는 무관하게 진로와 연계하여 해당 기술에 대한 앞으로의 발전이나 활용 가능성 등의 전망에 대해 적도록 하여 기록에 반영함. |
| 팀별 | 과학 연극 | • 팀 구성, 각본 쓰기, 대사 외우기, 동선 짜기, 연기 연습하기 등 시간이 오래 걸림.<br>• 조 내에서 동료평가를 서술형으로 받으면 학생 개인에 대해 구체적인 특성이 나옴. |
| 팀별 | 과학송 제작 | • 팀 구성, 노래 가사 구성, 적절한 노래 찾기, 빈 공간에서 녹음하기 등 시간이 오래 걸림.<br>• 제출된 노래를 다음 시간에 반 전체에게 틀어주며 다른 팀에 대한 평가를 하도록 하여 기록에 반영함. |
| 팀별 | 전사 및 번역<br>애니메이션 제작 | • 자석으로 된 전사 번역 키트를 6세트 구매하여 평가에 활용함.<br>• 종이 위에서 전사와 번역 과정의 순간순간을 촬영하여 영상으로 편집하는 방식을 소개함.<br>• 다양한 방식의 영상이 제출되었고, 오개념이 있을 경우 감점이라고 사전에 공지함. |

다음은 생활기록부 작성 시 참고하는 8가지 핵심역량이다. 이 표를 학생들에게도 준 다음 동료평가를 할 때 구체적 상황을 적고 어떤 역량에 해당하는지를 적도록 하면 작성에 도움이 된다.

## 2022 개정 과학과 교육과정 핵심역량 8가지

| 연번 | 역량 | 특징 |
|---|---|---|
| 1 | 자기관리 역량 | 자아정체성과 자신감을 바탕으로 과학적 지식과 기술을 습득하고, 이를 자신의 삶과 진로에 적용하여 자기주도적으로 학습하고 성장할 수 있는 능력 |
| 2 | 지식정보처리 역량 | 과학적 지식을 체계적으로 이해하고, 다양한 과학적 정보를 수집, 분석, 통합하여 합리적인 문제해결에 활용할 수 있는 능력 |
| 3 | 창의적사고 역량 | 과학 기초 지식을 바탕으로 새로운 아이디어를 창출하고, 다양한 과학적 문제에 대한 창의적이고 혁신적인 해결방안을 모색하는 능력 |
| 4 | 심미적감성 역량 | 과학적 현상과 이론에서 아름다움과 가치를 발견하고, 이를 통해 인간과 자연에 대한 깊은 이해와 존중을 함양하는 능력 |
| 5 | 협력적소통 역량 | 과학적 탐구 및 프로젝트에서 타인과 협력하며, 팀워크를 바탕으로 과학적 문제해결을 도모하는 능력 |
| 6 | 공동체 역량 | 과학적 지식과 원리를 이용하여 지역 사회 및 글로벌 공동체의 문제를 해결하고, 지속 가능한 발전에 기여하는 데 필요한 태도와 책임감을 갖춘 능력 |
| 7 | 과학적 탐구와 문제해결능력 | 과학적인 방법을 이용하여 호기심을 충족시키고, 실험 및 탐구를 통해 문제를 해결하는 능력 |
| 8 | 과학적 의사결정 능력 | 과학적 지식과 원리를 바탕으로 합리적이고 윤리적인 의사결정을 할 수 있는 능력 |

교사가 행복해야 학생이 행복하다

나는 성장형 캐릭터이다. [Lv.1]부터 하나둘씩 적들인 몬스터를 제거하며 성장하듯, 나는 나의 단점들을 보강하며 매년 성장해 왔다. 처음에는 모든 일에 최선을 다하고 싶었다. 하지만 물리적 시간에 한계가 있어 타 부서에 민폐가 되었다. 제출물이 있으면 늘 꼴찌였다. 다음 해에 목표를 세웠다. 다른 부서 일 먼저 해 주기로. 이번에는 내가 속한 부서 일이 늦어졌다. 보고서 작성과 같이 여러 날이 걸리는 일을 하느라 작은 일은 시작조차 할 엄두가 나지 않았던 것이다. 역시 다음 해에 목표를 세웠다. 시간이 많이 걸리는 일을 하더라도 중간중간 짬을 내어 시간이 적게 걸리는 일을 후딱 해치우는 것으로. 이번에는 보고서 작성에 너무 오랜 시간이 걸려, 욕심을 좀 내려놓기로 마음먹었다. 이런 식으로 새해가 되면 한해 한해 더 나아지기 위한 목표를 세운다. 물론 1년이 채 안 걸려서 도달하는 목표가 있는가 하면 어떤 목표는 2~3년이 걸리는 목표도 있다. 중요한 것은 꾸준히 조금씩 더 나아진다는 것이고, 나는 이를 즐긴다는 것이다.

밤을 새워서 수업 준비를 하거나 일을 해서 결과물을 내는 것도 한해 한해가 지나며 체력적으로 점점 지쳐갔다. 선배 교사들로부터 나이 앞에 4를 달면 체력이 떨어짐을 분명히 들었음에도 당장 나에게 닥치지 않았으니 그냥 웃어넘기고 말았다. 그런데 나 역시 4자를 달자마자 잠을 많이 자도 피곤한 나를 발견할 수 있었다. 역시 옛 조상님 말씀에 틀린 것이 없고, 선배 교사 말씀 또한 틀린 것이 없다. 그래서 철봉을 시작했다. 불과 작년만 해도 고작 몇 개에 불과했지만, 철봉을 시작한 지 3개월 만에 숫자가 부쩍 늘었다. 공부가 아닌 운동에서 이러한 성취를 느끼기는 처음이었다. 철봉은 짧은 시간에 고강도의 체력을 키울 수 있고, 팔 운동만 되는 것이 아니라 등 운동, 복근 운동 등 전신 운동임을 알게 되었다. 늘 학교에서 업무에 시달려도 점심시간이면 늘 동료 선생님과 함께 어깨를 펴고 하늘을 보며 철봉을 하는 것이 현재는 큰 즐거움이다.

큰 무대에 서는 경험을 하는 것도 꽤 즐거운 일이다. 글로벌과학교육포럼에서 온라인으로 발표를 해 보았고, 전국과학교사큰모임에서 몇 년째 발표를 하고 있다. 기회가 닿아 여러 평가의 출제 및 검토위원으로 참여해 보았고, EBS 교재도 집필하고 있다. 일 하나하나가 모두 만만한 일이 아니고, 학교 일과 겹칠 때면 적지 않은 스트레스도 받지만, 시간이 지나면 그만큼 성장하는 것이 나는 좋다. 그래서 내가 교직에 오지 않았다면 과연 무엇을 하고 있었을까 상상이 잘 가지 않는다.

교사가 되려는
그대에게

과학 교사로서 산다는 것은 꽤 즐거운 일이다. 처음엔 일이 서툴렀기에 학교에 늦게까지 남아 있기 일쑤였고, 주말에는 수업을 준비하느라 대부분의 시간을 썼다. 특유의 꼼꼼한 성격은 일을 쳐내는데 늘 발목을 잡았지만 그래도 좋았다. 나는 과학 교사가 되었으니깐. 내가 너무 좋다고 하면 선배 교사들은 말했다. 그 기분이 언제까지 갈 것 같으냐고. 보통 3개월이면 끝난다고 했다. 나는 1년이 지나고도 좋았고, 5년이 지나고도 좋았으며, 15년째인 지금도 좋다.

고등학교 교사는 수업 전문가이자 입시 전문가이어야 한다고 생각한다. 수업 전문가가 되기 위해 수업 방법을 끊임없이 고민해야 한다. 나의 경우는 인터넷 강의를 직접 결제하여 보았다. 암기법의 경우 학생들에게 공모

해서 좋은 암기법을 만들어 온 학생에게 보상을 주었고, 다음 해부터 수업에 써먹었다. 교사는 입시에도 전문가여야 한다. 사회적 기준으로 볼 때 고등학교 교사라고 하면 누구나 입시 전문가라고 생각하기 때문이다. 나는 담임을 하지 않더라도 매년 교육청에서 열리는 진학 연수를 들으며 감을 잃지 않기 위해 노력했다. 진학 연수에서 배워 온 내용은 주변 선생님들과 공유하며 되새김질하였다.

후배들에게는 도전에 인색하지 말라는 말을 해 주고 싶다. 한 번도 해 보지 않아서, 경험이 없기 때문에, 자신이 없어서라는 말은 잠시 접어두자. 우선 해 보아야 내가 잘하는 일인지 아닌지 알 수 있는 것 아닌가. 우선 그냥 한번 해 보자. 그 길의 끝이 어디든.

## 각종 평가의 출제 및 검토위원으로 활동하려면 Tip

한국교육과정평가원 인력풀(https://pool.kice.re.kr/)에 등재를 해놓으면 각종 평가의 출제위원으로 연락이 올 가능성이 높다. 국가수준학업성취도평가의 경우 중·고등학교 경력이 만 5년 이상이어야 하고, 석사 학위를 소지한 경우 중·고등학교 경력이 만 3년 이상이면 가능하다. 평가원 주관 모의평가 또는 대학수학능력시험의 경우 고등학교 경력이 5년 이상이어야 한다.

한국교육과정평가원 - 인력풀 신청

'전국생명과학교사모임(https://cafe.daum.net/nbta)'에 가입을 하면 좋은 자료를 마음껏 다운받을 수 있다. 다만 가입했다고 모든 혜택이 주어지는 것은 아니며, 자신만의 자료를 1년에 최소 3개 이상은 올려야 정회원 자격이 유지된다. 자신이 출제한 시험 문제를 올려도 좋고, 수업에 활용했던 활동지를 올려도 좋다. 특히 수행평가 계획을 세울 때 다른 선생님들의 노하우를 많이 참고할 수 있다.

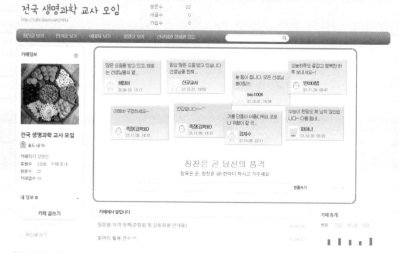

〈전국 생명과학 교사모임〉 Daum 카페 대문

## 패들렛 활용 방법

패들렛(https://padlet.com/)은 학생들의 생각을 가장 잘 확인할 수 있는 유용한 도구이다. 매 수업이 끝날 때마다 느낀 점과 새롭게 알게 된 점을 적으라고 한다. 수업 중간에 활용하는 방법도 있다. 조별로 소주제에 대해 토의를 시키고, 그 내용을 휴대폰으로 찍어 바로 발표 수업으로 활용할 수도 있다. 한쪽에는 교사가 미리 수업할 파일을 올리거나 공지사항을 올릴 수도 있다. 수업이 끝난 후에는 이 내용들을 활용하여 학생부기록에 활용하면 보다 쉽게 작성할 수 있다.

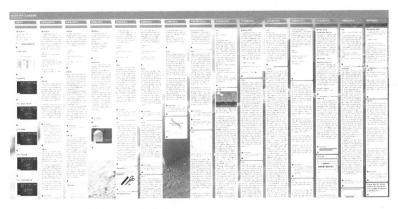

〈고급생명과학〉 패들렛에 학생들이 기록한 내용

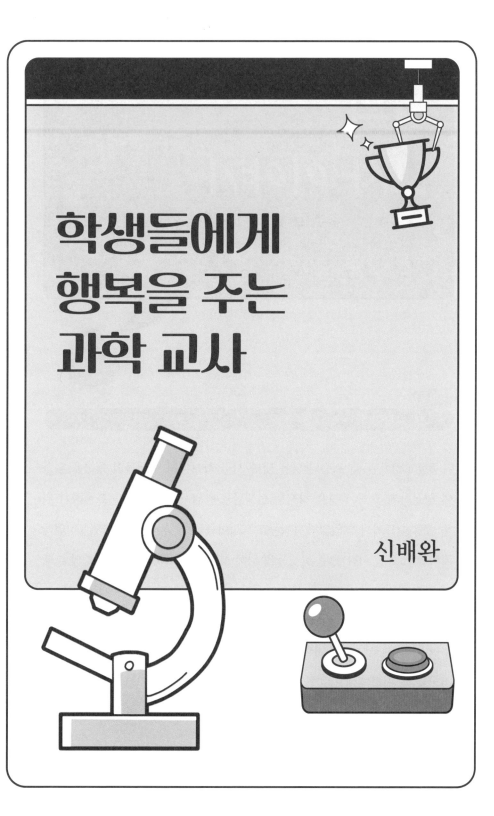

# 학생들에게
# 행복을 주는
# 과학 교사

신배완

## 나의 교사 이야기

### 교사가 되다

중학교 2학년 때 스승의 날을 맞아 시골 학교에서 학생들의 행복을 위하여 성실하게 교직 생활을 하시는 선생님들께 감사하는 마음을 표현하기 위해 방영한 드라마가 있었다. 나는 그 드라마를 시청 후 선생님이라는 직업에 매력을 느끼기 시작했다. 학생들을 위해 항상 노력하시고 그 제자들의 미래를 위해 밤낮으로 애쓰시는 모습이 좋은 기억으로 자리 잡았기 때문이다.

고등학교 때 열정적인 신앙생활을 하고 고등부 학생회 회장을 맡으면서 여러 가지 프로그램을 기획하고 진행했다. 그러면서 3학년이 되어 대학을 선택할 때 신학대에 갈까? 사범대에 갈까? 고민하였고 신학대에 가서 목사가 되면 교회를 개척해야 하는 것이 나의 적성과는 맞지 않을 것이라는 생각이 들었다. 그래서 전북 지역의 국립대 사범대학을 선택하게 되었다. 원하는 과는 수학교육과였지만 성적이 부족하여 물리교육과에 진학하게 되었다. 이때 어머니께서 등록금이 형보다 조금 싸다는 이유로 나에게 고맙다고 말씀하신 것이 아직도 기억에 남는다.

대학 때는 군부 독재의 시대였고 대학생들은 민주화에 대한 열망이 높았던 시기였기에 나도 대학 수업에 성실하게 참여하지 못하고 사범대 학생회 활동을 주로 했다. 이 시기에 임용고시 종합 대책안이 발표되었고 국공립 사대생과 교대생이 함께 교원 임용고사제 철회를 요구하며 대학가의 학기말 시험 거부 · 농성 사태에 참여하게 되었지만 결국 임용고사제는 시행되었다. 졸업하면 발령이 나야 하는 제도에서 시험으로 교사를 뽑는 임용고사제로 바뀌면서 적응하지 못해 힘들었다. 3개 학교에서 각각 3개월 정도, 짧지만 기간제 교사를 하면서 학생을 가르치고 보람을 느끼면서 더욱더 교사에 대한 열망이 커져만 갔다. 부모님의 경제 사정도 좋지 않아서 대학교를 졸업했지만, 스스로 용돈을 해결할 수밖에 없는 상황이었다. 낮에는 대학교 도서관에서 공부하고 저녁에는 작은 학원에서 강사로 일했는데 맡은 학생 인원이 적어서 이틀 내지 삼일 정도만 가르치면서 적은 수입이지만 경제적인 부분을 해결하게 되었다. 이러한 경험들이 이후 경제적으로나 정신적으로 부모님으로부터 독립하는 밑거름이 되었던 것 같다.

지금은 사립 학교 채용을 학교가 교육청에 임용 위탁을 해서 시험을 보지만, 그 당시 사립 학교 채용 때만 해도 주요 일간지 신문에 공고를 내어 교사 모집을 하였다. 나도 사립 학교 지원을 위해 각종 서류를 여러 개 준비해 놓고 있었다. 군산의 모 학교에서 근무하는 둘도 없는 친구가 함열여자고등학교의 과학 교사 채용 공고를 알려 줘서 우편으로 서류를 제출하였고, 1차 서류가 합격해서 수업 시연과 면접을 보라는 연락을 받았을 때 정말 기뻐했었다. 2차 전형을 위해 고등학교 교과서를 열심히 읽고 정리를 하며 열정적으로 수업 준비를 했다. 그리고 함열이라는 지역이 처음 가는 먼 길이라 지금의 아내인 여자 친구에게 자동차를 빌려 아침 일찍 서둘러서 출발했다. 긴 운전 끝에 정문에 들어서면서 '이 학교에서 근무하게 되면 이 시골 학교를 내 손으로 꼭 발전시켜야겠다.'라는 다짐을 하였다. 수업 시연을 위해 교무실에서 수업 지도안을 작성하고 교실에서 여러 선생님 앞에서 수업 시연을 당당하게 했더니 정말로 며칠 후 합격 통지를 받게 되었다. 내 인생에서 잊을 수 없는 날이었다. 그날 수업 시연을 평가하신 선생님(지금은 퇴직한 교사)께서 지금도 가끔 만나면 내 수업이 멋있고 수업 내용이 귀에 속속 들어오게 잘해서 기억에 남는다고 말씀을 해 주셨다. 임용에 필요한 여러 서류를 준비하고 학교에 제출하며 학생들에게 꿈을 심어 주는 멋진 교사가 되겠

다고 다짐하고 또 다짐했다. 그해 겨울에 사랑하는 지금의 아내와 결혼까지 하게 되었다. 지금은 자녀와 함께 아파트에서 살고 있지만, 그 시절에는 월 5만 원짜리 흙벽 집에서 신혼 생활을 하며 수많은 벌레와 함께 살았던 것도 추억으로 남아 있다. 아무튼 함열여고에서 청춘과 젊음을 함께 하였고, 이후 지금까지도 만나는 학

생들에게 최선을 다하는 교사가 되고자 노력하는 중이다.

## 감사의 마음

2000년에 업무와 담임 배정을 발표하기에 앞서 일반계 3학년 이과반 담임을 맡아 열심히 하고 싶다고 교감 선생님께 부탁드렸다. 그 결과 원했던 대로 3학년 이과반 담임을 맡게 되었고 담임이 되어서 아이들에게 친밀감 있게 다가가고 학생들이 원하는 꿈을 이룰 수 있도록 도움을 주기 위해 끊임없이 노력하는 중이다. 당시 학생들은 경제적 어려움과 함께 학업능력이 너무나 부족해서 어디서부터 아이들을 성장시켜야 할지 막막했지만, 그래도 할 수 있다는 자신감을 가지고 학생들을 지속해서 만나고 상담했다. 그렇게 첫 담임으로서 만남이 끝나갈 12월 무렵 한 학생의 학부모님께서 고맙다고 하시면서 선물을 보내주셨는데 김장을 한 지 얼마 되지 않은 김치였다. 마음이 정말 따뜻하고 행복한 날이어서 지금도 그날을 잊지 못하고 있다. 그때 첫 담임을 맡아 함께한 아이들은 어느덧 마흔 중반의 중년이 되었다. 얼마 전 그 시절 우리 반이었던 졸업생이 병으로 죽었다는 이야기를 듣고 그 친구의 영정 사진을 보고 명복을 빌었다. 참으로 안타까운 일이었다.

　학교에서는 1개월에 한 번씩 선생님들이 순서대로 돌아가면서 자유 주제로 현직 연수를 하였다. 대부분 선생님이 발표한 내용은 맡은 업무를 알리는 정도이거나, 좋은 내용을 복사해서 이야기하는 정도였다. 그래도 내가 과학 교사인데 재미있고 신기한 과학을 보여 주면 어떨까 고민하다가 '성냥 없이 촛불 켜기'를 주제로 선정하였다. 먼저 초와 염소산칼륨, 설탕, 염산을 준비한다. 양초 심지 주변에 홈을 만들고 그 홈에 곱게 가루를 내어 골고루 섞은 염소산칼륨과 설탕을 채운다. 그리고 쟁반 중앙에 양초를 고정하고 그 위에 염산을 한 방울 떨어뜨리면 화학 반응이 일어나 불이 생긴다. 이 모습을 보고 계신 선생님들께서는 "와, 신기한데!"라고 환호를 했는데 아마 기존 현직 연수와 다른 내용에 감탄했던 것 같다. 하지만 이때 나는 큰 실수를 저질러 버렸다. 연수에 집중하다 보니 스포이트에 있는 염산을 몇 방울 넣고 유리 스포이트를 거꾸로 하였는데 실수로 염산이 흘러서 손잡이 고무가 타고 손으로 스며든 것이다. 연수가 마무리될 때까지 선생님들이 모르도록 아무 일도 없던 것처럼 있다가 바로 흐르는 물에 씻어서 다행히 큰 부상으로는 이어지지는 않았다. 선생님들을 위해 연수에만 온 에너지를 집중하다가 큰 상처를 입을 뻔한 사건이었다.

학교에 과학 선생님으로는 생물을 전공하신 선배 여교사와 나를 포함하여 물리 교사가 두 명이었다. 둘 중 내가 나이가 어려서 물리를 가르치는 것을 양보하고 이과 1학급을 가르치기 위하여 화학과 지구과학 공부를 하기 시작하였다. 대학 시절보다 화학과 지구과학을 더 열심히 공부했다. 지금은 상치 교과(교사에게 전공과목 이외의 과목을 수업하게 하는 일)가 되어 가르칠 수 없지만, 수업에 최선을 다하고자 하였다. 시험 문제를 낼 때도 이과반이 한 개 반이라 세 과목은 기본이고, 어느 때는 네 과목을 준비하는 일도 있었다. 컴퓨터가 있었지만, 잘 다루지를 못해서 시험을 내고도 저장을 누르지 않아 문제를 날려 버려 애를 태운 적도 많았다. 그리고 과학이라는 과목은 시험에 그림이 많이 있는데, 교과서 있는 그림을 프린트하고 오려서 시험지에 붙이는 일도 종종 있었다. 전공이 아닌 다른 과학 과목을 가르쳤지만, 그래도 나를 성장시키는 의미 있는 시기였다고 생각한다.

## 축구인으로서 월드컵

2002년 한국과 일본이 공동으로 개최한 월드컵. 역사적인 6월! 나는 평소에도 축구를 매우 좋아하는 축구 광팬이어서 빨간색 붉은 악마 옷을 입고 출근을 했으며, 교실에 들어가서 제일 먼저 학생들에게 "대한민국 짜짜짜 ~짝짝!" 응원의 함성을 이끌기도 했다. 그리고 일부 학생들에게 길거리 응

원을 하러 가자고 하였고, 그날 역사적인 첫 경기 폴란드전에서 대한민국이 2:0으로 이겼으며, 이는 대한민국의 월드컵 출전 역사상 첫 승리의 날이었다. 온 나라가 붉은색으로 물들고 있었고 흥분이 가시기 전에 학생들과 같이 거리 행진에 동참하였다. 그리고 새벽 1시가 다 되어서야 학생들을 모두집에 데려다주고 귀가하였는데 나중에 참여한 학생들이 함께해 주셔서 고맙다고 하면서 그 당시 선수들의 캐릭터를 선물로 주기도 했었다. 그 이후에도 월드컵으로 인해 학교생활은 나에게도 학생들에게도 즐거움의 연속이었다. 지금도 축구동호회에 가입해서 주기적으로 직접 축구를 하며 축구에 대한 남다른 열정을 간직하고 있고 이 덕분에 직장생활에서의 스트레스를 풀기도 하고 때론 삶의 즐거움을 느끼기도 한다.

## 중학교로 발령

2003년 같은 재단의 함열여자중학교로 발령을 받아 내려가게 되었고 내려가자마자 담임 교사로 3학년을 맡았지만, 중학생 아이들을 잘 이해하지 못했고 내 기준으로만 아이들을 지도하니 아이들과 마찰이 자주 생겼다. 심지어 실장이 중심이 되어 여러 학생이 함께 학급에서 반항하기도 하여 담임으로서 역할을 잘하지 못했다는 자책감에 가슴이 아팠던 시기였다. 이후 중학생들을 이해하기 위해 고등학교에서 해 왔던 것을 다 내려놓고 오로지 중학생을 위한 시각을 갖기 위해 부단히 노력하였다.

그 당시 중학교 학생들은 도시의 학생에 비해 꿈이 그리 크지 않고 경제적으로 어려운 아이들이 많았다. 그래서 과학 동아리를 만들어 여러 가지 의미 있는 과학 활동을 했고, 아이들도 무척이나 재미있어했다. 특히 과학고 진학을 목표로 하는 학생들도 있어서 학생들을 위해 과학고 선생님들에게 직접 면접까지도 부탁하며 입시 준비를 시켰던 기억이 있다. 그중에 한 학생이 이후 이화여자대학교 초등교육과에 입학하고 교사가 되었으며, 지금도 연락을 주고받으며 그때의 추억을 이야기한다.

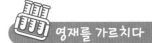

## 영재를 가르치다

영재교육을 활성화하는 시기에 각 대학교 및 지금의 교육지원청에서도 영재교육원을 운영하였다. 그때 원광대학교 교직원이 학교로 방문하여 학생들에게 홍보해 달라고 하면서 나에게도 영재교육원 강사를 제안하였다. 영재 교사가 아닌데 영재 학생들을 가르치는 것이 부담되어 못한다고 거절했었지만, 학교에서는 이미 진행 중인 다양한 과학 수업의 아이템을 제공하기만 하면 된다고 설득했었고, 결국 수락하면서 영재교육을 시작하였다. 첫

수업을 위해 걱정 반 기대 반으로 잠을 줄이면서 수업자료를 만들기 위해 몰두하였고, 학생들이 즐겁고 스스로 성장할 수 있는 수업을 진행하기 위해 노력하였다. 한번은 전기를 주제로 전류의 열작용을 이해하기 위하여 전선을 포크에 연결하여 소시지를 굽는 활동을 하였는데 잠시 다른 학생을 지도하다가 한 학생이 포크를 만져 전기에 감전되는 일이 발생하였고 다행히도 영재교육원 근처에 병원이 있어 응급 치료한 해프닝도 있었다.

 ## 과학 교사 연구회에 발을 딛다

전북에는 과학을 매개로 하여 여러 과학 교사모임이 있었는데 한 선생님이 한 개의 연구회만 소속된 것이 아니라 여러 교사 연구회에서 활동하였다. 이때 WISE(Women into Science & Engineering)라는 교사모임의 회장님께서 나에게 같이 활동을 해 보자고 제안하였고, 평일에 선생님들이 모여 주말 프로그램에 대하여 협의회를 하고 토요일이면 각자 근무하는 학교의 학생들을 데려와 다양한 과학 프로그램에 참여하는 방식으로 연구회를 운영하였다. 이때부터 과학 교사 연구회에 발을 들이기 시작하였으며, 본격적인 전북의 과학문화 확산과 과학교육 발전을 책임지기 위하여 2011년부터 전북과학교사교육연합회 사무국장을, 2015년부터 7대 회장을 역임하였으며 2019년에는 회원들로부터 공로패도 받았다. 전북과학교사교육연합연구회는 학교에서 우물 안 개구리로 있는 나에게 과학교육의 즐거움과 과학교사로서 살아 있음을 일깨워 주는 소중한 지신이었고, 이 활동을 통해 과학 교사로서 탄탄한 실력을 갖출 수 있게 되었다.

### 가족 과학캠프

전북과학교사교육연합회는 1999년 전북의 과학 교사들이 교실 수업에서 벗어나 과학문화 확산을 위하여 설립하였으며, 그해 1박 2일 동안 과학을 매개로 가족이 소통하고 친밀감을 더할 수 있도록 교사들이 십시일반으로 회비를 모아 부안해양수련원에서 가족 프로그램을 시작하였다. 참여하고자 하는 가족의 경쟁률이 높아 탈락한 분들이 항의할 정도로 매력적인 우수 프로그램을 많이 운영하였으며, 전북과학교사교육연합회의 핵심프로그램이다. 코로나가 세상을 휩쓴 해는 오프라인으로 진행하지 못하고 온라인으로 기획하며 추진하였음에도 많은 가족이 신청하였다.

### 지역 과학 체험마당

전라북도교육청에서는 여러 과학교육연구회와 함께 전북 지역 시군 지역에서 과학 체험마당을 운영하였다. 우리 연구회도 임실 또는 순창 지역을

맡아 과학 대회, 체험 부스를 운영하여 농촌 지역의 학생이 과학에 관심과 흥미를 느끼도록 노력했다. 이 체험 마당에 한 번 참여한 학생들은 그다음 체험마당에 다시 또 참여할 정도로 만족도가 높은 활동이었다.

### 전북 지역 학생 과학 마당 총괄 운영

전라북도교육청과 전라북도과학교육원에서 주최하는 학생 과학 마당을 연구회 사무국장 또는 회장으로서 기획하고 추진하였다. 행사를 추진하며 과학 행사에 대한 내공이 많이 쌓였고 어떠한 과학 행사도 추진할 수 있다는 자신감이 생겼다. 그리고 학생들이 이 행사를 통해 과학에 대한 호기심과 즐거움을 가질 수 있도록 노력하였다. 특히 전라북도과학교육원에서 주최하고 사무국장으로 활동하는 전북과학교사교육연합회에서 주관하는 2015 전북학생과학축제를 기획하면서 학생들이 생활기록부에 기록하기 위하여 확인하는 체험활동 확인서를 리플릿에 추가하였다. 그전에 실시한 과

학과 관련된 행사에서는 리플릿과 확인서를 따로 나누어주어 리플릿에 있는 내용은 보지 않고 버려지는 경우가 많았는데 조금은 방지되는 효과가 있었다.

### 과학 사랑 한마음 고등학생 과학캠프

2012년에 고등학생만을 위한 과학캠프를 만들어 보자는 의견이 모여 주말을 맞아 9시~17시까지 학생 강당을 대여하여 실시하였다. '협력하여 컵 쌓기' 등 서로 다른 학교의 친구들이 한 팀이 되어 진로 및 고등학생으로서 학교생활에 대해 공유하는 시간을 가졌다. 좀 더 많은 학교에서 참가할 수 있도록 학교당 참여 인원을 줄였지만, 워낙 참여하고자 하는 학생들이 많아 예산상 어려움이 있었을 정도로 인기가 있었다. 2015년부터는 1박 2일로 운영하여 학생들에게 더 많은 과학 활동의 장을 만들었으나, 코로나19 상황 이후에는 소수 학생만 신청을 받아 진행했었다. 올해부터는 더 많은 학생이 참여할 수 있도록 홍보하고 준비하는 중이다.

### 교사 워크숍 진행

연구회 자체 워크숍을 진행하여 교사가 운영하는 과학 수업 모형을 함께 공유하는 등 우리 연구회 자체만의 교사 연수를 진행하였다. 과학 교사들의 전문성 향상을 위해 매해 고민하고 있으며, 연수의 질을 높이고자 노력하고 있다.

### 전국과학교사협회 소속 연구회 활동

(사)과학교사과학문화협회, 전국과학교사협회(이하 전과협) 소속 연구회로

울산과학기술제전뿐만 아니라 각 지역에서 추진하는 과학 축제에 참여하여 부스를 운영하고 전국의 과학 교사와 공유하였다. 각 지역을 해마다 순회하면서 전국과학교사큰모임을 운영하는데 2016년 11월 12일에 교실 안과 밖 과학에서 필요한 소통−나눔−실천의 장이라는 주제로 기획하였으며, 참여 단체로 강원과학교육연구회, 경기도과학과교육연구회, 부산어메니티과학교육연구회, 부천과학교과교육연구회, 사랑의과학나눔터, 신나는과학을만드는사람들, 인천과학사랑교사모임, 전남지구과학연구회, 화학을사랑하는 사람들의모임 등 전국에서 10여 개 과학연구회 회원들이 참여하였다.

**과학문화 창작 활동 업적(저술, 방송 프로그램 자문 등을 통해 과학문화 창작에 기여한 업적)**

| 연번 | 제목 | 내용(연도) | 기여도 | 비고(주관, 주최) |
|---|---|---|---|---|
| 1 | 2018 창의과학교실 | 무엇이든 될 수 있는 나! (2018) | 공동 (2인) | 전라북도 과학교육원 |
| 2 | 전라북도과학교육원 자료 개발 | 토네이도에 대하여 (2017) | 공동 | 전라북도 과학교육원 |
| 3 | 자유학기제 맛있는 과학 수업 지도안 | 삼투압과 발효를 이용하여 김치 만들기 (2017) | 공동 | 전북과학교사 교육연합회 |
| 4 | 제14회 전국과학교사 큰모임 자료집 | 교실 안과 밖 과학에서 필요한 소통·나눔·실천의 장 (2016) | 공동 | 전국과학교사 협회 |
| 5 | 과학캠프 자료집 | 가족 과학캠프 및 고등학생 한마음 과학캠프 활동 내용 (2014~2018) | 공동 | 전북과학교사 교육연합회 |
| 6 | 함께하는 나노 과학교실 교사용 지도서 | 나노 기술의 응용 분야를 알아보자 (2014) | 공동 | 한국과학 기술연구원 |
| 7 | 영재교육과정 예시안 개발 | '입자를 찾아서'를 주제로 한 영재교육과정 예시안 자료 (2014) | 단독 | 전라북도 교육청 |

**과학문화 확산 활동 업적(온라인 포함, 과학강연, 과학축전 등 과학문화 활동 수행 및 참여 업적)**

| 연번 | 제목 | 내용(연도) |
|---|---|---|
| 1 | 과학 사랑 하마음 가족 과학캠프 | 과학으로 가족이 소통하고 어울리는 가족 과학캠프 (2014년~2018년) |
| 2 | 지역 과학 체험마당 | 지역 중심의 과학 인식 변화 모색을 위한 가족과 함께 만드는 과학나들이 기획 및 개회 (2016~2019) |
| 3 | 과학 사랑 한마음 고등학생 과학캠프 | 고등학생만을 위한 창의적이고 문제해결력을 위한 인성을 키우는 특화된 과학캠프 (2014~2015, 2018) |
| 4 | 2017 전라북도 과학축전 부스 운영 | 전라북도 과학축전에서 부스 운영 (2014~2015, 2017, 2019) |
| 5 | 어울한마당 및 전북과학문화축제 | 융합과학문화 확산과 과학적 탐구심 배양을 위한 과학문화축제 총괄 운영 (2014~2018) |
| 6 | 익산과학놀이 한마당 | 가족과 함께하는 생생한 과학놀이 한마당 부스 운영 (2014~2016, 2108) |
| 7 | 울산과학기술제전 | 울산광역시에서 열리는 과학기술제전 부스 운영 (2014~2016, 2019) |
| 8 | 과학실험실 안전 관리 직무 연수 | 초·중등 과학실험실 안전 관리 직무 연수 강사 (2017) |
| 9 | 강원과학축전 | 강원도 과학문화 확산을 위한 부스 운영 (2015) |

**과학문화 봉사활동 업적(봉사활동, 소외 학생 대상 교외 활동)**

| 연번 | 제목 | 내용(연도) | 기여도 | 비고(주관, 주최) |
|---|---|---|---|---|
| 1 | 익산농촌어린이 한마당 | 익산 북부 지역 농촌 어린들이 참여하는 어린이 한마당 (2017~2018) | 단독 | 익산농촌 교육연구회 |
| 2 | 과학 동아리 활동 | 지역으로 녹아들어 찾아가는 (과학 동아리) (2017~2019) | 단독 | 함열여자 고등학교 |
| 3 | 함께하는 나눔 과학 축제 | 함열 지역 아동센터의 아이들을 초대하여 함께한 나눔 과학 축제 (2016) | 단독 | 함열여자 고등학교 |
| 4 | 취약계층 성장 지원 사업 | 전북과학교사교육연합회 연계 취약계층 청소년 성장 지원 사업 캠프 참가 (2016) | 단독 | 국립김제 청소년농업 생명체험센터 |
| 5 | 찾아가는 과학교실 | 고창군 면 지역의 학생들에게 찾아가는 과학교실 운영 (2017) 현장을 찾아가는 나눔 과학교실 (2014) | 책임 | 전북과학교사 교육연합회 |
| 6 | 장수 과학 체험마당 | '베르누이 정리' 부스 운영 (2017) | 단독 | 장수 교육지원청 |
| 7 | 남원,부안,군산 과학 체험마당 | '생물을 분류하자' 부스 운영 (2019) 패러데이로 모터를 만들자 (2016) | 단독 | 전북창의 과학연구회 |
| 8 | 융합과학 체험 및 창의 과학교실 | 전기와 에너지를 주제로 융합과학 체험교실 운영 (2018~2019) 원자를 주제로 탐구 및 실험 위주의 창의 과학교실 (2017) | 공동 (3인) | 전라북도 과학교육원 |
| 9 | 제14회 전국 과학교사큰모임 | 교실 안과 밖 과학에서 필요한 소통·나눔·실천의 장 마련 (2016) | 책임 (2인) | 전국과학 교사협회 |

 **고등학교로의 재발령**

2011년 다시 고등학교로 재발령을 받아 근무했다. 발령받은 고등학교에는 과학 동아리가 활성화되어 있지 않아 과학 동아리를 만들어 보고자 이공계로의 꿈을 가지고 있는 열정이 있고 성실한 학생을 중심으로 설명을 한 후 창설하였다. 동아리 이름은 학생들이 회의를 거쳐 '익스트림'으로 결정했다. 하지만 과학 동아리 활동은 순탄하지 않았다. 학생들이 동아리 활동을 잘 기획하지 못하고 교사인 내가 하라는 대로 하는 정도의 수준이었다. 교육청에서 예산을 받아서 프로젝트를 정하고 해결하기 위한 실험을 하기로 했는데 야간자기주도적학습을 하는 저녁 시간을 활용할 수밖에 없었다. 동

아리 회원들이 여러 가지 이유로 불참하길래 동아리 회장을 불러서 나무랐는데 회장이 서러웠는지 울었고, 이후 혼자서도 실험을 진행하는 모습이 안쓰러워 다시 불러 리더로서의 어려움에 대하여 공감과 위로를 해 주며 프로젝트를 잘 마무리할 수 있도록 했다. 그 학생은 입학했을 때만 해도 꿈꾸지 못했던 한양대학교 공대에 합격했다. 제일 먼저 나에게 찾아와서 합격 소식을 알려 주었으며 동아리 활동이 많이 진학에 도움이 되었다고 감사하다고 말했을 때 교사로서 뿌듯함을 느꼈다. 지금은 동아리가 어느 정도 자리를 잡아 교육청에서 활동비를 지원해 주는 '학생주도과학동아리' 사업에 학생들이 스스로 기획하고 신청하여 그 지원비로 프로젝트 활동을 하고 결과보고서를 작성하여 제출한다. 담당 교사인 내 역할은 연간 활동의 큰 방향을 제시하고 안전한 실험을 할 수 있는 환경을 만들어 주는 것 정도만 해도 되었다.

동아리 학생들에게 과학으로 봉사하는 정신을 고취하고자 함열어깨동무아동센터와 제일지역아동센터, 익산지역아동센터 등이 참여하는 지역아동센터와 함께하는 나눔 과학 축제를 개최했다. 나눔 과학 축제는 교실에서만 배우는 과학이 아닌 생활 속에서 체험하는 과학 활동을 통해 학생들이 과학에 대해 흥미와 관심을 가질 수 있도록 다양한 체험 프로그램으로 구성됐다. 학생들은 평소 학습한 과학 내용을 실험했고 에어 로켓 실험, 액체 질소의 세계, 석고 방향제 만들기 등 과학 체험활동들은 큰 인기를 끌었다.

　과학 동아리 학생들과 함께 매년 학기별로 2회 '찾아가는 과학교실'을 운영하였고, 이산 지여 도서관외 협조를 얻어 도서관 앞에서 유치원생과 초등학생을 대상으로 매직 나비 만들기 등 1회 2개 분야의 과학 주제로 어린이들과 학부모가 함께하는 과학 활동을 중심으로 운영하였다. 과학 부스 활동을 마친 후 참여한 동아리 회원들이 떡볶이를 먹으며 각자가 느낀 소감을 이야기하는 뜻깊은 시간도 가졌다. 지금도 동아리 신입생을 선발할 때면 면접에 참여해서 과학에 관심 있는 학생들을 선발하고 과학 동아리 회원 스스로 계획하고 활동을 이어간다.

## 고3 담임으로서의 교사

　3학년 담임을 하면서 학생들의 꿈을 위해 원하는 대학에 들어가길 바라는 마음으로 야간자기주도적학습에 소극적인 학생들에게 열심히 참여하도록 조금 강하게 지도하기도 한다. 어떤 학생은 대학교에 합격하여 기쁨의 눈물을 흘리기도 하고, 어떤 학생은 떨어져 낙담하는 모습을 지켜보아야 하는 것이 3학년 담임이다. 3학년 과정이 다 끝나고 졸업식 때 어느 학생이 편지를 주었다. 나에게 자주 지적을 당하는 친구였기에 너무나 고맙고 미안한 마음이 들었다. '1년 동안 가르쳐 주셔서 고맙다는 편지를 썼겠지.'라고 생각하며 홀로 교무실에서 그 편지를 읽었는데, 그 편지의 내용은 조금 충격적이었고 나의 교육관을 다시 생각해 보는 계기가 되었다. 똑같이 잘못했는데 자기만 지적을 받은 것 같고, 야간자기주도적학습을 안 해도 집에서 하는데 계속 학교에서 공부하라고 하는 것이 싫었으며, 나중에 만나면 절대 인사하지 말자는 독한 말을 보낸 것이었다. 아무리 선생님에게 서운해도 졸업식 때는 고맙다는 말을 건네는 것이 보통인데 너무 당황스러웠고 교사로서 자괴감도 들었지만, 그동안 내가 너무 내 중심으로 학생들을 바라보았고 내 생각대로 학생들이 따라주어야 한다는 생각에 다시금 반성하는 계기가 되었다.

## 학급에서의 학교폭력

3월 새로운 학년을 맞이하여 1학년 담임이 되어 걱정 반 기대 반으로 학생들을 맞이하고, 학생들의 마음가짐과 가지고 있는 성향을 알고자 상담도 한다. 교육과정 운영을 위해 여러 부서에서는 학생들 자료를 파악하여 보내달라고 하기도 하고 부모, 학생에게 알려야 할 사항들도 많아 가정통신문도 폭주한다. 그리고 학생들도 서로 다른 중학교 출신이 모이기 때문에 학교에 들어오면서 긴장을 많이 하고 가장 먼저 친구관계를 파악하는 시기이며, 며칠 후면 친한 그룹이 형성된다.

10년 전의 일이었다. 8명이 한 그룹이 형성되면서 학교 안과 밖에서 친밀감을 이루었는데 어느 날 저녁 A학생의 학부모님으로부터 전화 연락이 왔다. 자기 자녀가 왕따를 당한 것 같다는 것이다. 다음날 바로 같이 어울린 학생들의 이야기를 듣고 기록하였다. 아이들의 주장은 왕따를 당했다고 하는 A학생이 친구들이 걸어가고 있으면 친하다는 이유로 뒤통수를 때린다든지 학용품을 마음대로 사용한다든지 하여 가깝게 지내기가 어렵다고 생각해서 조금 멀리하였다는 것이다. A학생은 학교에 오지 않고 집에서 미루르고 있었다. 아버지께서는 처음에는 아이가 잘못함을 인정하는 듯하였으나 몇 시간 후에는 갑자기 자기 딸은 잘못이 없고 어울린 친구들이 잘못이라면서 친구들의 전학을 요구하였다. A학생을 만나기 위하여 실장과 함께 가정방문을 하였고 가까스로 만나서 대화하게 되었으며 일단 학교에 가서 함께 이야기하고 잘 해결하자고 하였다. 그러다가 어느 날 저녁 모르는 번호로 전화를 받았다.

"1학년 2반 담임 선생님이시냐?", "그렇습니다. 누구십니까?", "A 학생의 이모부이며 ○○○공공기관에서 근무하는 국장입니다.", "네. 무슨 일 때문에 그러시는데요?", "내 조카가 왕따 당했는데 어떻게 하시려고 합니까? 그 아이들을 전학 보내주세요. 아니면 법적으로 조치하겠습니다.", "학교는 교육하는 곳입니다. 법적으로 해결할까요? 교육적으로 해결할까요? 정확하게 파악하시고 말씀해 주세요.", "잘 처리하지 않으시면 알아서 해라(가만히 두지 않겠다)."

통화 내용은 길지 않았고 대충 이런 맥락이었다. 나는 단호하게 말했지만, 한편으로는 떨고 있었다. 결과적으로 A학생이 잘못을 인정하고 전학을 가게 되었으며, 학생들과 완벽한 화해는 아니지만 서로 어느 정도 마음을 열고 헤어졌다. 이후 인근 학교에서 잘 생활하고 있다는 이야기를 들을 수 있었다. 물론 함께 지냈던 친구들도 건강하게 학교생활을 해서 대학에 진학하고 사회에 진출하게 되었다.

학교에는 이런 상황을 이야기하지 않고 담임 스스로 학급 내에서 이러한 문제를 해결하고자 노력하였으며, 이때 스트레스를 많이 받았던 것 같다. 지금의 학교폭력은 서로 화해하고 이해하며 교육적으로 해결하고자 하는 기회보다는 무조건 법적으로 해결하려고 하는 것이 항상 아쉬울 뿐이다. 학부모님도 내 자식만 생각하지 말고 다툴 수 있고 다칠 수 있으며 다르다는 것을 이해해야 한다. 그리고 학교에서는 좀 더 문제 인식을 해서 모든 학생이 안전한 학교생활을 할 수 있도록 관심을 가지고, 학교폭력이 일어날 때 진심으로 대하면 조금이나마 해결되지 않을까 생각한다. 사회와 일부 구성원이 교사를 무시한다는 것은 교육 자체를 무시하는 것과 다름이 없다.

## 드론으로 날다

4차 산업혁명과 인공지능 시대에 접어들면서 드론교육에 관심이 생겼다. 그래서 직접 드론 연수를 받아 실력을 늘리기 위해 꾸준히 노력했고 본교 방과 후 활동으로 드론 수업도 진행했다. 드론 이론 교육에서 비행의 원리를 설명하고 직접 조종에 대하여 익힌 다음에 학생들과 미션 게임을 진행하기도 하였고 조금은 서툴지만, 점심시간 등을 활용하여 학생들과 드론을 날리기도 했다. 한번은 점심을 먹고 나온 학생들에게 드론을 보여 주고 싶어서 드론을 띄웠는데 조종기가 작동이 갑자기 안 되면서 바람을 타고 멀리 날아가 버리는 일이 발생하였다. 물론 시야에서 멀어질 때까지 쳐다볼 수밖에 없었고 학생들의 웃음소리만 들으며 영영 떠나보내 버렸다. 그 드론은

어찌 되었을까? 지금은 학생과 함께 드론 비행을 하고 가끔 학교 전경을 촬영하여 학교에서 만드는 동영상 또는 자료집에 활용하고 있다. 현재는 전라북도교육청 교육연구정보원에서 방학을 맞이하여 실시하는 교원 정보화 직무 연수(드론 과정)에 강사로 참여하는데 아직은 부족하여 보조 강사로만 참여하고 있다.

 **다양한 과학 지도 그리고 올해의 과학교사상**

중학교 3학년 대한민국학생발명전시회에서 대통령상을 받은 학생이 우리 학교로 입학해서 다시 발명 대회에 나가고자 준비하고 있었을 때 내가 지도 교사를 맡게 되었다. 이 학생은 유보차가 부모님이 잡지 않고 있을 때 자동으로 혼자 움직이지 못하게 하는 '솔레노이드를 이용한 터치식 safe 유모차'를 작품명으로 출품하였고, 그 이후에도 전라북도학생발명대회 등 지속해서 여러 대회에 다양한 작품들을 출품하여 상을 받았다. 고등학교 내

내 다양한 발명을 한 활동을 인정받고 결국 카이스트에 특기자 전형으로 입학하게 되었다. 학생과 함께 아이디어에 대하여 공유하고 그 과정을 지도해 주는 교사로서 매우 보람 있는 일이었다.

또한 한국과학교육단체총연합회(약칭 '한국과총')에서 주최하는 2022 고등학생자유과학탐구대회에서 '콜라가 양성이라고? 진단키트의 오류를 내가 보완할 수는 없을까?'라는 주제로 학생이 스스로 실험을 하고 보고서를 작성하였으며 지도 교사인 나는 틈틈이 체크하면서 더 좋은 연구가 되도록 조언을 해 주었다. 결과는 3위로 금상을 받게 되었으며 부상으로 제주 자연탐방의 기회가 주어졌다. 물론 지도 교사는 1위를 한 분만 선정이 되어 가지 못하는 아쉬움을 남겼다. 수상을 한 학생의 어머니께 축하 인사를 전하기 위하여 전화를 드렸는데 학생이 엄마한테 "이 보고서는 진정한 내 작품이다."라고 말하여 감동하였다고 한다. 초등학교 때는 지도 교사가 대부분 다 해 주어서 상을 받았는데 이번에는 학생 스스로 할 수 있도록 조언해 주고 지켜봐 주셨다며 정말 참 스승이라고 말씀하시는데 쑥스러웠지만 나 자신도 너무 뿌듯하고 기뻤다.

이처럼 학생들이 스스로 과학의 길을 도전할 기회는 다른 과목에 비해 많이 있다. 진정한 과학탐구 활동보고서의 주인공은 학생이다. 지도 교사가 모든 것을 다 하면서 이끌지 말고 옆에서 조언해 주고 스스로 할 수 있도록 해야 한다.

2019년 과학 교사모임 회장직을 내려놓으면서 올해의 과학교사상에 도전하게 되었다. 그때까지 했던 수많은 경험의 자료를 모으고 수집하여 서류를 만들기 시작하였으며 참으로 많은 사업을 했다는 뿌듯함을 느꼈다. 과학

신배완 함열여고 교사, '2019 올해의 과학교사상' 수상

문화 확산에 기여한 공로를 인정받아 과학기술정보통신부와 한국과학창의

재단이 추진하는 「우수과학자포상사업」 2019년 올해의 과학교사상에 선정

되어 세종문화회관에서 아내와 아들과 함께 기쁨을 나누었으며 집으로 내

려오면서 아들이 "아빠가 자랑스럽다."라고 하는 말에 부끄럽지 않은 아버

지가 되겠다는 다짐을 다시 하는 계기가 되었다. 부상으로 받아야 할 일본

해외연수가 갑자기 전 세계에 발생한 코로나19로 인하여 연기되고 있으며

올해는 연수를 갈 수 있기를 희망해 본다.

 **과학교육을 뒷받침하는 곳**

한국과학창의재단 (https://kofac.re.kr)

- 사이언스올(https://www.scienceall.com) : 이곳은 과학 채널, 과학
  체험, 과학 지식, 과학 교양, 소통 마당으로 이루어져 있다.
- 사이언스타임지(https://www.sciencetimes.co.kr) : 다양한 과학 관련

뉴스가 탑재되어 있다.

– 과학기술인재진로지원센터(https://sciencecareer.kr) : 과학 관련 다양한 진로 프로그램, 유망 직업에 대한 정보가 제공되고 있다.

– 종합원격연수원(https://lms.kofac.re.kr/) : 과학 관련 교육 전문가 육성 및 연수를 담당하고 있다.

– 과학창의인재단 연간 수행 과제

| 사업구분 | 공고명 | 대상 | 공모일정 |
|---|---|---|---|
| 과학기술인재육성 | 지능현과학실 모델학교 | 초 · 중 · 고등 학교 | 1월~3월 (시도교육청별) |
| 과학기술인재육성 | 사다리프로젝트 사제동행팀 | 초 · 중 · 고등 학교 | 2월~3월 |
| 융합형과학기술 인재양성기반구축 | STEAM 교사연구회 | 초 · 중등교원 | 3월~4월 |
| 지속가능발전교육 | 지속가능발전 교육교사 연구회공모 | 초 · 중등교원 | 3월~4월 |
| 과학기술소통 | 청소년 과학프로 젝트 발표대회 | 초 · 중 · 고등 학교 | 3월 |

유미과학문화재단(http://www.youmeacademy.org)

– 독서 지도상 응모 : 재단에서 선정된 도서로 학생들에게 독서 지도상 응모를 신청하여 제출하면 된다. 2021년에 『지구 이야기(로버트 M. 헤이즌 지음, 김미선 옮김)』가 선정되어 학교 도서관 예산으로 책을 구입해 (물론 지도 교사에게는 재단에서 책을 구입해 준다.) 학생들에게 나누어 읽게 한 후에 야간에 독서 한마당을 실시하였으며 과학 동아리 학생들과

함께 기획하고 진행하도록 이끌었으며 학생들은 친구들과 함께 토의하며 지구 환경에 대하여 깊이있게 생각해 보는 시간이었다고 발표하여 긍정적인 활동임을 확인하였다.

## 한국과학기술단체총연합회(kofses.or.kr)

### 학생 행사

| 대회 및 행사명 | 내용 |
| --- | --- |
| 자연관찰캠프 | 우리 주변 자연환경을 과학적 시선으로 관찰하고 탐구 |
| 과학실험한마당 | 다양한 과학탐구실험 방법을 활용하여 자기주도적으로 탐구 |
| 고등학교과학탐구올림픽 | 융합과학적인 사고를 통해 문제를 해결하는 과학탐구 수행 |
| 과학동아리활동발표회 | 협동하여 탐구하고 문제를 해결하는 과학 동아리 활동 수행 |
| 한국과학창의력축제 | 주어진 주제에 따라 학생들이 창의적으로 과제를 해결하는 탐구활동 수행 |

### 교사 행사

| 대회 및 행사명 | 내용 |
| --- | --- |
| 과학교육연구대회 | 학생들이 과학에 대한 흥미와 기초학력을 키울 수 있는 과학교육 |
| 과학교사동아리 연구활동지원 | 변화된 환경을 반영한 학생 참여 중심 과학교육 |

이외에도 각 지역의 교육청 사업, 과학관, 공공기관, 연구소 등에서 과학 관련 프로그램을 운영하고 있으며 학생들의 참여를 기다리고 있다. 과학 교사들이 학생들이 가지고 있는 관심사를 잘 파악하고 진로에 맞는 프로그램을 안내하면 학생들의 진로 모색에 큰 도움이 되리라 생각한다. 프로그램을 일일이 찾아볼 수 없지만, 공문으로 오는 과학 프로그램을 학생들에게 설명하고 같이 준비하면서 학생들과의 친밀도를 높일 수 있었고 학생들이 유익한 시간이었다고 할 때 큰 힘을 얻었다.

## 과학축전의 모든 것

코로나바이러스가 발병하기 전에는 대한민국 과학축전을 비롯하여 시, 도청, 교육청과 함께하여 성황리에 과학축전(또는 과학 축제)을 개최하여 자라는 어린이와 청소년들에게 과학의 원리를 몸소 체험하는 기회가 종종 있었다. 그러나 2020년부터는 코로나19로 인하여 이런 축제나 행사가 모두 멈추었다. 일부 시, 도는 그래도 해야 한다는 열망을 가지고 온라인으로 진행하기도 하였다. 이제 세계보건기구에서 코로나 위기 상황 해제를 선언하고 정부에서도 마스크를 벗을 수 있음을 발표하여 지역마다 미래를 밝히기 위한 다양한 주제로 과학축전이 열리고 있다. 기존에 진행하였던 과학축전(또는 축제)을 소개하고자 한다. 대부분의 과학축전이 4월 과학의 달을 맞이하여 실시하지만, 지역 여건상 개최하는 시기가 다르다.

| 프로그램명 | 주최 |
|---|---|
| 대한민국과학축제 | 과학기술정보통신부 |
| 부산과학축전 | 부산광역시교육청 |
| 제주과학축전 | 제주특별자치도교육청 |
| 전남과학축전 | 전라남도교육청 |
| 전라북도과학축전 | 전라북도교육청 |
| 과학축전 | 인천시설공단 인천어린이과학관 |
| 해피사이언스축제 | 국립과천과학관 |
| 광주과학문화축전 | 광주광역시교육청 |
| 경북과학축전 | 경상북도 포항시 |
| 울산미래교육박람회 | 울산광역시교육청 |
| 강원과학기술대축전 | 강원도특허청 |
| 대구과학축전 | 대구광역시교육청 |
| 인천과학대제전 | 인천광역시교육청 |
| 충남과학창의축전 | 충청남도교육청 |

## 수업이 즐거워지는 이야기

### 교사와 학생이 만나는 '수업'

주로 가르치는 과목은 1학년의 통합과학과 과학탐구실험이다. 통합과학은 네 과목이 함께 융합적으로 이루어져 있어 학교마다 다르지만, 우리 학교는 두 분 또는 세 분의 선생님이 파트를 나누어 수업이 이루어지고 있다.

내가 주로 학생들에게 가르치는 단원은 2단원인 '시스템과 상호작용'과 4단원인 '환경과 에너지'이다. 고등학교 선생님이라면 누구나 수업을 이떻게 이끌어가고 평가를 어떤 방식으로 해야 하며, 과목 세부능력 및

특기사항 입력은 수업의 내용을 어떻게 압축하여 기록해야 하는지에 대하여 고민하고 연구할 것이다.

### HTE 수업 모형

'새로움'과 '가치'가 내재하여 있는 과학적 창의성에 관심이 있어 2019년에 충북대학교 창의교육거점센터에서 운영하는 'HTE창의교육직무연수'에 참여하여 연수생으로 참여한 선생님과 공동으로 자료를 개발하고 2020년~2021년에는 공동 연구원으로 참여하면서 통합과학 과목에서 창의적 수업자료를 개발하였다. 그리고 학교 수업 시간에 적용하여 학생들과 즐거운 수업으로 창의성을 키웠으며 2022년에는 이를 바탕으로 한국과학창의재단 종합원격교육연수원과 함께 '미래 지능 정보사회 대비 HTE를 적용한 통합과학 – 차시 에너지와 함께하는 IoT'라는 주제로 원격 연수를 직접 제작하였고 현재도 탑재되어 운영되고 있다. 많은 과학 선생님이 들었으면 한다.

통합과학에서 배우는 Ⅱ.시스템과 상호작용 / 1. 역학적 시스템 / 01. 중력과 역학적 시스템에서 중력을 학습하기 위하여 재구성하여 다음과 같이 실시하였다.

## HTE 단계

㉮ 프로그램명 : 고등학교 1차시 프로그램「중력으로 이루어진 세상」

㉯ HTE 단계

| 단계 | 내용 | 차시 |
|---|---|---|
| 문제 발견 (H) | 로켓이 날아가서 떨어지는 장면 등을 제시하여, 중력이 우리의 일상생활과 밀접한 관련이 있음을 인식한다. | 1 |
| 아이디어 발견 (T) | 교사가 중력과 관련된 비유 자료를 제시하고, 중력 개념과 연결하여 학생들이 중력의 개념과 원리를 이해할 수 있도록 한다. | |

| 1차시 | 종이비행기 이야기 |
|---|---|

다음은 종이비행기를 날리면 어떻게 되는지 모습을 보여 주는 동영상이다. 이처럼 흔히 볼 수 있는, 날아가지만 결국은 떨어지는 것은 중력과 밀접한 연관성이 있다. 종이비행기 이외에도 우리 주변에서는 중력과 관련한 자연현상을 많이 볼 수 있다. 이번 활동을 통해 중력과 유사한 예들을 찾아보고, 소집단별로 빛의 반사와 관련된 비유 만들기 및 UCC 동영상을 제작해 보자.

| 단계 | 내용 | 차시 |
|---|---|---|
| 해결방법 발견 (E) | 학생들이 중력과 관련한 자연현상의 예를 찾아보도록 하고, 찾은 예를 다양한 방법으로 학생 스스로 비유 만들기 활동을 한다. 학생들이 만든 작품을 발표하면서 잘된 점을 칭찬한다. | 2 |

| 2차시 | 중력과 관련된 비유 만들기 및 UCC 만들기 |
|---|---|

우리 주변에서 중력과 관련한 자연현상은 많다. 또한 중력과 반대 개념을 지닌 무중력 상태에서 다양한 실험을 한다. 중력과 무중력의 비유 만들기 활동을 하기 위해서는 다음과 같은 사항을 고려해야 한다.

1. 자신이 만든 비유물을 중력 개념으로 대응시켜 보자.
2. 자신이 만든 비유물과 무중력 개념은 어떤 점이 다른가?

| 단계 | 내용 | 차시 |
|---|---|---|
| 문제 발견 (H) | 자동차가 속도를 내며 달리는 동영상을 제시하여, 속도가 우리의 일상생활과 밀접한 관련이 있음을 인식한다. | 3 |
| 아이디어 발견 (T) | 교사가 속도, 가속도와 관련된 비유 자료를 제시하고, 학생들이 속도와 가속도의 개념과 원리를 이해할 수 있도록 한다. | |

| 3차시 | 자동차가 움직이는 동영상 |
|---|---|

다음은 자동차가 빠른 속도로 움직이는 동영상이다. 소재로 하여 국내외에서 크게 흥행한 영화 예고편을 나열한 것이다. 이처럼 우리 주변에서 흔히 볼 수 있는 빠르기는 속도 및 가속도와 밀접한 연관성이 있다. 이 장면 이외에도 우리 주변에서는 속도와 관련된 예를 많이 볼 수 있다. 이번 활동을 통해 속도와 가속도를 알아보고 소집단별로 비유 만들기 및 과학 토의를 해 보자.

| 단계 | 내용 | 차시 |
|---|---|---|
| 해결방법 발견 (E) | 학생들이 속도와 가속도의 장면을 찾아보고, 찾은 예를 다양한 방법으로 학생 스스로 비유 만들기 활동을 한다. 학생들이 만든 작품을 발표하면서 잘된 점을 칭찬한다. | 4 |

| 4차시 | 속도와 가속도과 관련된 비유 만들기 및 PMI 과학 토의 |
|---|---|

앞서 배운 중력과 같이 속도와 가속도을 배우면서 비유물을 만들기 위해서는 개념을 정확하게 알고 있어야 한다. 학생들이 해결해야 하는 진짜 문제, 비유 만들기를 도전과제로 정해야 한다. 그 후 다른 학생들과의 토의를 통해 자신이 만든 비유물의 강점, 단점, 흥미로운 점을 깨닫고, 이를 기반으로 더 나은 기능을 갖추고자 끊임없이 개선의 방법을 고민해야 한다.

| 단계 | 내용 |
|---|---|
| 해결방법 발견 (E) | 중력과 속도 및 가속도 개념을 이용한 탐구를 통하여 문제를 해결할 수 있는 과정을 경험한다. |

| 차시 | 창의적 설계 |
|---|---|
| 1차시, 2차시 | 중력와 관련된 비유 만들기 활동을 통해 중력과 무중력에 대한 이해를 높이는 시간을 가져 보자. 또한 그 개념을 활용하여 UCC 만들기를 통해 문제해결 및 논리 분석적 사고 기능을 기를 수 있다. |
| 3차시 | 속도 및 가속도와 관련된 비유 만들기 활동을 통해 속도와 가속도에 대한 이해를 높이는 시간을 가져 보자. 이를 통해 문제 해결 및 논리 분석적 사고 기능을 기를 수 있다. |
| 4차시 | 학생들이 만든 비유물을 다른 학생들과 비교, 분석하는 토의 과정을 통해 다른 학생들과 생각을 공유하는 시간을 갖는다. 이러한 과정 안에서 학생들은 다양한 정보를 쉽게 얻을 수 있고, 소개자는 반복된 설명 과정을 통해 내용에 관한 이해도를 높이며 발표력 또한 향상시킬 수 있다. |

모둠 활동 수업

얼마 전 모 방송국에서 신년 대기획으로 '세 개의 전쟁'이라는 대주제의 방송이 방영되었는데, 첫 번째 전쟁이 러시아 vs 우크라이나 전쟁으로 촉발된 전 세계의 겨울 전쟁이고, 두 번째 전쟁이 코로나19로 인해 '핀볼'처럼 증폭된 패권 전쟁. 마지막 세 번째 전쟁이 바로 가장 북쪽의 땅, 스발바르가 예고하는 기후 전쟁이다. 방송국에서 방영한 전쟁이 누군가는 공감하고 누군가에는 잘못되었을지 모르지만, 세 번째 기후 전쟁은 전 세계 누구나가 공감하는 내용일 것이다. 그 기후 전쟁과 관련하여 학생들에게 기후 위기에 대한 동영상을 보여 주고 모둠별로 기후 위기를 극복할 수 있는 포스터를 제작하고 발표하는 활동을 하였다. 물론 대부분의 과학 선생님이 많이 하는 진행하는 수업일 것이다. 모둠별로 포스터를 제작할 때 그림을 잘 그리는 것을 떠나서 혼자만이 아닌 함께 의견을 제시하도록 협력을 강조하였다. 개인의 작품이 아닌 모둠원 모두의 작품이 되도록 설명하고 학생들의 참여를 관찰하여 정리하였다.

협력형 토론 수업

대부분 찬반형 토론(퍼블리 포럼 디베이트 방식)을 진행하지만, 시간을 많이 요구해서 어떤 논제를 같이 해결하는 방안으로 협력형 토론 수업을 실시한다.

\* 주제 : 기후 변화 위기를 해결하기 위한 방안과 우리의 자세에 대해 논의하시오.
\* 구성 : 사회자 2인 / 2인 1팀 / 8인 1모둠
\* 배치도

| 2팀 1번 | 2팀 2번 | | 3팀 1번 | 3팀 2번 |

| 1팀 2번 | | | | 4팀 2번 |

| 1팀 1번 | | | | 4팀 1번 |

| 사회자1 | | 사회자2 |

\* 진행 순서

| 단계 | 진행 내용 |
|---|---|
| 준비 및 안내<br>(사전 안내) | • 참가자 및 심사위원 소개(모둠별 2인 배정 – 사회자 진행 1인, 사회자 계측 1인)<br>• 토론 방식 안내 및 기조 발제, 질의 순서 등 결정 : 한 번의 제비뽑기로 기조 발제와 질의 순서를 정하고 최종 발언은 역순으로 함. |
| 기조 발제 및<br>팀별 협의<br>(12분) | • 제1토론자 입론 발표<br>• 팀당 기조 발제(입론) 2분 후 질의를 위한 팀별 협의 1분 |

| 상호 교차<br>질의 (20분) | • 제2토론자 질의(2회) /제1, 2토론자 자율 답변<br>• 동일 팀에게 반복 질문 금지<br>• 질의 순서는 제비뽑기로 하고 질의 대상은 질의 팀이 임<br>  의로 선정<br>• 한 팀의 질의와 답변이 끝나면 정해진 순번에 의해 돌아<br>  가며 질의하고, 모든 팀이 각 팀에게 한 번씩 질의할 수<br>  있음<br>• 질의 시간은 30초이며(경고 타종), 10초 경과 시 강제 종<br>  료하고 벌점 부여(1점)<br>• 답변 시간은 2분이며(경고 타종), 10초 경과 시 강제 종<br>  료하고 벌점 부여(1점) |
|---|---|
| 자유 토론<br>(6분) | • 제1, 2토론자 자율 질의 및 반론<br>• 사회자가 각 팀에게 적절한 기회 부여 |
| 팀별 협의<br>(2분) | • 교차 질의와 협력형 토론 내용을 바탕으로 마무리 발언<br>  정리 |
| 마무리 발언<br>(4분) | • 각 팀 최종 발언(팀당 1분, 순서는 기조 발제의 역순으로) |
| 토론 활동 정리<br>(실습 후 진행) | • 전원 협력하여 '문제해결을 위한 토론 활동지' 작성하여<br>  제출 |

# 협력형 토론 개요서

(토론 준비 과정에서 토론 역할별 개인 작성) 역할(제1토론자/제2토론자)

| 모둠 | 모둠 |
|---|---|
| 논제 | 기후 변화 위기를 해결하기 위한 방안과 우리의 자세에 대해 논의하시오. |
| | 문제 상황 |
| | 원인 분석 |
| | 해결 방안 |

**탐구실험 평가**

학생들의 탐구실험 후 평가는 정의적 영역에서는 실험에 주도적으로 참여하는 정도와 실험 과정을 이해하는 과정 평가를, 인지적 영역에서는 실험이 끝난 직후 탐구보고서를 작성하는데 개별 평가를 실시하는 등 공정성에 역점을 두었으며, 교사의 질문에 정확히 발표하면 +점수를 부여하였다.

**과목별 세부능력 평가 기록**

한 해를 마무리하는 시점인 학기 말에 교사들은 여러 가지 행정 업무로 부담이 가중되는데, 특히 학교생활기록부의 과목별 세부능력 및 특기사항(이하 과세특)을 입력하는 일이 힘들다. 학생부종합전형이 강화되면서 수업에서 이루어지는 과정을 관찰하고 평가한 후에 기록하는 것이 중요한 업무가 되었다. 내가 생활기록부에 기록한 과세특을 예시로 작성해 보았다.

과학 학습에 흥미를 느끼고 성실히 노력하여 수업에 잘 참여함. 모둠별 주제 발표나 실험 탐구에 항상 적극적으로 참여하여 해결해야 하는 바를 잘 파악할 줄 앎. 산화와 환원의 정의를 잘 이해하고 있어, 구리와 질산은의 반응에서 나타나는 용액의 색 변화와 구리줄 위에 석출되는 물질이 어떤 의미인지 결과로 잘 정리하였음. 또한 이 내용을 전자의 이동과 연결 지어 산화와 환원의 결론으로 잘 도출하였음. 자연 선택과 생물의 진화 단원에서 나오는 여러 개념을 바르게 이해하고 있어, 관련되어 제시되는 예시들을 잘 발표하였고 이해하기 쉽게 설명하였음. 형질과 변이의 구분과 변이로부터 자연 선택되는 다윈의 진화를 바르게 이해하고 있음. 차분히 정리하며 관련되는 내용을 연결지으며 정리하는 태도가 학습에 좋은 영향으로 형성됨을 볼 수 있었음.

### 교내 과학탐구 대회

학생들에게 창의력 및 과학적 사고력을 확산시키기 위하여 다양한 교내 과학탐구 대회를 운영하였다.

- 참가자격: 1, 2학년

- 출품 내용

1) 주변 현상들에 대하여 과학적 원리나 규칙성이 담긴 사진을 개인별로 제출

2) 과학 교과 데이 수업 내용과 관련된 사진을 촬영하여 제출하는 것도 가능

3) 표절된 작품은 심사에서 제외

## 사진 제목 ( 편광이 만드는 아름다운 세상 )

| 학번 | | 이름 | |
|------|--|------|--|

**사진**

### 사진 설명(과학의 원리가 잘 표현되게 적을 것)

1. 사진 주제 : _____

2. 촬영 장소 : _____

3. 촬영 시간 : _____

4. 사진과 사진에 포함된 과학적 원리와 설명

위 사진은

\*\*\*사진에 나타난 과학의 원리를 최대한 잘 표현하여 설명할 것(10줄 정도)

\*\*\*편광, 색깔의 무늬가 위의 사진처럼 나타난 이유

\*\*\* 사진을 찍을 때 잘 나오게 하기 위한 조건이나 어려운 점 등을 적을 것

\*\*\*칼라 사진으로 출력후 어떤 휴대폰이나 사진기로 찍었는지 내용을 기록하고, 출력물을 수리 과학부로 제출

=> 더 적을 내용이 있으면 뒷면에 계속 적음.

과학 사진 대회 보고서 양식(예시)

**교내 발명 아이디어 경진 대회**

– 대상 : 1, 2학년

– 대회 분야 :

| 출품 부분 | 작품 내용 |
|---|---|
| 생활과학I | 일상 가정생활에 직접 활용이 가능한 생활용품(실내용품)으로 널리 보급할 가치가 있는 창작품 |
| 생활과학II | 주로 일상 가정생활 밖에서 직접 활용이 가능한 생활용품(실외용품)으로 널리 보급할 가치가 있는 창작품 |
| 학습용품 | 학생들의 학습활동에 필요한 작품으로 널리 보급할 가치가 있는 창작품 |
| 과학 완구 | 어린이들의 정서 순화, 지능 개발 및 교육적 효과를 높일 수 있는 완구로 널리 보급할 가치가 있는 창작품 |
| 자원 재활용 | 폐자원을 효과적으로 활용하여 자원 절약, 에너지 및 환경 보존 사업에 기여 하고 널리 보급할 가치가 있는 과학 창작품 |

| 제 목 | | 학번 : | 성명 : |
|---|---|---|---|
| 1. 발명 목적 | | | |
| 2. 아이디어 요약(200자 내외) | | | |
| 3. 아이디어 도면(전체 모양) | | | |
| 4. 아이디어 내용<br> - 발명품 제작의 과학적 원리, 부분별 구성(모식도), 제작 재료, 기능 등을 기술 | | | |
| 5. 기대 효과 | | | |

발명 아이디어 설명서

이 외에도 롤링볼 대회, 과학 토론 대회 등 학년 초 과학 선생님의 협의를 거쳐 학생들에게 유익한 과학 프로그램을 할 수 있도록 노력하였다.

교사가 행복해야
학생이 행복하다

교사의 행복은

### 학생과의 관계

교사는 학교가 직장이다. 하루 대부분을 학교에서 보내고, 학교에서 대부분 시간을 학생과 보낸다. 그래서 학생과의 관계가 중요하고 행복의 중심에는 학생이 있다고 생각한다. 출근해서 담임인 교사가 자신의 반에 조회를 들어갔는데 학생들과 관계가 좋지 않아 웃음도 나질 않고 교실에 있는 것이 불편하다면, 과학 수업에 들어갔는데 수업 듣는 아이들의 반응이 별로 없고 수업하는 재미가 느껴지지 않는다면? 아마 매일 스트레스로 힘들지 않을까? 그래서 학생들과의 관계가 좋아야 교사로서의 삶이 행복하다고 말하는 것이다. 그러면 어떻게 해야 학생들과의 관계를 좋게 유지할 수 있을까?

정답은 없겠지만, 교사의 권위보다는 항상 학생 입장에서 생각하는 열린 마음과 학생들의 눈높이에서 친근하게 다가가려고 하는 친밀감이 필요하다고 생각한다. 주변을 보면 젊은 교사일수록 비교적 학생들과 굉장히 가까이 지내는 교사들이 많은 편인데 서로 공감하는 부분이 많아서 그런 것 같다. 대화를 들어보면 음식이나 패션, 연예인 등등에서 대화를 많이 하는 것을 볼 수가 있다. 그만큼 학생들과 공감하는 것이 많고 가까이 지내는 것이 관계에서 중요하다. 교과 수업에서 학생들과 좋은 관계를 맺고 같이 재미있으려면 철저한 수업 준비가 아주 중요하다. 학생들이 재미있어하고 학생과 소통할 수 있는 수업을 설계해야 하는데 그만큼 교사의 피나는 노력이 많이 필요하다는 것이다. 그러한 수업을 준비하고 학생들과 소통하는 수업을 한다면 학교생활에서 행복을 느낄 수 있을 것이다.

### 동료 교사와의 관계

교사의 행복에 있어 다른 교사들과의 관계도 중요하다. 현직에 있는 선생님들은 공감하겠지만 교사는 수업 외에도 수많은 행정 업무에도 시달린다. 교무실에서 개인 업무를 보고 많은 협의회를 거치는 과정에서 동료 교사와의 관계가 중요한 요소로 느껴진다. 소통이 잘되지 않고 관계가 깨진 교사가 있다면, 그리고 그 교사와 많은 업무나 협의를 같이해야 한다면 학교생활에서 스트레스는 엄청날 수밖에 없을 것이다. 한편으로 학교에서 마음을 같이하고 수업이나 업무 고충을 털어놓을 수 있는 동료 교사가 있다면 그것도 학교생활에서 힘이 될 수 있다. 수업이 없는 시간이나 점심시간에 커피 한 잔을 같이 하며 수업 고민에 대해 같이 얘기하고 업무에 대해 조언을 얻는 시간도 중요한 것 같다. 필요할 때는 같이 모여 식사를 같이하기도 하고 술도 한잔하기도 하며 학교에서 받는 스트레스를 같이 푸는 것도 중요하다고 생각한다.

### 취미 생활

축구를 좋아해서 축구 동호회에 가입하여 취미 생활로 하고 있다고 밝힌 적이 있듯이 취미 생활을 통해서 가끔 학교에서의 스트레스를 푸는 것도 중요하다고 생각한다. 교사에겐 학교가 전부라지만 가끔은 학교에서 벗어나 학교를 잊고 어딘가를 몰두하여 자  신이 즐길 수 있는 무엇인가를 하는 것도 굉장히 중요하다. 어떤 취미가 좋다고 단정하지는 못하지만 한두 개 정도 자신만의 취미 생활을 만들어 두길 권한다.

교육부와 한국직업능력연구원은 2007년부터 매년 전반적인 학교급별 진로교육 현황을 발표하는데 2022년 희망 직업 선호도 조사에서 교사는 초등학교에서는 2위, 중고등학교에서는 1위를 기록하였다. 돈은 많이 벌지 않지만, 학생들이 매력적인 직업으로 생각하고 있는 이유는 무엇일까?

| 구분 | 초등학생 | | 중학생 | | 고등학생 | |
|---|---|---|---|---|---|---|
| | 직업명 | 비율 | 직업명 | 비율 | 직업명 | 비율 |
| 1 | 운동선수 | 9.8 | 교사 | 11.2 | 교사 | 8.0 |
| 2 | 교사 | 6.5 | 의사 | 5.5 | 간호사 | 4.8 |
| 3 | 크리에이터 | 6.1 | 운동선수 | 4.6 | 군인 | 3.6 |
| 4 | 의사 | 6.0 | 경찰관/수사관 | 4.3 | 경찰관/수사관 | 3.3 |
| 5 | 경찰관/수사관 | 4.5 | 컴퓨터공학자/소프트웨어개발자 | 2.9 | 컴퓨터공학자/소프트웨어개발자 | 3.3 |
| 6 | 요리사/조리사 | 3.9 | 군인 | 2.7 | 뷰티디자이너 | 3.0 |
| 7 | 배우/모델 | 3.3 | 시각디자이너 | 2.6 | 의사 | 2.9 |
| 8 | 가수/성악가 | 3.0 | 요리사/조리사 | 2.6 | 경영자/CEO | 2.5 |
| 9 | 법률전문가 | 2.8 | 뷰티디자이너 | 2.3 | 생명과학자 및 연구원 | 2.5 |
| 10 | 만화가/웹툰작가 | 2.8 | 공무원 | 2.3 | 요리사/조리사 | 2.4 |

첫째, 학창시절에 학생들이 매일 보는 사람은 교사이다. 옆에서 자주 보고 만나야 친밀감이 형성되는 것처럼 학생들은 수업-평가-방학처럼 자신들과 같은 공간에서 사이클이 같은 교사에게 많은 영향을 받는다.

둘째, 교사는 안정적이며 사회적 신망을 받기에 학부모님의 선호하는 높은 직업이다. 요즘 최상위권 학생들과 학부모는 의대, 치대, 한의대, 약대를 선호하며 그다음 공부를 한다는 학생들은 전문직 그야말로 '사'자 직업과 대기업 그리고 교직을 선호하며 특히 여학생은 교직에 더 관심을 둔다.

셋째, 의사보다 만족도는 떨어지지만 그래도 여전히 교사 스스로 만족도는 높은 편이며 정년 보장과 워라벨이 가능한 직업이라고 할 수 있다.

최근 교육부에서는 교육전문대학원(이하'교전원') 도입을 준비하겠다고 발표했다. 4+1이나 4+2 체계의 교전원을 도입해서 전문성을 갖춘 교사를 양성하겠다는 것이다. 현재 자료를 보면 교대 및 사범대의 교육과정을 개편하여 총 5~6년의 교전원 교육과정을 만들고 졸업생에게 전문 석사학위 및 정교사자격증을 주거나 로스쿨이나 의전원처럼 일반 대학(4년)을 졸업 후 교전원에 입학하여 1~2년의 교육과정을 수료하여 석사학위를 가진 교원을 만들겠다는 내용이다. 이제 교육을 양성하는 교육기관도 개편의 시대를 맞이한 것 같다. 학령인구 감소와 강도 높은 교사의 자질 요구는 이제 더 준비하고 노력하지 않으면 교사가 되는 길도, 교사가 되어서 가르치는 일도 쉽지 않게 되었다.

교사는 전문성도 중요하지만, 사명감과 소명도 가져야 한다. 교사는 단순한 직업이 아니라 한 사람의 일생을 꽃 피우는 농부다. 나무가 자라기 위해서는 물이 필요하다. 교사도 학생들이 스스로 영양분을 만들 수 있도록 물을 공급해 주어야 한다. 하지만 그것이 단순히 직업적인 의무에서만 나와서는 안 되는 것이다. 학생들을 책임지고 훌륭한 인간으로 성장할 수 있도록 최선을 다하려는 내적 사명감이 필요하다. 진심으로 자신의 역할에 최선을 다하는 교사라면 학생이란 꽃과 나무를 훌륭하게 키울 수 있지 않을까?

요즘 초등학생들의 범죄가 심각해지고 있는데 촉법소년이라 제대로 된 처벌을 하지 못하고 있으며 그러다 보니 한번 잘못하면 계속 범죄를 반복하다가 중고등학생이 되면 어른 못지않은 범죄를 저지르는 것을 뉴스로 볼 수 있다. 교육계에서는 미래교육, 기초학력이 화두가 되고 있다. 읽고, 쓰고, 덧셈, 뺄셈할 줄 알면 사회생활을 하는 데 어려움이 있을까? 그보다 더 중요한 것은 기초 인성이라 생각한다. 옛날에는 밥상머리교육을 했는데 지금 학생들은 돈만 주면 인스턴트 식품을 쉽게 접할 수 있고, 바쁜 학교생활에 같이 밥 먹는 문화가 사라져 가고 있으며, 옛날에는 스승의 그림자도 밟지 않았는데 지금은 수업 시간에 학생에게 맞는 교사 이야기가 잊을 만하면 뉴스를 통해 나온다. 아무리 시대가 최첨단 인공지능 시대로 변한다 할지라도 인간의 본성은 변하지 않아야 한다. 이제 우리는 미래 사회와 더불어 책임지고 이끌어야 할 아이들에게 건강한 사고와 인성을 지닐 수 있도록 노력해야 한다.

그래서 몇 년 전부터 민주시민교육으로 환경과 평화통일을 주제로 교육청에서 공모하는데 신청하여 학생들과 함께 독서 토론을 하고 전문가 특강을 듣고 직접 탐방을 가서 보고 느끼고 생각하도록 하고 있다. 직접 알고 체험하고 느끼는 과정에서 마음이 따뜻한 아이들을 키우고 싶어서다. 꾸준히 5월이 되면 광주 518 묘역에 참배하고 전일 빌딩을 찾아가서 우리 민족의 현대사를 함께 이야기해 본다. 우리 민족의 최대 과제인 통일을 생각해 보는 시간을 갖기 위해 경기도 또는 강원도에서 민족의 비극인 분단을 이해하고 하나 되는 민족을 생각해 보도록 한다.

학급 특색 활동으로 친환경 화장품 만들기, 다육식물 기르기, 쓰레기 분리수거를 어떻게 해야 하는지에 대한 특강 등 다양한 활동을 진행하였는데, 학기 초 상담을 할 때 진로가 유치원 교사라고 막연하게 생각한 학생이 학년 말에는 환경 분야에서 전문가가 되고 싶고 그 분야로 진출하기 위하여 열심히 노력하고 준비하겠다고 이야기하기도 했다. 이런 예처럼 교사의 지도가 학생의 인생을 바꿀 수도 있다고 생각한다.

## 🗂️ 교사로서의 갈증이 있을 때 읽을 책

아무리 오래 근무를 했어도 교사로서 갈증은 끝이 없는 것 같다. 그래서 그 갈증을 해소해 줄 수 있는 책들을 가끔 찾게 된다. 어느 날 『매일 교사가 되는 중입니다』라는 책이 눈에 들어왔다. 먼저 '때로는 교사로 사는 것이 막막한 당신의 마음을 토닥이는

지혜의 문장들'이라는 소개의 글이 눈에 띄었고, 작가 자신도 여전히 자신이 교사가 되어가는 중이라는 겸손한 모습이 좋았다. 전체적으로 수업에 대한 고민, 평가에 대한 고민, 교육에 대한 진지한 접근 등을 해 볼 수 있게 해 주는 책이고 초임 교사든 경력 교사든 읽어보면 공감할 수 있는 부분이 많았다. 자기 성격에 맞추어 가르치는 대로 학생들이 따라오기를 바라는 것은 '갑질'이라는 말이 여전히 기억에 남는다. 맛이 없어도 참고 먹으라고 강요하는 것과 같다는 그 말이 내 수업에 있어서 또 한 번 반성하게 해 주는 계기가 되었다. 그래서 다시 수업을 점검하고 더 많이 수업 준비를 하기도 하였다. 개인적으로는 나에 대한 반성을 가장 많이 하게 되는 책이고 그동안의 나의 교직 생활을 되돌아보며 앞으로의 교직 생활을 새롭게 한번 계획해 보는 계기가 되어서 책상 한쪽에 놓고 생각이 날 때마다, 고민이 되는 부분이 있을 때마다 다시 펴보곤 했다.

## 앞으로의 역할

작년까지는 담임 교사와 업무를 담당하는 교사로서 천진난만한 학생들과 행복하게 즐겁게 지냈다. 특히 평교사로서 마지막 담임을 하면서 아이돌 못지않게 댄스와 노래를 잘하는 학급회장 하은이와 학생들과 소통할 수 있게 학교나 학급 프로그램을 잘 전달하는 부회장 지영이, 그리고 함께 웃고 울고 지낸 소중한 우리 반 친구들 모두! 2학년, 3학년 고등학교 생활을 당당하고 멋지게 보내서 너희들의 원하는 꿈을 이루기를 바란다.

이제 중학교 교감으로서 자리를 옮겨 새로운 삶에 도전한다. 선생님들을 존중하고 소통하며 학생들과 진정성을 가지고 대화하며 행복한 학교를 이끌어 가고자 한다. 학령인구 감소로 학생 수가 급감하기 때문에 즐겁고 행복한 교육과정 운영으로 학생들이 찾아오는 학교, 웃음이 넘치는 학교를 만들고자 한다. 또 내가 관심을 둔 환경과 평화통일 동아리도 운영하여 민주시민교육을 활성화하며 학생들의 학업능력 향상을 꾀하고 미래 사회에 주인공이 되는 가슴 따뜻한 인재양성에 매진할 것이다.

교사가 되려는
그대에게

　'교사가 행복해야 학생이 행복하다.'는 말이 있다. 그런데 이런 생각이 들었다. 교사가 불행하면 학생이 불행하다는 것일까? 만약에 아침에 출근해서 상위 관리자에게 지적을 당하여 기분이 나빠졌다든지 또는 출근하기 전안 좋은 일이 있는데 그 상태로 아이들을 만나면 아이들에게 불친절하게 대하겠다는 것인가? 물론 교사도 사람이다. 그러나 학생들은 우리가 최우선으로 만나는 소중한 고객이다. 내가 기분이 나쁘다고 해서 고객에게 불퉁불퉁하게 대할 수는 없지 않은가 말이다. 기분을 가라앉히고 마음을 차분하게하여 아이들을 만날 때는 멋진 모습으로 인사해야 한다. 그래서 나는 반대로 '학생이 행복해야 교사가 행복하다.'라고 생각한다. 학생이 학교에서 즐겁고 행복한 모습을 볼 때 교사는 더불어 기쁘고 행복하지 않을까? 우리 부

모님들은 자식이 먹는 것만 보아도 배가 부르고 행복하다고 하셨다. 물론 옛날이야기를 하자는 것은 아니다. 다만 조금 더 들여다보자. 학생이 힘들고 지쳐있을 때 교사는 행복할까? 교사는 학생에게 다가가 공감하고 진심으로 학생의 마음을 조금이나마 치유를 주어야 할 것이다.

교사는 어찌 보면 다양한 업무를 해야 하는 변신 로봇이라고 할 수 있고 해내야 한다.

- 자기 과목에 대한 전문성을 갖추어야 한다. 수업을 준비하기 위하여 자료 개발을 해야 하고 45분 또는 50분 학생들과 정성을 다하여 학습 목표가 효과적으로 달성되도록 지원하고 도와주어야 한다.
- 학생들끼리 마찰이 있을 때는 서로의 이야기를 들어주면서 교육적으

로 해결하기 위하여 그리고 아이들의 꿈을 도와주기 위하여 상담해야 한다.

• 자신이 맡은 업무에 따라 교육과정을 운영해야 하고 교육청에서 오는 공문을 처리해야 한다.

• 공정한 경쟁을 위한 고사 원안지 제작 및 수행평가를 해야 한다.

• 코로나19처럼 팬데믹 시대가 오면 원격수업을 진행해야 한다. 발 빠르게 변화하는 시대에 맞춰 여러 수업 기자재를 다룰 줄 알아야 한다.

• 요즘 시대에는 학생들의 안전을 위하여 시도 때도 없이 긴장해야 한다. 불시에 발생할지 모르는 안전사고에 대하여 학생들에게 끊임없이 이야기하고 안내를 해 주어야 한다.

팬데믹이 끝난 2023년 여름, 2019년 올해의 과학교사상을 수상한 선생님들이 두산연강재단에서 지원하고 함께한 일본 해외연수에 참가하게 되었다. 첫날은 두산중공업을 시찰하고 게스트하우스에서 선생님들과 재단의 만남 및 만찬을 가졌다. 그리고 일본 과학의 발전과 그 업적들을 돌아보고 긍정적인 부분을 우리나라 과학교육에 적용하기 위해 비행기에 몸을 실었다. 일본 나고야 및 도쿄 과학관, JAXA, 고즈고등학교 등 오사카, 나고야, 도쿄를 방문하면서 일본이 왜 경제 대국이 되었으며 왜 노벨상을 수상할 수 있는지를 알게 되었다. 과학 교사를 꿈꾸는 후배 교사들도 과학교육에 최선을 다하여 올해의 과학교사상에 문을 두드리기를 바란다. 상금뿐만 아니라 두산연강재단에서 지원해 주는 감동적이고 잊지 못할 일본 해외연수가 기다리고 있으니 꼭 참여하길 바란다.

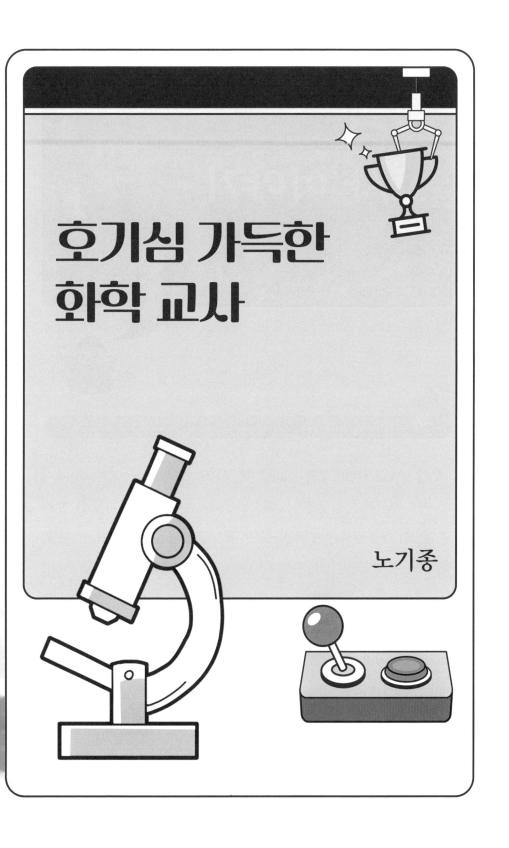

# 호기심 가득한
# 화학 교사

노기종

## 어린 시절 이야기

충남 공주군 신풍면 조평리 2구. 어린 시절을 보낸 고향은 골짜기가 깊어서 가다 보면 결국 길이 끊겨서 되돌아서 나올 수밖에 없고, 가뭄 한 번 타지 않았던 개울 물속에는 하얀 곱돌이 뽀얗게 깔려 있었던 심신 산골이었다. 산 위쪽에 곱돌(학명은 활석이고 모스경도계 1인 매우 무른 돌로 어린 시절에는 주로 벽에 낙서를 하는 용도로 많이 쓰였으며, 화장품에도 많이 쓰인다.) 광구가 여러 곳 있었고 곱돌 채취 과정에서 떨어진 부스러기들이 개울을 따라 떠내려오면서 개울 물속을 하얗게 만들었던 집성촌(예전에는 같은 성씨를 가진 사람들끼리 모여 땅을 일구고 한 마을을 이루어 살곤 했다.) 마을이었다. 그런 환경에서는 그냥 자연에 순응하면 살아가는 삶 그대로였다. 인간이 자연을 거스르는 몇 가지가 있었다면 음식과 난방을 위해서 풀과 나무를 베어 땔감으로 사용하는 것과 어둠을 밝히기 위해서 겨우 작은 등잔불 하나를 밝히는 것이 거의 전부였다. 해 뜨면 깨어나서 활동을 시작하고, 해가 지면 그 어둠을 이길 수 없기에 할 수 없이 잠자리에 들어야만 하는 것이다. 봄이 오면 나물 뜯고, 논과 밭을 갈고 씨뿌리고 모내기를 하고 여름이 오면 끊임없이 잡초와 벌레들과의 전쟁을 치러야 하고 가을에는 벼농사며 밭농사며 과일들이며 이것저것 그동안 기른 것들을 수확해서 저장하고, 겨울에는 눈 덮인 산들에서 꿩이며 야생 토끼를 잡으러 다니기도 하고, 뜨끈한 온돌 바닥의 사랑방에서 윷놀이를 하며 지내야 하는 것이 자연의 변화에 따르는 일상이었다. 특히나 밤이 되면 정말로 칠흑 같은 어둠이 내려앉아 집 밖을 나서기 위해서는 할머니가 들려주신 '외다리 부지깽이 귀신과 씨름을 해서 이겨야만 한다.'는 무시무시한 공포를 이겨내야만 하는 어려움이었다. 나중에 알게 된 사실이지만, 애들이 밤에 돌아다니지 못하게 하려고 미리 무서운 이야기들로 선수를 치셨다는 사실이다. 그럼에도 불구하고 그 당시에는 실제로 먼 무덤가에서 어슴푸레 피어나는 도깨비불(무덤가에서 주로 발견되는 불연속적인 연소 현상은 인체에 포함되어 있던 흰인 성분의 자연 발화로 나타나는 현상이다.)을 쉽게 볼 수 있었고, 이로 인해 할머니가 들려주신 귀신과의 씨름이나 도깨비를 피하기 위해서 밤은 절대로 피해야 하는 공포의 시간일 뿐이었다.

그런 자연주의적 삶 속에서 과학의 힘을 절감하게 된 계기가 바로 11살이 되던 해에 우리 마을에 전봇대가 세워지고 전기가 들어오게 되었다. 전깃불이 켜지던 그날 그 순간의 놀라움을 잊을 수가 없다. 방학 때에 두어 번 서울에 다녀와서 전기 문명을 경험하기도 했지만 칠흑의 어둠 속에서의 전등이 뿜어내는 빛은 실로 엄청난 것이었다. 전기가 없는 시절이고, 마을에 탈 것이라고는 우마차와 경운기가 전부였던 시절 이야기를 하다 보면 내 이야기를 듣는 이들이 내 나이를 헤아려 보는 것도 당연한 일일 것이다.

전기가 들어오고 얼마 지나지 않아 이장님 댁에 흑백텔레비전이 들어오고, 깊은 산골이라 방송 수신이 원활하지 못해서 지붕 위에 달려 있는 안테나를 이리저리 돌려가며 맞춰봐야 가로 세로로 흔들리는 화면이 전부라 제대로 볼 수 있는 콘텐츠가 거의 없던 12인치 크기의 텔레비전 화면을 눈이 빠져라 보면서 즐기던 기억이 여전히 생생하다.

아무래도 전깃불과 흑백텔레비전의 존재를 경험하면서 과학자가 되겠다는 꿈을 처음 가지게 되었던 것 같다. 언제부터인가 미래 희망을 적는 란에는 어김없이 과학자라고 적게 되었고 과학 수업시간에 유독 흥미를 느끼게 된 것을 보면 말이다.

6학년이 되면 전학이 안 된다는 근거 없는 소문 때문에 5학년 때에 자그마한 시골 학교에서 가족들이 있는 서울로 전학을 왔다. 다니던 시골 학교는 한 학년이 한 반뿐이고, 한 학급당 20명 내외로 전교생이 133명이었는데 내가 전학을 가면서 132명으로 줄었는데 전입한 학교는 내가 우리 반에서 76번으로 이런 학급이 한 학년에 16학급이나 있었다. 시골 학교에서 내가 최고인 줄만 알고 있었는데 이런 거대한 규모의 학교에 오면서 겪게 된 문화적 쇼크는 4학년 때 등잔불에서 전깃불로 바뀌는 충격보다 더 컸다.

내가 과학, 특히 화학을 가르치는 교사가 된 것은 바로 염화나트륨(NaCl, 소금) 때문이었다. 문득 가지게 된 의문과 그 의문을 풀 수 있는 열쇠가 화학이었기에 끌리게 된 것이다. 어린 시절, 돌리기만 하면 소금이 나오는 맷돌을 훔쳐서

교무실에서 플러렌 구조

욕심부리던 도둑이 배 위에서 너무 많은 소금을 만들어 물속에 가라앉았다고 하며, 바닷물 속의 맷돌이 계속 돌아서 바다가 이렇게 짜게 되었다는 동화를 누구나 기억하고 있을 것이다. 참 재미있는 아이디어라고 생각했다. 소금이라는 것이 어찌 보면 지극히 평범한 것이지만, 아주 특정한 조합으로만 만들어지는 점이 매우 흥미로웠다. 나트륨(Na)은 1족 알칼리 금속으로 반응성이 매우 커서 지극히 평범한 물과 반응하기만 해도 폭발적으로 반응하면서 강한 염기성 물질을 형성하는 매우 위험한 물질이다. 한편, 염소 기체($Cl_2$)도 독성이 강하여 세계 1차 대전 중에 실제로 독가스로 사용되어 연합군에게 큰 피해를 입힌 적이 있을 정도로 위험한 독성을 가진 물질이다. 그런데 이 위험하기만 한 두 물질이 만나면 불꽃을 튀며 격렬한 반응을 하면서 무색 반투명한 결정을 남기게 되는데, 이것이 바로 소금이다.

소금은 대부분 생명체에게 있어서 생존에 없어서는 안 되는 꼭 필요한 물질이다. 위험하고 무서운 두 물질이 만나서 너무나 소중하며 모든 생명체의

생존에 꼭 필요한 새로운 물질로 재탄생하는 것이야말로 화학의 본질이며, 화학 반응의 참맛이라고 생각한다. 하지만 내가 더 관심을 기울였던 세계는 단순히 성질이 다른 새로운 물질이 만들어지는 것에 그치는 것이 아니었다. 그것은 위험한 두 물질이 만나서 모든 생명체에게 매우 유용한 물질이 되는 과정에서 이뤄지는 조합이 '어찌하여 $NaCl$일 수밖에 없는가?'라는 것이었다. $NaCl_2$도 아니고 $Na_2Cl$도 아니고 왜 꼭 $NaCl$로만 존재해야 하는가? 원자의 구조를 살펴보고 원자핵과 그 주위에서 운동하는 전자들의 세계에서 어떤 규칙성이 있으며, 어떤 특징을 나타내는지를 배우는 과정에서 그 답을 찾을 수 있었다.

짠맛을 내는 소금에 이끌려 화학 선생님으로서의 길을 선택하게 되었으나 매우 소심한 성격으로 학급 내에서도 특별하게 존재감을 드러내지 않고 중고등학교를 지낸 내게 대학 입학 후의 가장 큰 고민은 평생을 교사로 살아가기에 필요한 역량에 대한 부분이었다. 낯선 친구들과 쉽게 어울려야 하고, 많은 사람 앞에서 자기 생각을 자유롭게 드러낼 수 있어야 하는데 이런 기본 역량과 내 심성은 너무나 달랐기 때문이다.

지금까지의 삶과는 다른 획기적인 전환이 필요했다. 진심으로 내가 선생님이 되고자 했기 때문이다. 그래서 변화를 위한 무수히 많은 노력을 의도적으로 했으며, 친구들을 사귀기 위해서 세 개의 동아리에 가입해서 활동하기도 했다. 아침에는 주로 탁구 동아리 활동을 하고, 오후에는 주로 독서 토론 동아리를 했으며, 주말에는 가톨릭 학생회 활동과 더불어 성당에서 주일학교 교사를 하면서 예비 교사로서의 꿈을 키웠다.

화학교육을 전공하는 내가 사회과학 독서 토론 동아리를 선택한 것은 과학 영역에 주로 흥미와 관심을 보였던 나였기에, 대학 시절이 아니면 인문, 사회, 경제, 역사에 대해서 무지한 상태로 생을 살아가게 될까 두려운 게 그 이유였다. 책을 읽고 공유하는 독서 동아리 활동 덕에 도서관에서 실시하던 월 다독상에 여러 번 당첨되기도 하였으며 어쩌면 반쪽짜리 사회인이 되었을지도 모르는 나를 역사에 대한 바른 인식과 사회를 바라보는 나의 가치관을 바르게 세우는 데 소중한 뿌리가 되었다.

무엇보다 타인 앞에서 당당하게 서기 위해서 여러 기관에서 실시하는 레크리에이션 연수를 10차례 받았다. 레크리에이션 지도자 기법들이 많은 사람의 마음대로 휘어잡고 컨트롤하는 데 매우 유용했기 때문이었다. 그래서 점차로 각종 조별 발표, 오리엔테이션, 엠티, 대학 축제, 사은회 등 많은 행사에서 사회자로서 역할까지 하게 되었고 대중 앞에서 망설임 없이 당당하게 설 수 있는 자신감을 가지게 되었다. 아마도 중고등학교 친구들이 기억하는 내 모습과 대학교 이후의 친구들이 기억하는 내 모습이 너무나 다른 것도 대학 시절의 이런 노력의 결과일 것이다.

화학 수업의 첫 시간에는 화학이 우리 삶에서 얼마나 중요한 가치인지 알려 주고 싶어서 나름의 오리엔테이션 시나리오를 만들었다.

[시나리오]

우리는 초등학교부터 아니 어쩌면 유치원부터 과학을 배웠어요. 하지만 화학이라고 이름 붙여진 과목은 처음 배우는 거죠. 그래서 선생님은 처음 배우는 이 화학을 한번 여러분과 함께 정의해 보고 싶어요.

"화학이란 ㅁ ㅁ다."

(학생들에게 질문을 던지고 학생들의 응답을 칠판에 열거한다.)

우리 친구들이 화학을 A, B, 혹은 C라고 정의했어요. 선생님은 화학이란 우리의 삶 그 자체라고 생각해요.

Chemistry is LiFe!

우리의 모든 삶이 화학인 거죠. 화학은 만물을 구성하는 모든 물질에 관한 학문이에요. 물질을 구성하는 가장 작은 입자들이 원자죠. 그래서 원소 기호를 써서 삶을 리페(LiFe)라고 적었어요. 선생님은 화학을 또 이렇게 정의하고 싶어요.

Chemistry is FON!

어때요? 재밌죠? 재미는 FUN!이라 하죠. 그것보다 FON은 더 흥미로워요. 화학은 우리의 삶 그 자체이면서 또 아주 재미있는 세계에요. 농담이지만 화학을 하나둘씩 배우다 보면 이 전기음성도가 큰 세 개의 원자, F, O, N이 어떤 가치인지를 또 배우고 나면 왜 FON이라고 적었는지 알게 될 거예요.

가장 쉽게 볼 수 있는 물질 이야기를 한 가지만 해보죠. 우리가 생명의 근원이라고 말하는 물이 여기 있어요. 물은 무엇으로 이루어져 있을까요? 그렇죠. 수소와 산소가 결합해서 물이 되죠. 한때는 물은 더 이상 쪼갤 수 없는 원소라고 믿었던 시절도 있었죠. 흙, 물, 불, 공기의 4원소설에서 말이에요. 하지만 이제는 아주 쉽게 분해할 수가 있죠. 물에 전기를 통해주면 다시 수소와 산소로 나누어집니다. 물론 두 기체를 모아서 다시 작은 스파크를 주면 폭발하면서 다시 물로 되지요.

그러면 여러분들 중에서 혹시 기적을 경험해 본 친구들이 있나요? 기적을 과학적으로 정의해 보면 어떨까요?

기적 = 일어날 수 있는 확률이 무지무지하게 낮은 일이 실제로 일어나는 것

EBS 지식채널 '빈 공간' 함께 관람(동영상 자료).

우리가 보고 느끼는 모든 사물의 99.999%가 바로 텅 빈 공간이에요. 물질을 이루는 가장 작은 입자를 원자라고 하죠. 원자는 원자핵과 전자로 이루어져 있고, 만약 원자핵의 지름을 1센티라고 가정을 하면 원자핵으로부터 가장 가까운 전자는 거의 100여 미터 밖에 존재해요. 그렇다면 원자핵과 전자 사이에는 무엇이 존재할까요? 그렇죠. 아~무것도 없어요. 텅~ 빈 공간인 거죠.

몸무게가 70킬로 나가는 친구가 있다고 가정했을 때 그 친구에 들어 있는 빈 공간을 모두 빼면 아마도 부피가 채 1mL도 안 될 거예요. 그런데 그런 아무것도 없는 빈 공간 투성이가 바로 나를 만들고 여러분을 만듭니다. 먹고, 마시고, 느끼고, 판단하고, 계산하고, 움직여요. 빈 공간들이 모여서 그 수많은 변화를 만들어요. 이게 바로 기적이죠. 우리의 존재 자체가 우리의 삶 하나하나가 모두 기적인 거예요.

우린 기적의 존재입니다. 그러니까 화학은 우리의 삶 자체이고 Chemistry is LiFe!, 살아가는 재미이고 Chemistry is FON! 우린 끊임없이 변화를 만들어 가야 해요. 그래서 끊임없이 도전하는 삶을 살아가야 합니다. 그래서 선생님은 이렇게 쓰고 싶어요. 여러분이 부디 화학이라는 소중한 가치를 깨달을 수 있는 시간이 되길 빌게요. 함께 화학 세계로의 여

행을 떠나 보기로 해요.

CHEM IS TRY!!(화학은 도전하는 자의 몫이다.)

## 배우는 교사

처음 경험하는 학교는 내 상상과는 너무 달랐다. 상업 학교(현재는 특성화고)에서 한 학급에 10여 명이 지각하고, 10여 명은 결석이고, 또 10여 명은 조퇴하니 55명 정원인 교실이 평균적으로 30여 명의 학생만 자리를 지키고 있었다. 따라서 교과 지도보다는 생활 지도에만 매진할 수밖에 없었고, 상업 학교의 특성으로 과학 과목에 대한 학습성취도는 무시되기 일쑤였다. 첫 학교 신규 시절에 학생들과 함께 했던 역할이 생활 지도가 대부분이었던 관계로 교과 학습 지도에 대한 역량, 특히 실험실습 지도에 대해서는 체계적인 원리 학습 및 탐구과정의 설계 등은 엄두도 못 내고 교과서에 제시된 자료를 맹목적으로 따라가는 게 거의 전부였다. 특히 학교를 지키는 야간 당직이야말로 교사의 진을 빼는 말도 안 되는 일이었다.

새 학교로 전근을 오자마자 눈물겨운 배려를 경험했다. 촌지가 횡행했던 시절 '젊은 교사들에게 담임 주면 아이들 망친다.'는 말도 안 되는 주장을 내세워 담임 교사로서의 경험 기회를 제대로 한 번도 가지지 못했던 내가 겨우 첫 담임을 맡게 된 이때에 선배 교사들이 16시간, 17시간을 나눠 가지고 나한테는 달랑 14시간 만을 하라고 했다. 당황해하는 저에게 "너는 앞으로 수업할 날이 많으니까 우리가 많이 하는 거야."라며 아무렇지도 않다는 듯이 농담을 건네던 분들이다. 선생님이 되기 위해서 준비해야 하는 대학 시절에 배우지 못한 것을 두 번째 학교에서 제대로 배운 셈이다.

두 번째 근무지였던 영등포고등학교에서의 교직 생활은 교사로서의 삶에서 가장 소중한 교사로서의 역량을 배우고 익히게 된 중요한 기간이었다. 공립 학교의 특성상 순환근무를 하는데 두 번째 학교였던 영등포고등학교에서 선배 교사들을 통해서 배우게 된 역량들은 내가 평생 교사로 살아가는 데에 있어서 가장 소중한 가치였다. 그 대표적인 삶의 태도는 바로 '호랑이를 잡으려면 호랑이 굴로 들어가라.'였다.

## 호랑이를 잡으려면 호랑이 굴로 들어가라

잘 알려진 전통 속담이지만, 이 속담의 가치를 그때 선배 교사들에게서 배우고 평생을 그걸 실천하고자 살다 보니 교사로서 부끄럽지 않은 삶을 사는 중요한 밑바탕이 되었다고 생각한다. 선배 교사들이 알려 준 교사로서의 삶의 노하우는 결국 계속 학교를 옮겨 다녀야 하고 학교마다 특색과 나름의 관례 같은 것들이 있으니 적응에 제법 시간이 필요하다는 것이다.

지금도 마찬가지지만, 선생님들이 업무분장 과정에서 소위 학생부라고 불리던 부서 업무를 맡는 것을 누구나 꺼려했다. 그러다 보니 특정 교사들의 전유물처럼 되었고, 이로 인해 많은 문제가 발생하고 있음을 많은 대화를 통해서 공유하게 되었으며, 이를 개선하는 것을 복표로 뜻을 같이했던 몇 분의 선생님들이 자원해서 학생부에 들어갔다. 목표는 단 하나. 학생부

교무실은 공포의 공간(?)이었는데 이걸 깨고 소위 '사랑받는 학생부'를 만들자는 것이었다. 처음에는 기존의 선생님들과 부딪히기도 하고 마찰도 있었지만, 포기하지 않고 끊임없이 대화를 시도하고 귀찮고 번거롭고 어려운 일들을 도맡아 처리하는 모습들을 통해서 부서 전체가 하나로 뜻을 모으게 되고 상상만 했던 '사랑받는 학생부'의 모습을 만들어 내었다. 어려움도 많았지만, 끝내 그 목표를 이루어서 행복했다.

그때 선배 교사들이 알려 준 교사로서의 삶의 태도가 바로 소위 '호랑이 사냥법'이다. 내가 볼 때 불만족스러운 일이 있으면, 내 맘에 들지 않는다면 그 업무를 수행하는 사람을 비난하기보다 다음 기회에 내가 역할을 자청한 그 자리에 가서 변화를 주도하게 되면 비로소 바꿀 수 있다는 간단한 논리이다. 호랑이를 사냥하기 위해서 호랑이 굴로 들어가는 법을 배운 이후로는 학교에서 그 어떤 업무를 맡게 되든지 일 자체에 대한 두려움이 없어지고 적극적으로 해 나가게 되는 자신감을 가지게 되었다.

## 그림의 떡

영등포고등학교의 실험 준비실에는 이전 학교에서 보지 못했던 잘 정리된 실험 기구들이 늘어서 있었는데 거의 그림의 떡이었다. IBM 차관으로 들여온 거라면서 관리를 잘해야 하고 손상되면 안 된다며 아예 사용을 금지한 채로 2중 잠금장치가 채워져 있어 마냥 먼지만 뒤집어쓰고 있었다. 어이가 없었다. 지금 생각해 보면 구체적으로 어떤 장치들이었는지도 잘 기억나지 않지만, 못쓰게 하니 더 궁금했다. 하지만 이제 겨우 발을 뗀 막내 교사가 애지중지 관리하는 실험 장치를 쓰겠다고 무작정 덤벼들 수는 없는 노릇이었다. 결국 실험 장치들은 7차 교육과정 시행에 따른 과학시수 감소로 3년 만에 비정기 전보로 학교를 떠나는 날까지 여전히 그림의 떡으로만 남아 있었다. 비싼 실험 도구들이 그림의 떡으로 남은 것은 안타까운 일이지만, 순환근무를 하는 공립 학교는 지금은 어디로 갔을까 하는 궁금증도 있다.

## 지혜로운 대화법

교사는 학교에서 끊임없이 대화해야 한다. 가르치는 것에 대한 의견 교환에서 업무에 대하여 다른 교사들과 대화하고, 효과적으로 가르치기 위하여 그리고 각종 생활 지도를 하거나 상담의 과정에서 학생들과 대화하고, 또 여러 가지 민원을 가진 학부모들과 대화를 해야 한다. 가장 어려운 것은 교사라는 책임감을 유지하는 일일 것이다. 그 어떤 부류의 사람들보다도 교사에게는 무한의 도덕적 책임이 지워진다. 머리끝까지 화가 날 때도 욕설이 목구멍까지 밀려 올라올 때도 이를 참아내고 진심으로 자신을 다스릴 수 있어야 한다. 내가 생각하는 가장 쉬운 방법은 말을 천천히 하는 것이다. 그러면 대화 과정에서 실수도 막을 수 있고, 흥분하면서 이성을 잃게 되어 물리적 충돌로 이어지는 불상사도 막을 수 있다. 후배들에게 천천히 말하는 법, 대화 중에 쉼표를 넣으라고 조언하고 싶다.

우리는 교사가 되기 위해서 지혜롭게 대화하는 방법 여러 가지를 배웠다.

대표적인 것이 'i-message'이다. 쉽게 표현하면 상대방의 입장에서 이야기하라는 것이지만, 이론과 실제는 너무 다르다. 더구나 극한 상황에서 계속 이런 자세를 유지하는 것은 쉽지 않다. 하지만 천천히 말하기는 나와 상대방이 모두 극한으로 갈 수 있는 상황을 막는데 가장 효과적이라고 생각한다. 입으로 말을 하면 아무 말이나 막 튀어나오지만, 머리로 말을 하면 싸움으로 가기 전에 문제를 해결할 수 있다. 때로는 이 화법은 소란스러운 수업 시간을 정돈하고 집중시키는 데에도 효과적이다.

## 선생님의 목소리(휴대용 엠프)

보통 과학실험실이 일반 교실에 비해 대체로 1.5배 혹은 2배 더 넓은 공간이고, 탐구실험 과정에서 학생들이 자유롭게 묻고 답하고 토의하기 때문에 긴급한 안전 조치나 위험 요소의 제거 등 빠른 집중을 필요로 해서 한정적으로 사용하지만, 수업 시간에는 휴대용 앰프를 절대 사용하지 않는다. 목소리가 크다고 해서 잘 들리고 목소리가 작다고 해서 안 들리는 것이 아니다. 목소리가 작다고 해도 목소리에 힘이 있으면 잘 들린다. 단순하게 소리의 크기만이 아니다. 드라마 속 주인공 미스터 션샤인에서 애신 역을 맡았던 김태리의 대사를 한번 들어 보시라. 그 작은 체구에서 아주 뼈내가 굵고 또랑또랑한 목소리가 내 귀에 깊숙이 꽂히는 것을 느낄 수 있을 것이다. 휴대용 앰프는 내가 전달하고자 하는 메시지를 단순히 크게 울리는 것 이외에 아무것도 아니다. 물론 주제를 흥미롭게 구성하는 것이 더 의미가 있는 것은 두말할 나위가 없지만, 교사가 크게 말을 할수록 학생들은 그 소리에 묻어 더 시끄럽게 대화를 한다.

교사는 많은 학생 앞에서 자신의 의지를 전달해야 하니 시작과 끝맺음이 정확해야 한다. 내 나름대로 발음이 정확하다고 생각했는데 EBS 수능 강사를 하던 때에 감독님의 지적을 받으면서 말끝을 흐리는 표현 방식이 듣는 상대에게 말하는 내용에 대해서 자신감이 없다고 받아들이게 된다는 점을 알게 되었다. 학생들이 흔히 하는 태도를 보면 쉽게 알 수 있다. 말꼬리를 흐린다는 것은 정확한 내용을 정확하게 전달해야 하는 교사에게는 치명적으로 나쁜 태도이다. 학생들과 대화할 때 흔히 겪게 되는 상황으로 "선생님….", "왜?", "저기요….""질문 있니?", "이거… 이렇게… 해도 되나요?" 이처럼 대화 중에 학생들의 말꼬리는 점차로 땅속으로 기어 들어간다. 소리가 작아지거나 아니면 아예 끝맺음을 하지 못한다. 그만큼 자신이 이야기하는 것에 대해서 스스로 확신이 없다는 것이다. 교사의 표현도 마찬가지이다. 정확하고 명확하게 끝까지 표현해야 한다. 지혜로운 말하기에 하나 더 붙일 것은 쉼표이다. 교사들의 숙명적인 고질병이라는 성대결절로 고통받은 분들을 많이 보았다. 많은 학생을 대상으로 말을 하다 보다 자연스레 커진다. 분위기가 업되면 나도 모르게 점점 더 커진다. 문득문득 자신을 돌아보고 쉼표를 넣어야 한다. 목소리에 변화가 있으면 학생들의 집중에도 효과적이다. 목 건강을 유지하는 데 유리하고, 아울러 적당한 쉼표 말하기는 듣는 상대방을 내게로 집중하게 한다.

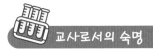

## 교사로서의 숙명

교사는 학교에서 지내는 모든 시간 동안 참으로 놀라운 일을 해야 한다. 하지만 그게 끝이 아니다. 학교를 떠난 시간과 다른 공간에서도 끊임없이 교육을 고민해야만 한다. 집에서 책을 읽다가 문득 접하게 되는 좋은 글귀는 아침 조회 시간에 또는 학생과의 상담 시간에 쓰려고 메모를 한다. 가벼운 휴식을 위해서 텔레비전을 보는 시간에도 끊임없이 정보를 모은다. 꼭 가치를 따져서 다큐멘터리의 소재에 집착하지 않는다. 가볍게 집 주변을 산책하는 중에도 행여나 우연히 행운의 상징이라고 하는 네잎클로버를 얻게 되면 꽃말이 행복인 정상적인 세잎클로버에서 벗어나 탄생한 돌연변이의 개념을 떠올리게 된다. 여행하는 중에도 눈으로 보고 귀로 듣고 피부로 체감하는 그 모든 경험을 끊임없이 학생들을 가르치기 위한 다양한 소재와 예시로 쓰기 위해 고민하고 또 고민하게 된다. 이건 이런 원리를 설명할 때 예로 들어주면 좋겠다. 저 출연자의 과학적 소견은 난 다르게 생각하니 학생들에게 토론 주제로 제시해 주면 좋겠다. 등등.

## 시인이 되지 마라

나는 화학 교사다. 화학을 가르칠 수 있어서 행복한 화학 교사다. 화학을 가르친다는 자부심이 나를 기쁘게 하고 이런 기쁨을 학생들도 같이 공감하는 날이 오길 날마다 소망한다. 매일 수학 시간처럼 숫자와 씨름하지 않아

주기율표 수업 장면

도 되고, 영어 시간처럼 낯선 단어와 어설픈 발음으로 고민하지 않아도 되고, 체육 시간처럼 운동장에 나가서 뙤약볕 아래서 달리지 않아도 되고, 도덕 시간처럼 옳고 그름의 선에서 해야 하는 결정 때문에 고민하지 않아도 되어 행복하다. 하지만 그런 몇 가지의 불편한 것들을 피할 수 있기 때문이 아니라, 생활의 곳곳에 숨어 있는 여러 가지 과학적인 원리들을 알려 줄 수 있고 다양한 소재와 활동으로, 내가 준비하는 작은 노력에도 기쁘게 달려드는 아이들이 있기 때문에 나는 행복한 화학 교사이다.

금속과 비금속이 만나서 옥텟을 이루기 위해서 금속은 양이온이 되고, 비금속은 음이온이 되어 주고받는 과정에서 넘치거나 모자람이 없이 만나는 이온결합, 비금속 원소 간에는 서로에게 필요한 전자를 주고받음이 불가능하니 함께 쓰는 방법으로 일명 '누이 좋고 매부 좋은 방법'으로 이뤄지는 공유결합, 금속 원소 간에 원자에서 뛰쳐나온 전자들이 양이온들을 적절하게 묶어줌으로써 이뤄지는 금속결합 이런 다양한 결합 방법을 통해서 세상의 모든 물질이 탄생함을 배웠다.

$NaCl$은 있고 $NaCl_2$는 없다. $MgCl$은 없고 $MgCl_2$는 있다. 그 원리를 깨달았을 때의 기쁨은 형언할 수 없다. 세상의 모든 만물 중에 아무 이유 없이 만들어지고, 아무렇게나 존재하게 된 것이 없다. 다 나름의 존재 이유가 있고, 존재의 가치가 있다.

언제부터인가 학교에서 나의 화학 수업 시간은 화학이 왜 우리 삶, 생활

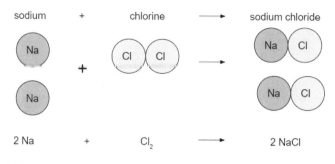

염화나트륨의 생성반응

그 자체인지를 말하게 되었고, 마치 화학의 전도사처럼 되었다. 아니 과학 전도사라고 해야 더 옳은 표현일지 모르겠지만, 과학자의 탐구적인 태도를 가지라는 주문은 많이 했다. 위에서 언급한 소금 이야기도 빠지지 않지만, 그 이야기 중에서 자주 하는 표현 한 가지가 있다.

"시인이 되지 마라!"

가끔 이의를 제기하는 녀석들도 있다.

"시인이 뭐가 어때서요?"

그런 친구들에게 시인이 되지 말라는 이유를 이렇게 답해 준다.

"잘 생각해 보렴. 소파에 앉아서 텔레비전을 보던 시인이 있다고 해 보자. 볼륨이 너무 작아서 텔레비전에 다가가서 볼륨 올리고 나서 자리에 돌아와 보니 이번에는 채널이 맘에 안 든다. 할 수 없이 다시 가서 채널 돌리고, 다시 뭔가 부족하면 다시 가서 조정해야 했다면 아마도 이렇게 읊지 않았을까? '아~ 텔레비전이 나로부터 멀리 있어 나의 게으름을 일깨우는구나. 부지런히 움직이라 하는구나.'라고."

하지만 그 불편함을 자각하고 스스로 그 문제를 해결하려는 사람은 시인과 다른 태도였을 것이다. 몇 번의 불편함에서 대나무를 길게 잘라서 소파에서도 쉽게 조정할 수 있게 만들었을 것이고, 매우 유용하다고 흐뭇해하지 않았을까? 곧이어 기다란 대나무에 누군가 걸려 넘어지는 걸 보고 발에 걸리지 않는 것들을 새로이 고민하게 되고 그 고민이 유선으로 조절하는 새로운 장치를 만들게 되지 않았을까? 이렇듯 계속 고민하고 불편함을 이기기 위하여 지속해서 노력한 결과 적외선을 이용한 무선 리모컨이 탄생했을 것이다. 불편함을 넘어서기 위한 과학자의 노력으로 탄생한 리모컨은 이제 전 세계 수십억의 인류에게 아주 편리하게 다양한 기기들을 자유롭게 조정할 수 있도록 하며 생활의 편리함을 주었다.

얼마나 감동적인가? 나의 노력이 세상을 변화시키는 데 기여할 수 있다는 것이. 코페르니쿠스, 뉴턴, 에디슨, 아인슈타인. 우리는 많은 과학자들이 이룬 업적들을 기억하고 있다. 그리고 그 이론을 바탕으로 만들어진 과학기술과 결과물들이 우리에게 주는 편리함도 기억하고 있다. 하다못해 스마트폰에 사용할 수 있는 다양한 애플리케이션을 개발하는 그 한 사람 한 사람의 땀과 수고로움도 매우 소중하다.

"Chemistry is LiFe!"

특히, 화학은 참으로 매력적인 학문이다. 우리 인간의 삶과 너무 닮았다. 어쩌면 유물론적 사고라고 비난할지도 모르겠지만, 화학이 우리의 삶과 얼마나 닮았는지 비유를 들어주면 처음에는 코웃음 치는 녀석들이 많다. 그러다 한 시간 두 시간 함께 하는 시간 속에서 점차로 긍정의 미소로 바뀌는 것을 볼 수 있다. 자기만족 혹은 자아도취라고 해야 할지도 모르지만, 수업 시간에 만나게 되는 몇 가지 예를 들어보자. 원자의 구조와 전자배치의 설명에서 특히 그 예를 찾기가 쉽다. 오비탈에 의한 전자배치에서, 한 오비탈에는 2개의 전자만 가능하다. 즉, 한 오비탈에 둘이 들어가면 더는 들어갈 수가 없다. 이는 '파울리의 배타원리'이다. 우리도 둘이 사귄다. 셋이 사귀면 삼각관계가 되고 마찰이 심하게 일어난다. 전자의 특성이 우리 인간의 삶과 너무 닮았다.

또 하나의 오비탈에는 같은 전자가 채워지는 것이 아니다. 서로 두 개의 전자가 한 방에 들어간다. 우리도 남자와 남자, 여자와 여자가 만나는 것보다 남자와 여자가 만나는 것이 자연스러운 자연의 섭리이다. 나는 '훈트의 규칙'을 좌석버스의 법칙이라고 한다. 좌석버스는 좌석이 2개씩 모여 있지만, 사람들이 탈 때는 한 명씩 우선 앉고 나중에야 짝을 지어 앉는다. 이는 에너지 준위가 같은 오비탈에(같은 시간에 출발하는 버스에) 2개 이상의 전자가 채워질 때는 (2명 이상의 사람이 타면) 전자들 간의 반발력을 최소화하는 방법(낯선 사람과 가까이해서 불편함을 느끼지 않는 방법)으로 전자가 한 개씩 채워지고 나중에 짝을 짓는다(한 명씩만 앉고 나중에는 짝을 지어 앉는다). 게다가 전자껍질의 에너지 준위를 보면, 저절로 속담 두 개를 떠올릴 수도 있다.

'천릿길도 한 걸음부터.', '시작이 반이다.'

무슨 뜻일까? 전자껍질의 에너지 준위를 보면 주양자수가 1인 전자껍질과 주양자수가 2인 전자껍질 간의 에너지 준위 차이는 주양자수가 2인 전자껍질에서 무한대껍질까지의 에너지 차이보다 더 크다. 한 단계를 넘으면 이미 반을 넘은 거나 다름없다. 한 걸음을 내디뎌 시작하면 아주 많은 것을 이룰 수 있다. 그만큼 시작이 어렵다. 전자껍질의 에너지 준위도 첫 번째와 두 번째 사이의 차이가 가장 크다.

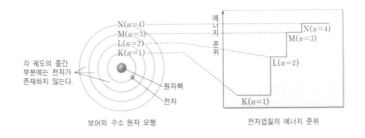

각 궤도의 중간 부분에는 전자가 존재하지 않는다.

원자핵

전자

N(n=4)
M(n=3)
L(n=2)
K(n=1)

에너지 준위

N(n=4)
M(n=3)
L(n=2)
K(n=1)

보어의 수소 원자 모형

전자껍질의 에너지 준위

　배위결합에서 여유 있게 전자쌍을 가진 원자나 분자가 전자가 부족한 존재에게 비공유전자쌍을 일방적으로 제공하여 함께 모두 안정한 상태로 어우러지는 모습에서 십시일반(十匙一飯)의 사자성어를 떠올리는 것도 결코 우연은 아닐 것이다. 하룻밤을 자고 나면 날마다 새로운 세상이 열린다. 벽돌이니 냉장고니 무기니 하고 불리던 시절의 휴대폰은 출시 이후 급격하게 소형화되었고 다양한 기능을 가지면서 끊임없이 재탄생을 거듭했다. 아예 컴퓨터를 품고도 손안에 쏙 들어오는 한 줌의 크기로 탄생했다. 우리는 단지 잠들었다가 다시 깨어나지만, 그 시간 속에서 끊임없이 조사하고, 검사하고, 실험하고, 실패하는 과정을 넘어서는 이들이 있어 세상은 변화하고 있다. 난 우리 아이들이 그 변화의 주인공이 되기를 희망한다.

　"시인이 되지 마라!"

　시인을 부정하는 것도 그의 역할을 폄하하려는 것도 아니다. 단지 문제를 인식하고 그 문제를 단순히 감상하는 태도를 넘어서 적극적으로 해결하려는 의지를 발휘하는 태도로 살아가라는 의미이다. 인류에 기여하는, 새로운 세상을 열어가는 그 대열에 당당하게 서기를 빌어 주는 내 마음의 간절한 표현이다.

어쩌면 몇몇 비유들과 나의 외침이 다소 억지스러울 수도 있고, 유물론적인 사고라고 비난받거나, 그냥 우스갯소리로 흘려버리게 될지도 모를 일이다. 하지만 우리의 아이들이 이런 비유를 통해서 더 쉽게 그 원리를 이해하고 긍정적으로 수용할 수 있게 되었다면 그것으로도 충분하지 않을까? 아울러 생활 속에서 만나는 많은 궁금한 것들을 함께 풀어 나가는 과정 속에서 화학이 우리 삶과 멀리 떨어진 것이 아니라 우리의 삶 그 자체임을 깨달을 수 있게 되지 않을까?

우리의 삶 속에 묻어 있는 화학의 세상을 보여 줄 수 있고, 무궁무진하게 변화하는 세상 속에 숨겨진 원리들을 가르칠 수 있고, '교실을 나설 때 '뒤통수가 따뜻했으면…' 하고 바라는 나는 이렇게 흥미로운 화학을 가르칠 수 있음에 그저 행복한 교사이다.

## 우리는 존재 자체가 기적이다

화학은 우주의 시작과 그 궤를 같이한다. 빅뱅이라는 대폭발이 일어나고 시간이 지나면서 점차로 냉각됨에 따라 우주를 구성하는 기본 입자인 소립자가 형성되고, 기본 소립자인 쿼크들이 결합하여 양성자와 중성자를 형성하고 핵융합 반응으로 원자핵이 생성된 이후 원자핵이 전자를 잡아당겨 원자가 생성되는 과정이 모두 화학이다.

지구를 구성하는 모든 동식물을 비롯한 땅과 바다와 대기의 모든 만물을 만드는데 단지 118개 아니 어쩌면 인공적으로 합성된 원소를 제외한 100여

개의 원소만으로 이루어져 있다는 사실이 그 자체로 신비할 뿐이다.

우리가 보고 느끼고 만져지는 모든 사물의 99.999%가 실제로는 존재하지 않는 것이다. 즉 텅 빈 공간이다. 물질을 이루는 가장 작은 입자를 원자라고 하고 원자는 원자핵과 전자로 이루어져 있다. 만약 원자핵의 지름을 1cm라고 가정을 하면 원자핵으로부터 가장 가까운 전자 거의 100여 미터 밖에 존재한다. 그렇다면 원자핵과 전자 사이에는 무엇이 존재할까? 거긴 그냥 비어 있는 공간이다. 아무것도 없는 텅 빈 공간. 그런데 그런 아무것도 없는 빈 공간 투성이가 바로 내가 되고 여러분 모두가 된다. 빈 공간의 집합이 스스로 먹고, 마시고, 느끼고, 판단하고, 계산하고, 움직인다. 빈 공간들이 모여서 모든 사물을 만들고 서로 반응하여 수없이 많은 변화를 끊임없이 만들어 낸다. 기적이란 일어날 수 있는 확률이 매우 적은 일이나 현상이 일어나는 것을 기적이라고 한다. 우주의 존재와 모든 사물의 존재, 우리의 존재가 왜 기적인지 알 수 있을 것이다.

'공간이 사물로 가득 찬 것이 아니라 사물이 공간으로 가득 차 있다.'

−하이럼M. 스탠리

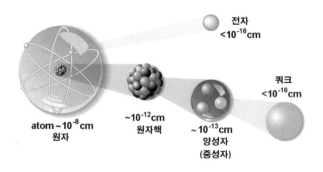

## 내 몸 어딘가에 세종대왕의 땀방울이…

천웅이 사람이 되기 위해서 동굴 속에서 먹었던 미늘의 매운맛을 내는 알리신 분자의 한 원자, 이순신 장군이 명량, 한산, 노량대첩에서의 승리할 때 종횡무진했던 거북선이 뿜었던 화염 성분 속의 한 원자, 어려운 한자 때문에 고통받는 약한 백성들을 위해 한글을 지으신 세종대왕이 흘리셨을 땀방울 속의 물 분자 속 한 원자. 이 원자 중에 몇 개는 내 몸 어딘가에 자리하고 있을 것이다. 세계를 호령하던 진시황, 나폴레옹, 칭기즈칸이나 익히 들으면 알 만한 역대의 철학자인 아리스토텔레스, 소크라테스, 플라톤 또는 역대의 과학자들 뉴턴, 에디슨, 아인슈타인, 마리 퀴리 등 우리보다 먼저 지구에 살다 간 모든 사람이 먹고 마시고 만지고 호흡했던 삶 속의 모든 것과 심지어 그 몸의 일부였던 물질이 하나하나 원자나 분자로 다 나누어졌다가 다시 지구 안에서 돌고 돌아 서로 짝짓고 결합하여 우리 몸의 일부로 다시 탄생했다는 것이 얼마나 놀라운 사실인가? 내 몸 어딘가에 내 기억 속의 역사적인 인물들을 이루던 원자들의 일부가 들어 있다는 사실이.

## 함께하는 기쁨, 동아리

화학 교사라는 이유로 과학(화학) 동아리를 맡게 되는 것이 일쑤였지만, 상업 학교였던 첫 학교에서는 과학 동아리가 달랑 한 개였던 관계로 나에게 차례가 돌아오지 않아서 경험에도 없던 연극반 지도 교사를 맡게 되었다.

그 당시에는 사춘기 청소년들의 방황과 그 속에서의 성장을 소재로 한 소위 '별 시리즈'가 유행이었다. 그중에서 '방황하는 별들'이란 시나리오를 무대 위에 올리기로 했다. 2회 공연을 위한 더블 캐스팅으로 진행했고, 나도 밤 낮으로 연극에 필요한 대화 기법, 무대 위 동선 배치, 제스처 기법 등 연극 의 기본을 알려 주기 위해 끊임없이 공부해야만 했다. 공부에는 거의 담을 쌓아 전혀 의지가 없는 아이들이 또래 친구들의 성장 이야기를 한 장면 한 장면 그려내고, 책 한 권 분량에 해당하는 그 많은 대사를 완벽하게 줄줄 외 우는 열정을 보면서 학교에서 가르쳐야 하는 것이 교과서 속 지식만이 아님 을 처음으로 깨닫게 되었다. 시나리오에 죽음이 포함되어 있다는 이유로 교 장 선생님께서 대폭 수정을 요구하셔서 공연이 무산될 위기에 처하기도 했 지만, 몇몇 실수에도 불구하고 '방황하는 별들'을 통해 드디어 해냈다는 안 도감과 이제는 지워야 한다는 아쉬움으로 가득 차 막이 내려진 공연장에는 동아리 구성원 모두가 엉켜 안고 한동안 눈물바다가 되었다.

첫 학교에서의 가장 기억에 남는 교사로서의 에피소드는 바로 발화점에 대한 뼈아픈 경험이었다. 학교에 달랑 한 개 있었던 과학실험실에는 여전히 왕겨탄(벼의 껍질을 벗긴 것을 왕겨라고 하는데, 이것을 빻아 가루로 만든 뒤에 높 은 온도와 압력으로 굳혀서 구멍 뚫린 나무 막대처럼 만든 탄)을 난로에 넣어 난 방을 하고 있었다. 지금처럼 스위치만 켜면 작동되어 여름에는 냉풍이 나오 고 겨울에는 난방이 되는 시스템 냉난방기기가 아니었기에 실험을 한번 하 려면 선생님이 미리 가서 난로를 피워서 실험실을 데워 놓아야 했고, 보일 러가 없어서 실험하고 정리하는데 필요한 물도 미리 데워 놓아야 했던 시절 이었다. 그날도 영하의 날씨여서 미리 난로를 피워 데워 놓으려고 하는데 나름 화학 교사라고 빨리 불을 붙이려고 실험실에 있던 석유를 왕겨탄에 묻혀서 난로에 넣어 불을 붙이고 나서 실험 기구 준비를 하고 있었다. 잠시 뒤에 보니 왕겨딘에 채 불이 피어나지 않고 꺼진 싱대로 있기에 석유를 조금 더 넣고 다시 불을 붙여야겠다고 생각했다. 난로 뚜껑을 열고 추가로 석유를 넣는 순간 난로에 남아 있던 잔열에 의해서인지 자연 발화가 일어나면서 난로 위로 불꽃이 확 치솟았다. 순간적으로 "지지직!"하는 소리와 함께 단백질 타는 냄새가 진동하면서 눈썹과 앞머리가 모두 타버렸다. 아마도 애매하게 왕겨탄이 데워져 있었으나 발화점에는 도달하지 못했는데 석유는 이보다 발화점이 더 낮으므로 쉽게 불이 붙으면서 발화가 일었던 거 같다. 서둘러 얼굴을 냉수로 씻고 거울을 보았더니 아뿔싸! 20년은 더 늙어 보였다. 교문 밖에 있는 이발소로 달려가서 타서 말려버린 앞머리를 잘라내고 옆머리를 끌어내려 응급조치를 했다. 그날 실험이 어떻게 진행되었는지 잘 기억도 나지 않지만, 그날 일로 인해서 발화점을 제대로 체험하게 되었다. 대머리는 유전이라지만 아마도 내 이마가 슬슬 높아지기 시작하는 것도 그때의 영향은 아니었을까?

## 과학 교사모임, 함께 이루는 가치

과학에 흥미를 가졌지만, 중·고등학교를 지나면서 기억에 남는 실험을 별로 해 보지 못했다. 다만 고2 때 화학 과목 교생 실습을 나왔던 선생님이 비누를 만드는 실험을 설계했는데 경험이 부족해서인지 비누를 만든 조는 거의 없었고 그냥 기름 떡을 만들었다고 보는 게 좋을 것 같았다. 지금 생각해 보면 식용유를 산화시키는 과정을 제대로 거치지 않고 그대로 비누화 반응을 시키려고 했으니 비누가 되기는커녕 기름 떡이 되는 것이 당연했을 것이다. 소위 기름 떡을 치우느라고 뒷정리가 너무 힘들었고 교생 선생님이 어쩔 줄 몰라하던 모습이 역력했지만, 학생들에게 새로운 실험의 경험을 시켜 주기 위한 노력을 시도했다는 점에서 여전히 고마운 기억으로 남아 있다.

학창시절 제대로 된 실험 한번 제대로 경험하지 못했기에 나는 학생들이 직접 할 수 있는 경험을 많이 제공하고 싶었다. 교과서에 제시된 실험들은 제한적이었으므로 특별 활동을 통해 더 많은 경험을 나눠 주고 싶었다. 선생님들께 동의를 구해서 과학 동아리를 자발적으로 맡아 지도하게 되고 집중적으로 경험이 가능한 과학캠프를 반드시 운영하려고 노력했다. 결과적으로 내가 근무했던 모든 학교에서는 반드시 과학캠프를 했다. 이전에 실시한 학교도 일부 있었으나 대부분 외부 활동을 꺼렸기에 실시하지 않고 있던 학교에서도 어떻게 해서든 과학 선생님들과 뜻을 모으고 교장, 교감 선생님을 설득해서 과학캠프로 조직하고 운영했다.

첫째, 둘째 학교에서는 실험 아이템들을 개인적인 경험들과 대학에서 배운 실험들을 이용해서 어찌어찌 꾸려나갔는데, 흥미로운 실험 아이템들이 하나둘 바닥을 드러내기 시작했다. 새로운 경험이 필요했다. 마침 7차 교육과정이 시행되면서 두 번째 학교에서 3년 만에 학교를 옮기게 되었다. 잠시 중학교로 발령이 나기도 했지만, 우여곡절 끝에 여고로 가게 되었다. 두 번째 학교에서는 교사로서 업무를 효과적으로 하는 방법을 배웠지만, 여전히 부족했던 교과 역량을 기를 수 있었던 것은 세 번째로 부임한 학교에서였다. 놀라운 역량을 가진 선배 교사들을 통해 많은 것을 배우게 되었으며, 아울러 선생님들을 통해서 서울 경기 지역의 과학 교사들이 모여 서로 연구한 것을 나누는 과학 교사모임에 처음으로 발을 디디게 되었다. 연구모임에서는 단순하게 화학 영역만을 다루는 것도 아니었고, 단순한 세미나만도 아니었다. 매주 모여서 실시하는 워크숍을 통해서 물리학, 화학, 생명과학, 지구과학 영역 등 교과 영역만이 아니라, 다방면의 주제를 경험할 수 있게 되었다. 또 세미나, 과학교실 운영, 연합 과학캠프(사이언스 잼버리) 운영, 과학놀이마당 등 다양한 과학 대중화 행사들을 통해서 과학 교사로서 과학적 사고력과 탐구능력, 과학적 의사소통능력, 문제해결능력 등 과학 교사에게 꼭 필요한 역량을 길러줌과 동시에 선생님들이 지도하고 있는 학교의 초·중·고등학생들이 다양한 과학 체험을 할 수 있도록 열린 과학으로서의 새로운 장을 펼치는 세계에 나도 발을 들이게 된 것이다.

내가 인지하지 못하고 있던 사이 국어교사모임, 수학사랑, 전국지리교사모임, 신나는과학을만드는사람들, 환경을생각하는교사모임, 사랑의과학나눔터 등등 교과적 특성을 가지고 서로 연구하고 노하우를 공유하는 교사들의 자발적 모임이 이미 많이 시작되고 있었다. 다른 교과와 달리 과학교사들은 기존 과학자들에 의해서 완성되고 축적된 과학기술에 대한 과학사적 접근만이 아니라 지속적으로 변화하고 발전하는 미래의 과학기술에 대하여 끊임없이 학습하는 노력이 필요하다. 그런 노력이 있어야만 우리의 상상보다 훨씬 더 빠르게 과학기술이 변화하고 이에 따라 우리 삶의 방식도 완전히 다른 모습으로 변화하게 되며, 그 속에서 삶을 영위하는 학생들에게 훨씬 진화된 미래 사회에 필요한 과학적 소양을 길러 줄 수 있기 때문이다. 뜻을 같이하는 교사들의 모임은 교육활동에 소중한 가치를 부여한다. 설사 어떤 영역이나 특정 주제에 대한 매우 뛰어난 능력의 교사가 있다고 하더라도 혼자만의 노력보다, 하나하나 작은 능력이라고 할지라도 작은 것들을 모아낼 수 있다면 충분히 가치 있는 성과를 얻어 낼 수 있다. 특히나 교사모임을 통한 나눔은 교육 현장에 대한 파급력도 크고, 피드백도 즉각적이며 끊임없이 피드백을 통한 업그레이드가 되기에 씨를 뿌린 사람과 줄기를 키워낸 사람, 열매를 수확하는 사람 그 모두에게 소중한 결실로 돌아온다.

과학 교사모임에 참여하여 나의 역량을 키웠던 시간을 돌아보면 언제부터인가 과학 교사로서의 나의 삶은 그 모임이 전부였고, 끝나는 그날까지도 내게 소중한 가치였음을 부인할 수 없다. 1998년 처음 교과모임에 발을 들인 지 거의 30여 년을 가까이 계속 참여하고 있고, 매주 화요일에 실시하는 활동에 1년에 한 번 결석할 정도로 성실히 참여했다.

월드컵으로 온 나라가 떠들썩했던 2002년 우리나라 월드컵 경기가 열리는 날이 화요일이었는데 이날에도 어김없이 교과모임에 참여하기 위해서 모인 스스로를 '우리 혹시 광신자들 아님? 모임 광신자들.' 하며 함께 웃었던 기억이 있다. 심지어는 결혼으로 불참을 해도 '모임 공결 처리' 이렇게 처리하는 것이 없을 만큼 함께 하는 선생님들의 참여 의지와 열정은 대단했다. 이건 시대와 무관하다고 생각한다. 지금도 여전히 혼자보다 여럿이 함께하면 훨씬 더 많은 과학 교사로서의 열린 세상을 만들 수 있다고 믿는다. 그 누구라도 조금이라도 더 능력 있고, 준비된 과학 교사가 되길 꿈꾸는 이가 있다면 반드시 혼자의 노력에만 매몰되지 말고 반드시 뜻을 같이하는 교사들의 모임에 참여하여 활동할 것을 권한다. 쉼 없이 연구하고 가진 것을 서로 나누고 더 배운다면 이를 통해서 두 배 세 배 더 완성된 과학 교사로 다가갈 것이라고 믿는다.

세 번째 학교에서는 과학 교과 연구모임에 참여하게 됨으로써 이를 통한 교과 전문성 향상을 위한 연구와 프로그램 개발에 지속해서 노력을 기울일 수 있게 되면서 과학 교사로서의 역량이 한 단계 업그레이드되어 이전에는 경험하지 못했던 새로운 경험을 할 수 있게 되었다. 단순히 학생을 지도하고 실험하는 방법을 넘어 보다 많은 사람에게 과학의 가치를 전할 수 있는 역할들을 할 수 있게 되었다. 그 시발점은 '여학생 친화적인 과학 프로그램의 개발'에 뛰어들게 되면서이다.

인문사회 영역이나 언어 영역에 비해서 상대적으로 과학에 대한 흥미가 적어 이공계 인력으로 진출이 적었던 여학생들에게 새로운 기회를 제공하고자 대통령 직속 여성 특위(현 여성가족부의 전신)의 지원으로 시작된 '여학

생 친화적인 과학 프로그램 개발 과정'에서 '생명의 근원—물'이라는 주제의 팀장으로 개발을 주도하고, 또한 개발된 프로그램의 지속적인 업그레이드 및 프로그램 전파를 위한 각종 교사 연수에서 연수 강사 역할을 하게 된 것이다.

네 번째 학교는 신목고등학교로 남녀 공학으로 구성된 학교였다. 학습 이해도가 높고 스스로 문제해결능력을 갖춘 학생들이 많아서 동아리 구성원들이 각종 교내 활동뿐만 아니라 대회 활동에도 적극적으로 참여하고 각종 대회에서도 입상하는 능력을 발휘했다. 학생들의 꿈을 맘껏 펼칠 수 있도록 지도하는 과정에서 가르치고 지도하는 보람을 느끼기에 충분했다. 과학 동아리 활동은 어떤 시기보다 열성적이고 활기가 넘칠 수밖에 없었다. 교사로서의 내 삶에서도 새로운 꿈들이 생겨나고 새로운 목표들이 생겨났다.

먼저 지금도 유용한 실험 설계 및 도구로 활용되는 컴퓨터를 기반으로 한 실험 장치가 2003년 무렵 미국 버어니어사에 의해서 개발되어 학교 현장에 소개되기 시작하면서 국내 기업들도 MBL(Microcomputer Based Laboratory) 실험 장치의 개발에 뛰어들게 되어 여기에 필요한 실험 콘텐츠를 개발하는 역할에 참여하게 되고 아울러 이를 학교 현장에 전파하기 위한 MBL 강사 역할도 수행하게 되었다. 점차 교육청이나 과학전시관에서 주관하는 각종 과학 연수에 강사로 활동을 하게 되고, 대한민국과학축전을 비롯한 각종 자치단체에서 열리는 과학축전과 일본에서 열리는 도쿄청소년 과학축전 등 다양한 과학 대중화 프로그램에 참여하게 되었다. 물론 과학축전들은 학생들과 함께 하는 활동이었으며, 추가로 한양과학교실, 과학놀이마당, 사이언스 잼버리 등의 체험 프로그램들에 빠지지 않고 참여하였다.

여러 가지 영역에 적극적인 활동을
하게 되면서 과학 대중화 활동이 많아
지게 되니 방송 매체들에서도 요청이
들어왔다. 당시 생활 속의 과학 원리를
흥미롭게 풀어 주는 '스펀지'라는 프로

그램에서 여러 차례 과학 원리에 대한 자문요청을 받아 출연하게 되었고 이
를 계기로 초등과학 프로그램인 '갈갈이의 신나라 과학나라'라는 프로그램
에는 고정적으로 출연을 하기도 하였다. 이렇게 몇 차례 방송 출연을 통해
카메라 앞에 서는 것에 대한 자신감을 가지게 되면서 EBS의 고교 수능 강
사에도 도전하여 방송을 통해서 전국의 학생들을 가르칠 수 있는 자리에 서
게 되었다. 일반적인 자문 프로그램과 달리 틀에 짜여서 돌아가는 EBS 강
의는 강의 시나리오 자체가 학문적 영역이라 비전공자인 작가가 도움을 줄
수 없어 순전히 혼자서 작성하고 필요한 영상자료, 실험 설계, 컴퓨터 그래
픽 자료 등등을 준비하고 검토하는 것이 매우 어려운 일이었다. 물론 촬영
이 가장 중요한 일이지만 촬영을 위한 사전 준비 영역이 매우 힘들고 고통

EBS 강의 장면

스러운 일이었다. 그럼에도 불구하고 우리나라 전역에 어디에 있을지도 모르는 학생들이 맑고 초롱한 눈빛으로 영상 속 나를 통해 화학을 배우고자 노력했을 거라는 사실이 너무 행복했다. 우스운 이야기지만 지방에 과학축전 행사에 참여하러 다니다 보면 학원이나 과외의 도움을 받기 어려웠던 지방의 학생들은 EBS 강의에 많이 의지했다고 하며 영상 속 날 기억하고 내게 사인을 요청하기도 했다.

교사로서의 삶에서 정말 의미 있는 활동 중 하나는 집필 활동이 아닐까 생각한다. 처음으로 의미 있는 교재의 개발에 참여한 것은 초등학생을 위한 에너지 절약 교재 및 교사용 지도서의 개발이었다. 에너지관리공단 지원을 받아 초등학생들이 활동을 통해서 에너지 절약의 의미를 이해하고 생활 속에서의 실천 의지를 키워 주고자 하는 목표로 1~2학년, 3~4학년, 5~6학년을 대상으로 하는 교과서와 교사용 지도서 중 3~4학년을 대상으로 하는 『에너지와 친해져요』를 개발했다.

이어 과학 원리 이해에 필수적인 주요 개념들을 사전적으로 정의한 『개념

교과서를 비롯하여 집필한 책들

잡는 초등과학사전(주니어 김영사)』을 집필하고, 과학대중화잡지(과학동아)에서 생활 속 과학 원리를 실험으로 풀어나가는 실험 활동 중심의 사이언스 어드벤처에 연재를 하기도 하였다.

다양한 교사 연수 강사 활동과 활동 자료집의 개발, 이런저런 집필 활동을 하는 과정을 통해서 내게는 새로운 꿈이 생겨났다. 교사로서 이름이 새겨진 교과서로 수업을 하는 꿈이었다. 그래서 과감하게 교과서 집필에 도전하게 되었다. 그 첫 도전은 7차 교육과정 개정에 따른 화학I, 화학II(미래앤)의 교과서와 지도서를 집필하는 작업이었다. 교육과정에 따른 집필 지침에 따른 수십 번의 집필 회의와 수정 보완 과정을 거치고 또 거쳐야 하는 어려운 작업이었지만, 마침내 완성한 교과서가 검정 기준을 통과해서 처음으로 내 손으로 완성한 나의 교과서를 가지게 되었다. 이후 이어진 2009 개정 교육과정에서는 1학년 융합과학(더텍스트) 교과서 집필이였으며, 2015 교육과정에서는 화학I(금성교과서) 교과서 등 고등학교 과학(화학) 교과서를 집필하게 되었다.

어쩌면 지극히 당연하다고 볼 수도 있겠지만 목표를 가지고 도전하고 성취하는 것이 교사로서의 행복이 아닐까 생각한다. 아무렇게나 망망대해를 떠도는 것이 아니라 정확한 목표 방향을 따라 삶이 중요하다. 하나하나의 목표를 정해보고 이를 하나씩 성취해 가는 교사로서의 삶을 살기 위해 노력했다.

〈교사로서의 성취를 위해 세웠던 목표들〉

- 학생들을 올곧은 눈으로 바라보고 사랑하는 것

- 처음처럼 평생을 사는 것

- 내 손으로 쓴 교과서로 가르치는 것

- 내 이름이 들어간 책을 가지는 것

- 대상을 가리지 않고 가르침을 주는 것

- 대가 없는 봉사활동에 참여하는 것

- 파견 연수, 국외 연수를 통해 새로운 경험을 하는 것

- 교사로서 인정받을 수 있는 상을 받는 것

- 화학 교사로서 삶을 재미있게 사는 것

- 마지막 날까지 가르침을 포기하지 않는 것

 **올해의 과학교사상 수상**

2002년에 과학 관련 세미나를 듣던 차에 우연한 계기로 '과학교사상' 신설 이야기를 듣게 되었다. 공무원들이나 교사들이 받는 상들은 연공서열이라고 해서 경력순으로 받는 게 대부분이었다. 하지만 과학교사상은 딱 5년 동안의 업적을 집중적으로 심사한다고 하는 것에 끌렸다. 2003년 드디어 후보자 추천을 위한 공문이 나왔고, 공문을 보면서 고민을 많이 했다. '내가 이런 영광을 누릴 정도의 역량이 과연 있는 것일까?', '과학교육에서 내로라하는 거물급 선생님들이 수두룩하고, 당장 우리 교과모임에 속해 있는 하늘

같이 높아 보이는 선배 선생님들도 저렇게 많은데.'

그래서 과감하게 접기로 했다. 1년을 더 노력하고 채워서 2회 차에 도전을 하리라 마음먹고 후회 없는 1년을 보내며 가르침의 흔적들을 차근차근 정리했다. 나만의 우수 교육 사례, 교과서, 자료집 등의 집필 실적, 동아리의 지도 실적, 각종 연수 실적과 1정 강사를 비롯한 다양한 교사 연수 강사 실적, EBS 강의, 과학관 강의 실적을 비롯해 그 과정에서 이뤘던 다양한 수상 실적 등 제출할 수 있는 실적 증빙자료가 100매로 제한되어 있었는데 모은 자료들이 이미 150매를 넘었다. 증빙자료를 훑어보면서 뿌듯하기도 했지만, 한편으로는 어떤 자료를 살리고 어떤 자료를 빼야 할지 고민이 되기도 했다. 며칠을 고민한 끝에 겨우 정리를 해서 교육청으로 갔다. 이미 제출한 분들 자료들이 깔끔하게 책으로 제본이 된 상태로 놓여 있는 것을 보니 '아차'하는 생각이 들었다. 나는 증빙자료들을 아무 생각 없이 집게로 집은 상태로 가져왔기 때문이다. 장학사님이 웃으시면서 친절하게 대형 스테이플러로 고정해 주셨다. 다행히 심사를 하셨던 위원님들이 성의 없다고 내치지 않고 어설프게 정리된 자료를 꼼꼼하게 읽어주셨나 보다. 나는 2004년에 제2회 올해의 과학교사상 수상자가 되었다. 어깨가 으쓱했다. 목표를 세우고 노력하여 결과를 이뤄내고 보니 그동안 과학 교사로서 후회 없이 열심히 살아왔구나 하는 성취감은 이루 말할 수 없었다.

## 사이언스 잼버리, 과학놀이마당

　과학 교과모임을 통해서 교사들이 서로의 수업자료와 노하우를 공유하고 다양한 탐구실험 콘텐츠를 개발하는 노력을 통해 역량이 커질수록 더 많은 과학 나눔과 학교 밖 교육에 대한 의지가 함께 커져만 갔다.

　교과모임에서는 두 가지 큰 행사를 주최했는데 하나는 여름 방학 중에 중·고등학생을 대상으로 야외에서 하는 캠프였다. 참여하는 교사들만 50여 명으로 학생들을 포함하면 200여 명에 달하는 여러 학교의 연합 과학캠프였다. 1학기 동안 열심히 준비한 탐구실험을 서로 나누고 체험하고 공유하는 활동으로 후에는 '사이언스 잼버리'가 되었다. 또 다른 과학 대중화 행사는 바로 겨울 방학 중에 과학 교사들이 지도하는 과학 동아리 학생들이 선생님들께 배우고 익힌 과학탐구실험을 초등학생들에게 지도하도록 하는 활동이었다. 유치원생부터 초등학교 6학년까지 참여할 수 있었으며, 어린 이를 인솔해 온 학부모를 위한 세미나, 체험 교실 등 학부모 교실도 운영하였다. 신나는 과학놀이마당의 규모는 웬만한 기관에서 주최하는 행사 이상의 규모를 자랑했다. 운영에 참여하는 학교가 20여 개교로 발표와 지도에 참여하는 교사와 중·고등학생의 수는 150여 명이고, 배움에 참여하는 초등학생들은 하루에 500여 명씩 3일에 걸쳐 참여하는 총인원을 헤아려 보면 거의 2,000여 명이 참여하는, 그야말로 교사들의 자발적 참여로 이뤄지는 거대한 행사였다. 그래서 해마다 겨울방학이 되면 초등학생들과 학부모들이 신나는 과학놀이마당이 열리기만을 학수고대한다.

사이언스 잼버리

'열려라! 즐거운 화학세상'은 화학에 대한 어린이의 이해와 관심을 높이고 화학이 우리 삶에 미치는 영향을 바르게 이해할 수 있도록 올바른 정보를 제공하는 사회공헌 활동으로 서산, 여수, 울산, 부산 등 전국의 초등학생들이 함께 경험하고 자기주도적으로 탐구에 참여하도록 하였다. 이 행사는 한국 RC협의회와 과학 교사모임이 서로 손을 잡고 2003년부터 시작했으며, 주로 초등학생(4~6학년)을 대상으로 화학의 원리를 쉽고 재미있게 이해할 수 있는 다양한 기회를 제공하기 위하여 지속 운영하고 있다. 여러 과학 교사모임이 함께 했으며 우리는 상대적으로 과학 체험활동으로부터 소외된 지역이었던 서산 지역의 초등학생들을 대상으로 화학 원리를 배우고 직접 실험할 수 있도록 아이들의 수준에 맞는 프로그램을 개발하고 10여 년에 걸쳐 지속해서 시행했다. 이를 계기로 우리나라 주요 화학 산업에 대한 이해를 계기도 마련하고 나눔을 통한 화학 교사로서의 자부심을 가질 수 있었다.

열려라! 즐거운 화학세상

서산 지역의 '열려라! 즐거운 화학세상'을 10여 년 동안 추진하다가 점차 해당 지역 교사들의 역량을 키워 스스로 주관하도록 넘겨준 이후에 또 다른 역할에 대해 고민하던 중 교과모임 내에 몇몇 선생님들을 중심으로 지역아동센터나 공부방에서의 자발적 과학 나눔 봉사활동이 시작되었다. 내가 처음 참여한 활동은 '구로함사람'이라는 작은 공부방에 찾아오는 초등학생들을 대상으로 중·고등학생들에게 지도하던 탐구실험 가운데 흥미로운 주제와 활동들을 눈높이에 맞게 지도하는 일이었다. 직접 참여하여 만드는 과학실험의 경험이 많지 않은 공부방 학생들은 아주 간단하고 쉬운 원리의 활동을 통해서도 매우 흥미로워했으며, 단순하게 따라 하기를 넘어, 배운 경험을 더 어린 저학년 동생들에게 발표회를 실시하기도 하였다. 한 해 두 해 지속되면서 과학 나눔 봉사활동은 활동 대상도 늘어나고 참여하는 교사들도 늘어나면서 교과모임 활동의 또 하나의 중심이 되었으며, 횟수가 많아질

지역 아동센터 과학 나눔 봉사활동

수록 나눔을 실천하는 내게도 그 어떤 가르침보다 큰 기쁨이며 보람이 되었다. 나는 금천구의 전진상 지역 아동센터를 중심으로 과학 나눔 봉사활동을 하였으며, 과학교실에 참여하는 초등학생들의 열정과 그 초롱초롱한 눈빛을 통해서 내가 나누어 준 것보다 오히려 더 많은 것을 얻게 되는 소중한 경험을 했다.

 과학관에서의 학교 밖 교육

2008년 11월에는 국립과천과학관이 처음 개관을 했다. 우주선이 내려앉은 모습의 웅장한 모습을 드러냈고, 과학관에는 새로운 이전의 과학관들에서 경험하지 못했던 다양한 전시물들이 많았지만, 과학관에서는 체험적 전시물뿐만 아니라 직접 원리를 이해하고 배울 수 있도록 다양한 과학교실이 준비되었다. 일부 전시물을 대상으로 제한적 탐구실험으로 진행되던 한계를 넘어서기 위해서 전시물을 효과적으로 활용하기 위한 원리 탐구 및 관람 활동지의 개발에도 참여하였으며, 이를 통해서 보다 체계적인 자료를 갖춘 활동으로 변모했다. 과천과학관의 과학교실 활동은 학교 밖의 교실의 또 다른 도전이었으며, 이후 서대문자연사박물관에서의 과학 나눔 활동과 후에 개관한 서울시립과학관에서의 다양한 과학교실 강사를 통해서 정규 교육과정을 넘어서는 또 다른 가르침의 기쁨을 느낄 수 있었다.

## 교사라는 직업의 매력

교사라는 직업은 그 무엇보다 가르치는 보람이 우선 아닐까? 단순하게는 교과 지식에서부터 인생을 살아가는 방법, 가치관, 문제해결능력, 의사소통능력 등 미래 사회의 구성원으로서의 기본적인 역량을 길러 주는 보람 말이다. 일부의 교사들과 소통을 해야 하거나 때론 학부모와도 소통이 필요하기도 하지만 대부분은 나보다 어린 학생들과의 소통이므로 새로운 세대 정보, 문화 정보에 보다 쉽게 익숙해지고 보다 어린 삶의 태도로 살아가게 되는 것 아닐까? 특히 줄여 쓰는 말들이나 신세대 조어, 신세대 콘텐츠 등을 쉽게 접하게 되고 어쩌면 또 어린 세대와의 원활한 소통을 위해서 일부러 자료를 찾아보기도 하다 보면 스스로 성인임을 망각할 때도 있으니 말이다. 늘 청춘과 함께하고 청춘을 노래하다 보면 나도 계속 청춘에 머물러 있게 되는 것은 아닐까?

교사는 그 누구보다 끊임없이 새로운 것을 갈구하고 보다 나은 가르침을 완성코자 노력하는 존재이다.

## 일하면서 힘든 점

교사로서의 삶에서 힘든 것은 내 능력으로 더 이상 어찌할 수 없는 상황을 맞았을 때가 아닐까? 전혀 관심이나 의지를 가지지 않은 학부모를 둔 학생의 지도가 가장 어렵다. 당연히 학생에 대한 지도는 학교와 가정이 함께 노력해야 하는데, 그 중요한 한 축인 가정에서 교육에 대한 의지가 없으면 학교에서 교사의 노력만으로는 역부족이다. 경제적으로 어려움을 호소하는 가정의 학생들은 국가나 지방자치단체로부터 각종 지원을 받고 있음에도 스스로 서지 않고 그 어떤 의지도 발휘하지 않으면 일으켜 세울 때 힘들고 마음이 아프다. 가정환경이나 교우 간의 시달림, 또는 그 어떤 특별한 문제점을 발견할 수 없음에도 불구하고 24시간 무기력한 상태로 모든 삶이 그저 잠, 잠뿐인 학생을 지켜봐야 할 때도 마음이 아프다. 차라리 말썽을 피우는 게 나을 때도 있다. 그런 친구는 깨어있기라도 하고 삶의 활기라도 있으니 말이다. 아무것도 하지 않으려는 학생에게 삶의 의미를 깨닫도록 하는 것이 포기할 수 없는 교사로서의 숙명이겠지만, 무엇보다도 학교 안에서든 학교 밖에서든 언제나 어떻게 가르치고 어떻게 지도해야 할까를 단 한 순간도 쉬지 않고 고민해야 하는 것이야말로 교사로서의 삶에서 가장 어려운 부분이라고 생각한다.

## 특별히 요구되는 능력이나 자질

교사에게 요구되는 자질은 그 무엇보다 아이들을 사랑하는 태도라고 생각한다. 교사가 노동자냐 아니냐로 한때 논란이었던 적이 있다. 교사는 그 무엇보다도 정신적 강건함이 있어야 하고 이를 뒷받침할 수 있는 충분한 체력이 있어야 한다. 덩치가 크다고 강한 것은 아니다. 정확하게 끊고 이음을 할 수 있다면 충분히 강한 것이다. 교사는 단순한 정신 노동자가 아니라 육체적으로도 매우 힘든 노동자이다. 교육과정에서 제시된 개념을 구체적으로 설계하여 가르치는 것은 물론, 언제나 학생 앞에서 당당하게 설 수 있어야 한다. 학생들은 쉽게 파악을 하고 쉽게 반응을 한다. 선생님에게서 ㄱ 어떤 약함, 부족함, 빈틈 이런 모습이 발견되면 학생들은 금세 빈틈을 파고든다. 따라서 교사는 언제나 준비된 상태여야 한다.

잊혀지지 않는 제자 이야기

교사로서의 삶은 배움의 연속이다. 각종 연수를 통해서, 교과 연구모임을 통해서, 동호회를 통해서, 책을 통해서, 각종 세미나를 통해서, 여행이라는 경험을 통해서, 동료 교사와의 대화를 통해서, 심지어는 내가 가르치는 학생들과의 교감 속에서도 끊임없이 배우게 된다.

가르침과 배움으로 추억을 공유했던 많은 제자가 있지만 아무래도 첫 담임 학급에서 반장을 맡았던 작은 거인(체구가 작았지만 이름이 큰사람이란 뜻이었다.)이었던 학생을 가장 오래 기억한다. 반장이나 부반장이 되려면 성적 제한이 있던 시절이었고, 그 성적 기준은 학급에서 30% 이내였는데 반장 후보로 나선 그 녀석은 거의 60% 성취도였다. 어리숙한 첫 번째 담임이라 그런 기준이 있는 줄 몰랐기에 투표는 그대로 진행되었고, 체구는 작지만 거무튀튀한 얼굴에 차돌같이 단단한 느낌을 주는 녀석이 반장이 되었다. 반장 추천서를 작성하면서 성적 기준이 있음을 알게 되었지만 어찌하랴. 담임인 내가 책임을 감수하리라 마음먹고 하얀 거짓말을 통해 그대로 반장이 되었다. 작지만 큰 거인이었던 녀석과 함께 정말 멋지게 1년을 살았다. 교실 뒷벽에 8절 크기 도화지로 써 붙인 우리 반의 표어가 기억난다.

"그대 무엇을 두려워하는가? 가자!!"

학급 행사가 있을 때는 어김없이 김광석의 노래 「일어나」와 안치환의 노래 「당당하게」를 목이 터져라 불렀다.

3년이 지나 여학교에 근무하고 있던 오월의 어느 날. 누군가 날 찾았다. 멀리서도 한눈에 알아볼 수 있었던 작은 거인. 대학에 가서 제과제빵을 공부했던 그 녀석이 커다란 케이크를 들고 나타났다.

"선생님, 스승의 날 축하드려요."

선생님께 드리려고 직접 만들었다며 얼굴에 땀이 가득한 채로 이전이나 이후로도 한 번도 본 적이 없을 정도로 커다란 케이크를 들고 내 앞에 서서 미소를 지었다.

돌아보면 교사로서 경험해야 하는 많은 것들을 충분히 경험했다고 생각하지만, 여전히 목마르다. 학교 안에서는 내 교육활동이 주로 고등학생들과 함께하는 시간이었지만, 학교 밖 교육에서는 신나는 과학놀이마당, 대한민국과학축전을 비롯한 각종 과학 대중화 행사, 과천과학관 과학교실, 소외계층을 위한 지역아동센터 등에서의 교육활동을 통해 한때 가졌던 초등교사로서의 꿈도 어느 정도 성취한 것이 아닐까 싶어 마음이 든든하다.

도종환 님이 쓰신 「스승의 기도」를 생각하면 가슴이 절로 저려 온다.

"날려 보내기 위해서 새들을 키웁니다.

…

이윽고 그들이 하늘너머 날아가고 난 뒤

오래도록 비어 있는 풍경을 바라보다

그 풍경을 지우고 다시 채우는 일로

평생을 살고 싶습니다."

to. 노게중선생님

from. 30801 권은아

이제 어느덧 마지막 근무지에 터를 내렸
고 내게는 아직 6년이라는 가르침의 시간이
더 남아 있다. 어릴 때 내 꿈은 선생님이 되
는 것이었고, 아직도 내 꿈은 좋은 선생님이
되는 것이다. 완벽한 선생님이 되기보다 좋은 선생님이 되고자 하는 나의
꿈은 교직을 마무리하게 되는 그날까지 진행형이다.

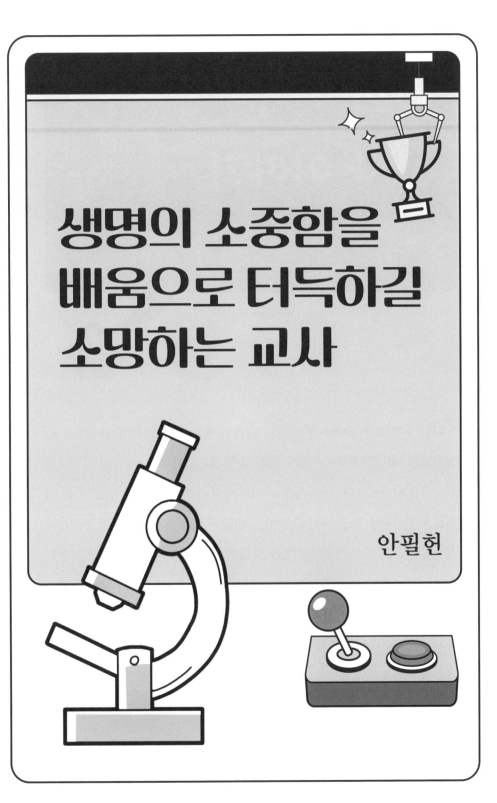

나의
교사 이야기

넓은 들판에 벼농사를 짓는 곳이 유년 시절을 보낸 곳이다. 이곳에서 초
등학교를 보내면서 장마가 지면 형님과 함께 논물을 대는 수로에서 그물로
물고기를 잡아먹었다. 여름 방학이 되면 학교에서 키우는 앙골라 토끼의 먹
이로 아까시나무 잎을 따서 말려 한 포대를 제출하는 과제를 위해 부지런하
게 일하던 시골에서 행복한 시절을 보내던 중에 예상치 못하게 도시로 전학
을 가게 되었다. 70년대만 해도 자녀를 일찍 도시로 전학시켜 좋은 곳에서
공부시키겠다는 아버님의 뜻을 따라 초등학교 6학년 2학기 첫날에 도시로
가게 되었다. 고등학교 시절에 높은 곳을 향해 열심히 노력하였지만, 학력
고사에서 긴장하여 실력을 발휘하지 못해 공대를 진학하고자 했던 꿈을 접
었다. 그리고 합격할 가능성이 큰 학과를 선택할 때 담임 선생님이 시골에

서 나고 자란 것을 아시고 골라 주신 학과가 식물학과였다.

## 새로운 길을 걷다

2학년 때 식물분류학 조교 선배의 지도로 교정을 돌아다니면서 식물을 채집하고 살피는 활동을 하면서 식물을 좋아하게 되었다. 당시 종로3가에 있는 종로 서적에 가서 이창복 교수가 집필한 『대한식물도감』을 사서 주변에서 보는 식물의 이름을 알아가는 것이 즐거웠다. 학과 전체가 교수님과 함께 야외 실습을 밖으로 나가 현장에서 식물을 조사하는 활동에 흥미를 느껴 친구와 함께 3학년 2학기에 생태학 연구실에 들어갔다. 그곳에서 선배들과 함께 야외로 현장 조사를 다니면서 대학원을 진학하여 학자의 꿈을 꾸게 되었다. 그런데 안타깝게도 연구실 생활하면서 학문을 계속하는 것이 나와 맞지 않는다고 생각하게 되어 대학원 진학은 포기하고 대신 졸업하는 해의 겨울 방학 때 대학원을 진학하지 않고도 좋아하는 생명과학을 할 수 있는 분야가 무엇인지 알아보던 중에 생명과학 교사를 하면 된다는 것을 알게 되었다. 연구실에 들어가 3학기를 선배들과 함께 연구실 생활을 하면서 계속 공부하려던 계획에 변화가 생겨 지도하셨던 교수님께 상황을 말씀드리고 사범대 생물교육학과로 편입하게 되었다.

편입으로는 군 복무 연기 사유가 되지 않는다고 해서 어쩔 수 없이 1학기만 다니고 입대하여 복학하였더니 의무 발령이 아닌 교사자격증이 있는 사람은 누구나 임용고시에 합격해야만 교직으로 나갈 수 있게 법이 바뀌었다.

졸업을 앞두고 후배들과 열심히 임용고시를 준비하였지만, 치열한 경쟁에서 아쉽게 떨어져 앞으로 어떻게 해야 하나 고민하던 중에 도서관에 비치한 신문에 채용공고를 보고 지원한 학교에 지금까지 다니고 있다.

## 가르치는 것에 서툴렀지만, 성장하는 나

고등학교 시절을 되돌아보면 수학 문제풀이를 친구들에게 설명해 주던 적은 있었지만, 앞에 나서서 일하는 것을 부담스러워하는 성격이었다. 대학 시절에도 동기들과 함께 강변으로 간 야유회에서 여학생과 같이 보트를 탔을 때 한 시간 동안 거의 이야기를 하지 못하고 노만 열심히 젓던 소심한 성격이 지금은 여학생 앞에서 자연스럽게 수업하는 것을 보면 처음부터 모든 것이 갖춰진 상태에서 출발하는 것만은 아닌가 싶다. 미흡하지만 그것을 극복하기 위해 부단히 노력하는 과정에서 성장해 가는 것이 인생이 아닌가 싶다. 군 복무 중에 알게 된 목사님이 서울에서 목회하신다고 해서 복학하여 인사를 드리러 갔을 때, 개척교회에서 중·고등부를 담당해 주면 좋겠다는 말씀을 듣고 2년 동안 형제와 함께 번갈아 가면서 주일날이면 말씀을 준비하여 전하는 일을 감당하였다. 말씀을 전할 때마다 심적인 부담감이 있었지만, 하면서 앞에 서서 이야기하는 것이 점점 자연스러워졌다. 이런 귀한 경험이 동기 여학생 앞에서 말도 꺼내지 못했던 나를 성장시켜 교사로 세울 수 있게 만들어 주었다. 지금 되돌아보면 그때의 힘들고 부담감으로 감당했던 경험이 있었기에 부족했던 나를 세우는 밑거름이라는 생각이 들어 감사한 마음이 들었다.

고등학교 시절 과학실에 있던 현미경은 졸업사진을 위한 연출을 위해 처음 만져 보았고, 킬핀을 가득 채운 많은 양의 핀시 내용을 옮겨 직는 것이 일상인 수업에 대해 안타까움을 가지고 있어 사범대학교로 편입하면서 나는 어떤 모습으로 교단에 설 것인가는 고민 속에 실험 중심과 다양한 모형을 보여 주는 수업을 해야겠다고 마음먹고 실험 수업에 열심히 참여하였다. 특히 발생학 수업 때 개구리 수컷에서 정액을 채취하여 산란한 알에 뿌렸을 때 순간적으로 수정하면서 발생이 진행되는 놀라운 모습은 아직도 생생하게 기억이 남아있다. 학생들에게 이런 놀라운 생명의 변화를 보여 주고 싶어 연구실을 방문하여 알을 얻어 가서 보여 주기도 했다.

## 정한 길에서 최선을 다하는 나

첫 발령을 받았을 때 정규 수업과 별도로 오후에 개설한 보충 수업은 의무처럼 수업해야 했다. 그 당시만 해도 보충 수업에는 학교장이 무엇을 하라는 지시가 없어 담당하시는 선생님에 따라 선택할 수 있었다. 모의고사 문제를 풀어 주는 것보다는 편입할 때 마음먹은 활동 중심의 수업을 해야겠다고 생각하고 대학교 때 배운 것과 자주 대학 도서관을 방문하여 생물 교사를 위한 잡지(The American Biology Teacher)를 보면서 수업할 내용을 찾아 적용하는 일을 꾸준히 하자 활동 중심의 수업에 자신감이 생겼다. 부족한 모의고사 실력 향상을 위해 보충 수업마다 문제풀이를 진행하던 시절이라 나중에는 교장실에 불려가서 학생들에게 문제풀이 수업을 진행하라는 압박을 받아 몇 번은 하였지만, 다시 활동 중심으로 수업을 지속하였다.

　제자들이 졸업한 후에 친구를 만나 수다를 떨면서 시간을 보낼 때 학창시절을 떠올릴 때 아름다운 추억을 만들어 주고 싶은 마음이 있다. 사람은 살아온 삶의 추억을 되새김질하면서 살아가는 존재라고 한다. 시험 준비를 위해 밤을 새워가면서 배우고 암기한 내용으로 좋은 결과를 얻었지만, 시험을 마치면 거의 사라지는 것이 일상인 우리의 교육을 보면서 어떻게 하면 '경이로운 생명의 세계를 보고 느끼게 할까?'를 고민하면서 수업 준비를 하였다. 눈으로 보는 수업을 위해 소와 돼지 두개골로 뇌 모형 틀을 제작하였고, 사람 뇌 모형으로 뇌 모형 틀을 제작하여 신경계 수업 때 서로를 비교하여 뇌의 특성을 보여 주는 수업을 하였고, 인체에 대한 이해는 실물을 보는 것만큼 좋은 것이 없다는 생각에 다양한 장기를 직접 만져 보고 해부하는 활동을 통해 경이로운 생명의 세계를 경험하게 하였다. 반복하는 활동 중심의 수업을 통해 발전한 자료를 엮어 '경이로운 창조 183'이라는 제목으로 교재를 만들어 수업에 활용하였다. 따뜻한 봄이 되면 교정 곳곳에 꽃을 피우는 식물을 찾아보고 특징을 알려 준다. 그렇게 찍은 식물 사진을 가지고 수업시간 전에 다시금 설명하고 그중에 일부는 시험 문제로 출제하여 졸업하기 전에 몇 종류의 식물은 꼭 기억하게 하고 있다.

# 수업이 즐거워지는 이야기

　어떤 분야에서 두각을 나타내는 사람들의 특징은, 끝없는 반복을 통해 터득한 경험이 있기에 가능한 것처럼 수업도 이와 같다는 생각이 든다. 배움을 위해 다양한 연수를 받았지만, 그것을 얼마나 자주 활용하느냐에 따라 배운 것이 나의 것이 되기도 하고 그렇지 못하기도 한다. 교사는 그런 면에 같은 내용을 반복하는 특징을 가지고 있다. 반복적인 활동을 어떻게 생각하느냐에 따라 결과는 달라지는 것 같다. 30년의 교직을 하면서 반복하는 과정에서 알게 된 내용이 학생뿐만 아니라 다양한 교사 연수에도 적용됐다.

인천과학사랑교사모임에서 매년 동경청소년과학축제에 참석하여 실험을 보고 와서 책자를 주면서 소개한 실험 중에 도전받은 내용이 멸치 위장에 있는 먹이를 현미경으로 관찰하는 활동이었다. 직접 체험한 선생님의 이야기를 듣고 충격을 받았다. 멸치는 우리가 즐겨 먹는 음식에 자주 등장하는 대상으로 맛있는 육수를 만들 때 꼭 들어가야 하고 뼈를 튼튼하게 하려고 먹어야 하는 음식으로만 인식하고 있었는데, 이것으로 해부한다는 이야기는 낯설었지만, 해 보고 싶은 마음이 생겼다. 처음에는 위에서 플랑크톤을 관찰하는 것보다는 멸치에서 장기를 찾는 것에 더 흥미를 느끼게 되어 머리부터 몸통까지 해부하면서 다양한 장기를 찾았지만, 하나하나 찾는 것이 어려웠다. 머리에서 뇌, 이석, 시신경, 수정체 등을 찾기도 쉽지 않았고, 몸통에 있는 간과 심장을 구분하는 것이 특히 어려워 지금과 달리 인터넷 검색이 느린 컴퓨터에서 찾고 싶은 단어를 일본어로 번역하여 일본 야후에 들어가 멸치에 관련된 사이트를 거의 빠지지 않고 찾아 내용을 정리하는 일을 하였다. 그 과정을 통해 장기를 구분할 수 있는 실력을 겸비하면서 수없이 반복적인 해부를 통해 멸치 해부 카드에 등장하는 장기를 구분할 수 있게 되었다. 이런 과정에서 학생들에게 보충 수업이나 특별 수업을 진행할 때 멸치 해부 수업을 지속하게 되면서 쉽게 찾는 방법을 터득하게 되었고, 장기마다 특징을 알게 되어 내용을 정리하게 되면서『작지만 있을 거 다 있는 해부의 보고』라는 작은 소책자를 만들어 연수를 진행할 때 보급하기도 하였다. 인체의 특성을 파악하는데 동물의 장기를 직접 관찰하는 것만큼 좋은

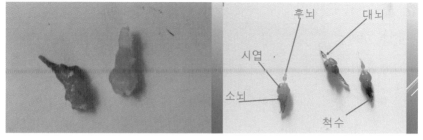

멸치 뇌

멸치 뇌 명칭

후뇌  대뇌
시엽
소뇌
척수

것이 없다고 보는데, 갈수록 해부의 여건은 나빠지고 부담스러운 상황에서 찾은 대안이 멸치 해부였다. 지인의 추천으로 2015 교육과정 위원으로 참여하게 될 때 통합과학에 들어갈 실험 내용을 사전에 정리하여 오면 좋겠다는 제안을 받고 생각난 실험이 멸치 해부였다. 모임에 가서 생태계 단원에서 할 수 있는 적합한 실험으로 멸치를 언급하면서 그동안 진행하면서 생각한 것으로 참여하신 위원들을 설득하여 결국 필수 탐구실험으로 채택하게 되었다. 교육과정이 마무리되고 공청회를 하고 나서 많은 현장에 계신 선생님들에게 항의받았다. 해부 경험이 부족하고 해부의 필요성을 절감하지 않은 다른 교과 선생님들에게 멸치 탐구 실험의 가치를 설득하는 과정을 위해 창의 재단에서 지역을 순회하면서 현장 연수를 진행할 때마다 돌아다니면서 멸치 해부의 장점을 소개하면서 시연하는 활동을 활발하게 진행한 것이 아직도 생생하다.

나른 학교에서 가서 수업할 기회가 있을 때마다 해당 학생들에게 멸치 해부를 한 적이 있는지 물어보면 대부분 말로 설명하고 하지 않은 것이 일반적이었다. 그럴 때마다 어렵게 교육과정에 포함해 학교에서 활발하게 수업이 진행되길 희망이 사라져 안타깝기도 했다. 학교 현실은 수업하지 않았지만, 숭덕여고 1학년이 되면 수행평가로 매년 진행하는 필수 실험으로 정착했다. 반복된 실험을 통해 예전에 잘 알지 못하고 넘어간 부분을 하나씩 개선하게 되었다. 그중에 기억에 남는 것이 어류의 뇌는 포유류와 다른 모습을 하고 있는데, 일본 사이트에서 찾은 자료를 보고 어류의 뇌는 이렇게 생겼다는 것을 오랫동안 학생들에게 소개했던 뇌의 실상은 사실 그렇지 않았다.

다른 학교에서 동료 선생님과 함께 멸치 머리에서 뇌를 분리하는 실험을 하다가 기존의 뇌와 다른 모습을 보게 되었다. 포유류는 대뇌가 가장 큰 부분을 차지하지만, 어류는 시엽이 가장 크고 대뇌가 혹처럼 생긴 것으로 알고 있었는데 2개의 가느다란 혹처럼 생긴 후뇌를 연결하는 작은 덩어리처럼 생긴 것을 보게 되었다. 수없이 진행하면서 인터넷에서 본 어류의 대뇌와 멸치의 대뇌 모습이 다르다는 것을 왜 인지하지 못하고 그냥 넘어갔는지 후회하였다. 그것을 알고 나서는 학생들에게 멸치에서 대뇌를 보기 위해서는 머리를 물에 불려 두개골이 잘 분리될 수 있도록 하고 섬세하게 힘을 써서 꺼내지 않으면 되지 않는다고 알게 되어 인체에 관련된 진로를 정한 학생들에게는 여러 번 시도하여 성공하면 좋겠다고 권면하게 되었다. 그에 호응하여 성공한 학생들을 볼 때마다 가르치는 자의 역량이 중요함을 깨닫게 되었다. 모르면 그것이 정답인 줄 알고 넘어가는 일들이 얼마나 많았을까를 되돌아보면 부끄러울 때가 많다. 학생들과 실험하면서 기억하는 특별한 일은 『멸치 머리에 블랙박스가 있다』라는 황선도 박사의 책을 접하고 나서 꺼낸 이석(耳石)의 나이테를 보면 좋겠다고 생각한 일이다. 연구실에서는 암석 박편을 만드는 것처럼 이석을 고정하여 얇게 만들어 선명한 이석을 관찰한 것이 책자에 수록되어 있지만, 학교에서는 그런 장비가 없는데 어떻게 하면 될까 생각하던 중에 사포로 문지르는 방법을 생각했다. 하지만 일부는 얇게 만들 수 있지만, 이는 한계에 도달하면 갈라져 온전한 형태의 나이테를 볼 수 없었다. 그런 중에 생각한 방법이 '탄산칼슘으로 이루어진 이석이 산에는 녹지 않을까'라는 생각에 꿈두레라는 수업할 때 학생들에게 이 방법으로 나이테를 관찰하도록 지도하였는데 한 학생이 뛰어난 실력을 발휘하여 책자에 나와 있는 것과 비슷한 선명한 나이테를 촬영했었다. 이렇게 알게 된 방법을 멸치 수업을 하게 되면 알려 주어 실험하도록 격려했다.

꿈두레 1기인 진○○이라는 제자가 묽은 염산을 떨어뜨려 얇게 만든 후에 찍은 이 사진은, 멸치의 이석으로 암석 박편으로 제작한 것보다 훨씬 선명하게 나이테가 보인다.

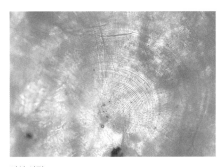

이석 사진

멸치 수업을 하면서 생선의 이석은 종류마다 달라 어류의 종류를 판정하는 분류 기준이 된다는 말을 들은 한 학생이 어머니께 부탁을 드려 수산 시장에 가서 준비해 놓은 8종류의 생선 머리를 삶아 고등어에서 이석을 찾지 못하고 다른 생선에서 찾은 이석의 표본을 다음 날 가지고 와서 놀라움을 안겨 주었다. 수업을 마치고 늦은 시간에 이렇게 직접 확인해 보는 열정을 지닌 학생을 만난다는 것에 감격하면서 표본을 얻게 된 과정을 보고서로 작성하라고 권했더니 8쪽에 해당하는 분량을 작성하여 황선도 박사의 메일을 찾아 한번 이 보고서를 보내면 좋겠다고 했다. 열정이 있던 그 학생은 찾은 메일로 보내고 나서 나중에 답장받은 이야기를 들려주었다. 이런 열정이 있는 학생의 이야기를 멸치 수업을 할 때마다 소개하여 배움에 있어서 필요한 것은 뭔가에 몰입하는 태도라는 이야기를 하곤 했다.

나중에 수시전형에서 추천서를 부탁하였을 때 멸치 해부에서 보여 준 일련의 과정을 언급하였던 기억이 있다. 의대를 목표로 진로를 정한 학생은 뇌와 척수는 하나로 이어진 중추신경계라는 것을 확인하는데 멸치처럼 좋은 동물이 없다는 말에 멸치 한 봉지를 사서 섬세하게 두개골에서 뇌를 꺼내고 척주에 있는 척수가 손상되지 않게 이어지기 위해 노력한 끝에 끝까지 하지는 못했지만, 중간 부위까지 도전한 결과를 보여 주었는데, 나중에 보니 그 학생은 본인의 목표대로 의대에 진학하는 것을 보게 되면서 같은 수업을 받지만, 받아들이는 각자의 생각에 따라 추가로 진행하는 활동의 모습이 달라질 수 있다는 것을 알게 되었다.

코로나로 정상적인 수업이 어려운 가운데 4명의 학생이 교육청에 주관하는 탐구활동에 참여하고 싶다는 이야기를 듣고 멸치 위장에 있는 플랑크톤을 조사하면 좋지 않을까 싶어 권면하면서 잡힌 지역에 따라 플랑크톤이 달라질 수 있다고 이야기하고 방향을 잡으면 좋겠다고 하였다. 여름 방학을 이용하여 남해산, 동해산, 서해산 멸치에서 위장을 분리하여 플랑크톤들을 관찰하면서 지역에 따라 다르다는 것을 확인할 뿐만 아니라 놀라운 것은 현미경으로 내용물을 관찰하던 중에 색깔이 있는 무언가 특별한 것을 자주 보게 되었다. 그것은 생물의 잔해물로 보기에는 형태나 색이 남달라 고민하던 중에 그것이 소화되지 않은 작은 비닐 조각이라는 것을 알고 깜짝 놀랐다. 한참 논란이 되었던 미세플라스틱은 광학 현미경에서 일반적으로 관찰하기 어려워 피부로 와닿지 않았는데, 비닐 조각은 당시에 충격이었다. 보고서를 작성하면서 찾은 다양한 사진자료를 첨부하여 바다가 안전하지 않다는 것을 목격한 내용을 언급하면서 안전한 먹거리를 위해 무엇을 해야 하는지 고민한 흔적을 언급하여 환경 부분에서 은상을 받았다. 멸치 해부는 나에게 학생들과 다양한 활동을 통해 안전한 먹거리를 위해 무엇을 해야 하는지, 생활의 달인처럼 반복하는 활동을 통해 언급할 내용이 점점 늘어나는 것을 통해 배움의 즐거움을 맛보게 한 특별한 실험 중의 하나로 기억되고 있다. 남은 교직 생활에서도 멸치 해부를 통해 놀라운 생명의 이야기를 나눌 예정이다.

## 물방울 현미경은 생명과학의 시작이다

일본에 다녀오신 선생님에게 처음 접했지만, 별로 관심을 가지지 못하고 잊고 있다가 모임에서 물리 전공이신 토다 선생님을 초청하여 소개한 실험을 보고 놀라움을 금치 못했다. 작은 물방울로 양파 표피를 관찰할 수 있다는 것과 제작하는 과정이 단순하고 재료도 쉽게 주변에서 구할 수 있다는 것을 접하게 되었다. 이 연수를 통해 알루미늄으로 된 캔을 구해 가위로 작은 조각을 만들고 송곳으로 구멍을 내고 사포로 문질러 평평하게 만드는 것으로 물방울 현미경을 제작하는 요령을 터득하고 나서 겨울 방학 때마다 새로운 학년으로 진급하는 학생들을 대상으로 진행하는 생명과학 보충 수업 첫 주제가 되었다. 이것을 통해 무겁고 견고한 광학 현미경이 아닌 소소한 재료로 만든 물방울 현미경으로 만나는 생물의 세계를 소개했을 때 다들 놀라는 모습은 아직도 생생하다. 조작하는 방법은 그리 어렵지 않았지만, 지금처럼 스마트폰이 있는 것이 아닌 디지털카메라로 촬영하는 것이 어려운 과정 중 하나였다. 한 학생이 수업 중에 제작한 OHP 필름을 가지고 늦은 자정에 양파 표피 촬영에 도전하여 1시간 이상 씨름 끝에 다음 날 선명한 사진을 보여 주었다. 혼자서 초점을 맞춰 찍는 것이 무척 어려운데도 불구하고 그것을 위해 애쓴 제자의 노력을 수업할 때마다 이런 열정을 지니면 좋겠다는 열정의 사례로 소개하곤 했다. OHP 필름의 핵심 부분인 알루미늄 캔 조각을 만들기 위해 송곳으로 구멍을 내고 다듬는 것을 별생각 없이 따라 하다 보니 이것의 역할이 무엇일까 고민하였다. 그러다 빛을 한 곳으로 모아주는 것을 깨닫게 되고 나서 캔 조각 대신에 검은 종이로 사용해도 되지 않을까 싶어 도화지를 이용하게 되었다. 전기인두로 구멍을 뚫고 사용하다 보니 재질이 견고하지 않아 구멍의 가장자리가 선명하지 못했다. 그런 참에 시험 때 사용하는 답안지가 떠올라 일정한 크기로 자르고 전기인두로 구멍을 내었다.

인터넷 검색을 통해 물방울로 현미경을 만드는 다른 방식은 없는지 조사하던 중에 종이컵을 이용한 방법을 알게 되어 커피를 마실 때 사용하는 종이컵에 구멍을 뚫고 투명 테이프를 붙이는 방법을 사용하게 되었다. 한 번 초점을 맞추게 되면 OHP 필름과 달리 초점이 고정되어 사진을 촬영하기 수월하였다. 같이 모임을 하시는 선생님이 강의를 요청하셔서 종이컵을 이용한 현미경 제작 수업을 진행하였는데, 작은 종이컵과 플라스틱 컵으로 하면 좋겠다는 생각으로 반복하였고, 발전한 형태의 종이컵 현미경을 만들 수 있게 되었다. 현미경 표본을 고정하는 플라스틱 컵에 구멍을 뚫기 위해 처음에는 고무줄을 끼우는 측면에 두 개, 중앙에 빛이 통과하기 위해 한 개, 총 3개를 전기인두로 뚫을 때마다 이상한 냄새를 맡아야 하는 불편을 감수하면서 완성한 세트를 가지고 킨텍스에 열린 대한민국과학축전에 참여하여 현미경 없이도 양파 표피를 관찰할 수 있다는 것을 보여 주었다. 광복절을 전후로 5일간 진행한 행사 기간에 많은 분량의 재료를 사전에 준비했지만, 예상보다 많은 관람객으로 인해 현장에서 플라스틱에 구멍을 뚫게 되었는데, 여유가 없어 3개의 구멍 대신에 측면에 있는 구멍만 뚫게 되었다. 나중에 알게 된 것은 초점 거리가 짧아 플라스틱 중앙에 구멍을 뚫지 않아도 빛이 표본에 도달하는 데 어려움이 없다는 것이었다.

이때 알게 된 사실은 플라스틱 컵에도 받침이 있는 것과 없는 것이 있는데, 기존에 사용한 받침이 있는 것은 중앙이 불투명하여 구멍을 뚫는 것이 필요하지만, 중앙이 투명한 것은 그러지 않아도 된다는 것이었다. 받침이 없는 컵을 사용하게 되면 3개의 구멍이 아닌 2개만 뚫으면 되었다. 옷을 만드는 디자이너가 자주 사용하는 도구 중에 아일릿 펀치라는 것이 있다고 모임을 하는 동료가 알려 주었다. 이것은 손쉽게 구멍을 뚫을 수 있는 도구로 종이나 플라스틱도 잘 뚫렸다. 이것을 전기인두 대신에 사용하게 되면서 과학실에 퀴퀴한 냄새가 나지 않아도 되어서 준비하는 과정이 한결 쉬워졌다.

과학축전에 단골 실험으로 여러 행사에 참여하면서 비법을 하나씩 쌓아갔다. 어느 해 봄철에 인천대공원에서 학생과학대전에 참여했을 때 일이다. 사전에 준비하여 선명하게 관찰하는 것을 확인한 후에 막상 현장에서 진행한 학생들에게 들려온 소식은 학교에서 본 것처럼 선명한 양파 표피가 보이

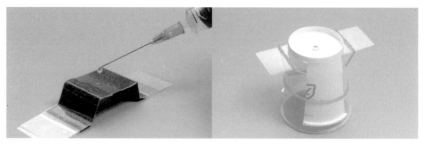

주사기와 물     종이컵 현미경

지 않는다는 것이었다. 같은 재료로 제작하여 확인해도 마찬가지였다. 왜 이런 일이 발생했는지 궁금하여 답을 찾던 중에 구멍을 붙인 테이프가 달라진 것을 알게 되었다. 학교에서는 3M 테이프를 사용했는데, 가져온 테이프는 혜성 테이프였다. 같은 테이프처럼 보였지만, 주사기로 물방울을 떨어뜨렸을 때 맺히는 물방울의 모습이 달랐다. 제품에 따라 접촉각이 달랐는데 3M 테이프가 커서 훨씬 둥근 물방울이 맺힌 것을 알게 되었다. 처음에는 구멍을 메우는 것으로 투명 테이프면 된다고 생각했다. 과학실에 있던 것 중에 생각 없이 3M 테이프를 사용했는데, 그날 준비하여 가져간 것은 혜성 테이프였다. 부랴부랴 아는 선생님의 부스를 찾아가서 3M 테이프를 구해 문제를 해결하고 무사히 행사를 마칠 수 있었다. 이 일로 인해 사용하는 재료마다 가지는 특성을 이해하고 적절한 것을 사용하는 것이 필요하다는 것을 알게 되었다.

종이컵으로 현미경을 제작하는 방법을 좀 더 의미 있게 탐구활동하면 좋겠다는 생각으로 YSC청소년과학탐구반 활동에 지원하여 긴 시간 동안 3명의 학생과 구멍의 크기에 따라 무엇이 달라지는가를 탐구하였다. 구멍이 작을수록 배율은 높아지고, 크면 낮다는 것을 디지털카메라로 촬영하여 확인하였고, 양파 표피를 선명하게 관찰하기 위해서는 미끈거리는 것을 따뜻한 세제 물에 넣고 비비면 깔끔해진다는 것을 알게 되어 인터넷에서 촬영한 것처럼 선명한 영상을 촬영하는 데 성공하기도 했다. 광학 현미경에서는 대물렌즈를 회전시키면 배율이 달라지지만, 종이컵 현미경에서는 플라스틱 컵에 씌우는 구멍의 크기가 다른 종이컵을 바꾸는 방법으로 대체할 수 있다는 것을 터득하게 되었다. 주사기로 테이프를 붙인 구멍 위에 작은 물방울을 떨어뜨리고 빛을 향해 관찰하라고 하면 다들 의아스럽게 생각하는 것이 있다. 그것은 바로 빛을 향해 종이컵 현미경을 들면 물방울이 떨어지지 않을까 하는 염려인데 실제로 하면 잘 떨어지지 않는 것에 놀라워한다. 이때 물이 가지는 놀라운 특성 중에 하나로 물체와의 뛰어난 접착력 때문에 크지 않으면 오랫동안 물체에 매달려 있다는 것을 알려 준다.

촬영할 때는 2인 1조가 되어 스마트폰의 라이트를 켜고 한 장의 종이를 올려놓고 초점을 맞춘 후에 촬영하게 한다. 그냥 보게 되면 눈에 부시기에 종이를 덮어 빛이 산란하도록 하면 부담 없이 촬영할 수 있다. 디지털카메라 대신에 스마트폰이 대세가 되면서 본인이 만든 종이컵 현미경으로 양파 표피를 쉽게 촬영하면서 적정기술을 자연스럽게 소개하게 되었다. 이때 알게 된 분이 스탠퍼드대학의 마누 프라카시 교수의 1달러 현미경을 같이 소개하면서 이분이 왜 이 현미경을 만들게 되었는지를 통해 학자가 갖추어야 할 덕목이 무엇인지 생각하는 시간을 가시곤 한다. 해당 활동을 통해 생명의 기본 단위인 세포를 관찰하는 데 필요한 현미경이 값비싼 것이 아닌 스스로 만든 현미경으로도 가능하다는 것을 알려, 우리의 삶에 발상의 전환이 필요함을 깨우치도록 한다. 만족도가 좋은 이유는 학교에는 개인별로 관찰할 수 있는 현미경이 충분하지 못한데, 이 활동에서는 본인이 만든 것으로 관찰할 수 있다는 것이다.

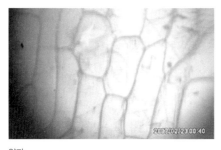
양파

일본 선생님을 통해 배운 물방울 현미경은 제작에 필요한 재료를 준비하는 것도 번거로웠지만, 반복하는 과정과 하나씩 방법을 터득해 가는 과정을 통해 제작하는 것도 쉽고 성능도 우수한 제품을 만들게 되었다. 반복이 제품의 성능을 향상할 수 있다는 것을 보여 준 좋은 사례이다.

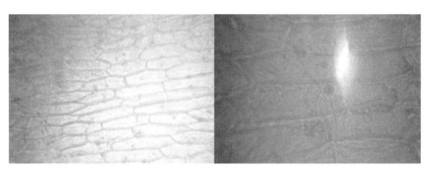
저배율                    고배율

물방울 현미경의 크기를 달리하면 배율이 달라진다는 것을 듣고 학생이 종이컵의 구멍을 3mm, 1mm로 달리하여 제작한 후에 양파 표피를 관찰한 모습이다. 대물렌즈를 교환하는 것처럼 물방울의 크기에 따라 배율이 달라진다는 것을 증명한 사진이다. 배우면서 이야기한 것을 스펀지가 물을 빨아들이듯 받아들여 다시 이것을 증명해 내는 학생을 만나는 것은 가르치는 자만이 누릴 수 있는 축복이라는 생각이 든다.

## 생명의 설계도는 끊임없는 변신을 통해 다양해졌다

통합과학 물질의 규칙성이라는 단원에 DNA 모형을 보고 DNA가 가진 규칙성을 찾아보는 탐구활동이 있다. 출판사마다 종이로 된 모형을 만들어 보게 하거나, 비즈로 만드는 활동을 통해, 기존에 있는 모형 관찰을 통해 DNA 구조를 파악하는 활동이다. 이 활동을 통해 생명 설계도면을 가지고 있는 DNA의 특성을 파악하여 '생명 시스템' 단원에서 중심원리 개념을 이해하는 활동으로 연계되어 있다. 그만큼 DNA 구조를 이해하는 것이 중요하다는 것을 방증한다. 이처럼 중요한 DNA 모형을 기존과 다른 관점에서 색다른 여러 모형을 소개하면서 모형마다 가지는 장단점을 소개하는 시간을 가졌다.

새로운 모형을 개발하게 된 동기는 동경과학제전에서 소개된 비즈 DNA를 접한 것이 계기가 되었다. 대학에서는 종이로 인쇄된 것으로 DNA 모형을 만드는 것만 알고 있던 시절에서 비즈로 만든 모형은 작고 깜찍하여 특히 여학생들에게 인기가 높은 만들기 활동이었다. 이 모형을 반복하여 사용하면서 불편한 부분이 생겨 어떻게 하면 완성한 작품이 보기노 좋고 조립하는 과정도 쉽게 할까 고민하다 생각한 것이 비즈 대신에 빨대와 플라스틱 구슬을 사용하여 만들게 되었다. 이것을 통해 DNA의 특징을 좀 더 설명할 수 있게 되었다. 이것을 기반으로 염기쌍을 불편한 빨대 대신에 염기쌍을 표현한 종이를 말아 관을 만든 것으로 표현하였다. 인터넷을 검색하다 한 분의 사이트에서 골판지로 만든 조합한 DNA 모형을 보고 정교한 모형을 만들게 되었다. 이런 다양한 모형을 만들면서 아이디어가 생겨 만든 것이 아크릴 관에 구멍을 뚫고 염기쌍을 조립한 모형이었다. 이중나선처럼 생긴 종이를 이어 붙여 휘장을 만드는 도안을 보고 발전시킨 것이 수레바퀴 DNA이다. 긴 시간 동안 반복적인 DNA 모형을 만들면서 불편함을 알게 되었고, 어떻게 하면 간편하고 발전시킬까 하는 고민의 연속으로 다양한 모형을 만들게 되었다.

비즈 DNA

오른쪽에 있는 것이 동경과학대제전에서 가져온 비즈 DNA 모형이고, 이것의 문제점은 염기쌍을 고정하는 지지대가 없다는 심각한 오류였다. 그래서 그것을 개선한 모형이 왼쪽에 있는 것이다. 이렇게 하면 마주하는 염기쌍 사이의 거리는 멀어지고 위 아래 염기쌍 사이의 거리는 좁아지는 특징을 가지게 된다. 이것이 다양한 DNA 모형을 만들게 된 도화선 역할을 한 비즈 DNA 모형이다.

빨대 염기쌍                                종이 염기쌍

빨대에 끼우는 방식으로 염기쌍을 표현한 것에서 4개 색으로 인쇄한 종
이를 말아 종이관을 만드는 방식으로 변형한 염기쌍 세트이다. 이렇게 만든
염기쌍으로 두루마리 DNA를 개선했고, 아크릴관 DNA 모형을 만들 때 사
용했다.

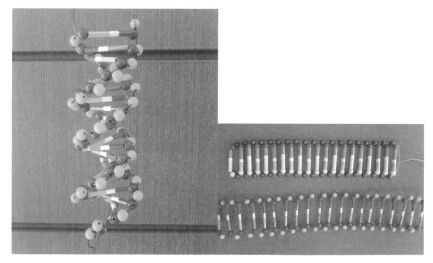

두루마리 DNA                              두루마리 DNA 펼쳐 놓은 것

위에 있는 모형은 염기쌍을 빨대로 만든 모형이고, 아래 있는 것은 염기
쌍을 종이관으로 만든 모형이다.

회전하면 보이는 DNA

회전하면 보이는 DNA 완성

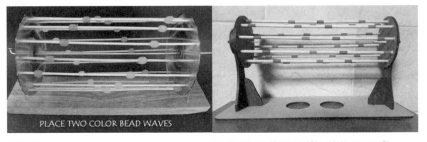

인도 DNA

판매할 수 있는 형태로 개발한 회전하는 DNA 모형

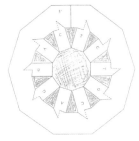

수레바퀴 DNA 도안 원조

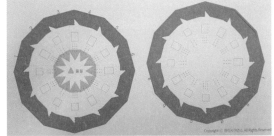

수레바퀴 DNA 완성

평면이 입체로 변신하는 DNA 모형을 만들게 된 계기가 왼쪽이 있는 도안이고, 오른쪽에 있는 도안은 이것을 토대로 좀 더 정교하게 만든 도안이다.

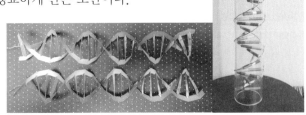

수레바퀴 DNA 완성한 것

아크릴 DNA 완성

인도 DNA

 **'생활의 달인'에 등장하는 주인공 같은 교사의 길**

TV를 한때는 '바보상자'라 부르던 시절이 있었다. 영상을 볼 때 우리 뇌는 가장 적게 활성화된다는 근거에 의해 그렇게 혹평받기도 했지만, 영상을 보면서 감동하는 때도 있다. 그것이 바로 '생활의 달인'이라는 프로그램이다. 평범한 사람 같지만, 절대 평범하지 않다. 그분들은 반복되는 일로 인해 지루하고 따분하게 느낄 일에서 어떻게 하면 일을 효율적으로 감당할 수 있을지 고민하고 실천하여 다른 사람보다 정확하고 빠르게 일을 처리한 것이다. 전문가는 저절로 만들어지는 것이 아니라 반복적인 일에 의미를 부여하고 부단한 노력을 통해 익숙해지는 습득된 결과이다. 이런 면에서 교사도 자신만의 전문 영역을 구축하는 것이 필요하다고 본다. 그런 전문성이 있어야 교과적인 영역 외의 이야기를 통해 학생들에게 전달할 수 있는 삶이 풍부해진다. 지난 많은 연수를 통해 개발한 실험을 선생님들에게 소개하면서 누누이 강조한 부분이 있다. 기존과 다른 실험에 감동하여 학교에 가서 실험하고픈 마음이 든다. 재연할 때는 두려움이 있다. 재료를 구입하고 실험을 온전하게 준비하고 시연해도 중간중간 막히는 부분이 생길 수 있고, 원하는 결과가 생기지 않거나 질문에 대한 걱정이 있어 실험하고픈 마음을 주저하게 만든다. 이것을 극복하는 방법은 조금은 부족하더라도 일단 시작하는 것이다.

일본 사이트에서 본, 끈으로 정이십면체를 만드는 자료를 보고 도전했지만, 자료만으로는 초반부는 따라 할 수 있었는데 그다음 단계에서 막혀 포기하고 있었다. 시간이 지난 후에 다시 하고픈 마음이 들어 가까스로 완성은 했지만, 학생들과 수업을 통해 빨대와 끈만 가지고도 정이십면체를 만들 수 있다는 것을 알려 주고 싶어 약간은 무모하지만 도전한 적이 있었다. 준비한 재료로 만드는 방법을 소개하여 초반부까지는 다들 따라서 왔는데, 그다음 단계에서 헤매고 있을 때 공작에 감각을 지닌 학생이 끈을 연결하는 규칙성을 찾아 다음 단계에도 어려움 없이 완성하는 실력을 발휘하여 나중에는 완성하지 못한 친구들에게 도움을 주어 다같이 완성하게 했다. 이런 과정을 거쳐 만드는 방법을 점차 터득하고 반복된 수업을 통해 빨대 대신에 견고한 재료를 사서 만들어 보면서 저렴하게 만드는 방법이 무엇이 있을까 고민하던 중에 모의고사를 볼 때마다 버려지는 질 좋은 답안지를 활용하게 되었다. 그것을 일정 길이로 잘라 어묵꼬치로 말아 종이관을 만들어 완성할 수 있게 되었고, 그것을 바탕으로 과학 교사 연수에 소개할 수 있었다. 정다면체 중의 하나인 정이십면체 구조물을 수학 시간이 아닌 생명과학 시간에 만드는 활동을 하게 된 이유는 생명체 밖에서는 단백질 결정으로 존재하는 바이러스가 실상은 결정 모양으로 정이십면체로 된 경우가 흔하기 때문이다. 바이러스를 설명하면서 종이나 비즈로 박테리오파지를 만드는 활동이 있는데, 이것보다 제작 과정에서 어려움은 있지만 완성했을 때의 성취감을 누릴 수 있는 종이관으로 만드는 활동을 좋아한다.

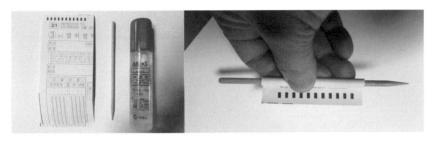

종이관 1
OMR 카드 한 장으로 8장(7cm X 11cm)을 만듦

종이관 2
굵기 5mm 꼬지로 종이관 30개 제작

정이십면체
완성한 종이관으로 만든 정이십면체와 그것을 확장하여
모듈처럼 3개를 연결한 구조.

3개 정이십면체

연수를 통해 배우는 것들을 사전에 반복하여 완전히 터득한 후에 수업에 적용하는 것이 바람직하지만, 현실은 다양한 업무와 일로 인해 그렇게 할 수 있는 시간적 여유가 없다. 이런 생활이 반복되면 연수 당시에 꼭 해 보겠다는 다짐이 어느 순간 사라지고, 쳇바퀴 돌듯 바쁜 일상으로 돌아가는 경우를 보게 된다. 온전하지 못해 미흡하더라도 일단 시작하고 또 반복하는 수업을 통해 학생들에게 적용하면서 시행착오를 겪는 것을 부끄러워하지

않는다면, 시간이 지날수록 성장하는 자신의 모습을 보게 될 것이다.

반복하는 과정을 통해 빨대에서 아크릴관으로, 그리고 종이관으로 변하게 되면서 완성한 정이십면체가 견고해졌고, 종이관으로 바뀌면서 버려지는 OMR의 재활용 의미도 부여하게 되었다. 지금은 모의고사 보는 날이면 학생들에게 남은 답안지를 모아달라고 부탁한다.

### 첫 만남의 어색함을 해결하는 나만의 비법 이야기 - 박주가리

가을이 되면 덩굴성 식물인 박주가리 씨앗을 채집하기 위해 고향에 방문해도 하천 주변을 돌아다녔고, 거주하는 집 근처에 있는 승기천 주변과 밭이 있는 곳을 다닌다. 씨앗은 예상치 못한 곳에서 주렁주렁 맺혀 있는 것을 보게 된다. 그렇게 모은 박주가리 열매를 방학 동안 잘 보관하고 있다가 고등학교에 입학한 신입생의 첫날 수업 시간에 가지고 간다. 긴장감으로 옆 친구와도 편안하게 대화를 나누지 못하는 상황에서 한 명씩 눈을 맞추면서 수업을 한다는 것이 첫날 수업이 갖는 어려움이다. 이럴 때 박주가리 열매를 벌리고 입김으로 불면서 하늘 향해 날리고 준비한 스마트폰으로 촬영하게 했다. 전등 불빛 아래에서 천천히 내려앉는 모습이 민들레 씨앗과는 달라 다들 조용히 몰입한다. 내려앉은 씨앗의 구조를 보고 특징과 궁금증 5개씩 찾아 정리한 후에 발표하면 누가 실력을 겸비한 학생인지 분별할 수 있게 된다. 각자 받은 씨앗을 가지고 가서 화분에 심거나 집 근처 화단에 심고 어떻게 자라는지 추후 활동하게 하거나 궁금한 것을 현미경으로 관찰하는 활동 기회를 제공한다. 활동하고 나면 자연스럽게 학생들과 교감이 이루어져 편안하게 수업을 할 수 있게 되어 매년 신학기마다 진행한다.

생명과학을 가르치는 견해에서 보면 평상시에 관심을 가지고 주변을 살펴보면 주변에 채집한 대상이 좋은 수업의 소재로 활용됨을 알 수 있다. 이런 활동의 연장으로 동티모르 현지 과학 교사를 대상으로 연수 강의를 하러 '바우카우'라는 곳에 가는 도중에 잠시 머물러 쉰 해안가에서 덩굴성 풀이 아닌 관목 형태의 박주가리를 보게 되었다. 열매의 형태는 우리 것보다 볼품이 없었지만, 껍질을 벗겨 보았을 때 들어 있는 씨앗의 배열 모습은 똑같았다. 다른 하나는 드넓은 서호주의 평지를 여행하는 길목에서 잠시 쉬어가던 중에 자그마한 바위 언덕 정상 근처에서 발견한 박주가리는 덩굴성으로 열매의 크기가 우리 것보다 절반도 되지 않을 정도로 작았지만, 씨앗의 배열 모습과 형태는 매우 비슷했다. 이런 경험이 자연스럽게 통합과학과 생명과학 I의 생태계 단원 중에 '생물 다양성'이라는 소단원에서 종 다양성과 '진화와 다양성' 단원에서 변이를 통해 종이 변한 사례로 설명하고 있다. 세 곳에서 만난 3종의 박주가리 사이에는 공통점과 차이점에 어떤 것들이 있는지 사진 자료를 제시하면서 스스로 정리하게 했다. 방과 후 시간에 박주가리를 주제로 4시간 이상 수업할 수 있는 활동자료를 만들어 사용하고 있다.

씨앗의 형태는 관모로 이루어져 같은 모양을 하고 있지만, 꽃을 자세히 보면 5개의 꽃잎이 있다. 꽃잎 안쪽에 우리나라 것은 털이 있지만, 동티모르에서 만난 것은 매끄럽다. 사는 곳에 따라 같은 식물도 차이가 있다는 것을 알려 준다.

박주가리의 관모를 현미경으로 관찰하면 털이 놀랍게도 속이 비어 있는 관 형태로 되어 있어 물을 떨어뜨리면 속으로 빨려 들어가는 모습을 보게 된다. 용액의 종류에 따라 차이가 있다. 수많은 관모가 건조하면 털 사이의 정전기 현상으로 달라붙지 않고 풍성하게 퍼지는 것을 보게 된다. 이렇게 넓게 퍼져야 공기 저항을 최대로 받아 씨앗의 비행거리가 길어진다. 씨앗에 털이 있다는 것만 주목하면 많은 것을 놓치게 된다. 탐구 시작은 호기심을 갖고 자세히 보고 관찰하면 궁금증이 생기게 된다. 바로 거기서 탐구가 출발한다. 그런 소재를 주변에 찾을 수 있다면 수업을 풍성하게 만들지 않을까 싶다.

땅에 떨어진 일 년 전의 씨앗이 자라 다음 해 교정에 있는 주목을 뒤덮고 자라는 모습이다.

신입생과의 어색한 만남을 호기심과 즐거움을 만드는데 일조한 박주가리 씨앗을 밖으로 나와 불면 하늘을 향해 멋지게 비행하는 모습을 보인다. 수업을 마치고 과학실 입구에서 날린다. 봄이 되면 교정의 화단 곳곳에 박주가리 새순을 볼 수 있다. 교정을 거닐게 될 때 첫 시간에 만난 식물이 화단에서 자라는 모습을 보게 되면서 수업 중에 배웠던 박주가리의 특징을 직접 확인할 기회가 된다. 특히 꽃이 피었을 때 향수 못지않게 향기를 풍겨 점심 때 산책하는 학생들은 냄새를 통해 다시금 박주가리를 발견한다.

계절마다 화단에서 돋아나는 풀과 나무들을 보면서 계절의 변화를 느끼게 해 줄 수 있는 것으로는 식물이 제격이라는 생각이 든다. 시골과 달리 도시는 길들어진 환경 속에서 생활하다 보니 계절의 변화에 무감각한 삶을 살아가고 있다. 이런 모습이 안타까워 교정과 등굣길에서 만나는 식물들이 새싹이 돋아나고 잎이 나고 꽃이 피는 모습을 촬영하여 수업자료 맨 앞부분에 넣어 이름과 위치 그리고 특징을 설명하는 것으로 수업을 시작하고 있다. 2학기 중반인 지금까지 소개한 80개 정도 식물 사진을 PPT에 올려놓고 넘기면서 이름을 적게 하는 수행평가를 하고 있다. 점심을 먹고 나서 교정을 산책할 때 소개한 식물의 위치를 직접 확인하는 열정을 지닌 학생들을 볼 때마다 보람을 느끼곤 한다.

교정을 돌아다니면 곳곳마다 사연이 있는 특별한 식물들이 있다. 미술 교과와 연계하여 식물 그림을 그리는 활동 전에 교정에 어떤 식물이 있는지 알려 주면 좋을 것 같아, 미술 수업 시간에 교정을 돌아다니면서 식물에 얽힌 사연을 소개하는 수업을 진행하였다. 그중에 소개하고 싶은 식물들이 있다. 구청의 지원을 받아 조성한 '예뜨란' 정원에 심은 섬잣나무 밑에 처음에는 모르고 지나갔는데 나중에 커가면서 알게 되었다. 그것은 뽕나무였다. 섬잣나무를 옮겨 심을 때 흙에 있던 뽕나무 씨앗이 이곳에서 싹이 터 자란 것이다. 시간이 지날수록 점점 커져 오디가 맺히는 것을 보았다. 초등학교 시절에 누에를 키웠던 적이 있어 뽕나무에서 오디를 따 먹었던 추억이 있었는데, 그것을 교정에 경험하게 된 것이 너무나 행복했다. 당도가 높아 먹으면 기분이 좋았다. 처음에는 수업 중에 소개하여 등굣길에 따서 먹으면 하루가 행복할 거라면서 알려 주었더니 즉시 실천하여 맛을 본 학생도 있었고 야외 수업할 때 이곳에 와서 맛을 보게 해 주기도 했다. 이렇게 잘 자라던 뽕나무가 섬잣나무보다 크게 자라게 되었고, 나무에 있는 해충을 퇴치하기 위해 살포한 농약으로 인해 푸른 뽕나무 잎도 우수수 떨어져 죽지 않았을까 걱정을 했다. 다행히 시간이 지나고 나서 다시 새잎이 돋아 강인한 생명력을 보게 되기도 했지만, 섬잣나무는 피해가 커서 초록이 붉게 변화면서 회복하지 못해 다음 해 보기 흉하다고 해서 베어지고 그 자리에는 객(客)이었던 뽕나무만 남게 되었다. 주객이 전도된 현장의 모습을 보면서 인생도 이와 같을 수 있다고 이야기를 해 주기도 했다.

태풍이 오면 쓰러져서 근처 아파트에 피해를 줄 수 있다는 염려로 학교를 조성할 때부터 자리를 지키고 있던 많은 나무가 베어지는 모습을 바라볼 때마다 마음이 아팠다. 그중에 기억에 남는 나무가 은행나무이다. 가을이 되면 노랗게 물들고 열매를 제공해 어느 해에는 떨어진 은행을 주워 씻어 구워 먹기도 했던 나무였는데, 결국 베어져 밑동만 남게 되었다. 그런데 놀라운 것은 다음 해 밑동 근처에서 맹아가 무성하게 자라 뿌리가 살아있음을 보여 주었다는 것이다. 그러면 제초제를 살포하여 잎이 시들게 하곤 했다. 몇 년 동안 이런 일을 반복했다. 치열한 갈등도 결국은 정원을 정리하면서 온 전문가의 손길을 벗어나지 못하고 없어지게 되었다. 이야기를 담고 있는 나무들의 실체는 없어지고 사진으로만 이야기를 전해야 하는 현실이 안타까울 뿐이다. 간혹 야외 수업을 하게 되면 이곳에 와서 강인한 생명력의 살아있는 현장으로 학생들에게 이 나무의 사연을 소개하였다. 뿌리가 살아 있으면 죽은 것이 아니므로 봄이 되면 살기 위해 다시금 새순을 돋는 것이 생명의 본질이라는 이야기하였는데, 이제는 그 현장이 사라져 아쉬움이 많다.

교직 3년 차에 운동장의 관중석에 햇빛 가림막으로 등나무를 심었다. 좋지 못한 땅이지만, 해가 갈수록 풍성하게 자라 지지대 위를 뒤덮게 되었고, 봄이 되면 작은 꽃봉오리가 점점 자라 30cm 이상 원뿔꼴로 자라는 꽃을 보는 즐거움을 주었다. 봉우리에서 꽃잎이 피기 시작하는 장면을 연속해서 촬영했다. 꽃잎을 따서 수업 중에 학생들에게 주면서 먹어 보게 했다. 처음에는 주저하지만, 먼저 먹으면 안심하고 먹어 보는 학생이 있다. 꽃의 아름다움과 먹을 수 있는 것이 교정에 있다는 것을 알려 주어 학교생활에 추억을 만들어주곤 했다. 이 꽃이 필 때마다 호박벌이 찾아와 꽃밥과 꿀을 채집하는 장면을 자주 목격하였다. 꽃이 있기에 더불어 사는 벌들도 볼 수 있어 좋았던 등나무도 제대로 관리하기 어려워 결국은 교정에서 볼 수 없게 되었다. 교정에서 만난 사연을 간직한 나무들이 하나둘씩 사라질 때마다 안타까웠다.

왕벚나무

지금은 사라졌지만, 전교생이 기억할 수밖에 없는 나무도 있다. 그것은 왕벚나무이다. 학교에 첫발을 들일 때부터 이곳에 있던 나무다. 첫 만날 때는 지금처럼 풍성하지 않았지만, 시간이 갈수록 풍성해져 가는 모습을 지켜본 나무다. 첫해부터 이 나무 밑에서 제자들과 함께 사진을 찍었던 추억의 장소가 어느 해부터는 친구들과 함께 반별로, 동아리별로 사진을 찍은 촬영의 명소로 자리매김하게 되었다. 왕벚나무가 만개하는 시기에는 점심때는 촬영하기 위해 줄을 서야 해서 수업을 단축하고 촬영하기도 했다. 이 나무는 벚나무가 아니라 왕벚나무라는 것과 둘을 어떻게 구분할 수 있는지 몇 가지 중요한 특징을 이야기하면서 제대로 이름을 불러주면 좋겠다고 말하곤 했다.

학교 뒤에 227m 되는 작은 산이 있는 곳을 산책하면서 정상에 올라갔다가 뜻밖에 미모사를 만나기도 했다. 이 식물은 열대 식물이라 화원에서 사서 집에서 키우는 것인지 야외에서 자라기에는 기후가 맞지 않는데, 놀랍게도 정상

미모사

에서 꽃이 피고 씨앗이 맺힌 모습을 보았다. 이것은 우리가 사는 이곳의 기후가 점점 따뜻해지고 있는 현장이라는 생각에 익은 씨앗을 채집하는 기쁨도 있었지만, 한편 온난화되고 있는 현실을 직면했다는 것에서는 안타까움을 갖게 만든 열대 식물이다. 이 사진을 보여 주면서 기후 변화의 현장을 실감하는 방법의 하나는 주변에서 식물의 변화를 인지하라는 것이라고 설명해 주었다.

예전에 읽은 제인 구달의 책에서 어느 지역에 있는 나무를 개발되면서 없어질 위기에 처할 때 경제적 가치로 보면 쓸모가 없어 없애는 방법을 일반적으로 선택하지만, 지역 주민과 더불어 살면서 공유한 경험을 간직한 나무를 보존하는 것이 필요하다는 이야기에 공감하면서 살아왔는데, 현실은 그러지 못한 모습을 교정뿐만 아니라 우리 주변에서 흔하게 볼 수 있다. 수업 중에 올림픽공원에 있는 '나 홀로 나무'인 측백나무, 911테러 당시에 심하게 가지가 부러져 없어질 위기에도 일부 시민의 간청으로 10년 동안 지극 정성

으로 키운 '콩배나무'를 다시 그 현장에 옮겨 심은 사연을 이야기하곤 한다. 이런 나무들이 간직한 사연으로 인해 사람들의 발길을 찾게 만들고 한 번쯤은 그 당시의 사건을 기억하게 하는 역할을 담당하고 있다. 각자에게 의미 있는 나무가 주변에 있으면 좋겠다. 우리 주변에 사연을 간직한 나무들로 가득 채워지면 주변 환경이 좋아지지 않을까 싶다.

부레옥잠

　과제 연구로 학생들이 활동하고 과학실에 방치된 부레옥잠에서는 꽃이 피었다. 물에 뜨는 모습을 자주 보았지만, 이렇게 예쁜 꽃이 핀 모습은 처음이었다. 단지 정수식물의 기능만 언급하고 공기주머니가 있어 물에 뜬다는 정도만 언급했던 지식 위주의 설명에 부끄러움을 가지게 만든 식물이다.

학창시절에 국어책에 등장한 김영랑의 「모란이 피기까지는」이라는 시에 등장하는 모란이 학교에 있다. 예로부터 부귀와 권위 그리고 아름다움을 상징하는 꽃 중의 제왕으로 불리는 모란꽃이 역사와 달리 향기가 나는 꽃임을 알려주면서 선덕여왕의 일화를 이야기하기도 했다.

모란

　곧 지는 꽃이어서 촬영하고 지나가던 학생에게 자세히 보게 했던 식물이다.

　교문 입구에 나란히 네 그루의 꽃사

꽃사과나무

424

과나무가 심어져 있다. 가을이 되면 야외 수업 때 이곳에 들려 맛있게 익은 꽃사과 열매를 따 먹게 한다. 신기한 것은 각각의 나무 열매가 다르다는 것이다. 맛도 색깔도 달라 학생들에게 유전적 다양성이라는 개념을 설명하는 사례로 활용하였다.

운동장에는 벽은 돌로, 바닥은 시멘트로 되어 있는 관중석이 4단으로 구성되어 있다. 이곳에 봄이 되면 벽과 바닥 경계선에서 제비꽃과 괭이밥, 붉은괭이밥, 광대나물 등 여러 식물이 자란다. 경계선 사이에 생긴 빈틈으로 씨앗이 떨어져 자라는 모습을 보면 자손을 번식하기 위한 생명의 끈질긴 본질을 엿볼 수 있다. 그 과정을 사진에 담아 수업 도입부에 항상 소개할 때 이름과 더불어 한 포기 풀 속에 담긴 강인함을 이야기한다.

제비꽃        괭이밥

운동장 옆에 '예뜨란'이라는 작은 정원에 물길이 나고 인위적이지만, 작은 웅덩이도 생겼다. 코로나 이전에 여름철 늦은 시간까지 자습하고 귀가할 때면 우렁찬 개구리 울음소리를 자주 들었다. 하도 궁금하여 어떤 종류의 개구리인지 확인하기 위해 웅덩이 근처에서 기다리다 실체를 보기도 했고, 헤엄치는 올챙이를 보기도 했다. 그리고 울음소리의 정체를 확인하면 좋겠다고 했더니 몇 명 학생이 귀가 중에 울고 있는 개구리의 정체를 촬영하여 밝

혀냈다. 그것의 정체는 바로 청개구리였다. 한 학생이 청개구리의 알을 채집하여 처음으로 검은색의 개구리 알과는 색도 다르고 뭉쳐 있지도 않은 새로운 형태의 알을 볼 수 있는 귀한 경험을 하게 되었다. 나중에 이 알을 과학실 수조에 넣고 발생 과정을 지켜보게 했다. 과학실에 오면 관심 있는 학생들은 이곳을 들러 어떻게 발생이 진행되고 있는지 지켜보기도 했다. 한편 봄이 되어 학교 근처의 계곡에 가면 해마다 개구리 알과 도롱뇽 알을 볼 수 있기도 하다. 2021년에는 처음으로 웅덩이에서 움직이는 도롱뇽의 어미를 발견하였다. 예전에는 방치되었던 계곡이 지금은 깔끔하게 정돈되어 야생동물이 건강하게 잘 자라고 있다.

청개구리

도롱뇽

예뜨란

## 비문학에서 만난 과학 지문이 지평을 열어 준다

지금도 생생히게 기억히는 깃은 이느 날 오징이 눈이 사림 눈보나 구조적으로 훨씬 뛰어난 구조로 되어있다는 최재천 교수가 작성한 글을 발췌하여 만든 비문학 지문을 본 것이다. 사람의 눈은 시신경이 망막 앞에 배열되어 눈 안쪽에서 바깥쪽으로 시신경이 빠져나가는 구조로 되어 있어 망막이 없는 부위(물체의 상이 맺힐 수 없음)인 맹점이 있지만, 오징어는 망막 뒤에 시신경이 배열되어 바깥으로 빠져나가는 구조로 되어 있어 맹점이 없고, 수정체의 두께가 모양근과 진대에 의해 조절되는 사람에 비교해 오징어는 두께는 변하지 않고 렌즈가 움직이는 카메라처럼 수정체의 위치가 앞뒤로 이동하는 구조로 되어 있다는 글을 보게 되었다.

오징어의 눈이 사람과 다르고 구조적인 면에서도 뛰어나다는 글을 접하자마자 생선 가게에 가서 오징어를 사서 눈알을 해부하고 직접 확인해 보았다. 사람과 달리 수정체가 칼로 다른 것처럼 크기가 다른 두 조각으로 나누어졌고, 콘택트렌즈처럼 두께가 있는 투명한 피막과 시신경이 하나로 모여 다발을 이루는 것이 아닌 부챗살처럼 퍼진 모습을 보았다. 이 활동이 계

오징어
오징어 눈알을 분리하면 뒤쪽에 부챗살처럼 보이는
시신경을 볼 수 있다.

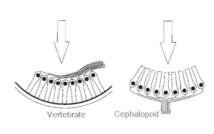

망막

기가 되어 다른 생선은 물론, 소, 돼지의 눈알에 관심을 두게 되어 동물마다 눈이 어떻게 다른지 조사한 자료를 정리하여 만든 활동자료를 과학 교사 연수 때 소개하였다.

2008년 대학수학능력시험 국어 지문에 '피의 순환'에 관한 내용이 출제되었다. 교과서는 순환에 관한 자료 해석을 주로 언급하지만, 지문 속에서는 로마 시대에 등장한 의사이자 해부학자인 갈레노스로부터 하비까지 긴 역사 속에서 어떤 과정을 거쳐 순환이라는 개념이 정립되었는지 이야기하고 있다. 이 글을 접하고 나서 순환의 역사에 관한 자료를 찾으면서 초기에는 동맥에는 빈 곳으로 표현했고, 정맥에만 피가 흐른다는 변천사를 보게 되었다. 이렇게 혈관을 표현한 이유를 닭을 해부했던 경험을 통해 이해할 수 있었다. 동맥은 혈압이 있어 심장 박동으로 박출된 혈액이 온몸으로 펴져 나가므로 죽게 되면 텅 비게 되지만, 정맥은 혈압이 거의 없어 평상시에도 가장 많은 혈액이 분포하고 있고, 혈관 벽이 얇아 혈액이 들어 있는 모습을 보게 된다. 고대 시대에도 검투사로 죽은 시신이나 동물을 해부하면서 이런 혈관의 특성을 알고 있었기에 동맥은 액체가 흐르는 곳이 아닌 생기 또는 공기가 이동하는 통로라는 개념이 자연스럽게 생겨났기에 그렇게 표현했다는 것을 알게 되었다. 이런 역사적 배경을 토대로 순환에 관한 이야기를 하면 좋겠다는 생각에 완성한 자료로 과학 교사 연수 때 소개했다.

지금도 모의고사를 치르고 나면 교육방송 사이트에 들어가서 국어 지문을 내려받아 관련된 생명과학 지문이 있는지 주기적으로 검색하고 있으며, 그렇게 모아 다듬은 자료를 가지고 3학년 인문계 학생들의 수업에 활용하였다. 방과 후 수업에도 관련 지문과 실험을 병행하여 학생들을 지도하고 있다.

**교사가 행복해야 학생이 행복하다**

**일상을 즐겁게 만들어 주는 씨앗 모으기 – 졸업 선물로 강○○에게 받은 씨앗 상자**

수업을 통해 나누는 것에 적극적으로 호응해 주는 제자를 만나는 것만큼 행복한 것은 없는 것 같다.

휴식이나 단체활동으로 공원을 방문하게 될 때 일찍 도착하여 주변에서 줍거나 채집할 수 있는 열매나 씨앗이 있는지 둘러본다. 일부러 갈 수도 있지만, 공적인 방문에 시간을 활용하는 것도 좋지 않을까 싶어 계절마다 다른 씨앗을 채집하고 있다. 근처에 인천대공원이라는 곳에 수목원이 있고 그곳에는 다양한 수종이 자라고 있다. 기억에 남은 씨앗은 입구 근처에 있는 특이하게 생긴 소나무였다. 떨어진 솔방울의 모습이 뭉툭하지 않고 길쭉한 모습이 우리나라 수종이 아님을 직감하고 나중에 도감을 통해 검색했더니 방크스소나무라는 것을 알게 되었다. 이 나무는 솔방울이 벌어지지 않아 씨앗이 방출되어 바람에 날아가지 못하지만, 뜨거운 열기에 노출되면 솔방울이 벌어져 안에 있는 씨앗이 땅에 떨어져 발아하는 특성을 가진 나무이다. 생명과학I의 천이 단원에 보면 산불이 난 곳에서는 2차 천이가 진행된다고 한다. 이때 산불이 많은 생물에게 치명적인 피해를 주기도 하지만, 다른 식물에는 생존의 기회가 될 수 있다는 사례로 방크스소나무의 솔방울을 가지고 토치로 가열하여 벌어지는 모습을 보여 주거나 찍은 사진을 보여 주면서 수업에 활용하고 있다. 해외로 여행을 가게 되면 관심 있는 것이 식물이다 보니 남들과 달리 열매나 씨앗, 꽃들을 주목하게 되고 그래서 다양한 종류의 씨앗을 모아 보관하고 있다.

씨앗과 관련하여 가장 기억에 남은 사건은 교과 체험활동에 참여한 학생이 진로가 원예 쪽이라는 사실을 알고 인천대공원에서 그 학생과 함께 코스모스 씨앗을 열심히 채집한 일이다. 나중에 고등학교 3학년 때 수시로 그쪽 분야로 진학할 예정인데 관련한 활동이 추가로 있으면 좋겠다고 해서 주변에서 쉽게 만나는 풀 종류의 씨앗을 채집하여 상자를 만들어 보면 좋지 않을까 하는 제안을 받고 시간을 내서 공원과 집 근처에서 볼 수 있는 식물의 씨앗을 만들었고 그것으로 수시 시험에서 씨앗 상자에 관해 설명했다는 소식을 들었다. 그 학생이 졸업할 즈음에 그때 제작한 씨앗 상자를 선물로 주었다. 나는 씨앗을 채집하면 약병이나 플라스틱병을 활용하여 크기도 일정하지 않지 않고 네임펜으로 이름을 적는 식이었는데, 제자의 선물은 그것보다 훨씬 더 세련된 모습이라 감탄하시 않을 수 없었다. 제자에게 받은 선물 중에 기억에 가장 많이 남는 것으로 보물처럼 간직하고 있다.

제자가 졸업하면서 준 씨앗 상자 　　　　　 평상시에는 약병에 씨앗을 보관하여 상자 안에 보관

동티모르의 바우카우라는 곳에서 과학 봉사활동을 하였을 때 채집한 불꽃나무의 열매(길쭉한 것)와 마다가스카르로 해외봉사에 갔을 때 가져온 바오밥나무 열매

## 사람은 더불어 성장한다

　사람을 뜻하는 한자는 인(人)이 있다. 두 사람이 서로 등을 기대고 있는 모습을 형상화한 것이라는 글을 읽은 적이 있다. 모닥불 속에서 장작은 서로 기대어 재가 될 때까지 탈 수 있지만, 활활 타고 있는 장작 하나를 밖으로 꺼내면 얼마 되지 않아 꺼지는 것처럼 사람도 혼자서는 살 수 없는 존재이다.

　긴 교직 생활을 기복 없이 순탄하게 지속할 수 있었던 것은 마음이 맞는 좋은 동료를 만났기 때문이다. 사립이라는 한계는 만날 수 있는 범위가 제한되어 공동과학 연수 때 같은 조에 계신 선생님이 모두 사립에 계신 분들이었다. 그분들에게 모임의 필요성을 나누는 것이 계기가 되어 모임이 만들어지게 되었다. 함께 하시는 분들과 함께 실험에 대해 고민하고 나누는 과정을 통해 연수를 기획하고 강사로 활동하면서 혼자서는 해결하지 못하는 문제를 해결하여 완성한 것으로 매년 연수를 진행할 수 있었다. 남을 의식하지 않고 어떻게 하면 좋은 실험을 학교 현장에 적용할 것인가를 고민하는 순수한 분들과 함께 좋은 추억을 만드는 것만큼 삶을 풍요롭게 만드는 것은 없는 것 같다.

## 나눔을 통해 성장했던 해외 교육봉사활동

구르는 돌에는 이끼가 생기지 않는다는 말처럼 배운 것은 나누는 과정에서 성장한다는 것을 경험할 수 있었다. 매년 교사 연수를 통해 매년 새로운 실험을 개발하는 부담감은 있었지만, 그것이 멈춘 돌이 아닌 구르는 돌을 만들었다고 생각한다. 이것이 밑바탕이 되어 해외봉사를 계획하여 다양한 나라에 가서 나눔을 실천하였다.

한국과학문화협회의 가치는 배움, 나눔, 봉사이다. 이것을 실천하기 위해 매년 1월에 과학 교사를 대상으로 1996년부터 지금까지 연수를 진행했다. 기존에 없던 새로운 형태의 실험 개발을 위해 분과별로 모여 실험을 선정하고 다듬는 과정을 통해 완성한 실험을 연수 때 소개하였다. 이것이 첫째 가치인 배움과 나눔에 해당한다. 마지막 가치인 봉사를 위해 해외봉사에 관심을 가지고 동티모르, 마다가스카르, 키르기스스탄, 라오스, 베트남, 탄자니

아 등을 방문하여 학생과 현직 교사를 대상으로 실험 연수를 진행하였다. 의사소통의 어려움이 있었지만, 도구를 가지고 시연하면서 어설픈 영어로 설명하면 의미를 전달할 수 있었다. 우리의 연수가 그분들이 실험의 필요성을 인지하고 실천할 수 있도록 도움을 준다는 것에 의미를 두었다. 기억에 남은 해외연수는 동티모르와 라오스이다. 동티모르는 우리와 다른 과학모임과 연계하여 지속해서 연수를 진행한 곳이다. 연수를 위해 사전에 실험을 선정할 때 물방울 현미경과 주사기를 이용한 광합성 실험을 준비했다. 현지 선생님들이 조립만 하고 물방울 떨어뜨리면 양파의 표피를 관찰할 수 있게 했지만, 도구를 이용하여 실험해 본 경험이 없어 단순한 것도 잘 활용하지 못하는 부분이 있었다. 직접 시연하면서 핵심 단어를 영어로 이야기하면서 완성하여 현미경으로 본 것처럼 선명한 세포 모습에 놀라워했던 그분들의 모습이 아직도 선하다. 라오스는 교사와 학생을 대상으로 백목련을 물에 담가 썩은 잎을 가지고 가서 잎맥과 양면과 뒷면 표피의 차이와 기공을 관찰하였다.

위 사진은 2018년 라오스에 있는 학교를 방문하여 실험 연수를 진행하였을 때 만난 초등학생인데, 배움에 대한 남다른 열정을 보여 2023년 10월에 인천과학대제전에 라오스 선생님을 만나 아크릴 DNA 모형을 이제는 고등학생이 된 유아와 그 친구에게 전해 달라고 부탁하였다.

아래 사진은 인천과학대제전에서 라오스의 프언밋 학교 교사 5분을 초청해서 체험 부스를 운영할 때, 현지 선생님들에게 풀러렌 축구공 만드는 방법을 학생들이 설명하여 제작하게 하는 과정의 사진이다. 이때 배운 것을 그곳에서 잘 전파하고 연수도 잘했다는 소식을 접했다.

교단에서 학생을 가르친 시간이 벌써 30여 년이 넘어 이제는 한 손가락으로 남은 시간을 셀 수 있을 정도가 되었다. 처음부터 목표했던 분야는 아니었지만, 되돌아보면 학생을 지도하는 것이나 가르치는 것에서 수많은 시행착오를 거듭하면서 좀 더 나은 방향으로 성장해 오지 않았나 싶다. 머무르지 않고 성장할 수 있었던 것은 애초에 편입하면서 다짐했던 목표가 있었기 때문이었다. 그것은 바로 생명과학을 판서로 하는 강의가 아닌 다양한 실험을 통해 생명의 경이로움을 알려 주겠다는 굳은 마음이었다. 그것을 위해 부단히 노력한 여정이 있었기에 고인 물이 아닌 흐르는 물이 되었다고 본다.

여든이 되신 어르신도 여생을 행복하게 보내기 위해 문화교실을 다니면서 악기를 배우고 익힌다. 그리고 실력을 키워 무대에 서고 삶을 항기롭게 만드는 도전을 계속한다. 교직은 그런 면에서 끊임없이 배우고 익혀 제자에게 나누어 주는 삶에서 행복을 찾는 귀한 직업이라는 생각이 들어 정년퇴직하는 날까지 가르치는 일에 최선을 다하는 삶을 살고자 한다.

## 일상에서 수업을 찾다 · Tip

일상에서 벗어나 여행을 떠난 곳에서 만난 식물이나 역사적 가치가 있는 곳을 방문하게 되면 수업 중에 소개하여 지평을 넓히게 한다. 전남과학축전으로 목표에 내려갔을 때 머무는 곳에서 산책하다 전시된 소녀상을 처음 보게 되었다. 방송으로만 들었지만, 현장에서 직접 본 적은 없었다. 느낌이 달라 새겨진 글과 소녀상에 담긴 상징성을 꼼꼼하게 읽어보고 추가로 조사한 자료와 근처에 있는 유달산을 산책하다 바위에 뚫린 구멍이 일제가 민족의 정기를 끊기 위해 박았던 쇠막대기가 있던 자리라는 것을 보고 유달산에서 만난 식물과 더불어 역사 선생님은 아니지만, 학생들에게 일제가 저지른 만행에 대해 수업 중에 이야기하였다. 동료와 함께 철원의 한탄강지질공원을 다녀와서는 이곳이 예전에는 용담이 흘렀다는 증거를 제시하면서 아름다운 풍경으로 인해 세계지질공원으로 등재되어 나중에 시간이 되면 구경해도 좋겠다고 소개하였다. 교사는 자신의 전공뿐만 아니라 학생들에게 보고 배운 것을 나눔으로 인해 진로 선택에 도움을 주어야 한다고 본다. 사람의 물질대사 단원에 자동차 엔진이 세포 속의 미토콘드리아와 하는 역할이 비슷하다는 도입 부분에 있는 사진을 가지고 대기오염을 줄이는 전기 자동차가 왜 필요한지 직접 탑승한 넥쏘의 현장사진과 탑승 후기를 이야기해 주기도 했다. 반딧불이의 이야기에서는 '기적'이라는 영화에 청춘 남녀 주인공이 철길을 거닐 때 주변에 노란색의 반딧불이가 반짝이는 장면이 있는데, 이것이 명장면으로 기억되고 있는데, 생명과학을 꼭 진로를 위해 배우는 것이 아닌 즐거운 마음으로 경이로운 생명에 대해 알면 어떤 일을 하든 나중에 응용될 수 있기에 편안한 마음으로 수업에 참여하고 관심을 가지면 좋겠다는 이야기를 자주 한다. 교사는 자신의 전공뿐만 아니라 진로 교사의 역할도 같이 하면 좋지 않을까 싶다.

## 교사가 되다

직업은 인생의 가치관을 실현하는 도구. 이런 생각을 하며 선택하게 된 나의 직업은 '교사'이다. 이 세상에 태어나는 순간부터 긴 입원을 했고 퇴원할 때도 한 달 이상 버티기 어려울 수 있다는 말을 들었던 병약했던 나는, 너무나 자연스럽게 아픈 사람들을 질병에서 구하는 사람이 되고 싶다는 막연한 생각을 가졌던 것 같다. 조부께서 유명 작명인에게 받아왔다는 나의 한자 이름은 출생하면 칼자국이 생길 것이고, 그러니 의술을 가르치라 했다는 비논리적인 서사의 사연을 품고 만들어졌다고, 어른들은 귀에 못이 박히게 이야기를 하셨다. 딸의 체력을 늘 고민하던 엄마는 의사보다 약사를 원하셨다. 그게 무엇이든 나는 아픈 사람을 돕는 사람이 되는 것이 당연하다고 생각해 왔다.

그러나, 한 달 이상 살아가는 인생을 누리며 세상을 알아가던 중학생 꼬마의 눈에 의사라는 직업의 현실은 다르게 읽히기 시작했다. 동네 병원의 의사 선생님은 훌륭하지만 감기, 복통 등의 질병에 대해 처방해 주는 다소 지루하고 반복적인 업무가 그리 멋져 보이지 않기도 했다. 사춘기 소녀가 꿈꾸는 세상의 화려함이 없었던 건지도 모르겠다. 또, 의사가 되기 위한 과정을 견디기에 나의 체력으로 가능한 일인가 싶은 현실적인 생각도 했던 것 같다.

그런 나에게 TV 다큐멘터리로 접하게 된 과학고등학교 학생들의 이야기는 너무 매혹적이었다. 그날 이후 과학자가 되어 인류를 질병에서 구하는 연구 업적을 남기고 싶다는, 대단한 포부를 품게 되었다. 그 당시 과학고는 이공계열이 아닌 의·약학 계열 진학에서는 비교 내신 적용을 받을 수 없었다. 과학고 진학은 곧 의사라는 직업을 내 인생에서 지운다는 것을 의미했다. 그렇게 어느 날 갑자기 과학고 진학을 하겠다고 선언한 꼬마는 과학자가 되기로 하였다. 당시 조기 졸업이 유일하게 허용되는 카이스트를 진학하겠다는 목표까지 세운다.

하지만, 재학 시절 9시 뉴스에 00과학고 학생 중 1명을 제외한 전원이 서울대학교 합격이라는 내용이 나올 정도로 일반대 진학 선호도가 높아지던 분위기와 탐방으로 미리 가 본 카이스트는 학부보단 대학원으로 진학하는 것이 좋겠다는 인상을 심어주었기에 나는 조기 졸업 준비반이 아닌 일반대 준비반을 선택하였다. 당시 내 독서실 자리에 붙어있던 나의 각오는 이랬다.

세상에 도움을 줄 수 있는 좋은
과학자가 되자.
엄마에게 좋은 딸이 되자.
선생님에게 좋은 제자가 되자.
친구에게 좋은 친구가 되자.

그러나, 대한민국의 누구처럼 입시를 마주하게 된 고등학교 3학년 때, 엄마와 담임 선생님은 사범대를 권하셨다. 나는 건방지게도 불같이 화를 내며 내가 선생이나 하려고 공부한 줄 아느냐고 했다. 그럴 거면 실컷 놀면서도 할 수 있는 거 아니냐고도 했다. 어린 날의 치기였음을 스스로 알게 되는데 그리 오랜 시간이 걸리지는 않았지만, 그 시절의 나는 그랬다. 교육학을 배운 적도 없으면서 그런 고리타분한 학문은 싫다고도 했다.

그렇게 나의 고집대로 생물학과에 진학하였다. 아직도 나의 학생들에게 수능시험에서 스스로도 인정하기 어려운 실수를 할 수 있다는 사례로 나 자신을 언급하기도 한다. 수학 시험지 첫 페이지 제일 쉬운 문제 4개 중 3개를 틀려봤냐고. 본고사 덕에 수능 성적을 커버하였음에도 내 목표였던 서울대 분자생물학과는 그렇게 멀어졌다. 그래도 여전히 마음속에 연구자의 꿈을 품고 있었다. 친한 학과 동기들이 2학년 1학기 교직이수 교과목을 수강하기 시작할 때 나는 대학원 진학을 하겠다며 전공 선택인 물리화학을 선택했다. 점심시간이 달라져 가끔 친구들을 기다리기도 했다. 그러다 문득, 어차피 교양 과목 학점도 채워야 하고, 혹여 교수가 된다 해도 학생을 교육할 텐데 교육학을 이수하는 것이 좋겠단 생각을 하게 되었다. 그렇게 2학기부터 같이 수업을 듣기 시작했고 교직이수 과정 신청 마감 전, 친구들을 따라가 스스로 교직이수 과정을 신청하였다. 자기합리화였는지 현실과의 타협이었는지는 모르겠지만, 나는 교육학 수업을 매우 즐겁게 이수했다. 특히 교육공학과 같은 수업은 너무 재미있었고, 리포트 제출을 하느라 밤을 꼬박 새우기도 했다. 그러면서 어린 시절의 나는 편견과 선입견으로 무지했음을 반성해 갔다.

[敎育]

국어사전에는 '지식과 기술 따위를 가르치며 인격을 길러 줌.'이라고 기술되어 있다. 지식백과에는 '인간이 삶을 영위하는 데 필요한 모든 행위를 가르치고 배우는 과정이며 수단을 가리키는 교육학 용어'라고 정의되어 있다. 그리고 그 개념에 대한 내용이 여러 문헌에 나와 있다. 나는 대학에서 교육학을 배우며 '교육'에 대해 알아 갔고 그 매력을 배워갔다.

그리고 교생실습에서 교육 현장을 현실로 마주하며 결심을 하게 된다. 내 직업으로 '교사'를 선택해야겠다고. 물론 IMF라는 시대 상황도 있었다. 나의 현실 상황에서도 적합한 선택이었고, 내 가치관에도 부합하는 직업이라는 확신이 있었다. 소위 사회에서 말하는 '사'자 가진 직업 중, 다른 것들은 일 사(事)를 쓰지만, 교사(敎師)와 의사(醫師)는 스승 사(師)를 쓴다. 사회적으로 사명감을 요구하는 직업인 이유와 같은 맥락이다. 몸이 아픈 사람을 돕고자 했던 꼬마 '최현주'는 교사가 되어서도 누군가를 도울 수 있다고 확신했다. 그렇게 나는 '敎師'가 되었다.

　사실 과학을 가르친다는 것에 특별한 자격 제한이 있지는 않다. 물론 공교육 교사로서 자격증은 필요하다. 나는 사범대학 출신이 아니라는 점이 교수학습 방법 등에 있어 부족할 수 있다고 생각했다. 그래서 꽤 많은 교원 연수 과정에 참여하였다. 1정 자격 연수 이외에도 180시간짜리 공통과학 연수를 서울대에서 이수하기도 하고, 현직 교사가 강사인 실험 직무 연수 등도 많이 참여하며 배울 것이 아직 많음을 깨달았다. 생명과학 교과가 아니어도 과학 관련 연수라면 뭐든 적극적으로 참여하였다. 교수학습 방법이나 평가 관련 연수, 학생 지도를 위한 심리학 관련 연수 등 교과 관련이 아닌 연수를 위해 학기 중은 물론 방학의 많은 시간을 할애하였다. 과거엔 방학 중 교과 보충 수업도 많아서 방학 기간이 때로 더 바쁘기도 했다. 그 배움의 시간을 양분으로 내가 성장할 수 있었다고 생각한다. 딱 한 사람의 롤 모델은 아니더라도 학생 지도와 수업 연구에 매진하는 모습을 보며, 나도 언젠가는 강의하는 선배 교사처럼 당당하게 '과학 교사'라고 말하고 싶다는 바람을 품었다. 그즈음 만들어진 '올해의 과학교사상' 수상자라고 자신을 소개하는 분들을 보며 그것은 뭔가 또 다른 기준의 '과학 교사 자격증'이라는 생각을 하게 되었던 것 같다. 수상을 목표로 한 것은 아니지만 그 어느 날 수상을 한다면 '당신은 이제 과학 교사로서 부끄럽지 않습니다.'라고 누군가 말해줄 것 같은 기분이랄까.

　그렇게 교원 연수를 통해 교사로 성장해 나갔고, 지금도 꾸준하게 연수를 찾아 듣고 있다. 또 내가 아는 것을 나누기 위해 때론 연수 강사로 참여하기도 한다. 교사로서의 나눔, 공유. 그 방법 중 하나는 연수였다.

　교사 10년 차가 되던 해, 2011년 올해의 과학교사상을 수상했다. 당시 수상소감 같은 것을 적어달라고 할 때 '과학 교사로서 이제는 부끄럽지는 않겠구나.' 라는 마음에 이제야 교사의 자격을 얻은 것 같다고 적었다. 10년의 법칙, 아웃라이어라고들 하며 전문가로서의 길을 운운하기도 하는데, 전문가가 되었다기보다 그저 이제 겨우 교사 자격이 생긴 기분이랄까. 20년이 넘은 지금은 전문성이 더 늘었다는 자신감보다 부족한 것이 많다는 생각이 더 크다. 아는 만큼 보인다고 이제 좀 알 만하니 부족함도 보이는 모양이다.

**끝없는 배움, 교사 연수**　Tip

지금은 원격 연수, 비대면 쌍방향 연수 등 다양한 형태의 수많은 연수를 더 쉽게 접할 수 있다. 마음만 먹으면 언제든 정보를 접할 수 있다는 장점이 있다. 그러나, 과학 관련 전문 기관이나 연구소, 대학 등에서 운영되는 연수나, 교사 연구회 주최로 이루어지는 워크숍 형태의 연수 등 대면 수업으로 진행되는 연수에 참여하는 것은 과학 교사로서의 성장에 큰 도움이 된다.

수업이 즐거워지는 이야기

교사 연구회

　교원 대상 연수를 통해 다양한 교사 연구회에 대해 알기 시작하고, 운전도 못 하는 뚜벅이면서도 여기저기 많은 연구회 활동을 하게 되었다. 경기도 신규 과학 교사 실험 연수를 계기로 과학 마술 연구회를 시작한 것이 처음이었다. 신규 교사들끼리 시작했던 만큼 현장 경험은 짧지만 대학에서 오래 연구하신 선생님을 중심으로 새로운 것들을 적용해 보는 것이 좋았다. 생명과학 교과에 적용할 만한 내용은 거의 없었지만, 나는 교내 과학 마술 동아리를 만들 정도로 즐겁게 활동했다. 당시 과학 동아리가 1개밖에 없던 학교에서 마술 동아리를 만들어 과학 활동을 겸했다. 연구회 선생님들과 수업 도입에 있어 학생들에게 동기부여를 하기에도 좋은 자료를 만들어 가며

과학마술쇼

이를 동아리 활동에 적용하였다. 당시 운영되었던 경기도과학마술쇼 대회 참가를 위해 아이들과 함께했던 교육활동은 융합과학교육의 형태였다. 한국에서 STEAM 교육에 대한 언급이 있기 전이니 그렇게 정의할 수는 없었지만 유사했다. 시나리오를 썼고 연기를 하고 무대나 의상을 기획했다. 과학적 원리가 적용된 과학 마술 콘텐츠를 적용하기 위해 실험하고 새로운 것을 개발하기도 했다. 아이들의 수상 결과도 좋았지만, 내겐 교사로서의 경험이 넓어지는 계기가 되었다. '사라지는 잉크' 등 당시 적용했던 실험 활동으로 2007년 서울대에서 개최되었던 ICSENS 국제학술대회에서 워크숍 발표를 하기도 했다.

그 이후 경기도중등과학교육연구회, 생명과학교육연구회 등 소속지역 내 연구회에도 조금씩 참여하기 시작했지만, 생명과학 교사로서 성장하는 데 있어 늘 중심이 되는 연구회는 인천과학사랑교사모임(이하 인과사)이다. 이 연구회는 물리, 화학, 생물, (당시 지구과학까지) 중등 과학 교과별 분과 모임이 있다. 사립 학교 교원인 나는 고등학교 생명과학 교과 지도가 가장 중요하다. 실질적인 교과 지도에 대한 고민을 나누고 함께 새로운 프로그램을 개발, 연구할 수 있는 이 모임은 큰 힘이 되고 자극이 되고 때론 그 자체가 힐링이 된다.

과학 동아리 지도, 과학 행사 프로그램 운영 등도 과학 교사가 수행해야 하는 중요한 역할이지만, 가장 중요한 것은 교과 지도라고 생각한다. 요즘은 온라인상에서도 좋은 교육자료를 비교적 쉽게 구할 수 있지만, 과거는 그렇지 않기도 했다. 그래서인지 요즘은 과거보다 오프라인 연구회에 참여하는 교사가 많지 않은 듯하다. 물론 요즘 학교는 왜인지 업무가 경감되기는커녕 증가하는 듯도 하고, 학교 업무 외 시간을 할애한다는 것이 쉬운 일은 아니기도 하다. 그러나 나는 후배 교사들에게 자신에게 적합한 연구회에 소속되어 활동해 보기를 권하고 싶다. 교내 전문적 학습공동체와는 다른, 교사로서의 성장에 큰 역할을 하는 것이 교사 연구회라고 생각한다.

## 교직 생활의 동반자, 교사 연구회   Tip

오프라인 모임에 자주 참여하기 위해서는 지역을 기반으로 하는 연구회에 참여하는 것이 가장 현실적이다. 그러나, 신과람(신나는 과학을 만드는 사람들), 인과사(인천과학사랑교사모임), 재과만(재미있는 과학 수업 만들기), 참과학 등의 수도권을 중심으로 하는 교사모임은 모임의 장소에 해당하는 지역의 교사만 참여하지는 않는다. 코로나 기간에 온라인 활동이 활성화되기도 하였다. 가능하다면 이런 규모의 교사 연구회에 참여해 보는 것도 새로운 경험이 될 수 있다. 이런 과학 교사단체들이 모여 운영되는 것이 전과협(전국과학교사협회)이고, 여기서 주최하는 가장 큰 행사는 1월에 개최되는 전국과학교사큰모임이다. 현장과학교육학회와의 협력으로 10월 학회에서 워크숍이 이루어지기도 한다. 정보 공유와 네트워킹을 통해 나의 수업이 더 풍요로워질 수 있다.

　가장 중요하다고 생각하는 과학 교과 지도의 범주는 어디까지일까? 교과서 들고 들어가는 교실 수업이라고 정의하더라도 텍스트를 지도하고 제시된 탐구활동을 지도하는 것만으로는 부족하다. 과학 과제 연구 교과목 같은 경우 사실 교육과정이 없는 것과 마찬가지일지도 모른다. 그런 이유로 과학 교사는 타 교과에 비해 조금 다른 역량이 요구된다는 생각이 들 때가 있다. 예체능 교과처럼 실기 활동이 주가 되는 것은 아니나, 국영수 이른바 기초 교과와도 매우 성격이 다르다. '과학'이란 학문의 본질이 가변성이기도 하다 보니, 소위 학창시절 배웠던 것만 우려먹을 수도 없다. 과학교육을 하는 사람은 교육자로서의 전문성만큼이나 과학 분야 전문성이 요구된다.

　개인적으로 교사들과의 교과 연구 활동 이상으로 나를 성장시킨 건 학생 지도 활동이었던 것 같다. 처음이라고 기억하는 것은 2005년 과학탐구토론대회 참가 학생 지도이다. 3인의 학생들을 데리고 '댐'을 주제로 자유롭게 연구하여 보고서를 작성해야 했다(생명과학 교사에게 dam이라니 damn…인 느낌). 맨땅에 헤딩하는 마음으로 일단 제시된 조건처럼 견학을 기획했다. 한국건설기술연구원도 방문하고 대청댐도 찾아갔다. 고등학교 동기 중 관련 전공자로부터 조언을 구하고 대학교 연구실에 찾아가 그곳의 시설로 실험을 할 수 있는지 문의하고 방문하며 아이들과 결과물을 만들어 냈다. 학생을 지도하기 위해서는 먼저 내가 배워야 했고, 그만큼 내 견문도 조금씩 넓어졌다. 다음 해에는 같은 대회의 주제가 경기장이었고 학생들과 건축공학적인 접근을 시도하였다. 이 활동을 모두 했던 학생 하나는 실제 토목환경공학과 전공을 선택하였다. 그 학생에게는 진로 탐색 활동이 되었던 셈이다. 과학 과제 연구 활동이 매우 중요하다는 생각은 이런 지도 경험들이 쌓여가며 확고해졌다.

대회를 준비하는 학생들 스케일로 수업하는 모든 학생을 지도하기는 어렵다. 그러나 유사한 학습 경험의 기회를 제공하고 싶었다. 생명과학 I 을 수업하며 자유 주제 탐구를 비중 있는 수행평가로 시행하였다. 중학교 교육과정에서 자유 탐구가 잠시 필수항목이었던 적이 있다. 그보다 훨씬 전이었으니 고등학교 2학년이 될 때까지 연구 계획이라는 걸 해 본 적이 없던 아이들이 대부분이었다. 교과 진도가 우선이니 수업 시간 중 지도를 따로 해 줄 시간도 거의 없었으면서 무식해서 용감했던 저경력 교사는 쉬는 시간 짬짬이 지도만으로 아이들에게 과제를 주었던 것 같다. 지금 생각해 보면 그걸 잘 따라주었으니 참 기특한 학생들이다. 물론 그 시절엔 동물 실험 윤리규정이 없었으니 마우스 실험이나 해부 실험 등에 대한 제재가 없어서 실험기자재가 부족한 일반고에서도 아이들이 탐구할 수 있는 영역이 더 많았을 수도 있다. 탐구주제의 독창성, 과학적 타당성 등은 많이 미흡한 수준일지라도 나는 그 과정을 높이 평가했다. 교과서 텍스트로만 배우는 실험 설계 과정에서의 변인통제를 하기 위해 어디까지 고려했는지, 결과를 분석함에 있어 어떤 방법을 시도하였는지 등을 중점으로 보았다. 레시피 보고 요리하듯 하는 실험이 아닌 다른 학습 경험을 주고 싶었다. 따로 지도하지 않아도 문헌을 찾는 것만이 아니라 직접 전문가에게 이메일을 보내 문의하는 등 적극적인 태도를 보이는 학생의 노력을 칭찬했고 이를 생활기록부에 기록해주었다.

지금은 매우 흔한 일이지만 당시엔 교과 세특 기재가 그리 중요하지만은 않았던 터라, 2008년 시범 시행되기 시작했던 입학사정관제를 통한 입시에 시도 일부 학생에게는 꽤 중요한 평가 요소가 될 수 있었던 것 같다. 대한민국 고등학교 교육에서 교육과정의 변화보다 교육현장에서 더 민감하게 피부에 와닿는 건 입시제도의 변화이다. 과거에는 입학사정관제 도입으로 인해 과학 관련 대회나 행사가 활성화되던 시절이었기에 매우 다양한 분야의 과학 활동을 지도할 수 있었던 것도 같다. 그러다 보니 내겐 너무 멀고 어려운 분야라고 생각했던 과학전람회를 지도하게 되었다. 그 시절 입학사정관 연수마다 사례로 등장했던 학생은 내 제자이다. '새'에 대해 관심이 많고 한국야생조류협회 최연소 회원일 정도로 탐조 활동에 열심이었던 그 아이는 학교 공부에는 큰 관심이 없었지만, 조류 연구에는 누구보다 큰 열정을 지닌 아이였다. 당시 전국과학전람회 지도연구논문의 서론에서 나는 이렇게 서술하였다.

"일본의 유명한 아동 문학가 하이타니 겐지로의 자전적 소설 『나는 선생님이 좋아요』에나 나올 법한 학생이 바로 지도 학생이었기 때문이다. ○○는 조류 탐구 및 관찰 부분 등에서는 영재성을 드러냈으나, 학습 성취도 측면에서는 학습 부진을 나타내는 학생이었다. 영재아와 부진아의 두 가지 특성을 모두 지닌 학생의 양면성을 조율하고 영재성을 발굴, 육성하여 좀 더 체계적인 탐구 활동을 할 수 있도록 하는 데에 이번 탐구 활동 지도의 목표가 있다."

입시를 앞두고 추천서를 쓸 때에도 고등학교까지의 학업성취도만으로는 정의할 수 없는 열정을 지녔음을 적극적으로 추천했다. 당시 대학 입학처마다 각기 다른 생각을 지닌 사정관들의 논의 대상이 되었다는 이야기를 많이 들었다. 내가 가장 확신할 수 있었던 것은 그 학생은 대학을 들어가기 위해 한 것이 아니기에 어떤 공부를 더 하게 되더라도 탐조 활동을 직업으로 하는 사람으로 살아갈 것이라는 점이었다. 성균관대, 이화여대, 인하대 등에서 합격증을 받았고 2010년 이화여대 입학사정관제를 대표하는 사례로 조선일보에 소개되기도 했다. 대학 재학 시절 대한민국 인재상을 수상하였고, 동 대학에서 박사학위를 받았으며, 꾸룩새연구소를 운영하고 있기도 하다. 학교 교육과정을 따라가며 공부를 잘하던 아이가 대학 이후에 전공과 진로를 정하는 게 일반적이다. 하지만 좀 더 일찍 자신의 진로를 정한 아이들에게 기회를 주는 것도 과학 교사의 역할이었다.

이처럼 고등학교 교사로서 입시에 대한 고려도 해야 했고, 교육적으로도 유의미한 활동을 지도하고 싶었기에 다양한 대회 참가를 권유하고 지도하게 되었다. 과학전람회 지도가 어렵다는 선입견이 사라지고 아이들과 함께 즐거운 연구 활동을 한다는 생각으로 바뀌면서 한동안 매해 전국과학전람회를 지도했다. 일반고 학생임에도 불구하고 한 해 2팀씩 전국대회에서 입상하기도 하였다. 아이들의 진로 활동을 위해 교내 환경생태반 과학 동아리를 만들었다. 장항습지 연구를 하는 등 주도적으로 활동하던 부장 학생은 2010년 대한민국 인재상을 수상하고 역시나 입학사정관제 전형으로 중앙대학교에 입학하였다. 이 또한 2011년 중앙일보에 사례가 소개될 정도로 학교 내신성적 대비 우수한 활동을 인정받은 경우이다.

https://www.joongang.co.kr/article/5767276#home

ISEF 참가

이후에도 삼성휴먼테크논문 대상, 환경올림피아드, YSC과학탐구대회, STEAM R&E 등 많은 연구 대회를 지도해 왔다. 각자 다양한 분야를 연구할 때마다 함께 새로운 분야를 알아갔다. 나는 완벽하게 해당 전공을 숙지한 전문가는 아니어도 그 방향을 안내하는 'Guide'였고, 아이들과 함께 성장해 갔다. 2019년엔 ISEF 한국대표로 참가하게 된 학생들을 인솔해서 미국 애리조나주 피닉스를 방문하기도 했다. 행사 프로그램에는 노벨상 수상자 강연이 있을 정도로 청소년 과학교육에 진심인 대회였고, 상금 규모도 크지만, 노벨상 시상식 참가 특전을 주기도 하는 대회이기에 본선에 참가한다는 것만으로도 외국 학생들은 자부심을 느낄 수 있다. 막상 국제대회에 참가해 보면 수상 여부와 상관없이 '나는 Finalist'라는 것만으로도 성취감이 높았고 그 과정과 부대 행사를 즐기는 모습이 부러웠다. 물론 그들도 대학입시에서 현재 우리나라보다 더 파격적인 혜택이 있으니 열심히 참여할 수도 있다. 하지만, 우리나라도 어떤 대회건 본선 참여 자체가 유의미성을 가질 수 있도록 단순 심사와 수상만 하는 것이 아니라 부대 행사를 통해 교육의 장이 되는 문화가 자리 잡았으면 좋겠다. 또, 대회에서의 수상이 목적인 참여보다 그 과정에서 과학 연구의 의미를 배워가고, 진로 탐색을 할 수 있는 교육 기회로서의 대회가 되었으면 좋겠다.

전형적인 연구보고서를 제출하는 형태만이 과학 과제 연구의 범주라고 생각하지는 않는다. 많은 과학 교사가 발명 관련 지도를 하는 것도 그러한 이유일 것이다. 과학부의 업무처럼 자연스럽게 발명 대회 지도를 하게 되며, 전국학생발명품경진대회, 대한민국청소년발명아이디어경진대회 등을 지도하였다. 단순한 아이디어 창출 혹은 산출물 제작이 아닌, 그 과정에서 다양한 과제 연구 활동이 이루어지도록 계획하였다. '장마철 역류 방지를 위한 거름 뚜껑'으로 전국학생발명품경진대회 최우수상을 수상한 학생의 경우 실효성 검증을 위해 학생 수준에서나마 공학적 탐구 설계를 하도록 지도하였고, '유전자 발현 과정 이해를 위한 학생 참여 중심 수업용 SW 융합 학습 교구'에서는 과학교육학적 연구를 통해 교구의 학습 효과 검증을 할 수 있도록 지도하였다. 이런 과정은 일반적인 과학 과제 연구의 교육과정과 같다. 단순한 대회 참가가 아니라 과학적 문제 해결력을 신장시키는 프로젝트 학습으로서 유의미하다고 생각한다.

발명 지도를 하면서 자연스레 창의력 관련 대회도 지도하게 되었다. 그 과정에 교내 창의발명반 과학 동아리를 만들기도 하였다. 창의력 올림픽, 창의력 올림피아드라는 이름 등으로 국내 대회들이 개최되며, 각각은 미국에서 개최되는 DI(Destination Imagination)와 OM(Odyssey of the Mind)의 한국 예선 대회이다. STEAM 교육, 메이커 교육 등을 아우를 수 있는

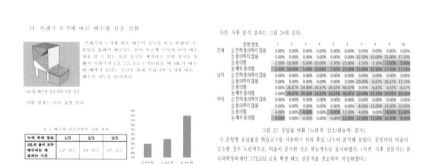

전국학생발명품경진대회

것이 이 대회를 준비하는 과정에서 체험하게 되는 교육활동이다. 한국 예선 대회를 거쳐 출전 자격을 득하게 되면 국제대회에 참가하게 되는데, 국제대회도 5회 이상 지도하고 인솔하였다. 미시간 주립대, 아이오와 주립대, 테네시 주립대 등의 대학 캠퍼스에서 열렸던 대회를 참가하며 아이들과 외국 대학 탐방을 겸할 수 있었고, 대회 이후 아이비리그 등 실제 대학 탐방을 하며 아이들의 견문을 넓힐 수 있었다. 이 대회 과제는 팀 프로젝트이기에 이를 준비하기 위해 겨울 방학 내내 학교에서 살다시피 했고 5월은 야근을 밥 먹듯이 했다. 그래도 힘든 것보다 즐거움이 컸던 것은 아이들과 함께 누리는 성취감이었다. 이 대회에서 수상한다고 해서 대학 입시에서 큰 혜택을 누리는 것이 아님에도 그때의 아이들도 교육활동 자체에 진심이었다. 그래서 2010년엔 한국 고등학생 최초로 3위로 본상 입상을 하는 결과도 얻을 수 있었던 것 같다.

DI 시상식      대회 opening ceremony

DI 공연

신문기사

대학 입학을 목적으로 했다기보다 아이들이 느끼는 성취감만큼 교사로서 행복했고, 그렇게 대회 참여 경험이 바탕이 되어 진로를 찾아가게 되었다. 지금도 단순히 대학 입시를 위해 생활기록부를 채우기 위한 활동이 아니라 진정성 있는 진로활동을 생활기록부에 기록한 결과 대학 입시에서도 우수평가를 받도록 하는 것, 그것이 과학 교사가 할 수 있는 사교육과 차별화되는 공교육의 역할이라고 생각한다. 교육활동의 목적이 입시가 되지 않도록 중심을 잡아 주는 것, 그것도 과학 교사의 역할이다.

SW 중점반 학급 담임을 하면서 정보올림피아드 등의 대회 지도에도 참여하였고, STEAM R&E로 'AI 작곡 프로그래밍으로 들어보는 DNA 음악'과 같은 융합 주제도 지도했지만, 메이커 교육활동에도 관심을 가졌었다. 메이커 동아리 지원사업 등을 통해 학생 지도를 하며 도쿄 메이커 페어 탐

타이페이 메이커 페어

방을 인솔하거나, 2018 타이베이 메이커 페어 부스 운영을 하기도 했다.

이런 국제대회나 행사에 참여했던 경험들은 아이들만이 아니라, 교사에게도 더 넓은 시야를 갖게 했다. 한동안 코로나 인해 국내에서의 대면 행사도 위축되고 있지만 학교 교육을 기반으로 폭넓은 외부 활동을 가능하게 하는 것도 과학 교사이기에 할 수 있고 해야 하는 일인 것 같다.

## 나눔의 실천

교사로서 교과 전문성만큼이나 실천을 통해 인성교육을 해 나가는 것도 매우 중요하다고 생각한다. 많은 과학 교사처럼 대한민국과학축전 등의 행사에서 과학 부스 활동을 통한 나눔도 기회가 닿는 대로 하고 있다. 지역 아동복지센터에서 정기적인 과학실험교육을 인솔지도하기도 했고, 노인종합복지관에서 실버과학반을 운영하기도 했다. '배워서 남 주자.'라는 말을 실천하기 위한 교육봉사도 했지만, 과학마술반을 운영할 때에는 무대공연을 통한 나눔도 가능했기에 더 다양한 활동을 하였다. 일산백병원 소아병동에서 정기적인 공연을 하기도 했고, 지하철역에서 소아암 어린이 돕기 공연팀과 함께 과학마술쇼를 하며 모금 활동을 하기도 했다. 학교 주변 장소를 대여하여 소아암 어린이 돕기 일일 마술카페를 열기도 하고, 호수공연 공연장에서 자선공연을 개최하기도 했다. 경비를 마련하기 위해 각종 동아리 지원사업 공모사업에 참여하였고, 주한미국대사관 등이 후원하는 사업 등 다양한 자금 출처 사업들을 경험하며 아이들도 다양한 공연 경험을 갖게 되었다.

일산 백병원봉사

캠페인 활동도 과학 교사가 잘할 수 있는 나눔 활동 중 하나이다. '생물자원 보전 청소년 리더' 활동을 하며 온·오프라인 캠페인 활동을 하기도 했고, 탄소중립 캠페인 활동도 하였다. 자발적으로 대회에서 받은 상금으로 간식을 사서 급식 잔반 제로인 학생에게 보상하는 교내 캠페인을 다시 하는 등 실천하고자 노력하는 학생들을 보며 작은 행동이라도 변화하고 실천하는 교육을 만들어 가는 재미가 있었다. 교육과정 중 흡연, 음주, 약물 오남용에 관련 내용이 교과에 있던 시절엔 이를 포스터로 제작하여 전시하고 이에 대한 위험성을 알리는 캠페인을 겸하기도 했고, 동아리 학생들과 코로나19에 대한 프로젝트 탐구를 전시하는 등 교육과정 연계 교내 캠페인도 많이 하였다. 또, 지역 도서관 내 전시 공간을 대여하여 전시, 캠페인을 기획하기도 하였다. 국제대회 참가 시에도 짬짬이 교류 시간에 탄소 줄이기 서명운동을 하였고, 대회 이후 뉴저지 위안부 기념비 방문을 하고 뉴욕 타임스퀘어 등에서 짧지만 이에 대한 역사 알리기 캠페인도 아이들이 기획하게 지도하였다. 지속성이 적고 단기성일지라도 나눔을 실천하게 하고 이를 기획하게 하는 것, 그것을 통해 아이들이 사회문제에 관심을 가지도록 지도하고자

환경 캠페인

재능기부 과학캠프

노력해 왔다. 교사로서 나 또한 이를 실천하는 사람이 되고자 과학실험 나눔캠프를 연 1회나마 기획하고 개최하였다. 한국창의재단 교육기부단체로 등록하여 과학 소외 지역을 중심으로 활동하고 있다.

## 학회 참가

학위 과정을 길게 하지 않은 소위 가방끈 짧은 교사이지만, 기회가 닿는 한 학회 참가를 하며 배움을 이어가고자 한다. 학생들에게도 그런 기회를 많이 주기 위해 청소년 발표 세션에 종종 참여했다. 한국미생물학회청소년

학회 발표

발표대회뿐 아니라, 현장과학교육학회, 국제화학교육학회, 한국유전학회, 한국통합생물학회, 한국생물과학협회 등에서 학생 발표 기회가 있을 때마다 인솔하였다. 교사로서도 현장과학교육학회, 한국생물교육학회 등의 발표나 워크숍 강연을 참가하여 다양한 경험을 쌓고 있다. 물론 학위 과정을 통해 스스로가 전문성을 높이는 것도 매우 좋은 방법이라고 생각한다. 이런 노력으로 더 많은 배움을 통해 성장하고자 하는, 나는 대한민국 과학 교사이다.

교사가 행복해야
학생이 행복하다

교사가 긍정적인 에너지와 여유를 가지고 있어야 학생들을 진정으로 포용할 수 있다고 생각한다. 그래서 교사에게 주말과 방학은 연수 등을 통해 교사로서의 전문성을 신장시키기 위한 기간이기도 하지만 다음 학기를 채우기 위한 '비움의 시간'이라고 생각한다. 비움만큼 다시 채울 수 있기에 'vacance'라고 불리는 것이 아닌가. 라틴어 '무엇으로부터 자유로워진다.'는 뜻의 vacatio에서 유래되었다는 프랑스어 바캉스는 비단 해변으로 떠나는 여름 휴가만을 의미하는 것은 아닌 것이다. 교사에게 바캉스는 아이들을 다시 가득 담기 위한 비움의 시간이다.

그런 시간을 독서를 하거나 영화, 공연 등의 문화생활로 채우기도 하지만, 내가 가장 좋아하는 것은 '여행'이다. 상황이 허락하는 경우 주말이나 방학을 이용하여 국내외 여러 곳을 여행하고 있다. 해외도 패키지 여행은 선호하지 않아 모든 여행을 개인적으로 계획하였고 대략 약 15개국, 7~80여 개 도시를 여행했던 것 같다. 개인적으로 떠나는 여행뿐 아니라, 출장으로 방문하는 경우에도 업무 시간 외 시간을 활용한다. 그 출장이 학생 인솔인 경우엔 아이들과도 함께 한다. 미국 애리조나를 대회 인솔차 방문했을 때에도 개인 시간을 활용하여 아이들을 데리고 미술관이나 박물관을 방문하기도 하였고, 타이베이 메이커 페어 방문 시에도 부스 운영 시간 외 저녁 시간을 활용하여 박물관과 관광명소를 인솔하기도 했다. 이런 경험은 학교에서 체험학습을 기획하고 운영하는 데에도 좋은 경험이 된다. 또, 다양한 교과의 동료 교사들과의 여행은 그 자체가 STEAM 연수가 된다. 각자의 전공에 따라 보는 시야가 되고 수업 콘텐츠가 만들어지기도 한다. 과학 교과 교사들과의 여행에서는 과학관 탐방을 가거나 메이커 페어나 과학축전 같은 행사에 참여하는 등 해외에서만 접할 수 있는 과학문화 콘텐츠에 대해 토론할 수 있는 기회가 되기도 한다. 봉사를 목적으로 간 곳에선 또 다른 여행을 경험할 수 있기도 하다. 이처럼 여행의 장소만큼 여행의 목적이 다양한 것도 중요하다.

　학교 교육과정에서도 체험학습을 중시하는 것은 책으로 접할 수 없는 것을 체득할 수 있기 때문이다. 대학 탐방을 가는 것은 아이들에게 진로, 진학에 대한 정보를 주는 동시에 동기 부여의 기회가 된다. 국내에서 최상위권 대학이라고 불리는 대학을 방문하는 것보다 때론 그 반대의 경우가 더 큰 경험이 되기도 한다. 동아리 아이들과 대회 참가차 작은 규모의 비선호 수도권 대학을 방문했을 때 아이들은 더 열심히 공부해서 더 좋은 학교에 가고 싶다는 의견을 자발적으로 나누는 모습을 볼 수 있었다. 해외 대회 참가 시 대회장이었던 미시간, 아이오와, 테네시 등의 주립대학은 물론, 하버드, 예일, 프린스턴, MIT, 콜롬비아, 스탠포드, UCLA 등 미국 유명 대학을 탐방하였다. 이를 계기로 유학을 계획하는 학생도 생겨났다.

'아는 만큼 보인다.'

교사는 교과 전문성 못지않게 '안목'이 중요하다고 생각한다. 교사는 아이들에게 '가이드'가 되어야 한다. Teaching을 넘어 Guiding할 수 있어야 하고 우리의 아이들이 청출어람이 되게 하려면 교사는 잠재력을 지닌 아이를 발굴할 수 있는 안목도 있어야 하고 더 넓고 다양한 세상을 제시해 줄 수 있어야 한다. 그러기 위해 교사인 내가 국내 다양한 지역의 특성과 문화를 이해하고, 세계적인 변화를 따라갈 수 있는 글로벌 마인드를 갖는 것은 중요하다. 여행은 나에게 힐링과 함께 이런 성장을 선물해 주는 나의 행복 포인트이다.

혼자서도 모든 걸 잘하는 것으로 보이는 사람도 종종 있지만, 교사 중에서도 특히 과학 교사에게 함께 한다는 것은 정말 중요한 요건이라고 생각한다. 요즘 내가 교사 연구모임에서 관심을 가지고 개발하고자 하는 주제 중하나는 생물정보학이다. 과학 중 생명과학은 최근 들어 비약적인 발전을 하고 있는 분야이고 정보학과의 연계성이 매우 중요하기도 하다. 그러하기에 학생들의 진로진학 지도의 측면에서도 이를 소개하고 가르치는 프로그램이 필요한 시점이다. 이미 외국에서는 고등학생용 수업이 개설되어 있기도 하다. 이처럼 교과별 융합, 협업이 필요한 경우 혼자 해결하기보다는 협업하는 것이 꽤 중요한 요건이 된다. 각자의 경험과 네트워크가 모여 시너지 효과를 얻을 수 있고 더 좋은 프로그램을 완성할 수 있게 된다. 과학 교과 내 융합, 타 교과와의 협업도 중요한 교육이 점점 강조되고 있다. 교사 연구회이든 작은 연구모임이든 커뮤니티의 일원이 되기를 권하고 싶다.

교육은 때로 훌륭한 이론이나 최신 교수학습법보다 경험이 중요한 경우가 있다. 교과 교육보다는 학급 운영이나 인성교육적인 측면에서 그런 경우가 많을 수도 있는데, 선배 교사들에게 조언을 구해보는 것도 좋은 방법이라고 생각한다. 교직 경력이 늘어갈수록 고경력과 저경력 교사 간의 의사소통이 활발해야 서로에게 도움이 되는 것임을 많이 깨닫고 있다. 코로나를 겪으며 현장교육에서 보육의 기능이 꽤 중요했음을 생각해본다면 티칭과 케어를 모두 해야 하는 교사에게 신구세대 간 협업은 중요하다.

아이들이 과학을 배우는 본질을 깨달을 수 있도록 제대로 가르치는 사람의 되어야 한다는 걸 스스로 상기시켜 주고자 노력하고 있다. 그것이 진학이라는 이유의 입시를 위한 것이든, 사회 문제해결을 위한 목적성 과학의 모습이든, 목적성으로서의 과학교육이 아니길 바란다. 과학을 그냥 과학 그 자체의 학문으로서의 가치로 받아들이고 학생 눈높이에서 과학적 호기심을 가져보는 것, 그런 즐거움을 가르치고 싶다. 아이들도 과학적 문제해결을 통해 사회문제 해결에 동참할 수는 있지만, 전문가가 아닌 아이들은 적어도 순수한 과학적 호기심을 바탕으로 하는 탐구활동을 하길 바란다. 전문가가 되기 전의 기본 소양을 가르치는 것이 우리의 책무이지는 않을까. 중등과정까지의 학생들은 과학적 태도와 사고력을 키우고 세상을 이해하는 과학적 시각을 가질 수 있도록 하는 것이 공교육에서의 과학교육 목표가 되길 바란다. 때로 그것이 입시라는 관문 통과를 위해 적당한 타협을 필요로 할 수는 있다 하더라도, 그 본질은 지켜 주길, 오직 입시를 위한 과학교육은 아니기를 바라며 나도 노력하고 있다. 그래서 우리의 노력으로 과학을 좋아하는 누군가는 나중에 전문가로 성장하기도 하지만, 그것만큼 중요한 것은 우리 모두 일상생활에서 유사과학을 가려내고 의사결정 과정에서 과학적 사고를 할 수 있는 등의 기본 소양을 지닌 사회인으로 성장하는 것이다. 그것을 이끌고 뒤에서 받쳐 줄 사람이 우리 과학 교사이다.